Kohlhammer

Judentum und Christentum

herausgegeben von Ekkehard W. Stegemann

Band 25

Gabrielle Oberhänsli-Widmer

„Lege mich wie ein Siegel an deinen Arm!"

Jüdische Lebenswelten im Spiegel ihrer Liebesliteratur

Verlag W. Kohlhammer

1. Auflage 2018

Satz: Andrea Töcker, Neuendettelsau.
Gesamtherstellung: W. Kohlhammer GmbH, Stuttgart

Print:
ISBN 978-3-17-034954-4

E-Book-Format:
pdf: ISBN 978-3-17-034955-1

„Das große Gebetbuch ist bereits versiegelt, aber das jüdische Herz ist noch nicht versiegelt, und wenn eines Menschen Seele verzagt und er sein Herz in der Heiligen Sprache ausschüttet, so halten Engel und Seraphim in ihrem Singen inne und kommen, um ihn anzuhören, und bringen seine Worte vor den himmlischen Thron der Ehre, und der Heilige, gepriesen sei er, fügt diese Worte in sein Gebetbuch, liest sie und wird von Erbarmen mit Israel erfüllt."

Samuel Joseph Agnon

Inhalt

Dank

An erster Stelle geht mein Dank an Herrn Prof. Dr. Ekkehard W. Stegemann dafür, dass er mein Buch in seine Reihe *Judentum und Christentum* aufgenommen hat. Eine lange Freundschaft verbindet uns durch die gemeinsame Herausgeberschaft von *Kirche und Israel*.

Ebenso danke ich Herrn Dr. Sebastian Weigert für den freundlichen Empfang in Stuttgart und die kompetente Beratung beim Verlag W. Kohlhammer.

Weiter gilt mein Dank Frau Andrea Töcker. Einmal mehr hat sie meinen Text umsichtig in Form beziehungsweise in den erforderlichen DTP-Satz gebracht.

Schließlich danke ich Herrn Cornelius Sproten, der die nicht immer dankbaren Aufgaben einer wissenschaftlichen Hilfskraft – darunter leidiges Korrekturlesen – stets zuvorkommend erledigt.

Und *last, but not least* danke ich meinem Mann, Rainer Oberhänsli-Widmer, für seine unentwegte Unterstützung. In den dreißig Jahren unserer Ehe ist seine Liebe zum Spiegel meiner Lebenswelt geworden.

Dietikon, im Dezember 2017

Gabrielle Oberhänsli-Widmer

Einleitung

Über die Generationen hinweg bleibt sich die Liebe gleich, und dennoch begegnet sie jedem Menschen einzigartig neu. Davon zeugt und spricht auch die Literatur, ist Liebe doch ihr Kerngeschäft. Anders aber als der Bericht über eine persönliche Liebesgeschichte entwickelt fiktionale Literatur aus einem Liebesplot das Sittengemälde einer jeweiligen Epoche, bindet in den Spannungsfaden einer Liebesbeziehung den gesellschaftlichen Regelkodex einer spezifischen Kultur. Literatur als schöpferische Übersetzung von Mentalitätsgeschichte. Liebesliteratur als Spiegel von Lebenswelten. Der Blick in diesen Spiegel, die Lektüre solcher Liebesliteratur reflektiert mithin das Zusammenspiel von Individuum und Gemeinschaft, Politik und Religion, Kultur und Konvention.

Zwölf verschiedene jüdische Welten skizziert die vorliegende Studie am Beispiel von zwölf herausragenden, wenn teilweise auch wenig bekannten Texten, welche in vorchristliche Zeit hineingreifen und bis ins 21. Jahrhundert reichen. Entstanden sind diese Texte sowohl im Lande Israel, als auch in der Diaspora Afrikas, Europas und Asiens. Stimmen unterschiedlicher Sprachen legen hier Zeugnis ihrer Ära ab: Griechisch, Deutsch, Jiddisch, insbesondere aber Hebräisch. Vielfältig differenziert klingt dieses Hebräisch sowohl aus dem antiken Judäa wie aus dem heutigen Israel, aus dem mittelalterlichen Spanien, dem osmanisch verwalteten Palästina und selbst aus dem nationalsozialistischen Deutschland der dreißiger Jahre.

Zeitlich und thematisch setzt die Textauswahl um die Zeitenwende ein mit der wohl schärfsten Zäsur der israelitisch-jüdischen Geschichte: mit dem Zusammenbruch antiker Eigenstaatlichkeit und der Zerstörung des Zweiten Tempels. Über die Epochen hinweg verdüstert anschließend das Exil die auffällig spärlichen und zumeist religiös sublimierenden Liebesvisionen, während dann mit der jüdischen Aufklärung und der damit einsetzenden Säkularisierung die nun immer zahlreicher auftretenden literarischen Liebespaare in neue Kontexte zu stehen kommen: Wie liebt es sich zu Zeiten des Zionismus, wie im Spannungsfeld der Staatsgründung des modernen Israel? Wie agieren die Liebenden angesichts der Schoa oder der anhaltenden israelisch-arabischen Kriege? Und mag auch das Repertoire der Liebessprache an sich universal sein, so bestimmen doch in der jüdischen Liebesliteratur eine Reihe spezifischer Topoi die

Paardynamik, beispielsweise das Levirat (die Schwagerehe), die Mischehe, der Get (der Scheidebrief), die Aguna (eine von ihrem Mann verlassene, rechtlich jedoch gebundene Ehefrau) oder das Phänomen des Dibbuk (der Totenseele, die sich eines fremden Körpers bemächtigt).

Was möglicherweise auf den ersten Blick als disparates Textkorpus erscheinen mag, wird indes eng zusammengehalten durch die Zugehörigkeit und die ausdrückliche Bezugnahme aller ausgewählter Autoren – sowie mit Lea Goldberg der einzigen Autorin – zum Judentum, selbst wenn sich in diesem Dichterkreis nicht wenige religiöse Anarchisten und Ketzer tummeln. Darüber hinaus und weit präziser noch knotet *ein* roter Faden die ausgesuchten Werke zu einem einheitlichen Gefüge zusammen: das Hohelied. Denn seit der Antike und bis heute schöpft die jüdische Liebesliteratur aus der Quelle des biblischen Hohenliedes, dem auch der Titel des vorliegenden Buches entnommen ist (Hoheslied 8,6.7):

> 6 Lege mich wie ein Siegel an dein Herz, wie ein Siegel an deinen Arm,
> denn stark wie der Tod ist die Liebe, hart wie die Unterwelt die Leidenschaft,
> ihre Funken sind Funken von Feuer, die Flamme des Herrn.
> 7 Große Wasser können die Liebe nicht löschen, Ströme sie nicht überfluten.

Kaum denkbar ein jüdisches Stelldichein ohne ein paar zärtliche Verse aus dem kanonischen Liebesthesaurus – und um wieviel mehr durchwirken solche Verse die jüdische Liebesliteratur, welche das Hohelied über die Generationen hinweg tradiert, zitiert und variiert. Ob demonstrativ religiös oder dezidiert profan, stets scheint die jüdische Liebesliteratur *ein* ganz unverwechselbares Merkmal zu tragen: einen Hauch von Transzendenz, der alle Welt- und Sinnlichkeit umweht – nicht zuletzt als Relikt des rabbinischen Erbes mit dessen nachdrücklich betriebenen Allegorisierung biblischer Erotik.

Liebe in biblischer Antike – Liebe im spätantiken Exil: Jakob und Rahel – Rabbi Aqiva und Rachel

Ein Beispiel soll eingangs die eben genannten Punkte veranschaulichen: der Bezug zum Hohenlied, das Zusammenspiel von konkretem Liebesplot und übertragener Symbolebene, der Bruch zwischen biblischer Eigenstaatlichkeit und rabbinischer Exilsreligion und das methodische Vorgehen, wie hinter einer Liebeserzählung die Lebenswelt der betreffenden Epoche einzufangen ist.

Ein Beispiel der sogenannten schriftlichen Thora (im weiteren Sinn der Hebräischen Bibel) zusammen mit seinem Pendant der mündlichen Thora (des spätantiken rabbinischen Schrifttums von Talmud und Midrasch), zwei Paare, die sich indes zu einer Einheit zusammenfügen wie zwei einander zugeordnete Doppelporträts in einer Ahnengalerie. Es handelt sich dabei um die Erzeltern Jakob und Rahel aus der Genesis einerseits, sowie um die rabbinischen Eheleute Rabbi Aqiva und Rachel andererseits – man bemerke bereits den identischen Namen der Frauen.[1] Beide Paare gelten als Vorbild ihrer Epoche und dienen der jüdischen Tradition über die Generationen hinweg als Identifikationsfiguren.

Die erste Liebesgeschichte, diejenige von Jakob und Rahel, spielt in der Mitte des zweiten vorchristlichen Jahrtausends. Als Minderheit wohnen die aus Mesopotamien eingewanderten Patriarchen Israels im Lande Kanaan. Nach Abraham und Sara sowie Isaak und Rebekka werden Jakob und Rahel zum dritten der Erzelternpaare zusammenfinden. Es ist Liebe auf den ersten Blick, die Szene ihrer ersten Begegnung eine biblische Bukolik ersten Ranges. Doch der Reihe nach. Der junge heiratsreife Jakob bekommt von seinem Vater Isaak Anweisungen, wie er sich bei seiner Brautschau anzustellen habe (Genesis 28,1–4):

> 1 Und Isaak rief Jakob und segnete ihn. Und er befahl ihm und sagte zu ihm: Du wirst keine von den Kanaanäerinnen zur Frau nehmen. 2 Mach dich auf und geh nach Padan-Aram [Mesopotamien], zum Haus des Bethuel, des Vaters deiner Mutter, und nimm dir dort eine Frau von den Töchtern des Laban, des Bruders deiner Mutter. 3 Und der gewaltige Gott segne dich und mache dich fruchtbar und mehre dich, sodass du zu einer Gemeinde von Völkern werdest, 4 und er gebe dir den Segen Abrahams, dir samt deiner Nachkommenschaft, damit du das Land erbst, in welchem du als Fremder wohnst, [das Land,] welches Gott Abraham gegeben hat.

Jakob befolgt den Ratschlag des Vaters, wandert ins Zweistromland und trifft dort am Brunnen seine Cousine Rahel, eine Hirtin, welche die Schafe ihres Vaters hütet. Und hier ihre erste Begegnung (Genesis 29,10–12):

> 10 Und es geschah, als Jakob Rahel, die Tochter des Laban, des Bruders seiner Mutter, sah und die Schafe des Laban, des Bruders seiner Mutter, da näherte

[1] Bei ‚Rahel' und ‚Rachel' handelt es sich um denselben hebräischen Namen. Weil die Namen der deutschen Bibelübersetzungen im Allgemeinen der gräzisierten Form der Septuaginta, der griechischen Übersetzung des Alten Testaments, folgen, die Namen des rabbinischen Schrifttums jedoch mittels einer pragmatischen Umschrift des Hebräischen wiedergegeben werden, liest man meist ‚Jakob und Rahel' gegenüber ‚Rabbi Aqiva und Rachel'.

> er sich und wälzte den Stein vom Brunnen und tränkte die Schafe des Laban, des Bruders seiner Mutter. 11 Und Jakob küsste Rahel, erhob seine Stimme und weinte. 12 Und Jakob erzählte Rahel, dass er der Verwandte ihres Vaters sei und dass er der Sohn der Rebekka sei. Und sie [Rahel] lief zu ihrem Vater und erzählte es ihm.

Eine orientalische Schäferromanze. Vom ersten Moment an liebt Jakob Rahel, und Rahel liebt Jakob. Laban, der Vater Rahels, erklärt sich mit einer Ehe einverstanden, allerdings unter der Bedingung, dass ihm Jakob zuerst sieben Jahre für seine Tochter diene. Diese vergehen wie im Zeitraffer beziehungsweise in einem Vers, wenn es heißt (Genesis 29,20): „Und Jakob diente für Rahel sieben Jahre. Und diese waren in seinen Augen wie wenige Tage, weil er sie liebte." Laban indes, Jakobs Schwiegervater in spe, entpuppt sich als Betrüger der übelsten Sorte, denn nachdem Jakob ihm sieben Jahre um Rahels willen gedient hat und endlich die Hochzeit stattfindet, schmuggelt Laban seine ältere und weit weniger anmutige Tochter Lea als Braut ins Zelt, was Jakob erst am Morgen nach der Hochzeitsnacht realisiert. Der lakonische Kommentar der Bibel lautet (Genesis 29,25–27):

> 25 Und es geschah am Morgen, und siehe, es war Lea! Und er [Jakob] sagte zu Laban: Was hast du mir angetan? Habe ich dir nicht für Rahel gedient? Warum hast du mich dann betrogen? 26 Und Laban antwortete: So macht man das hierzulande nicht, dass man die Jüngere vor der Älteren weggibt. 27 Vollende mit dieser die Festwoche, und ich werde dir auch die andere dafür geben, dass du mir noch weitere sieben Jahre dienen wirst.

Und so geschieht es. Jakob dient zusätzliche sieben Jahre um Rahel und ist folglich mit beiden Schwestern verheiratet. Ein hässlicher Konkurrenzkampf beginnt, sozusagen ein Wettgebären, welche der Frauen (und Nebenfrauen) Jakob mehr Söhne zur Welt bringen könne. Zwölf Söhne werden es am Ende sein – die Stammväter und Stämme Israels. Dabei aber gerät Rahel ins Hintertreffen und stirbt schließlich jung im Kindbett. Eine denkbar tragische Geschichte. Doch kein Wort, was die Personen empfunden haben – damit geizt die biblische Prosa ganz allgemein –, ein völliges Ausblenden jeder psychologischen Sicht, wie sie vielleicht eine moderne Leserin dem Text zu unterlegen geneigt wäre.[2]

---

[2] Zu einer psychologisierenden und aktualisierenden Lektüre vgl. Meir Shalev, Liebe auf den ersten Blick. Die Geschichte von Jakob und Rahel, in: ders., Der Sündenfall – ein Glücksfall? Alte Geschichten aus der Bibel neu erzählt, aus dem Hebräischen von Ruth Melcer, Zürich 1997 (hebräische Originalausgabe 1985), 13–34.

Der Exeget hingegen wird versuchen, sich in die biblischen Verfasser einzudenken, den Text in seiner historischen Entwicklung zu rekonstruieren.[3] Ohne hier auf die eventuellen mündlichen Vorstufen des Jakob-Laban-Zyklus einzugehen, so ist die Erzählung in der vorliegenden Form historisch betrachtet wohl fast tausend Jahre nach ihrer Handlungszeit aufgezeichnet und konkret in die Zeit des Exils zu datieren. Mehrfach zeichnet sich im Plot die Diaspora-Situation ab: Zunächst muss da der Held seine Heimat verlassen, doch gelingt es ihm dank Heirat, Fronarbeit, Gerissenheit und Gottes Hilfe reiche Sippschaft und Wohlstand zu erwerben und schließlich in sein Vaterland zurückzukehren. Und weiter lebt die Patriarchenfamilie in der Fremde, sei es in Mesopotamien, sei es im Land Kanaan, denn das Land gilt ihr offensichtlich noch nicht als Besitz, sondern ist Teil der göttlichen Verheißung. Die Werte, welche die Erzählung der Patriarchen vermittelt, richten sich ausschließlich auf das biologische Überleben und eine Existenz im Land Israel aus. Sie klingen leitmotivisch in den wiederholten Gotteserscheinungen an, namentlich auf dem Weg Jakobs zu Rahel, dort, wo Jakob vor ihrer ersten Begegnung im Traum eine göttliche Himmelsleiter schaut (Genensis 28,13.14): „Und siehe, der Herr stand über ihm und sagte: Ich bin der Herr, der Gott Abrahams, deines Vaters, und der Gott Isaaks, das Land, auf dem du ruhst, dir will ich es geben und deiner Nachkommenschaft. Und deine Nachkommenschaft wird [zahlreich] sein wie der Staub der Erde ..."

Damit verdichten sich verschieden geartete Fäden zusehends zu einem festgefügten Erzählstrang: die Urgeschichte einer Nation, die mythische Legende der Stämme, die Erfahrungswelt Israels im Exil und Jakobs Liebesdrama. Auf solche Weise beleuchtet, erhalten die einzelnen Motive ein stimmiges Licht: das Verbot der Mischehe („... du wirst keine von den Kanaanäerinnen zur Frau nehmen"), der Umstand, dass Jakob Eltern und Heimat verlassen und nach Mesopotamien ziehen muss oder der jahrelange Frondienst in der Fremde.

Doch wozu der fatale Brauttausch in der Hochzeitsnacht? Mehrere Motive werden in eben diese Szene gebannt. Da ist vordergründig und laut Labans Worten ein Sippenkodex, demzufolge Töchter nach ihrem Alter gereiht an den Mann gebracht würden. Doch der theologisch versierte

---

3 Harald Martin Wahl, Die Jakobserzählungen. Studien zu ihrer mündlichen Überlieferung, Verschriftlichung und Historizität, Berlin / New York 1997; Jan Christian Gertz, Die nichtpriesterliche Elterngeschichte, in: ders. (Hg.), Grundinformation Altes Testament. Eine Einführung in Literatur, Religion und Geschichte des Alten Testaments, Göttingen 2010[4] (2006), 269–279.

Leser weiß, dass hier auf unheimliche Weise ein Tun-Ergehen-Zusammenhang waltet, indem Jakobs Schuld an seinem erstgeborenen Zwillingsbruder Esau auf ihn zurückfällt, hatte Jakob doch seinen Bruder sowohl um sein Erstgeburtsrecht (Genesis 25,27–34) als auch um seinen Erstgeburtssegen (Genesis 27,1–40) betrogen – und nun betrügt Laban seinen zukünftigen Schwiegersohn Jakob mittels einer erstgeborenen Tochter. Und weiter ist da der Umstand, dass sich Jakob für eine Frau sieben Jahre verdingt. Wer hätte so etwas je im Alten Orient, im alten Israel oder in jüdischer Tradition gehört? Fronarbeit statt Mitgift für ein einfaches Mädchen! Mit Blick darauf, wie die alttestamentliche Prophetie Kritik an Jakob-Israel übt, könnte eine findige Leserin hier durchaus eine Metapher für das israelitische Nordreich vermuten: Israel, das sich den Assyrern gegenüber zu Tributzahlungen verpflichtete, und am Schluss, mit der Zerstörung Samarias 722 v. Chr., dennoch der düpierte Vertragspartner war.[4]

Die tiefer greifende Logik des Textes suggeriert letztlich noch einen Grund: Niemals hätte Jakob sonst Lea zur Frau genommen, und in diesem Fall hätte Israel niemals existiert. Setzt doch die Gemeinschaft ihre Priorität auf Fortpflanzung und Vermehrung, sprich gesunde und wehrfähige Söhne, die das gelobte Land dereinst (oder zurück-)erobern werden. Doch eben dieser Pflicht kann Rahel nicht nachkommen, wird sie doch lange unfruchtbar bleiben, während Lea als Mutter mehrerer Söhne ihre Aufgabe ganz erfüllt. Nicht von ungefähr, dass gerade Lea auch als Mutter von Juda und Levi auftritt, also der Stammväter beziehungsweise der beiden Stämme, die als einzige überhaupt die assyrische Deportation und das babylonische Exil überleben und damit den Fortbestand Israels sichern werden. Solchen Werten des Gemeinschaftserhalts hat sich alles unterzuordnen. Auch und gerade die Liebe. Unerbittlich gelten die Re-

---

4 In einer beispiellosen Schelte richtet sich der Prophet Hosea in dem kurzen Kapitel 12 an Jakob – womit er das Nordreich Israel meint – und unterzieht Jakobs Werben um Rahel unverhohlener Kritik, wenn er sagt (Hosea 12,13): „Und Jakob floh nach dem Gefilde von Aram, und Israel diente um einer Frau willen, und um einer Frau willen hütete er!" Der Zeitraum von Hoseas Wirken lässt sich auf die Jahre 750–722 v. Chr. eingrenzen, allerdings kann es sich an dieser Stelle auch um einen Fortschreibungstext handeln. In einem Rückblick auf seine *thèse* hat Albert de Pury Hosea 12 in Zusammenhang mit dem Jakob-Zyklus analysiert und datiert diesen Zyklus in seiner Substanz in die Zeit kurz nach der Zerstörung des Nordreiches 722 v. Chr. und lokalisiert ihn in Bethel: Albert de Pury, Promesse divine et légende culturelle dans le cycle de Jacob. Genèse 28 et les traditions patriarcales, Paris 1975: ders., Situer le cycle de Jacob. Quelques réflexions, vingt-cinq ans plus tard, in: André Wénim (Ed.), Studies in the Book of Genesis. Literature, Redaction and History, Leuven 2001, 213–241.

geln des Clans, und allemal steht das kollektive Wohl unantastbar über den Bedürfnissen des Individuums – von Befindlichkeiten einer Rahel oder Lea mithin nicht zu reden.

Demgemäß spielt die Erzählung von Jakob und Rahel – oder besser von Jakob und seinen Frauen – auf mindestens zwei Ebenen: als Familiengeschichte einerseits, als Volksgeschichte andererseits. Denn ihre Akteure agieren sowohl als individuelle Protagonisten als auch als Symbolfiguren von Volksgemeinschaften. Jakob wird in Genesis 32,28 in Israel umbenannt werden und repräsentiert nunmehr den Stammvater des Volkes, wird zum Sinnbild Israels an sich. Jakobs Söhne entsprechen den zwölf Stämmen, die das Land Kanaan, sprich das Land Israel, besiedeln. Dem ideologischen Überbau der biblischen Autoren zufolge gehorchen die tragischen Verwicklungen des Liebespaares also einer höheren göttlichen Ordnung. Insofern wird sich das Unglück der einzelnen Figuren in Zukunft sinnstiftend zum Wohl der ganzen Gemeinschaft erweisen – so die theologische Trostbotschaft. Und dies ist der Spiegel: Jakobs Liebesgeschichte nationalisiert – Israels Entstehungsgeschichte personalisiert. Die Geschichte von Jakob und Rahel transzendiert die Geschichte des israelitischen Volkes.

Diese biblische Erzählung von Jakob und Rahel gilt es in Erinnerung zu behalten, wenn sich nun komplementär das talmudische Vorzeigepaar dazugesellt.

Im Gegensatz zum alttestamentlichen Textkorpus kennt das spätantike rabbinische Schrifttum schlicht keine Liebespoesie. Tausende von Talmudseiten mit ungezählten Episoden jüdischen Alltags und kein Wort von Liebelei! Das kann ja aber nicht bedeuten, dass man in der ausgehenden Antike nicht geliebt hätte. Weshalb diese literarische Lücke?

Klärend ist der Blick auf Rabbi Aqiva. Rabbi Aqiva gilt der talmudischen Tradition als Idealfigur per se, sowohl als Gelehrter als auch als Märtyrer. Sein Wirken begann im ausgehenden ersten Jahrhundert in Javne, dem damaligen rabbinischen Zentrum im Süden Israels, und laut der Tradition starb er 135 n. Chr. während der Hadrianischen Verfolgung unter der römischen Folter im Bar-Kochba-Aufstand.[5] Eine Reihe illustrer Legenden ranken sich um seine Person, und nicht anders als bei der biblischen Vätergeschichte klafft zwischen Handlungs- und Verfassungszeit eine mehr oder minder große Zeitspanne – dies wird gerade an der

5 Pierre Lenhardt / Peter von der Osten-Sacken, Rabbi Akiva. Texte und Interpretationen zum rabbinischen Judentum und Neuen Testament, Berlin 1987.

Frauenfigur ersichtlich werden. Auf jeden Fall sind die Texte um Rabbi Aqiva Hunderte Jahre, an die tausend Jahre nach der Erzählung von Jakob und Rahel entstanden.

Rabbi Aqiva als Vorbild in Ideologie, Lebensführung und damit auch in der Ehe. Deshalb zeichnet sich unter den ihm gewidmeten Denkwürdigkeiten wenigstens ein Hauch von Romanze ab, wenn auch nur in einzelnen verstreuten Notizen. Darunter mag die folgende Passage aus dem Babylonischen Talmud noch am ehesten als Liebesszene duchgehen (Ketubbot 62b–63a):

> Rabbi Aqiva war ein Hirte des Ben Kalba Savua. Als dessen Tochter sah, wie bescheiden und edel er war, sagte sie zu ihm: Gehst du, wenn ich dich heirate, ins Lehrhaus? Er sagte zu ihr: Ja. Sie heiratete ihn heimlich und schickte ihn dorthin. Ihr Vater hörte es, jagte sie aus dem Hause und sagte ihr jeden Genuß an seinem Vermögen ab.
> Er [Rabbi Aqiva] ging fort und blieb zwölf Jahre im Lehrhaus. Dann kam er zurück und brachte zwölftausend Schüler mit. Da hörte er, wie ein alter Mann zu ihr sagte: Wie lange noch willst du in lebendiger Witwenschaft verweilen? Sie aber sagte zu ihm: Wenn er auf mich hörte, würde er noch zwölf weitere Jahre bleiben. Er [Rabbi Aqiva] sagte: Es geschieht mit ihrer Einwilligung. Er ging wieder fort und blieb nochmals zwölf Jahre im Lehrhaus. Dann kam er zurück und brachte vierundzwanzigtausend Schüler mit.
> Seine Frau hörte es und ging hinaus, ihm entgegen. Die Nachbarinnen sagten zu ihr: Leih dir Kleidung und verhülle dich! Sie sagte zu ihnen (Proverbien 12,10): *Ein Gerechter kennt die Seele seines Viehs.* Als er kam, fiel sie auf ihr Angesicht und küsste seine Füße. Seine Diener stießen sie weg, er aber sagte zu ihnen: Lasst sie! Was mir und euch ist, ist ihr.
> Ihr Vater hörte, dass ein großer Mann in die Stadt gekommen sei. Er sagte: Komm zu mir! Vielleicht kannst du mein Gelübde lösen. Er [Rabbi Aqiva] kam zu ihm und sagte: Wenn du gewusst hättest, dass es sich um einen großen Mann handelt, hättest du das Gelübde ebenso abgelegt? Er [Ben Kalba Savua] sagte zu ihm: Wenn er nur einen Bibelabschnitt, wenn er nur eine Halacha gekannt hätte …! Er [Rabbi Aqiva] sagte zu ihm: Ich bin es. Da fiel er [Ben Kalba Savua] auf sein Angesicht, küsste seine Füße und gab ihm die Hälfte seines Vermögens.
> Die Tochter des Rabbi Aqiva handelte an Ben Asai ebenso. Dies ist es, was die Leute sagen: Ein Mutterschaf folgt dem andern Mutterschaf, wie die Taten der Mutter, so die Taten der Tochter.

Mit verschiedensten Subtexten haben die Auslegungen diesen Ausschnitt unterfüttert, alttestamentlichen wie neutestamentlichen, rabbinischen wie klassisch antiken, so dass böse Zungen behaupten, sogar der Vergleich mit Schneewittchen oder Dornröschen würde tiefere Bedeutungsschichten der talmudischen Passage zu Tage fördern. Nichtsdestotrotz soll auch hier eine literarische Gegenüberstellung das Textstück im Hinblick auf Liebeskonzept und Lebenswelt erhellen: die Analogie zu Genesis 29. Denn obwohl die rabbinische Episode höchst spröde daherkommt und von Liebe oder Lieben keine Rede ist, fallen doch die Parallelen ins Auge. Hier wie da dieselbe Personenkonstellation – das Paar gegenüber dem despotischen Vater der Braut; hier wie da der Ausgangspunkt in einer Hirtenszene; hier wie da die schmerzhafte Entsagung, welche nach Jahren reiche Früchte tragen wird; hier wie da der übergeordnete göttliche Plan; hier wie da schließlich der Entwurf eines idealen Mannes und einer vorbildlichen Ehefrau.

Eine Naheinstellung auf die Akteure und ihre Namen zeigt das Vexierbild des biblischen Paares noch klarer. Rabbi Aqiva, der laut Tradition ein *'Am ha-aretz*, ein einfacher ungebildeter Mensch war, dient als Hirte bei dem reichen in Jerusalem ansässigen Ben Kalba Savua, ein hebräisch-aramäischer Mischname, der soviel wie ‚Sohn des satten Hundes' meint – ein wenig schmeichelhafter Spitzname. Seine Tochter indes trägt weder hier noch in zeitgleichen oder früheren Fragmenten einen Namen. Da das vorliegende Zitat dem Babylonischen Talmud entnommen ist, kommt als Terminus ante quem spätestens die Endredaktionszeit im sechsten nachchristlichen Jahrhundert in Frage. Den Namen ‚Rachel' aber trägt Rabbi Aqivas Frau erstmals in *Avot de Rabbi Nathan* (ARN, A6), einem rabbinischen Kommentarwerk, welches üblicherweise dem 7. bis 9. Jahrhundert zugeordnet wird. Da diese späte Namengebung der Frau erst Jahrhunderte nach den Ereignissen erfolgt, ist sie fraglos ideologisch und nicht historisch bedingt. Der Grund dafür ist die Vorbildfunktion der weiblichen Figur. Ein (eventuell versteckter) Fingerzeig auf die spätere Namengebung findet sich vielleicht sogar schon in der oben eingeblendeten talmudischen Szene, lautet doch der Schluss „… ein Mutterschaf folgt dem andern Mutterschaf" im aramäischen Original: „*rechela batar rechela asla*". Das aramäische *Rechela* oder *Rachla* entspricht dem hebräischen ‚Rachel', dessen Etymologie in der Tat ‚Mutterschaf' ist. Allem voran der erbaulich-pädagogische Nachsatz unterstreicht die Modellfunktion der Protagonistin, die demzufolge – kongruent zur biblische Ahnfrau – zur rabbinischen Ahnfrau aufsteigt. Und mehr noch: *'Aqiva und Rachel* sowie *Ja'akov und Rachel* sind etymologische Äquivalente und sogar bis in den hebräischen Konsonantenbestand fast identisch. So halten Aqiva und Rachel Einzug in die jüdische Ahnengalerie und positionieren sich selbstbewusst neben Jakob und Rahel – das exemplarische Ehepaar der mündlichen Thora als Pendant zum sprichwörtlichen Liebespaar der schriftlichen Thora.

Auf der anderen Seite aber verdeutlichen die Differenzen zwischen den beiden Lebensentwürfen, wie sehr die Rabbinen neue Verhaltensmuster punkto Liebe und Ehe propagieren. Denn während in der Genesis Jakob zwei mal sieben Jahre um Rahel dient und dies allein um der Liebe willen („Und Jakob diente für Rahel sieben Jahre. Und diese waren in seinen Augen wie wenige Tage, weil er sie liebte"), zieht sich Rabbi Aqiva zwei mal zwölf Jahre ins Lehrhaus zurück – einzig um der Thora willen. Und mehr noch, keine äußeren Zwänge, respektive böse Väter und Schwiegerväter, sondern die Selbstlosigkeit der Frau erweist sich dabei als treibende Kraft, die edle Tochter des Ben Kalba Savua, welche die Thora als höchsten Wert jedem anderen irdischen Gut vorzieht. Liebe, Geld, den sozialen Status, den rechtlichen Schutz der Ehe, ja, selbst den Elterngehorsam stellt Rachel hintan, damit der Mann sich ausschließlich dem Studium der Thora widmen und Schüler rekrutieren kann. Mehr als wehrfähigen Nachwuchs wie noch bei Jakobs zwölf Söhnen braucht es nun rabbinische Schüler, sodass das Judentum als geistige Gemeinschaft im Exil überhaupt weiter existiert – deshalb auch die hyperbolische Zahl von zwei mal zwölftausend Schülern. Man denke nur an die *Sprüche der Väter*, die berühmte rabbinische Sentenzensammlung, welche das Desiderat nach solchen Schülern in ihren ersten Satz einschreibt (Avot I,1): „Diese [Die Männer der großen Versammlung][6] sagten drei Dinge: Seid umsichtig beim Entscheiden, rekrutiert viele Schüler und macht einen Zaun um die Thora!"

(Nur in Klammern bemerkt, dürfte in dieser innerjüdischen Zahlensteigerung auch noch ein nicht wenig stolzer Gruß an die Kirchenväter mitschwingen, denn den jüdischen Weisen dürfte kaum entgangen sein, dass sich Jesus laut neutestamentlicher Darstellung in einem Kreis von zwölf Schülern bewegt hatte – und was ist da das bescheidene Grüppchen von einem Dutzend Jünger eines Rabbi aus Nazareth gegenüber Rabbi Aqivas imposanter Truppe von zwei mal zwölftausend lernhungrigen Jünglingen!)

Doch damit zurück zu Rabbi Aqiva und Rachel. Um ein solch idealisiertes Ehemuster zu verstehen – von Liebe ist im Text, wie bereits er-

[6] Mit den *Ansche knesset ha-gedola*, den Männern der großen Versammlung, bezeichnen die Rabbinen diejenigen Gelehrten, welche für die spirituelle Kontinuität zwischen den spätesten alttestamentlichen Schriften und den ersten rabbinischen Zeugnissen bürgten.

wähnt, keine Rede –, muss man wiederum die historischen Bedingungen in Betracht ziehen. Offensichtlich hatten die jüdischen Weisen nach dem Verlust von Staat und Zentralheiligtum für literarisches Liebesgeplänkel schlicht kein Sensorium. Im großen Exil gerät das Land Israel ganz aus dem Blickfeld jeder Hoffnung. Das was zählt, ist das religiöse Überleben als Minderheit im fremden Umfeld der Diaspora.

In der prekären Enge des Exils fokussierten die talmudischen Lehrer ihre gesamte geistige Energie auf den Erhalt der Gemeinschaft, doch diesmal kristallisiert im Bild der Thora und nicht in der (Rück-)Gewinnung des Landes Israel. Anders als noch im Exil der biblischen Epoche im ersten vorchristlichen Jahrtausend, hatten sich die Juden nun in der Spätantike über die Generationen und Jahrhunderte hinweg in der babylonischen Diaspora wohl oder übel eingerichtet. Das Land Israel war fest im Griff der römischen Kaiserherrschaft und die Option, dorthin zurückzukehren, war angesichts der Realitäten wenig verlockend. Deshalb wurde der Traum von der Eigenstaatlichkeit zweitrangig, während die Thora zum obersten Wert aufrückte. Angesichts von gefährdeter Identität und Ideologie wurde alles Übrige zweitrangig – eben auch die Liebe.

Demzufolge verschieben sich die Rollenideale von Mann und Frau. Der oben eingeblendete Text illustriert dies literarisch verknappt und in der weiblichen Figur verdichtet. Die mustergültige Gattin des Rabbi Aqiva – altruistisch, entsagend, unterwürfig – führt ihren Mann zur Thora und stellt ihn für das Studium von allen Pflichten frei. Dennoch ist auch sie mit dem Traditionsschrifttum vertraut, zitiert sie doch die Heilige Schrift und ist damit die Einzige, die hier überhaupt die Heilige Sprache, hebräisch und nicht aramäisch spricht. Und nur am Rande sei abschließend vermerkt, dass im rabbinischen Kontext der Schriftvers aus den Proverbien („Ein Gerechter kennt die Seele seines Viehs") weit weniger eindeutig aufzulösen ist, als vielleicht fürs erste angenommen: Wer kennt da wen?

Die Symbolik von Rabbi Aqiva und Rachel ist damit aber noch lange nicht ausgeschöpft. Denn einerseits modelliert das rabbinische Schrifttum Rabbi Aqiva zur Personifikation seiner Epoche schlechthin,[7] während andererseits Rachel sich zu einem Sinnbild von Weisheit bis hin zu einem Symbol der Thora entwickelt.[8] So weit geht die Sublimierung der Liebe in

7 So die grundlegende These der klassischen Monographie von Louis Finkelstein, Akiba. Scholar, Saint and Martyr, New York 1970 (1936).

8 Zu dieser Entwicklung vgl. Admiel Kosman, *Rabbi Aqiva u-vitto schel Ben Kalba Savua* – Rabbi Aqiva und die Tochter des Ben Kalba Savua, in: ders., *Naschijut be-'olamo ha-*

spirituellen Werten. Dass es der rabbinischen Literatur an Romantik gebricht, braucht keine weiteren Belege. Poetisch und erotisch werden die jüdischen Weisen indes durchaus dann, wenn sie schildern, wie sie die Thora behutsam aus ihrem Schrein tragen, sie liebevoll aus ihrem Mantel heben und sie dann zärtlich aus ihren Wimpeln hüllen, sodass die Eindeutigkeiten einmal mehr verwischen und man sich ernsthaft fragt: Wer entschleiert da w..?

Wie dem auch sei. Die fehlende Liebesliteratur im rabbinischen Schrifttum signalisiert mithin eine tiefgehende Tragik in Bezug auf das Lebensgefühl der spätantiken Juden: Nicht, dass die Juden in dieser Epoche weniger geliebt hätten als zu anderen Zeiten, doch haben sie wohl deshalb keine Liebesliteratur kollektiv memoriert und tradiert, weil offensichtlich die der Liebe innewohnende Hoffnung und Zuversicht so gar nicht dem repräsentativen Grundgefühl ihrer Gemeinschaft entsprach.

Abschließend bleibt der Bezug von Jakob, Rahel, Rabbi Aqiva und Rachel zum Hohenlied als dem roten Faden der jüdischen Liebesliteratur zu klären. Streng läßt dazu Rabbi Aqiva in der Tosefta verlauten (Sanhedrin XII,10): „Wer das Hohelied im Gasthaus trällert und aus ihm ein gewöhnliches Lied macht, hat keinen Anteil an der kommenden Welt." Und nicht weniger kernig in der Mischna (Jadajim III,5): „Rabbi Aqiva sagte: Gott behüte! Niemand in Israel hat bestritten, dass das Hohelied nicht die Hände verunreinige,[9] denn die ganze Welt ist nicht des Tages würdig, an dem das Hohelied Israel gegeben wurde, denn alle Hagiographen sind heilig, aber das Hohelied ist hochheilig." Auf der anderen Seite wandelt sich der biblische Jakob im rabbinischen Hohelied-Kommentar zum eigentlichen Liebespartner Gottes in der Gestalt des personifizierten Israel. Dazu wird im zweiten Kapitel noch ausführlich die Rede sein.

Der Vergleich zwischen Jakob und Rahel als biblischem Paar mit Rabbi Aqiva und Rachel als rabbinischem Paar veranschaulicht letztlich, wie jüdische Liebestexte viele Jahrhunderte auseinander liegen, aber dennoch aufeinander Bezug nehmen – Schmucksteinen gleich, aufgefädelt am Band des Hohenliedes, welche sich in wechselseitigem Arrangement unvermutet neuen Glanz verleihen.

---

ruchani schel ha-sippur ha-talmudi – Femininity in the Spiritual World of the Talmudic Story, Tel-Aviv 2008 (hebr.), 68–126.

[9] Der rabbinische Topos des Verunreinigungspotentials drückt eine rituelle Tabuisierung, eventuell auch den Bezug zur Kanonisierung aus; vgl. dazu in der Mischna Jadajim III,2–5; IV,5.6; zur Diskussion Johann Maier, Jüdische Auseinandersetzung mit dem Christentum in der Antike, Darmstadt 1982, 10–22.

Zwölf Liebespaare – zwölf Lebenswelten

Bezieht man die moderne und zeitgenössische Literatur ein, so kann man inzwischen viele solcher Schmucksteine zählen – fast so viele wie Rabbi Aqivas Schüler. Um die Dynamik jüdischer Liebesliteratur zu verstehen, mögen in der vorliegenden Studie jedoch zwölf Beispiele genügen – eine runde Zahl, die sich im Rückblick auf Jakobs Söhne bestens anbietet. Die zwölf ausgewählten Texte, die sich über mehr als zwei Jahrtausende erstrecken, folgen einer chronologischen Ordnung und sollen hier einleitend kurz vorgestellt werden.

Der erste und älteste Text setzt um die Zeitenwende ein: *Joseph und Aseneth*, eine griechisch verfasste Romanze eines anonymen jüdischen Autors, welcher vermutlich im ersten nachchristlichen Jahrhundert in der ägyptischen Diaspora, vornehmlich in Alexandrien gelebt hat. Dieser ersinnt aus einem einzigen Vers der biblischen Josephsnovelle eine phantastische Liebesgeschichte, denn man höre nur, was da verstörend in der Genesis steht (Genesis 41,50): „Und Joseph wurden zwei Söhne geboren, bevor das Jahr des Hungers kam, diese gebar ihm Asnath,[10] die Tochter des Potiphera, des Priesters von On." Die Mutter von Ephraim und Manasse – immerhin zweier späterer Stammväter und Stämme Israels – als Söhne einer *Goja*, einer Nichtjüdin, und dazu noch der Tochter eines fremden Priesters? Fern sei es! Das durfte nicht sein! Synkretismus im hellenistischen Milieu ja, aber wo sind da die Grenzen zu ziehen? Und so entspinnt sich aus einer anstößigen Notiz der Heiligen Schrift ein episches Lehrstück über Konversion und Initiation – mystisch verklärt und gefühlvoll überzuckert.

Als zweiter Text fügt sich der Midrasch zum Hohenlied an: *Schir ha-Schirim Rabba*, ein spätantik-frühmittelalterlicher Kommentar, in rabbinischem Hebräisch verfasst und wahrscheinlich in Galiläa entstanden. Eine Rückblende auf das biblische Hohelied, welche weit ins erste vorchristliche Jahrtausend zurückreicht, offenbart dabei die beispiellose Kampagne der jüdischen Lehrer gegen die naturverbundene Erotik des kanonischen Originals, indem die nachbiblischen Weisen jedes Detail der sinnlichen Lieder allegorisch domestizierten und auf die Geschichte des Volkes Israel bezogen: der Körper der Braut als Sinnbild des Talmud, die viel besungene Taube als Vater Abraham, die Brüste der Geliebten als

[10] ‚Asnath' entspricht der Übertragung aus dem Hebräischen, während die Septuaginta und dieser folgend der griechisch schreibende Autor die weibliche Figur ‚Aseneth' nennen.

Mose und Aaron … Dreh- und Angelpunkt bei dieser Uminterpretierung war der letzte jüdisch-römische Krieg 132–135 n. Chr. als absoluter Tiefpunkt der spätantiken jüdischen Geschichte. Solchermaßen mutiert das Hohelied von einer Sammlung sinnlicher Liebeslieder der Bibel zu einem Trostbuch der nachbiblischen Gemeinde Israel im Exil. Und damit nicht genug: denn die rabbinische Deutung übte auch größten Einfluss auf die patristische Rezeption aus, sodass diese – einsetzend mit dem Kirchenschriftsteller Origenes (um 184–253) – das Hohelied in einer entsprechenden religiösen Symbolik auf christliche Werte übertrug. Eine Lektüre, welche bis in die Moderne ihre Gültigkeit bewahrt hat.

Der dritte Text setzt insofern eine Zäsur, als nun erstmals ein biographisch bekannter Autor auftritt: der spanische Mystiker und Philosoph Joseph Gikatilla (um 1248–1325), der in seinem Denken engste Affinitäten zum *Sohar* aufweist, dem Hauptwerk der Kabbala. In seinem kleinen Traktat *Das Mysterium, dass Bathscheva David seit den sechs Tagen der Schöpfung vorbestimmt war* kritisiert er distinguiert aber deutlich König Davids Techtelmechtel mit Bathscheva und entfaltet daraus eine ganz und gar vergeistigte Ehedoktrin, indem er demonstriert, wie Ehen im Himmel geschlossen werden. Dass ausgerechnet die Episode von David und Bathsheva den mittelalterlichen Mystiker zu seinem belehrenden Ehe-ABC inspiriert hat, mag nicht wenig überraschen, doch ist dies durchaus repräsentativ für die kreative Fortschreibung biblischer Episoden, wobei die jüdischen Weisen solche Episoden über die Epochen hinweg ihren Vorstellungen religiöser Didaktik und Doktrin angepasst haben. Der Spanier Gikatilla schreibt Hebräisch und schmilzt mittels einer Montage-Technik Zitate aus Bibel, Mischna, Midrasch, Talmud und zeitgleicher Kabbala zu einem neuen Sprachguss zusammen. Doch gleichzeitig sympathisiert er mit Platos Mythos vom Kugelmenschen und liebäugelt mit der christlichen Mystik, die damals im südfranzösischen und iberischen Raum ketzerisch brodelte.

Weit bekannter ist der vierte Text, die Eingangshymne zum Schabbat, das *Lecha Dodi*, welches nach den Anfangsworten seines Refrains benannt ist: „Auf, mein Geliebter, der Braut entgegen, // Schabbat wollen wir willkommen heißen." Mitte des 16. Jahrhunderts vom sefardischen Schlomo ha-Levi Alkabez (um 1505–1584) verfasst, wurde das Gebet in kürzester Zeit zu einem Synagogenschlager, fand als seltener Nachzügler Einlass in das längst abgeschlossene jüdische Gebetbuch und ist inzwischen mehr als 2000 mal vertont worden (zweitausend!). Was jedoch als froher Auftakt zum wöchentlichen Festtag anklingt, ist aus einer Katastrophe geboren, konkret: aus der Vertreibung der Juden aus Spanien und Portugal in den Jahren 1492 und 1497. Im Bild einer bevorstehenden Hochzeit führen die sechsunddreißig hebräischen Verse denn auch von vergangener Exilierung zu messianischer Hoffnung. Infolgedessen kann man in ihnen sowohl das muntere Trällern eines verliebten Schäfers als auch die Melancholie eines synagogalen Kantors hören. Das *Lecha Dodi* als Hochzeitscarmen, mystisch sublimiert in der Liturgie des Schabbat. Die Frage indes, wer denn hier die Braut und wer der geheimnisumwitterte Bräutigam sei, arrangiert Schlomo ha-Levi als virtuoses Versteckspiel.

Dreihundert Jahre später greift Heinrich Heine (1797–1856) das *Lecha Dodi* auf und fügt diesem seine *Prinzessin Sabbath* hinzu – dies der fünfte Text. *Lecho Daudi*, so lautet Heines aschkenasische Diktion der berühmten Hymne, um nun seinerseits den wöchentlichen Feiertag märchenhaft zu inszenieren. Folglich flankiert er Schlomo ha-Levis 36 hebräische Verse mit 152 deutschen Versen, denn inzwischen hat die Französische Revolution den Juden die Tür zur europäischen Gesellschaft und damit einer möglichen Assimilation geöffnet. Infolgedessen wirkt Heines schabbatliches Liebespaar nicht wenig hausbacken deutsch: sie sittsam bezopft, er in geknopfter Weste. Und dennoch: Heine, der bekanntlich flammendste Liebesworte heraufzubeschwören wußte, hält sich in seiner *Prinzessin Sabbath* auffällig züchtig zurück und folgt so nicht zuletzt der Tradition jüdischer Symbolik, die in Schabbat (das Nomen ist im Hebräischen feminin) die Liebste Gottes und die Geliebte Israels sieht – eine sublimierte Gestalt höchster religiöser Werte. Todkrank in seiner Pariser ‚Matratzengruft' hat Heine denn auch seine ganz eigene Religiosität in die *Prinzessin Sabbath* hineingedacht. Schabbat als geadelte Allegorie im Mittelpunkt des synagogalen Zeremoniells.

Nur zwei Jahre später, im Jahr 1853, erscheint der sechste Text: *Die Liebe zu Zion* des litauischen Lehrers und Schriftstellers Abraham Mapu (1808–1867). Doch liegen Welten zwischen Heines und Mapus Liebesentwürfen. Tragend bleibt zwar die Symbolebene, verschiebt sich aber von einer religiösen auf eine politische Ebene. Zwei Generationen vor Theodor Herzl (1860–1904) und lange bevor Nathan Birnbaum den Begriff ‚Zionismus' (im Jahr 1890) überhaupt geprägt hat, ersinnt Abraham Mapu eine protozionistische Phantasie über ein freies Leben im Lande Israel: ein historischer Roman in neobiblischem Hebräisch verfasst, der zur Zeit der judäischen Könige spielt. Doch gären in dem antiken Plot die jüdische Aufklärung, das sozialistische Gedankengut und die Nationalismen des 19. Jahrhunderts. Mapu, der kaum je über die Grenzen des Baltikums hinauskam und die Levante bloß vom Hörensagen kannte, entwirft in seinem Wunschbild von Jerusalem ein denkbar realitätsfernes Melodrama. Doch je unwirklicher, desto wirksamer, denn etliche junge Juden verließen mit Mapus verklärten Zionsbildern vor Augen ihre osteuropäischen Geburtsländer, um im Heiligen Land eine alt-neue Heimat wieder zu beleben.

So wie Abraham Mapus *Liebe zu Zion* gemeinhin als erster hebräisch geschriebener Roman der Moderne gehandelt wird, kann man Schalom Alejchems *Stempenju* als ersten jüdischen Frauenroman rubrizieren – dies der siebte Text. Alles andere aber als ein Dreigroschenroman, denn sein Autor, mit eigentlichem Namen Schalom Rabinovitz (1859–1916), war ein scharfsinniger Sozialkritiker und einer der leuchtendsten Sterne am jiddischen Literaturhimmel. Die *Haskala*, die jüdische Aufklärung, konfrontierte jüdische Denker erstmals mit fremden Gesellschaftsbildern und dem Gedankengut säkularer Literaturen: Gustave Flauberts *Madame Bovary* (1857) oder Lew Tolstojs *Anna Karenina* (1876) erschütterten nicht nur das französische Bürgertum und den russischen Adel, sondern offenbar auch den in der Ukraine geborenen Scholem Alejchem. Wieder eine schöne Rahel alias Rachel! ‚Rochel, die Schejne', heißt diesmal – jiddisch ausgesprochen – die Protagonistin: ein eben verheiratetes junges Mädchen, verrenkt in der stereotypen Rolle einer jüdischen Ehefrau und kurz gehalten wie ein Tanzbär in aussichtslosem Radius. Und Rochel verliebt sich in den Musikanten Stempenju. Doch keine Sorge! Im Schtetl geht alles weit gesitteter zu als in den fernen Großstädten. Allerdings erspart einzig Schalom Alejchems Empathie für Rochel Schlimmeres, ebenso wie sein erzählerischer Charme, indem er jeder Tragödie den feinsten möglichen Humor abzutrotzen versteht.

Agunot lautet der Titel des achten Textes, eine frühe Erzählung von Samuel Joseph Czaczkes (1888–1970). Eine Aguna ist eine verlassene jüdische Ehefrau, und gestützt auf diese Bedeutung wählte ihr Autor sein Pseudonym, denn bekannt ist er der Literaturwelt als der Literaturnobelpreisträger (des Jahres 1966) Samuel Joseph Agnon. *Agunot* spielt in Jerusalem zu einer nicht näher bestimmten Zeit. Der ebenso reiche wie wohltätige Achi'ezer verheiratet sein einziges Kind Dina, ein Juwel von einer jüdischen Tochter, mit dem vielversprechenden Gelehrten Ezechiel und baut in der Heiligen Stadt eine Talmudschule, die ihresgleichen sucht. Alle Akteure sind guten Willens, und doch endet alles im Desaster. Agnons betont synagogaler Duktus und sein spezifisches *'Ivrith agnonit*, sein ganz eigenes Hebräisch, das aus allen nur möglichen Schätzen des religiösen Erbes schöpft, täuschen nicht darüber hinweg, dass offenkundig die göttliche Vorsehung zuweilen auf verhängnisvolle Weise irrt. Hier ist ein Skeptiker am Werk. Denn Agnon legt den Finger auf die rissige Naht, welche die jüdische Tradition nur noch notdürftig mit der modernen Lebenswelt zusammenhält. Entstanden ist die Erzählung *Agunot* 1908, in der Zeit, als Agnon Österreich-Ungarn verließ und ins ottomanische Palästina einwanderte, welches er jedoch noch im selben Jahr ebenso verließ, um sich in Deutschland niederzulassen. Welche Beschaffenheit von Verlassensein versinnbildlichen also seine ‚verlassenen Frauen'? Und ist die Wahl des Pseudonyms auf die Gottesbeziehung des Autors gemünzt? Wer verlässt da wen?

Der Dibbuk, oder: Zwischen zwei Welten ist der neunte Text, ein Theaterstück, das 1920 auf Jiddisch uraufgeführt wurde und in den folgenden Jahren als Drama, Oper und Ballett die Bühnen von New York bis Paris und von Mailand bis nach Moskau eroberte. Sein Verfasser, Solomon Zainwil Rapaport (1863–1920), ein Schriftsteller, Sozialist und jüdischer Ethnograph der ersten Stunde, genießt unter seinem Pseudonym An-Ski in der jiddischen und russisch-jüdischen Literatur höchstes Ansehen. Zum dritten Mal infolge begegnet hier ein Pseudonym als Zeichen dafür, wie Juden aus ihrer Tradition heraustreten, um nach neuen Identitätsentwürfen zu suchen. Ein Dibbuk, ein unerlöster Totengeist, scheint sich zunächst wenig für einen Liebesplot anzubieten, doch An-Ski formt aus dem folkloristischen Motiv eine ukrainisch-jüdische Romeo-und-Julia-Variation: Lea und Chanan lieben sich, sind vom Schicksal füreinander bestimmt, zerbrechen aber an der Gesellschaft. Im literarischen Gefolge des biblischen Laban und des rabbinischen Ben Kalba Savua ist es wiederum der Brautvater, der die Liebenden berechnend auseinanderreißt. Massiv übt An-Ski mit seinem Melodrama Kritik an den dunklen Zwängen der Schtetl-Mentalität, dem Fluch abergläubischer Frömmigkeit, welche sich bis in tödliche Exorzismen verirrt.

An-Ski war zwar durchaus ein Anarchist, aber kein Atheist, verströmt doch sein *Dibbuk* eine ebenso erotische wie mystische Spiritualität. Der zehnte Text hingegen, Lea Goldbergs *Briefe von einer imaginären Reise*, setzt in mehrfacher Hinsicht Zäsuren: die Schoa, der Bruch mit Gott, doch ebenso der Wiederaufbau des Staates Israel und der Einzug von Frauen als Dichterinnen in die jüdische Literatur. Lea Goldberg (1911–1970) ist ein Ausnahmetalent der hebräischen Literatur, ein singuläres Phänomen wie eine levantinische Agave auf einem preußischen Acker.

Aus Königsberg stammend schreibt sie als Doktorandin im Deutschland der Dreißigerjahre ihren Erstlingsroman, die genannten *Briefe* bereits auf Hebräisch. Noch vor dem Zweiten Weltkrieg emigriert sie nach Palästina, übersetzt dort Dante, Shakespeare, Molière, Tolstoi, Brecht und der literarischen Größen mehr ins Hebräische und wird Professorin für Komparatistik an der Hebräischen Universität in Jerusalem. In Israel heute wie damals verehrt ist sie indes aufgrund ihrer bezaubernden Kinderbücher und eingängigen Gedichte, welche nach wie vor die israelische Chansonszene inspirieren. Ihr Erstlingswerk, der kleine Briefroman, erzählt von einer Liebe im Angesicht von Nationalsozialismus und drohender Schoa, von einem Abschied von Deutschland, von Europa und von einem ebenso abweisenden wie schweigenden Geliebten. ‚Immanulino' nennt ihn die Ich-Erzählerin Ruth manchmal in lockerer Italianità, manchmal aber nennt sie ihn ‚El' – was auf Hebräisch nichts weniger als ‚Gott' bedeutet.

Die beiden letzten Texte sind von zwei zeitgenössischen Israelis geschrieben, beide international bekannt, beide ebenso profilierte Autoren wie politische Aktivisten: Amos Oz und David Grossman. Könnte die Verfasserin im flotten Alleingang einen von ihnen mit dem Literaturnobelpreis krönen, ihr täte die Wahl weh.

Mein Michael, der elfte Text, hat den 1939 in Jerusalem geborenen Amos Oz in Israel über Nacht berühmt gemacht. Der im Schatten des aufziehenden Sechs-Tage-Krieges entstandene Roman liest sich wie die Chronik eines Beziehungsverfalls. In einem dreihundert Seiten umfassenden Monolog erzählt dabei die junge Protagonistin, Hannah Gonen-Grynbaum, über ihren Mann Michael und ihre allzu enge Ehe. Neurotisch, emotional unberechenbar und unterschwellig gewaltbereit erscheint einem diese Hannah, in deren ‚Ich' der Leser nolens volens gefangen wird, ein fast schon folterndes ‚Ich', in welchem die Leserin zunehmend klaustrophobische Gefühle entwickelt. Mit Hannah, so ahnt man dunkel, versetzte sich Amos Oz in seine Mutter Fania Klausner, die sich als junge Frau das Leben nahm. Ebenso aber verbreitet die schizophren anmutende Hannah die aggressive Atmosphäre des geteilten Jerusalem. Ein persönliches Drama potenziert durch die Phobien in dem noch nicht lange gegründeten und dementsprechend fragilen Staat Israel.

Um ein abgerissenes Leben dreht sich auch der zwölfte und letzte Text: *Eine Frau flieht vor einer Nachricht* des 1954 ebenfalls in Jerusalem geborenen David Grossman. Eine unheilvolle Aura umweht den monumentalen Roman, welchen Grossman 2003 begonnen hatte, und der die Geschichte von Ora erzählt, der Mutter eines jungen Soldaten während der zweiten Intifada. Und Ora flieht davor, die mögliche Todesnachricht ihres Sohnes entgegennehmen zu müssen. Im August 2006 holte eben dieses Schicksal David Grossman in der Realität ein, als sein Sohn Uri während eines Einsatzes im zweiten Libanonkrieg umkam. Die 2008 erschienene Ausgabe des Romans hat Grossman denn auch in einer Art Trauerarbeit zu Ende gebracht. Dabei transponiert er einen solchen Schmerz, den Verlust und die damit einhergehenden Existenzängste in eine Liebesgeschichte von archaischer Lebensintensität und zugleich in ein bestechend klares Psychogramm einer Gesellschaft, die im permanenten Kriegszustand lebt. *Eine Frau flieht vor einer Nachricht* ist mithin wie ein Klappbild zu lesen, als Liebesroman und Antikriegsroman zugleich.

Eine besonders berückende Seite des jüdischen Lebensbuches

Die Literatur denkt in Szenen, spricht in Bildern und fängt das Atmosphärische im Liebesplot ein. Komplementär zur historischen Darstellung malt die Literatur die Epochenbühne, zimmert deren Staffagen und beschwört im Beziehungsgeflecht der Akteure die Grundstimmung einer Ära, einem narrativen Zeitdokument gleich. Die Literatur referiert Großes im Kleinen und Kleines im Großen: die Geschichte des Volkes Israel in der Familiengeschichte Jakobs, den Verlust des Geliebten als Existenz im Exil. Auf solche Art spielt der Realitätsbezug im Fiktionalen.

Denkbar bunte Lebenslandschaften eröffnen sich in der vorliegenden Liebesanthologie. Darin begegnet der Leser den diversesten Charakteren, lernt manch bekannte Gestalt neu kennen – den biblischen Joseph beispielsweise in hellenistischer Toga oder Bathscheva in kabbalistischer Verkleidung. Und ebenso begegnet die Leserin bis anhin unbekannten Figuren von faszinierender Plastizität – unter ihnen die exorzierte Lea im jiddischen Drama oder den kriegsversehrten Avram im zeitgenössischen Bestseller.

Äußerst klangreich ist auch die Tonalität der Texte: von einem ersten Augenblick stillen Einvernehmens bis hin zum Grauen eines gewaltsamen Todes. Doch womöglich klingt eine solche Tonalität weit weniger lieblich, als das Thema ‚Liebe' dies vermuten ließe. Die Mimesis jüdischer Liebesliteratur geizt mit Idyllen und unterwirft ihre Liebespaare den religiösen Normen, gesellschaftlichen Prinzipien und politischen Zwängen von fremdem Umfeld und eigener Gemeinschaft. Andererseits aber erträumt sie die Liebe als vollkommene Vision, als geschützten Hort im gelobten Land. Und über die Epochen hinweg träumt sie diesen Traum auf Hebräisch, denn dort, wo die israelitische Heimat verloren ist, birgt man sich unter den Flügeln der Heiligen Sprache.

Die zwölf Texte erstrecken sich über einen denkbar langen Zeitraum, spielen in einer ganzen Reihe von Ländern, ihre Figuren sprechen in zahlreichen Sprachen, und die Liebe präsentiert sich in einer breiten Gattungspalette. Die Absicht ist dabei nicht nur, die Schönheit jüdischer Liebesliteratur vorzustellen und ihre Vielfalt auszuleuchten, sondern vielmehr noch ihre Dynamik im diachronen Aufriss einzufangen und ihren Mechanismus aufzuzeigen: wie sie über die Epochen aus sich selbst schöpft, namentlich im Rückgriff auf das Hoheslied; wie sie sich in der Diaspora mit ihren Nachbarkulturen auseinander setzt, vorzugsweise im Austausch fremder Literaturen; und wie sie ihre eigene bewegte Geschichte narrativ bewältigt, fiktionale Literatur als Ausdruck kollektiver Phantasie.

Die jüdische Liebesliteratur in ihrer historischen Vielfalt – ein literarischer Schatz, den es zu heben gilt, da hier im Lebensbuch des Judentums eine besonders berückende Seite aufgeblättert wird.

Pragmatisches und Prosaisches

Angeregt haben das vorliegende judaistische Buch namentlich fachfremde Literaturwissenschafter, allen voran der französische Semiotiker Roland Barthes mit seinen *Fragments d'un discours amoureux*[11] und der schweizerische Germanist Peter von Matt mit seinem *Liebesverrat.*[12] Im jüdischen Kontext liegen zur Liebe etliche Anthologien vor,[13] und inzwischen erweisen sich Liebe und Partnerschaft auch als Publikumsmagnet jüdischer Museen.[14]

---

11 Roland Barthes, Fragmente einer Sprache der Liebe, aus dem Französischen von Hans-Horst Henschen, Frankfurt a. M. 2015 (französische Originalausgabe 1980).

12 Peter von Matt, Liebesverrat. Die Treulosen in der Literatur, München 2008 (1989).

13 Diese befassen sich vorwiegend mit moderner Prosa und zeitgenössischer Lyrik, dazu hier nur zwei ausgewählte Beispiele: Gisela Dachs (Hg.), Liebe. Jüdischer Almanach des Leo Baeck Institute, Frankfurt a. M. 2010; Moznaim, *Ha-ahava we-gillujäha ba-schira uva-sipporet* – Die Liebe und ihre Erscheinungsformen in Lyrik und Prosa, Heft Nr. 89/5, 2015 (hebr.).

14 Gaby Knoch-Mund / Jüdisches Museum der Schweiz (Hg.), Gesucht – Gefunden. Partnerschaft und Liebe im Judentum, Basel 2014.

Die spezifische Literatur zum Thema ist in der abschließenden Bibliographie aufgeführt, nicht aber die Sekundärliteratur zu den zwölf besprochenen Werken. Diese erscheint einzig in den Fußnoten der betreffenden Kapitel, da das Literaturverzeichnis lediglich eine überschaubare Auswahl nachreichen will.

Unter den eigenen Vorarbeiten verweise ich auf den Sammelband *Liebe* des *Jahrbuches für Biblische Theologie*, welchen ich zusammen mit Michael Welker herausgegeben habe.[15] Bei den zwölf ausgewählten Texten stütze ich mich auf verschiedene Artikel meiner Rubrik ‚Klassiker der jüdischen Literatur' in der Fachzeitschrift *Kirche und Israel*, wo ich seit 2004 vorzugsweise vergangene, vergessene oder versteckte Glanzlichter jüdischen Schrifttums vorstelle.[16]

Die Übersetzungen der Quellentexte aus dem Hebräischen und Aramäischen sind – soweit nicht anders vermerkt – meine eigenen.

Die Umschriften schließlich gehorchen nicht den internationalen phonetischen Vorgaben, sondern sind pragmatisch auf eine deutschsprachige Leserschaft abgestimmt.

[15] Gabrielle Oberhänsli-Widmer, „Deine beiden Brüste – das sind Mose und Aaron." Vom Einfluss des Midrasch zum Hohenlied auf die hebräische Liebesliteratur, in: Gabrielle Oberhänsli-Widmer / Michael Welker (Hg.), *Liebe. Jahrbuch für Biblische Theologie 29*, Neukirchen-Vluyn 2015, 215–250.

[16] Kirche und Israel, Neukirchener Verlagsgesellschaft, Neukirchen-Vluyn bis 2016 / Vandenhoeck & Ruprecht, Göttingen ab 2017 (www.kirche-und-israel.de).

1 Initiation und Konversion in hellenistischem Milieu
Der frühjüdische Roman *Joseph und Aseneth* (Zeitenwende)

> **41**,45 Und der Pharao nannte den Namen Josephs Zophnat Paneach, und er gab ihm Asnath, die Tochter des Potiphera, des Priesters von On, zur Frau (…). 50 Und Joseph wurden zwei Söhne geboren, bevor das Jahr des Hungers kam, diese gebar ihm Asnath, die Tochter des Potiphera, des Priesters von On. 51 Und Joseph nannte den Namen des Erstgeborenen Menasse [denn er sprach]: Gott hat mich die ganze Pein und das ganze Haus meines Vaters vergessen lassen. 52 Den Namen des Zweitgeborenen aber nannte er Ephraim [denn er sprach]: Gott hat mich fruchtbar werden lassen im Land meines Leidens.

Diese beunruhigende Notiz, welche die Hebräische Bibel in Genesis 41,45.50–52 übermittelt, scheint der Ausgangspunkt des antiken Romans *Joseph und Aseneth* zu sein: Asnath (gräzisiert Aseneth), eine Nicht-Jüdin und dazu noch die Tochter eines ‚Götzenpriesters' als Frau eines Stammvaters und als Mutter zweier weiterer Stämme? Unmöglich! Dass da eine standesgemäße Ahnfrau hermusste, stellen schon die ersten Zeilen des antiken Büchleins klar, wenn sie die Protagonistin und Tochter des Potiphera (giechisch alias Pentephres) mit folgenden Worten vorstellen (*Joseph und Aseneth* 1,4.5):

> 4 Und es war eine Tochter ihm, Jungfrau (von) Jahren achtundzehn, groß und wohlgestaltet und schön (in) dem Aussehen sehr über all die Jungfrauen auf der Erde (hinaus). 5 Und diese hatte nichts Gleiches (im Vergleich) der Jungfrauen der Ägypter, sondern war gemäß allen (Dingen) gleich den Töchtern der Hebräer und war groß wie Sara und wohlgestaltet wie Rebekka und schön wie Rahel. Und es war der Name jener Jungfrau Aseneth.[1]

Der offenkundig als Mesalliance empfundene biblische Ehebund zwischen Joseph und seiner ägyptischen Frau bedurfte mithin in der nach-

[1] Christoph Burchard, Joseph und Aseneth, Jüdische Schriften aus hellenistisch-römischer Zeit, Band II, Gütersloh 1983, 577–733. Die Zitate des vorliegenden Kapitels sind dieser Übertragung entnommen. Zu berücksichtigen ist dabei, dass Christoph Burchard versucht, den biblisierten Charakter des griechischen Textes zu wahren, was teilweise ein sperriges Deutsch zur Folge hat.

biblischen Antike der Diaspora einer Klärung. Und eine solche ist kaum poetischer denkbar als durch dieses ebenso kleine wie bedeutende Buch der hellenistisch-jüdischen Literatur, dessen ursprünglicher Titel im Dunkeln liegt, und an dessen Stelle sich der Name des Paares eingebürgert hat: *Joseph und Aseneth.*

Eckdaten eines singulären Textes

Doch zunächst zu den Eckdaten des frühjüdischen Textes, Daten, die in der Forschung nicht unumstritten sind, aber wenigstens einigermaßen der *Communis opinio* entsprechen: *Joseph und Aseneth* ist ein anonym überlieferter Roman, oder vielleicht präziser eine weisheitlich-mystische Doppelnovelle.

Da der Text in einem biblisierten Griechisch geschrieben ist, das der Septuaginta nahesteht, kann man für die Datierung den Spielraum vom zweiten Jahrhundert v. Chr. bis zum zweiten Jahrhundert n. Chr. annehmen, denn das Werk setzt die griechische Bibelübersetzung voraus.[2] Wenn der Entstehungsort Ägypten ist – was sowohl von der Handlung her als auch von den Verhältnissen der hellenistischen Diaspora plausibel erscheint –, so wäre der Aufstand unter Trajan von 115–117 n. Chr. und damit die Pogrome gegen Juden in Ägypten der *Terminus ante quem*, da mit diesem geschichtlichen Einbruch ein Niedergang der dortigen hellenistisch-jüdischen Gemeinschaft einsetzte. Für eine Datierung in nachchristliche Zeit würde die Tatsache sprechen, dass sich die literarische Gattung des religiös gefärbten Liebesromans in der griechisch-lateinischen Literatur gerade dieser Epoche mit Vertretern wie Heliodor, Apuleius, Chariton, Xenophon von Ephesos, Longus oder Achilles Tatios (alle spätes erstes und zweites Jahrhundert n. Chr.) besonderer Beliebtheit erfreute und damit wohl auch hellenistisch-jüdische Schriftsteller beeinflusste.[3]

Sowohl den Autor als auch die Adressaten von *Joseph und Aseneth* kann man sich am besten als einer höheren sozialen Schicht der Diaspora zu-

---

2 Gerhard Delling, Einwirkungen der Sprache der Septuaginta in „Joseph und Aseneth", in: Journal for the Study of Judaism 9, 1978, 29–56.

3 Für eine noch spätere Datierung, ins späte dritte oder frühe vierte nachchristliche Jahrhundert, plädiert Ross S. Kraemer, When Aseneth Met Joseph: A Late Antique Tale of the Biblical Patriarch and His Egyptian Wife, Reconsidered, New York 1998.

gehörig denken, da gewisse Kenntnisse der Genesis und der Hebräischen Bibel allgemein für die Lektüre unabdingbar sind.

Zugänglich ist *Joseph und Aseneth* dem deutschen Lesepublikum seit Paul Riesslers Übersetzung im Rahmen seiner Anthologie *Altjüdisches Schrifttum.*[4] Wissenschaftlich erschlossen hat den Text Christoph Burchard zusammen mit seiner kommentierten Übersetzung.[5]

Wie die meiste frühjüdische und insbesondere hellenistisch-jüdische Literatur ist auch *Joseph und Aseneth* der Nachwelt auf dem Weg der christlichen und nicht auf dem der jüdischen Traditionskette überliefert. Nicht weniger als sechzehn griechische Handschriften,[6] Übersetzungen in verschiedensten Sprachen – Syrisch, Armenisch, Lateinisch, Serbisch-Kirchenslavisch, Rumänisch etc. – zeugen von der Verbreitung und Beliebtheit des Textes namentlich in Antike und Mittelalter. Von den zahlreichen Adaptionen sei an dieser Stelle nur exemplarisch auf eine Wiedergabe im *Speculum historiale* des Vincent de Beauvais (13. Jahrhundert) verwiesen sowie auf das hebräische Reimdrama *Joseph und Asenath* von Süsskind Raschkow (Breslau 1817). Und nicht zuletzt zeigt die Präsenz des Textes in der orthodoxen Hochzeitsliturgie der Ostkirche, dass dieser antike Liebesroman weit mehr als ein belletristisches Amüsement ist.[7]

Liebe als Konversion

Die Handlung umfasst zwei auffallend ungleiche Erzählbögen, wobei im ersten Teil die Bekehrung Aseneths im Zentrum steht, während der zweite Teil eine vom Sohn des Pharao inszenierte Intrige beifügt.

Einen eigentlichen literarischen Wurf stellt der erste Teil dar, die Kapitel 1–21[8]. Auf der Ebene des Literalsinns ist die Handlung schnell nach-

4 Paul Riessler, Joseph und Asenath, in: ders., Altjüdisches Schrifttum ausserhalb der Bibel, Freiburg/Heidelberg 1927 (1922), 497–538, 1303–1304.

5 Christoph Burchard, Joseph und Aseneth, a. a. O., 577–733.

6 Zur Diskussion über die Ursprünglichkeit der Lang- oder Kurzversion, über das Verhältnis der vier Handschriftenfamilien untereinander sowie zu den möglichen Stemmata vgl. Edith M. Humphrey, Joseph and Aseneth, Sheffield 2000, 17–28.

7 Zu einem Forschungsabriss jüngeren Datums vgl. Christian Wetz, Eros und Bekehrung. Anthropologische und religionsgeschichtliche Untersuchungen zu „Joseph und Aseneth", Göttingen 2010, 21–42.

8 Die Gliederung des Textes in 29 Kapitel geht auf Pierre Batiffol zurück, den Herausgeber der *Editio princeps*: Pierre Batiffol, Le livre de la Prière d'Aseneth, in: ders., Studia Patristica. Études d'ancienne littérature chrétienne, Paris 1889–1890, 1–115. Die Unterteilung in Verse nehmen sowohl Paul Riessler (Paul Riessler, Altjüdisches Schrifttum, a. a. O.) als

erzählt: Zu Beginn der sieben fetten Jahre schickt der Pharao Joseph aus, das Land Ägypten zu durchziehen, und auf seiner Reise kommt Joseph in das Haus des Pentephres, des bedeutendsten pharaonischen Ratgebers und Priesters von Heliopolis (Heliopolis entspricht der eingangs in Genesis 41 zitierten Stadt On). Wie Epochen später im Märchen die kapriziöse Prinzessin verschmäht Aseneth all die heranrückenden Freierscharen und widersetzt sich ebenso hochmütig dem Vorschlag ihres Vaters, Joseph zu heiraten. Bei seinem Anblick jedoch entbrennt sie in heftiger Liebe. Im Gegenzug aber weist Joseph sowohl eine Tischgemeinschaft mit Nicht-Juden als auch eine Ehe mit einer Nicht-Jüdin dezidiert von sich und verlässt Heliopolis. Darauf sagt sich Aseneth von ihrer Familie und ihren ägyptischen Göttern los, bereut sieben Tage in Schutt und Asche und wendet sich in einem symbolträchtigen *Rite de passage* dem ‚Gott der Hebräer' zu. Nach diesen sieben Tagen kommt Joseph zurück und heiratet in einem siebentägigen Freudenfest die makellos schöne und reine Aseneth. Die Prosaerzählung des ersten Teils schließt mit einer kurzen Notiz zur Geburt von Ephraim und Menasse.

Soweit der lineare und recht konventionelle Handlungsverlauf. Die fein ziselierten Konturen indes treten in der virtuosen Metaphorik des Textes ans Licht, vorzugsweise dort, wo der hellenistisch-jüdische Roman auf das Hohelied anspielt. Denn wie ein antiker Soundtrack rieseln im Hintergrund von *Joseph und Aseneth* die Klänge aus dem biblischen Kanon. Dazu zwei Beispiele.

Man erinnere sich zunächst an das sinnliche Porträt, das der alttestamentliche Dichter von seiner Geliebten heraufbeschwört (Hoheslied 4,1.5): „Siehe, wie schön bist du, meine Freundin, siehe, wie schön! (…). Deine Brüste sind gleich Rehkitzen, Zwillingen der Gazelle, die in den Lilien weiden …" Hier dagegen eine Szene, die den Busen der Schönen ganz anders inszeniert (*Joseph und Aseneth* 8,5):

> Und wie hinzuging Aseneth, (zu) küssen den Joseph, streckte aus Joseph seine Hand die rechte und legte sie an ihre Brust inmitten ihrer zwei Brüste, und es waren ihre Brüste schon stehend gleichwie wohlgestaltete Äpfel, und es sprach Joseph: „Nicht ist es geziemend einem gottverehrenden Manne, der segnet (mit) seinem Munde Gott den lebenden und ißt gesegnetes Brot (des) Lebens und trinkt gesegneten Kelch (der) Unsterblichkeit und salbt sich (mit) gesegneter Salbe (der) Unverweslichkeit, (zu) küssen eine fremde Frau, welche segnet (mit) ihrem Munde (Götzen)bilder tot und stumm und ißt von ih-

auch Marc Philonenko vor: Marc Philonenko, Joseph et Aséneth. Introduction. Texte critique. Traduction et notes, Leiden 1968.

> rem Brot (der) Erwürgung und trinkt aus ihrem Trankopfer Kelch (des) Hinterhalts und salbt sich (mit) Salbe (des) Verderbens. (…).“

Das sitzt. Da läßt Joseph die ägyptische Priestertochter eisig abblitzen, denn Welten trennen ihn von einer Frau, die den Gott Israels nicht kennt – von jüdischen Speisevorschriften ganz zu schweigen. Untröstlich gibt sich Aseneth darauf größtem Liebeskummer hin, aus dem sie jedoch nicht Joseph, sondern einzig ein neu hinzutretender Protagonist zu erlösen vermag.

Dies führt zur zweiten Szene, die auf dem Hintergrund des Hohenliedes die Stoßrichtung des nachbiblischen Romans angibt. Was Shakespeare der Balkon in Verona ist dem biblischen Dichter die levantinische Luke im Tor, und wie Romeo zu Julia findet der Geliebte heimlich zu seiner Geliebten, welche dem Schäferstündchen mit folgenden Worten entgegenfiebert (Hoheslied 5,2.4.5): „2 Ich schlafe, doch mein Herz ist wach. Die Stimme meines Geliebten. Er klopft: Öffne mir, meine Schwester, meine Freundin, meine Taube, meine Makellose! (…). 4 Mein Geliebter streckte die Hand durch die Luke. Und mein Innerstes brandete auf, ihm entgegen. 5 Ich stand auf, um meinem Geliebten zu öffnen. Und da troffen meine Hände vor Myrrhe, meine Finger von Myrrhe an den Griffen des Riegels.“ Doch demgegenüber klopft bei Aseneth ein vollkommen Unbekannter an (*Joseph und Aseneth* 14,3–8):

> 3 … Und es kam zu ihr ein Mensch aus dem Himmel und trat zu Häupt(en) Aseneths 4 und rief sie und sprach: „Aseneth, Aseneth!“ 5 Und sie sprach: „Wer ist, der (da) ruft mich? Denn die Tür meines Gemaches ist verschlossen und der Turm ist hoch, und wie also kam er hinein in mein Gemach?“ 6 Und es rief sie der Mensch zum zweiten (Mal) (und) sprach: „Aseneth, Aseneth!“ 7 Und sie sprach: „Siehe, ich, Herr. Wer bist du (selbst)? Verkünde (es) mir)!“ 8 Und es sprach der Mensch: „Ich (selbst) bin der Herrscher des Hauses (des) Herrn und Heerführer alles Heeres des Höchsten. Steh auf und tritt auf deine Füße, und ich werde reden zu dir mein Wort.“

Dieser ‚Mensch‘ – ein Wesen nicht von dieser Welt. Kein Geringerer als der höchste Engel und Himmelsfürst ist mithin der unbekannte Eindringling. Und was anfänglich an romanische Intimität denken ließ, schlägt unvermittelt in eine Epiphanie um, von prophetischem Duktus untermalt, einer biblischen Berufung gleich. Dementsprechend erwartet Aseneth nun kein intimes Rendezvous, sondern eine göttliche Anleitung zu Konversion und Initiation und zur Reue über ihre ‚heidnische‘ Vergangenheit.

Eigentliches Kernstück des Textes ist denn auch die *Metanoia*, die Reue, die Umkehr und Hinwendung Aseneths zum ‚Gott Josephs'. In der eben anzitierten Schlüsselszene, in einem Dekor voller symbolschwangerer Requisiten, nimmt der Himmelsfürst Aseneth schließlich kraft eines rituellen Honigmahls in die Gemeinschaft des ‚höchsten Gottes' auf (16,16):

> Und es sprach der Mensch (zu) der Aseneth: „Siehe doch, du aßest Brot (des) Lebens und tranikst Kelch (der) Unsterblichkeit und hast dich gesalbt (mit) Salbe (der) Unverweslichkeit. Siehe doch, von dem (Tage) heute (an) wird dein Fleisch strotzen wie Blumen (des) Lebens von dem Lande des Höchsten, und deine Gebeine werden gedeihen wie die Zedern des Paradieses der Wonne Gottes, und unermüdbare Stärken werden umhalten dich, und deine Jugend wird Alter nicht sehen, und deine Schönheit wird in die Ewigkeit nicht am Ende sein, und du wirst sein wie eine ummauerte Mutterstadt aller, die (da) Zuflucht nehmen zu dem Namen Herrs [sic!] des Gottes, des Königs der Ewigkeiten."

Aufgrund dieses Initiationsritus und dank ihrer Konversion folgt dann ein (fast) klassisches Happyend (19,11):

> Und es küßte der Joseph die Aseneth und gab ihr Geist (des) Lebens, und küßte sie das zweite (Mal) und gab ihr Geist (der) Weisheit, und küßte sie das dritte (Mal) und gab ihr Geist (der) Wahrheit.

Spätestens mit der Beschreibung dieser Liebesszene antik-jüdischen Zuschnitts werden Leser und Leserin vollends aus der Illusion des Literalsinns gerüttelt und unmissverständlich auf eine allegorische Ebene der Lektüre verwiesen. Offenbar muss der Text im Wechselspiel zwischen *Sens propre* und *Sens figuré* gelesen werden, gibt doch der anonyme Autor seinem Publikum mehr als nur ein Leserätsel auf. Beinahe greifbar scheint eine Lösung in der Szene, in welcher der engelhafte Himmelsfürst Aseneth in die Gemeinschaft Gottes aufnimmt, wobei er ihr – wie bei Berufung und Konversion üblich – einen neuen Namen mit dem tiefgründigen Wortlaut ‚Stadt der Zuflucht' gibt und an sie die folgenden Worte richtet (15,8):

> Und es ist die Umkehr schön sehr, eine Jungfrau rein und lachend allezeit, und ist gelinde und sanftmütig. Und deswegen der Vater der Höchste liebt sie, und all die Engel scheuen sie (ehrfürchtig), und ich (selbst) liebe sie sehr, denn meine Schwester ist auch sie, und (dem)gemäß dass sie euch die Jungfrauen liebt, liebe auch ich (selbst) euch.

Diesem Wortlaut zufolge wäre man geneigt, die ‚reine Jungfrau Aseneth' als Personifizierung der griechischen *Metanoia* oder der hebräischen *Tschuva* aufzuschlüsseln im Sinn einer leibhaftigen Umkehr, Reue und Buße. Ein sinnbildliches Erlösungserlebnis? Der Wandel Aseneth als ein innerseelisches Geschehen? Joseph in messianischer Mission?

Doch dann entgleiten solche Festlegungen auf eine eindeutige Allegorie wieder durch zahlreiche enigmatische Erzählelemente, mit denen der Verfasser die Handlung wiederholt anreichert, als ob er seine Intention mit vielen und disparaten Bildern möglichst kunstvoll chiffrieren möchte. So mag man bei Aseneths Speisung mit Honig zunächst an den biblischen Vergleich von Honig und Gesetz denken (Psalm 19,11); der Turm und der Garten Aseneths mit seiner wunderbaren Quelle erinnern über das Hohelied hinaus auch an die Quelle der Weisheit; der gefährliche Löwe als Antagonist Aseneths ebenso wie als Widersacher des höchsten Gottes trägt geradezu teufelhafte Züge (*Joseph und Aseneth* 12,10); und nicht zuletzt legt die Zahlensymbolik mehrfache Auflösungen nahe, so etwa mit den sieben Jungfrauen, die Aseneth zu Diensten sind, mit den zehn Zimmern ihres Söllers oder mit den achtzehn Männern, die ihren Hof bewachen.[9] Die Aufzählung der sinnbildlichen Requisiten könnte beliebig erweitert werden.

Eine Fortsetzungsgeschichte?

Ohne die Aussageintention des Romans vorerst näher zu umreißen, muss hier sein Ausgang beziehungsweise sein zweiter Teil ergänzt werden.

Als Abschluss des bereits Erzählten und gleichzeitig als Zäsur zwischen den beiden Handlungsbögen, resümiert ein Psalm die Hauptanliegen der erfolgten Wandlung Aseneths. Nach ihrer glücklichen Heirat und der Geburt ihrer beiden Söhne formuliert sie ein Sündenbekenntnis darüber, den ägyptischen Göttern gehuldigt und unreine Speise gegessen zu haben, und drückt ihre Reue aus über die Hoffart und den Hochmut Joseph gegenüber, der sie doch schließlich als seine Braut zum ‚Gott der Ewigkeiten' geführt hat (21,10–21). Man höre nur, wie der Ton nun vollends von einer Liebestopik in liturgische Formeln umschlägt (21,12–16):

---

9 Paul Riessler setzt die sieben Jungfrauen den sieben Seelenkräften gleich, die zehn Zimmer den zehn göttlichen Emanationen und die achtzehn Wächter den achtzehn Segenssprüchen des Achtzehngebetes (Altjüdisches Schrifttum, a. a. O., 1303). Je nachdem, welche Bezugstexte zum Vergleich herangezogen werden, findet man aber auch andere Optionen.

12 Ich sündigte, Herr, ich sündigte,
vor dir viele (Male) sündigte ich.
Ich (selbst) war prangend im Hause meines Vaters
und war eine Jungfrau ruhmredig und hoffärtig.

13 Ich sündigte, Herr, ich sündigte,
vor dir viele (Male) sündigte ich.
Und ich verehrte fremde Götter, deren nicht war eine Zahl,
und aß Brot aus ihren Opfern.

14 Ich sündigte, Herr, ich sündigte,
vor dir viele (Male) sündigte ich.
Brot (der) Erwürgung aß ich
und Kelch (des) Hinterhalts trank ich vom Tisch des Todes.

15 Ich sündigte, Herr, ich sündigte,
vor dir viele (Male) sündigte ich.
Und ich wußte nicht Herr, den Gott des Himmels,
und nicht vertraute ich auf Gott, den Höchsten des Lebens.

16 Ich sündigte, Herr, ich sündigte,
vor dir viele (Male) sündigte ich.
Ich vertraute nämlich auf den Reichtum meiner Herrlichkeit
und auf meine Schönheit
und war ruhmredig und hoffärtig.

Nüchtern betrachtet kann man sich leicht ausmalen, dass ein solches Coming-out auf jüdische Kreise gemünzt war, die allzu sehr mit der pagan-hellenistischen Gesellschaft liebäugelten und die man sich in den Schoß der Synagoge zurückwünschte. Dass dies primär eine gut situierte soziale Schicht betraf, mag nicht zuletzt die leitmotivisch wiederholte ‚Hoffart' Aseneths ausdrücken.

Auf dem Hintergrund dieser durchaus logischen und stimmigen Abrundung mit lyrischem Ausklang, erscheinen einem kritischen Leser die zusätzlichen Kapitel 22–29 als eindeutiger Fortschreibungstext, und auch die beflissene Leserin registriert einen grundlegend andersartigen Erzählcharakter, macht doch die doppelbödige Symbollektüre einer handfesten *Action* Platz – ob dieser zweite Teil als Ergänzung durch denselben oder durch einen anderen Autor einzuschätzen ist, bleibe in diesem Zusammenhang jedoch dahingestellt.

Die Handlung ist diesmal zu Beginn der sieben mageren Jahre anberaumt. Pharaos erstgeborener Sohn verliebt sich in Aseneth. Um sie zu entführen, zettelt er mit Hilfe der Brüder Josephs eine Intrige gegen diesen an und lockt Aseneth in einen Hinterhalt. Allen voran treten dabei

Dan und Gad als ‚Mägdesöhne' (als Söhne von Bilha und Zilpa) gegen Aseneth auf, während die Söhne Leas die Verfolgte schließlich glückhaft befreien, vornehmlich Levi, welcher hier als Seher und Astrologe agiert. Den eigentlichen *Exploit* aber vollführt Rahels Sohn Benjamin, indem er den pharaonischen Prinzen mit einem bloßen Stein an die Schläfe trifft und heldenhaft niederstreckt (26,7–27,5):

> **26**,7 Und es floh Aseneth voran, und siehe, der Sohn Pharaos tritt entgegen ihr und fünfzig Reiter-Männer mit ihm. 8 Und es sah ihn Aseneth und fürchtete sich und wurde erschüttert sehr, und es zitterte ihr ganzer Leib, und sie rief an den Namen Herrs, ihres Gottes. **27**,1 Und Benjamin saß zur Linken der Aseneth in ihrem Gefährt, und es war Benjamin ein Jungmann (von) achtundzehn Jahren, groß und kräftig und herrschaftlich, und es war Schönheit in ihm unaussprechlich und Kraft wie ein Junges eines Löwen, und er fürchtete den Herrn sehr. 2 Und es sprang herab Benjamin von dem Gefährt und nahm einen runden Stein aus dem Winterbach(tal) und füllte seine Hand und schleuderte (ihn) entgegen dem Sohne Pharaos und schlug seine Schläfe die linke und verwundete ihn (mit) schwerer Wunde. 3 Und es fiel der Sohn Pharaos von seinem Pferd auf die Erde, halbtot sich darstellend. 4 Und es sprang Benjamin und stieg hinauf auf den Felsen und sprach (zu) dem Wagenlenker der Aseneth: „Gib mir Steine aus dem Winterbach(tal)!" 5 Und er gab ihm fünfzig Steine, und es schleuderte Benjamin die fünfzig Steine und tötete die fünfzig Männer, die (da) waren mit dem Sohne Pharaos, und (zwar) drangen all die Steine durch ihre Schläfen.

Ja, da steht selbst der biblische David als berühmter Goliath-Bezwinger blässlich im Schatten eines solch hellenistisch getrimmten Benjamin. Und so endet der zweite Erzählbogen erwartungsgemäß mit dem Tod des missratenen Pharaonen-Sprosses, doch ebenso mit der nicht wenig überraschenden Notiz vom Tod des Pharaos selber, an dessen Stelle Joseph den Pharaonenthron besteigt und achtundvierzig Jahre lang über Ägypten herrschen wird. Davon muss noch die Rede sein.

Initiation und Konversion – Mystik und Esoterik

Das Gesamtbild religiöser Ideale, welches *Joseph und Aseneth* portiert, kommt einer Collage zeitgenössischer Geistesströmungen gleich. Kaum eine Denkschule, zu der man nicht Parallelen aufspüren könnte: klassisch-antik, pagan-hellenistisch, frühjüdisch, frühchristlich, rabbinisch … – und dazu eine spürbare Berückung durch die Mysterienkulte. Dennoch trägt der Roman seine eigene singuläre Prägung. Namentlich die eigenwillige Verquickung der Themen Absonderung, Unsterblichkeit und Umkehr sowie das spezielle Gottesbild machen dies deutlich.

Während der Roman weder Thora noch Halacha nennt, weder Schabbat noch Tempelritual erwähnt, ist dem Autor eine Trennung zwischen rein und unrein ein zentrales Anliegen. In diesem Sinn spricht er sich unmissverständlich für die *Kaschrut* aus, das kultisch taugliche Essen, wendet sich gegen die Tischgemeinschaft mit Nicht-Juden, und entsprechend wird auch die Mischehe zum Tabu erklärt.[10] Vor diesem antonymen Denkhorizont, der rein und unrein, heilig und profan strikte trennt, ist wohl auch die leitmotivisch wiederholte Jungfräulichkeit Aseneths zu verstehen, als Sphäre des absolut Lauteren, für die Aseneth vorzugsweise in ihrer symbolischen Funktion steht.

Ein wichtiges Anliegen, welches der vorliegende Text mit den frühjüdischen, frühchristlichen und talmudischen Schriften teilt, ist der Auferstehungsglaube, wobei hier Unsterblichkeit und Unverweslichkeit untrennbar verbunden sind, sodass an ein körperliches Leben nach dem Tod gedacht wird (*Joseph und Aseneth* 8,9; 15,5; 16,16) und der visionäre Levi sogar den ‚Ruheort in Himmelshöhen' erspäht, den Aseneth einst einnehmen wird (22,13). Dementsprechend wird Gott auch – parallel zum zweiten Segensspruch des Achtzehngebetes – als ‚der lebendig macht die Toten' betitelt (20,7).

Das Gottesbild, welches der anonyme Autor umreißt, ist geprägt von Milde und Menschenfreundlichkeit. Neben dem Auferwecker der Toten und den bereits erwähnten Gottesbezeichnungen – ‚Gott Josephs', ‚Gott der Hebräer' und ‚höchster Gott' – finden sich Beinamen wie ‚ein Vater süß und gut und gelinde' (12,14), ‚welcher so schnell in Erbarmen' (12,15) oder ‚alleiniger Menschenfreund' (13,1), und namentlich die Rolle Gottes als Schöpfer und seine Funktion als Herrscher über Himmel und Ewigkeiten werden unterstrichen. Demgegenüber tritt Gott in diesem Roman weder als Herr der Geschichte noch als Gesetzgeber auf, und mithin fallen auch alle Aspekte von Strenge und Strafe weg.

Diese Milde Gottes ist denn auch in erster Linie als göttliche Reaktion auf die Umkehr zu verstehen, auf die *Metanoia*, welche – wie bereits gesagt – das Geschehen entscheidend bestimmt. Dabei wird der Bekehrungsakt als Neuschöpfung und eigentlicher Schöpfungsakt (15,5) verstanden, und nicht zufällig fällt die siebentägige Handlung auf die Ge-

---

[10] Karl-Wilhelm Niebuhr, Ethik und Tora. Zum Toraverständnis in Joseph und Aseneth, in: Eckart Reinmuth (Hg.), Joseph und Aseneth, Tübingen 2009, 187–202.

denktage der Schöpfung, sagt doch Joseph zum Auftakt von Aseneths religiöser Neuorientierung (9,5):

> …, denn dieser ist der Tag, an dem anfing Gott, (zu) machen alle seine Geschöpfe. Und an (dem) Tage dem achten, wenn sich wiederherwendet dieser Tag, werde auch ich (selbst) mich wiederherwenden zu euch und übernachten hier.

Zentral ist bei Aseneths *Metanoia* das absolute Bekenntnis zum Gott Israels, während die Zugehörigkeit zum jüdischen Volk in den Hintergrund tritt. So bekennt sich die Titelheldin auch ausdrücklich zum ‚Gott des Vaters Israel' (8,9) und nicht zum Volk Israel. Dadurch entsteht der Eindruck, dass es sich im vorliegenden Fall mehr um eine innerjüdische Konversion im Sinne einer *Tschuva* als um eine Konversion einer Fremdgläubigen zum Judentum, eine *Hitgajjerut*, handelt, und sehr wohl könnte man sich dadurch Aseneth als Vorbild für (allzu) synkretistisch orientierte Juden der ägyptisch-hellenistischen Diaspora vorstellen. Wieviel Nähe oder Distanz Aseneth zur jüdischen Gemeinschaft tatsächlich hat, ist kaum greifbar, doch ist in diesem Zusammenhang bemerkenswert, dass das Motiv der jüdischen Blutsverwandtschaft fehlt, konkret die Mutterschaftsbande mittels der Tochter Jakobs, Dina, so wie sie das rabbinische Schrifttum kennt, denn obwohl Dina in *Joseph und Aseneth* 23,14 sogar explizit genannt ist, tritt sie in diesem Roman nicht als leibliche Mutter Aseneths auf.[11]

Zu den Charakteristika, welche das in *Joseph und Aseneth* beschriebene Judentum ausmachen, kommt zusätzlich im zweiten Teil der mehrmals wiederholte Grundsatz, dass man Böses nicht mit Bösem vergelte. So wie im ersten Teil Gott Aseneth nach erfolgter Reue ihren falschen Glauben vollumfänglich nachsieht, so vergibt Aseneth nun auch ihren Verfolgern ganz und gar, ja, das Prinzip von Milde und Gnade geht selbst so weit, dass das biblische David-Goliath-Muster unmissverständlich durchbrochen wird (29,1–4):

---

[11] Namentlich in *Pirqe de Rabbi Eliezer* 36 und 38 sowie in einigen weiteren Passagen rabbinischer Literatur ist Aseneth das Kind der vergewaltigten Dina (Genesis 34), das auf verschlungenen Wegen zu Potiphera kommt und dort als ägyptische Priestertochter aufwächst. Offensichtlich folgen die hellenistisch-jüdische Aseneth-Erzählung einerseits, die rabbinische Aseneth-Erzählung andererseits, zwei verschiedenen Legendentraditionen. Zur rabbinischen Aseneth-Tradition vgl. Ross S. Kraemer, When Aseneth Met Joseph, a. a. O., 307–321.

> 1 Und der Sohn Pharaos richtete sich auf von der Erde und setzte sich auf und spie Blut von seinem Munde, denn das Blut von seiner Schläfe rann herunter auf seinen Mund. 2 Und es lief auf ihn (zu) Benjamin und nahm sein Schwert und zog es aus seiner Scheide, denn Benjamin hatte ein Schwert nicht an seiner Hüfte, und schickte sich an, (zu) schlagen die Brust des Sohnes Pharaos. 3 Und es lief auf ihn (zu) Levi und faßte seine Hand und sprach: „Keinesfalls, Bruder, wirst du tun diese Handlung, denn wir (selbst) sind gottverehrende Männer, und nicht geziemt es einem gottverehrenden Mann, (zu) vergelten Böses mit Bösem und nicht einen, (der) gefallen ist, zu zertreten, und nicht (zu) erdrücken seinen Feind bis zu (dessen) Tode. 4 Und jetzt, wende ab dein Schwert an seinen Ort, und hierher, hilf mir, und wir werden heilen ihn von seiner Wunde, und wofern er leb(en bleib)t, wird er sein (von) uns ein Freund nach diesen (Dingen), und sein Vater Pharao wird sein wie ein Vater (von) uns."

Feindesliebe, Bekenntnis zum Gott Israels, Totenauferstehung, kultische Reinheit und Abgrenzung bilden mithin das ideologische Gerüst des antiken Liebesromans *Joseph und Aseneth*, wobei sich in dieses Gerüst so viele fremdartige Bauteile einfügen, dass eine Zuweisung zu einem konkreten Milieu kaum erfolgen kann. Entsprechend dem Repertoire der Theologumena kommt auch die Bandbreite der wissenschaftlichen Einschätzungen zu diesem Text daher, sodass die Forschung seit Jahren mit zahlreichen divergierenden Meinungen aufwartet und die lange als einigermaßen gesichert geltenden Eckdaten erneut diskutiert: Ist *Joseph und Aseneth* nun tatsächlich in Ägypten verfasst, oder vielleicht doch in Palästina, Syrien oder Kleinasien? Ist der Text nicht sehr viel früher, bereits in ptolemäischer Zeit verfasst, oder sehr viel später, erst in die ausgehende Antike zu datieren? Und ist er tatsächlich hellenistisch-jüdisch, ist er überhaupt jüdisch, oder – wenig wahrscheinlich – eventuell christlich?[12] Und inwiefern kann er sogar als Beitrag zur Gender-Thematik gelesen werden?[13]

---

12 Gegenpositionen zu der eingangs skizzierten *Communis opinio*, welche eine christliche Autorschaft annehmen, den Text wesentlich später, in die spätantike Epoche, datieren und außerhalb der ägyptischen Diaspora verorten, sind seit der wissenschaftlichen Erschließung von *Joseph und Aseneth* Ende des 19. Jahrhunderts bis heute immer wieder – wenn auch weniger überzeugend – formuliert worden. Unter den jüngeren Publikationen sind vor allem beachtenswert: Christoph Burchard, Gesammelte Studien zu Joseph und Aseneth, Leiden 1996; Eckart Reinmuth (Hg.), Joseph und Aseneth, a. a. O.

13 Angela Standhartinger, Das Frauenbild im Judentum der hellenistischen Zeit: Ein Beitrag anhand von ‚Joseph und Aseneth', Leiden 1995.

Jüdische Positionierung in hellenistischer Diaspora

Im vorliegenden Rahmen können solche Probleme nicht entschieden werden. Vielmehr interessiert hier die jüdische Identität und das Leben von *Joseph und Aseneth* in der Diaspora, entwirft das Werk doch ein Bild von Judentum, das mit dem klassisch-rabbinischen nur wenig Ähnlichkeit aufweist.

Allein die Tatsache, dass einer Frau die uneingeschränkte Rolle als Protagonistin und Vorbild zugestanden wird, fällt im traditionellen jüdischen Schrifttum ganz aus dem Rahmen, denn wesentlich mehr noch als etwa in den Büchern *Ruth*, *Esther* oder *Judith* dominiert hier die weibliche Titelfigur das Geschehen. Auch die Gattung des Liebesromans stellt eine absolute Ausnahme in der jüdischen Erbauungsliteratur dar. Wie schon eingangs erwähnt, ist sie zweifellos von Griechisch und Lateinisch schreibenden Autoren wie Heliodor, Apuleius, Chariton, Xenophon von Ephesos, Longus oder Achilles Tatios beeinflusst, welche die Gattung des ethisch-religiös gefärbten Liebesromans in den ersten beiden nachchristlichen Jahrhunderten portierten. Dementsprechend wird *Joseph und Aseneth* in der Art in das jüdische Schrifttum eingearbeitet, als nun theologisch-ethische Anliegen jüdischer Provenienz – wie Nächstenliebe oder Gotteszuwendung – den einfachen Liebesplot durchwirken.[14]

Liebe ist denn auch der zentrale Wert, der in *Joseph und Aseneth* das Judentum eigentlich ausmacht, kommt doch Aseneth aufgrund von Liebe und Einsicht auf den Weg zum Gott Israels. Ausschlaggebend sind weder der traditionelle Kult noch das Religionsgesetz, sondern das persönliche Gottesverhältnis, und entsprechend gehört die Aufnahme Aseneths in die neue religiöse Gemeinschaft nicht der irdischen Sphäre an, sie wird vielmehr durch den Repräsentanten des himmlischen Heeres vollzogen, und mit einem solch engelhaften Wesen und dem rätselhaften Initiationsritus trägt diese Religion denn auch mythisch-mystische Züge. Die Faszination des Textes geht nicht zuletzt davon aus, dass er die Liebe zwischen dem Protagonistenpaar so darstellt, dass sie in verschiedensten Obertönen anklingt: So nimmt die Handlung ihren Ausgang von einer ganz profanen Beziehung zwischen Mann und Frau und daraus erklingen dann eine Ode über die Gottesliebe, ein Ethos jüdischen Diasporalebens und eine umfassende Philantrophie, die sogar die Feindesliebe mit einbezieht.

---

[14] Catherine Hezser, „Joseph and Aseneth“ in the Context of Ancient Greek Erotic Novels, in: Frankfurter Judaistische Beiträge 24, 1997, 1–40.

Welche Kreise ein solches Judentum vertreten, wird auch an der oben anzitierten Szene des begnadigten Pharao-Sohnes deutlich. Sie stellt die römische Imperialismusmaxime, laut der ein besiegter und wehrloser Feind nicht getötet werden soll, über das biblische David-Goliath-Motiv. Levi begründet die Nachsicht dem Übeltäter gegenüber damit, dass der mächtige Feind auf diese Art zum Freund, der Pharao den Juden gegenüber zum Vater werde. Aus der Vaterschaft Pharaos kann man leicht eine literarische Umsetzung der Schutzherrschaft eines fremden Herrschers über eine jüdische Diaspora-Gemeinde herauslesen, und die hier portierten Werte wie Gnade, Nachsicht oder Vergebung dienen zweifellos als harmonisierende Faktoren zwischen Exilierten und Protektorat.

Von den Werten wie auch vom beschriebenen Schauplatz her ist *Joseph und Aseneth* ein Werk der Diaspora, das der Diaspora grundsätzlich positiv gegenübersteht, können Juden doch höchste Aufgaben und Stellungen im fremden Gastland innehaben, sodass Joseph sogar die biblische Vorlage noch in dem Sinn übertrifft, als er nicht nur dem ganzen Haus des Pharaos vorsteht (Genesis 41,40), sondern sogar selber Pharao wird. Ähnlich wie das biblische Buch *Esther* und die Joseph-Geschichte vertritt auch der vorliegende Roman die Auffassung, dass Juden und Jüdinnen in der Diaspora nicht nur ein ebenso erfülltes Leben wie im Lande Israel finden, vielmehr noch können sie zum Segen für ihr Gastland und zu eigentlichen Garanten von geordnetem Leben in diesem Gastland werden. So klingt auch *Joseph und Aseneth* in folgenden Sätzen aus (29,7–9):

> 7 Und am dritten Tage starb der Sohn Pharaos aus der Wunde des Steines Benjamins des Jungmanns. 8 Und Pharao trug Leid (um) seinen Sohn den erstgeborenen sehr, und aus dem Leid ward er krank, und es starb Pharao (im Alter von) hundertneun Jahren und hinterließ sein Diadem dem Joseph. 9 Und es war König Joseph in Ägypten acht(und)vierzig Jahre. Und nach diesen (Dingen) gab zurück Joseph das Diadem dem Sprößling Pharaos dem jüngeren, der war an (der) Brust, als starb Pharao. Und es war Joseph wie ein Vater des Sohnes Pharaos des jüngeren in dem Land Ägyptens all die Tage seines Lebens.

Ob ein solches Szenario von einem besonders harmonischen Verhältnis zwischen Schutzherrschaft und Exilsgemeinde zeugt, oder ob als Quelle solcher Motive Wunschträume von bedrängten Schutzbürgern zu sehen sind, von religiösen Gemeinschaften, die auf ihr Minderheitendasein, vielleicht auch auf ihre Verfolgungserlebnisse und den dadurch bedingten Untergangsängsten mit Allmachtsvorstellungen reagieren, ist nur schwer zu entscheiden. Auffällig ist auf jeden Fall, dass die Mitglieder der pharaonischen Familie ganz gegensätzlich dargestellt werden: einerseits der Pharao selber durchaus wohlwollend und sein jüngerer Sohn vielversprechend, andererseits aber der älteste Pharaonen-Sohn als ausgekochter Wüstling. Denkbar wäre durchaus, dass der Autor mit solchen Figuren seine Zeitgenossen chiffriert hat.

Wie dem auch sei, *Joseph und Aseneth* propagiert ein Judentum von religiöser Spiritualität und tiefgreifender *Humanitas*, eine Religion, welche die Grenzen so weit öffnet, dass selbst ein Nicht-Jude – in diesem Fall sogar eine Nicht-Jüdin – zum religiös-ethischen Vorbild werden kann.

Bugonie und Honigmund

Soweit die Betrachtung zum antiken Liebesroman *Joseph und Aseneth*. Obwohl der Text auserzählt wurde, ist dem Leser durch die Handlungsskizze die Spannung in keiner Weise genommen, denn das eigentliche Leseabenteuer beginnt erst im Aufspüren der symbolischen Stränge, die zwischen Literalsinn und Allegorie eingebettet sind, schillert doch der Text in verschiedensten Schattierungen: mythisch, mystisch, weisheitlich, liturgisch oder kultisch, ohne sich auf eine einzige Lektüre reduzieren zu lassen.

Dazu ein resümierendes Detail. In ihrer Abkehr von der ägyptischen Götterwelt und ihrer Hinwendung zum ‚Gott der Hebräer' durchläuft Aseneth ein mehrstufiges Zeremonial, welches dem aus der Religionsphänomenologie bekannten Muster des *Rite de passage* entspricht und das den Übergang vom Tod in eine Neugeburt transzendiert: Berufung, Absonderung, Fasten, Körperreinigung, Einkleidung, Einweihung, Namensgebung und Festmahl. Doch dann kommt plötzlich etwas überraschend Neues. Von Aseneth zum Essen geladen, reicht der himmlische Fürst der eben Bekehrten eine Wabe, worauf Bienen beginnen, Aseneths Körper über und über zu bedecken. Als Erklärungsmodelle hat man dazu die antike Bienengöttin herangezogen,[15] oder auf den Mythos der *Bugonie* verwiesen, demzufolge aus dem Aas von Rind oder Kalb Bienen schlüpfen,[16] und tatsächlich berichtet Vergil (70–19 v. Chr.) – als entsprechende

15 Christian Wetz, Eros und Bekehrung, a. a. O., 168–187.

16 René Bloch, *Joseph und Aseneth*: ein früher jüdischer Liebesroman, in: ders., Jüdische Drehbühnen. Biblische Variationen im antiken Judentum, Tübingen 2013, 1–28, 7.

Referenzquelle – von einer aus Ägypten kommenden Landwirtschaftspraxis mit ähnlichem Grundmotiv.[17] Bienen als Symbol von Prosperität, Bugonie als Sinnbild von Neubeginn, Nektar als Göttertrank – man könnte die Assoziationen weiterspinnen. Doch zu viel mehr Präzision führt der Vergleich nicht, denn in gar manchen Zeitaltern und Kulturen verstanden es die Bienen, Künstler und Denker zu betören.[18] Und auch andere Ansätze, um die geheimnisvolle Wabe auf Aseneths Lippen zu erklären, warten kaum mit einer endgültig überzeugenden Lösung auf.[19]

Das literarische Bild auf eine Symbolgleichung zu reduzieren, würde der metaphorischen Schönheit der Passage so oder so nicht gerecht. Sehr viel bescheidener sei im Rahmen der vorliegenden Liebesanthologie darauf aufmerksam gemacht, wie der Honig auf Aseneths Lippen in einen synkretistischen Schnittpunkt von jüdischem und hellenistischem Schrifttum zu stehen kommt. Man erinnere sich noch einmal, wie der biblische Dichter seinen erotischen Phantasien nachhängt (Hoheslied 4,11): „Von Honigseim tropfen deine Lippen, Braut, Honig und Milch unter deiner Zunge …". Und demgegenüber nun die Initiation Aseneths durch den obersten Engel (*Joseph und Aseneth* 16,15.19.20):

> 15 Und es streckte aus der Mensch seine Hand die rechte und brach ab von der Wabe einen kleinen Teil und aß selbst, und das Übriggebliebene schob er hinein (mit) seiner Hand in den Mund Aseneths und sprach zu ihr: „Iß!", und sie aß. (…). 19 Und es drängten sich herum all jene Bienen der Aseneth von Füßen bis Haupt. Und andere Bienen waren groß und auserwählt wie

---

17 Vergil, Georgica IV,282–314. Hier der einführende Wortlaut (die Verse 282–294): „Ging aber plötzlich ein ganzes Geschlecht dem Imker verloren, // Und er weiß nicht, woher er aufs neu sich hole den Nachwuchs, // Dann ist's Zeit, zu berichten, was einst Arkadiens Meister // Rühmlich entdeckt hat, wie schon oft von geschlachteten Rindern // Unrein Blut uns Bienen erzeugt hat. Höher vom ersten // Ursprung hole ich aus, um ganz die Sage zu künden. // Wo das begüterte Volk der pelläischen Festung Kanopus // Siedelt am sumpfigen Ufer des flutenergießenden Nilstroms // Und im Kreis seine Fluren umfährt in farbigen Barken, // Wo der bogenbewehrte, der parthische Nachbar herandrängt, // Und wo Ägyptens grünende Flur mit schwärzlichem Flußschlamm // Fruchtbar netzet der Strom, auseinanderflutend in sieben // Mündungen, niedergesandt vom Land braunhäutiger Inder: // All dies Land baut fest sein Heil auf diese Erfindung." Drauf folgt die Beschreibung, wie man ein zweijähriges Kalb töten und seinen Kadaver präparieren müsse, um daraus einen Bienenschwarm zu züchten. Zitiert nach: Vergil, Landleben. Bucolica – Georgica – Catalepton, lateinisch und deutsch von Johannes Götte, München 1960[4], 165.

18 Ein modernes Beispiel ist die eindrucksvolle Bienenstudie des belgischen Literaturnobelpreisträgers Maurice Maeterlinck (1862–1949): Maurice Maeterlinck, Das Leben der Bienen, aus dem Französischen von Friedrich von Oppeln-Bronikowski, Zürich 2011 (1901).

19 Vgl. dazu die These von Gideon Bohak, der die sich auf Aseneths Lippen bildende Bienenwabe als Abbild des neuen Tempels und Tempelkultes von Heliopolis interpretiert: Gideon Bohak, Joseph and Aseneth and the Jewish Temple in Heliopolis, Atlanta 1996.

> Königinnen (von) ihnen und erstanden auf von der Verletzung der Wabe und drängten sich herum um das Angesicht Aseneths und machten auf ihrem Munde und auf ihre Lippen eine Wabe gleich der Wabe der anliegenden dem Menschen. 20 Und alle jene Bienen aßen von der Wabe, die (da) war auf dem Munde Aseneths.

Einen Augenblick kreuzen sich da zwei verschiedene Traditionsstränge in kreativer Synthese, um somit Raum für neue Deutungen zu schaffen.[20]

Die Art, wie *Joseph und Aseneth* die biblische Liebestopik einbindet, rückt die hellenistisch-jüdische Rezeption des Hohenliedes in Richtung einer allegorischen Lektüre. Inwiefern sich der Roman als Produkt der ägyptischen Diaspora in einem engeren oder weiteren Bannkreis des Philo von Alexandrien (um 20 v. Chr. bis 50 n. Chr.) bewegt, mag offen bleiben. Tatsache ist, dass der berühmte jüdische Religionsphilosoph dem biblischen Joseph mit *De Iosepho* ein ganzes Buch gewidmet hat und ihn dort – seinem methodischen Ansatz der Allegorese entsprechend – als Paradigma des idealen Politikers porträtiert, während er Aseneth als die ‚vornehmste der Aegypterinnen' zu höchstem Adelsstand erhebt.[21]

So oder so hat sich damit die standesgemäße Herkunft Aseneths geklärt, und selbst eine puristische Leserin kann sich angesichts eines einwandfreien Leumundes der ägyptisch-jüdischen First Lady getrost der Lektüre des nächsten Kapitels zuwenden.

---

[20] Ein zweiter solcher Schnitt- oder Berührungspunkt liegt zudem richtiggehend auf Aseneths Lippen. Mehrfach berichtet die klassisch-antike Literatur davon, wie Bienen auf den Lippen wortgewaltiger Männer – Homer, Plato und Pindar – Waben gebildet hätten (zu den Belegstellen vgl. Christian Wetz, Eros und Bekehrung, a. a. O., 180–184). Demgegenüber weisen alle drei großen Prophetenbücher der Hebräischen Bibel ein Mund-Motiv bei der Berufung ihrer Titelfiguren auf: Bei Jesaja berührt ein engelhafter Seraph die Lippe des Propheten mit einer glühenden Kohle (Jesaja 6,6.7); bei Jeremia berührt die Hand Gottes den Mund des Propheten, um ihm damit das göttliche Wort zu verleihen (Jeremia 1,9); und im Fall von Ezechiel isst der Prophet das göttliche Wort buchstäblich, da ihm eine Buchrolle in den Mund geschoben wird (Ezechiel 2,8.9).

[21] Philo, De Iosepho 121: „Er [der ägyptische König] legt ihm [Jospeh] auch in einheimischer Sprache einen von der Traumdeutung hergenommenen andern Namen bei und gibt ihm zur Ehe die vornehmste der Aegypterinnen, eine Tochter des Priesters des Sonnengottes." Zitiert nach: Philo von Alexandria, Die Werke in deutscher Übersetzung, herausgegeben von Leopold Cohn, Isaak Heinemann, Maximilian Adler und Willy Theiler, Band I, Berlin 1962², 182.

2 Rabbinische Domestizierung biblischer Erotik Der Midrasch zum Hohenlied *Schir ha-Schirim Rabba* (Spätantike, Frühmittelalter)

1,1 Das Lied der Lieder Salomos.
2 Dass er mich tränkte mit Küssen seines Mundes!
Denn deine Liebe ist süßer als Wein,
3 der Duft deiner Salben betörend,
feinstes Öl dein Name,
deshalb lieben dich die jungen Mädchen.
4 Zieh mich dir nach, wir wollen eilen!
Brächte der König mich in seine Gemächer!
Wir wollen jubeln und uns deiner freuen,
uns an deiner Liebe berauschen mehr als an Wein.
Wohl tun sie daran, dich zu lieben.[1]

So lautet der bekannte Auftakt des Hohenliedes, mit dem die Hebräische Bibel selbst in Sachen Erotik die Weltliteratur nachhaltig inspiriert hat. Ungezählte Dichter greifen im Laufe der Geschichte auf die alttestamentlichen Verse zurück, um sie ihrer je eigenen Liebesliteratur zu unterlegen: Goethe und Herder, Mendelssohn und Heine, Victor Hugo und Jean Giraudoux,[2] Umberto Eco[3] … – ein paar kopierte Zeilen verhelfen schreibfaulen Verliebten noch heute leicht zu einem Liebesbrief! Augenfällig ist die Sinnlichkeit der zitierten Passage sowie des gesamten Hohenliedes. Gerade deshalb mögen die rabbinischen Auslegungen der talmudischen Epoche, den ersten nachchristlichen Jahrhunderten, den geneigten Leser oder die am einfachen Wortsinn orientierte Leserin verwundern, wenn der Midrasch die vom Hohenlied sehr offen besungene Liebe auf eine ganz spezifische Weise verortet (*Schir ha-Schirim Rabba* I,2):

> *Dass er mich tränkte mit Küssen seines Mundes!* (Hoheslied 1,2). Wo wurde das gesagt? Rabbi Chanina Bar Papa sagte: Am Schilfmeer! Das ist es, was du sagst (Hoheslied 1,9): *Der Stute an des Pharao Wagen vergleiche ich dich,*

---

1 Die Übersetzungen der biblischen Passagen sind in diesem Kapitel auf die besondere Lesung der Rabbinen abgestimmt.

2 Song of Songs in the Arts, in: Encyclopaedia Judaica 15, Jerusalem 1971, 151–152.

3 Umberto Eco, Der Name der Rose, aus dem Italienischen von Burkhart Kroeber, München 1984 (italienische Originalausgabe 1980), 315–317.

> *meine Freundin.* Rabbi Juda sagte im Namen des Rabbi Simon: Am Sinai wurde das gesagt, wie es heißt (Hoheslied 1,1): *Das Lied der Lieder* – das Lied war das Hohelied, das Sänger vortrugen, wie es heißt (Psalm 68,26): *Sänger zogen voran, danach Spieler mit Instrumenten.*

Oder wenn dieser Verortung am Sinai entsprechend die Rabbinen die Küsse mit folgender Szene ausschmücken (*Schir ha-Schirim Rabba* I,2):

> *Dass er mich tränkte mit Küssen seines Mundes!* (Hoheslied 1,2). Eine andere Auslegung. Rabbi Jochanan sagte: Ein Engel überbrachte jeden Ausspruch des Heiligen, gepriesen sei er, und trug ihn jedem einzelnen Israeliten vor. Dann fragte der Engel ihn: Nimmst du diesen Ausspruch an? Er enthält so und so viele Rechtssätze, so und so viele Strafen, so und so viele Verordnungen, so und so viele leichte und schwere Gebote und so und so viele Belohnungen. Antwortete der Israelite darauf mit ‚ja', fragte der Engel weiter: Anerkennst du die Göttlichkeit des Heiligen, gepriesen sei er? Antwortete der Israelite wiederum mit ‚sicher, ja!', so küsste ihn der Engel unvermutet auf den Mund. Dies ist es, was geschrieben steht (Deuteronomium 4,35): *Dir, dir ist es gezeigt worden, damit du erkennst.*

Oder wenn schließlich die wie lustvollste Trunkenheit empfundenen Liebkosungen nüchtern und ernüchternd auf den Weg von Thora und Halacha, auf das Religionsgesetz hinweisen (*Schir ha-Schirim Rabba* I,2):

> *Denn deine Liebe ist süßer als Wein* (Hoheslied 1,2). Eine andere Auslegung: Das sind die Worte der Thora. (...).
> Schimon Bar Abba sagte im Namen des Rabbi Jochanan: Die Worte der Schriftgelehrten sind beliebter als die Worte der Thora. Was bedeutet (Hoheslied 7,10): *Und dein Mund wie köstlicher Wein*? Chabraja sagte im Namen des Rabbi Jochanan: Die Worte der Schriftgelehrten sind beliebter als die Worte der Thora, denn es heißt: *Deine Liebe ist süßer als Wein.* (...).
> *Denn deine Liebe ist süßer als Wein* – eine andere Auslegung: Die Worte der Thora werden mit Wasser, mit Wein, mit Öl, mit Honig und mit Milch verglichen ...

Die drei kleinen Kostproben mögen eingangs genügen, da sie die Eckpunkte rabbinischer Deutung exemplarisch und unmissverständlich abstecken: Die Akteure des biblischen Hohenliedes sind laut rabbinischer Sicht Gott und Israel, das Liebesgeschehen selber umfasst den Auszug aus Ägypten als Brautzeit sowie die Eheschließung am Sinai (im obigen Zitat veranschaulicht mit dem Betreten des Heiligtums aus Psalm 68,26). Am Horizont leuchtet mit dem Einzug ins gelobte Land denn auch als höchstes Liebesglück die messianische Erlösung auf, die *Ge'ula* aus all den *Galujot*, die Befreiung aus all den erlittenen Exilen.

Die rabbinische Sicht auf die sinnliche Liebeslyrik als religiöse Allegorie für das Verhältnis zwischen Gott und seinem auserwählten Volk scheint vorerst wenig evident und dies umso mehr, als der Midrasch *Schir ha-Schirirm Rabba* das Hohelied auf mehreren hundert Seiten Vers für Vers und selbst Wort für Wort auf das allegorische Verhältnis hin entschlüsselt.[4] Eine missglückte Interpretation? In diesem Fall würde der vorliegende Midrasch meisterlich beweisen, dass auch oder gerade eine verfehlte Erklärung Karriere machen kann, hat doch dieses Werk nicht nur dem jüdischen, sondern ebenso dem christlichen Verständnis vom Hohenlied die Richtung angezeigt, und es gibt Stimmen, die bei eben dieser allegorischen Auslegung des Hohenliedes von einem eigentlichen Beginn jüdisch-christlichen Dialoges sprechen.[5]

Doch dann sind die Gründe und Hintergründe zu befragen: Weshalb diese Allegorie, und was war ihr Erfolgsrezept? Dazu wird der Midrasch im Folgenden auf der Folie der kanonischen Vorlage beleuchtet, um anschließend seine Wirkung zu umreißen, denn sein Einfluss reicht weit über Rabbinen und Kirchenväter hinaus. Über die Epochen hinweg prägt diese rabbinische Allegorisierung die jüdische Liebesliteratur bis hin zu Marc Chagalls Bildzyklus *Le Cantique des Cantiques* oder bis hin zum zeitgenössischen dichterischen Schaffen des in Israel berühmten Jehuda Amichai – um in diesem Kapitel vorerst nur zwei Beispiele herauszugreifen.

Die kanonische Vorlage

Im Gegensatz zu seinen voluminösen Kommentaren fügt sich das Hohelied als schmales Büchlein in die Hebräische Bibel ein. Nach der üblichen mittelalterlichen Einteilung sind es acht Kapitel, insgesamt 117 Verse,

---

4 Die einzige und weit über hundert Jahre alte deutsche Übersetzung des Midrasch umfaßt beinahe zweihundert Seiten: August Wünsche, Der Midrasch Schir ha-Schirim Rabba, in: ders., Bibliotheca Rabbinica II, Hildesheim 1993 (Nachdruck Leipzig 1880), 1–194. Die traditionellen hebräischen Editionen mit ihren zusätzlichen Kommentaren weisen an die tausend Seiten auf: Shir Hashirim. Midrash Rabbah Hamevoar, ed. Yaacov G. Rosenberg / Dvorah Rosenberg, 2 volumes, Jerusalem 2002 (hebr.). Zu einer englischen Übersetzung vgl. Jacob Neusner, Song of Songs Rabbah. An Analytical Translation, 2 volumes, Atlanta 1989.

5 Reuven Kimelman, Rabbi Yokhanan and Origen on the Song of Songs: A Third-Century Jewish-Christian Disputation, in: The Harvard Theological Review 73/3.4, 1980, 567–595.

gehalten in lyrischem Hebräisch, großenteils mit dem für die alttestamentliche Dichtung charakteristischen *parallelismus membrorum*, den sich in zwei Vershälften ergänzenden synonymen Aussagen.

Wie es exemplarisch die zitierte Eingangspassage zeigt, besteht der Text aus einem Kanon von Stimmen, direkten Reden, wobei die Parts der weiblichen und männlichen Sprecher unvermittelt ineinander übergehen, die Sprechsituationen selber sich nur als angedeutete Schemen abzeichnen (fürstliche Gemächer, Weinberge und Gärten, die Gassen Jerusalems, eine Sänfte, eine Kammer, ein Zelt …), zum Teil auch überlagern, sodass sich die Sprecheinheiten selber nicht immer eindeutig abgrenzen lassen, was wohl der Absicht der biblischen Redaktoren entspricht, wenn man von der Annahme ausgeht, dass das *Schir ha-Schirim*, das ‚Lied der Lieder', eine Sammlung einzelner Liebeslieder ist, die in der nun vorliegenden Form als ein voller, vollendeter Liebesgesang erklingen soll.

Entsprechend verbindet sich im Hohenlied eine Vielfalt von Gattungen antiker Liebeslyrik, Genres, die auch auf unterschiedliche soziale Trägerkreise hinweisen: Bukolika ebenso wie Klänge zu einer königlichen Hochzeit, Beschreibungs- und Bewunderungslieder, doch auch Liebesduette, Sehnsuchtslieder oder Warnungen vor Liebesgefahren und Liebesgefährdern. Dazu ein paar kleine Kostproben:

1,7 Sage mir, du, den meine Seele liebt: Wo weidest du?
Wo lässt du lagern am Mittag?
Weshalb denn bin ich wie eine, die bei den Herden deiner Freunde umherirrt?
8 Wenn du es nicht weißt, du schönste unter den Frauen,
so geh doch den Spuren der Schafe nach und weide deine Zicklein
bei den Wohnstätten der Hirten.

3,9 Eine Sänfte ließ sich König Salomo zimmern aus Hölzern des Libanon,
10 die Füße aus Silber, die Lehne aus Gold,
der Sitz ein Purpurkissen, alles ausgestattet mit Liebe
von den Töchtern Jerusalems.
11 Kommt heraus und schaut, Töchter Zions,
den König Salomo mit der Krone, mit der seine Mutter ihn gekrönt
am Tag seiner Hochzeit, am Tag seiner Herzensfreude.

4,1 Siehe, wie schön bist du, meine Freundin, siehe, wie schön!
Deine Augen glänzen wie Tauben hinter deinem Schleier.
Dein Haar gleicht einer Herde Ziegen, die vom Berg Gilead hinabeilen.
2 Deine Zähne sind wie eine Herde frisch geschorener Schafe,
die von der Schwemme heraufsteigen,
die allesamt Zwillinge haben und deren keines ohne Lämmer ist.

3 Einem Karmesinband gleich sind deine Lippen, und dein Plaudermund
ist lieblich.
Gleich dem Riss im Granatapfel schimmert deine Schläfe hinter deinem
Schleier.
(…).
7 Alles ist schön an dir, meine Freundin, an dir ist kein Fehl.

2,3 Wie der Apfelbaum unter den Bäumen des Waldes,
so ist mein Geliebter unter den jungen Männern.
In seinem Schatten begehrte ich zu sitzen,
und seine Frucht ist meinem Gaumen süß.
4 Er führt mich ins Weinhaus, und sein Banner über mir: die Liebe.
5 Stärkt mich mit Rosinenkuchen, erfrischt mich mit Äpfeln,
denn krank vor Liebe bin ich.
6 Seine Linke liegt unter meinem Kopf, und seine Rechte umarmt mich.
7 Ich beschwöre euch, Töchter Jerusalems,
bei den Gazellen oder bei den Hinden des Feldes:
Weckt nicht, stört nicht die Liebe auf, bis es ihr gefällt!

3,1 Nachts auf meinem Lager verlangte es mich nach dem,
den meine Seele liebt.
Ich suchte ihn, doch ich fand ihn nicht.
2 So will ich aufstehen und durch die Stadt gehen,
durch die Plätze und Strassen.
Ich werde ihn suchen, den meine Seele liebt.
Ich suchte ihn, doch ich fand ihn nicht.
3 Mich fanden die Wächter, die in der Stadt umherziehen –
Habt ihr ihn gesehen, den meine Seele liebt?

Kommentare und Nachdichtungen haben sich immer wieder bemüht, diese Stimmen und Stimmungen in eine geordnete Handlung zu domestizieren, obwohl der Charme des Textes – ebenso wie die Liebe als dem von ihm besungenen Phänomen – gerade im unfassbar Schwebenden flirrt. Ein Gedichtkranz anlässlich der Hochzeit von König Salomo mit der schönen Schulamith (Hoheslied 7,1) oder ein Drama in der Besetzung von Hirte, Schulamith, König und Chor, in der Art wie Max Brod (1884–1968) das Hohelied umgestaltet hat, können dazu als Illustration dienen.[6] Im Kontext der jüdischen Liebesliteratur besonders bemerkenswert ist der eigenständige Part der Frau, die hier im antiken Carmen ihr sexuelles Sehnen frei ausspricht, während das rabbinische Schrifttum eine solch

[6] Max Brod, Das Lied der Lieder, in: Friedrich Thieberger / Else Rabin (Hg.), Jüdisches Fest / Jüdischer Brauch. Ein Sammelwerk, Berlin 1936, 269–279.

weibliche Stimme für Jahrhunderte, bis an die Schwelle zum 20. Jahrhundert zum Verstummen bringt. Dass sich die alttestamentlichen Rollen von Braut und König, Schäferin und Schäfer auf derselben Ebene bewegen, demonstriert zudem eindrücklich, dass zarter Liebeszauber keine Hierarchie kennt: Als Liebender ist auch der Hirte König, das einfache Mädchen der Geliebten Salomos gleich.[7]

Obwohl dem Genre der Liebeslyrik konkrete Angaben oder Realia im Allgemeinen fremd sind, nennt das Hohelied eine ganze Reihe historischer Orte, welche sich – von Jerusalem (das achtmal erwähnt wird), En-Gedi und Kedar abgesehen – alle im Norden befinden: Tirza, Gilead, Scharon, Hermon, Senar, Amana, Damaskus sowie (fünfmal) der Libanon. Eine solche Verortung lässt vermuten, dass wesentliche Teile des Textes im Nordreich entstanden sind und nach dem Untergang Samarias (722 v. Chr.) in Jerusalem weiter tradiert wurden.[8] Zusätzlich lassen Einflüsse altorientalischer und ägyptischer Liebesdichtung[9] sowie sprachliche Eigenheiten, beispielsweise ein griechisches Lehnwort wie *apirjon* für ‚Sänfte' (Hoheslied 3,9), auf einen sehr langen Entstehungsprozess schließen – vom 8. bis zum 3. vorchristlichen Jahrhundert vermutlich –, welcher womöglich in Jerusalem zu einem Abschluss kam.[10]

Im Hinblick darauf, dass das Hohelied als Teil eines heiligen Kanons tradiert wird, erstaunt das Fehlen jeden expliziten Bezuges zum Göttlichen, und dies gerade im Vergleich zu den sumerischen und akkadischen Vorbildern, bei denen Liebestexte stets auf zwei Ebenen spielen: als Liebesspiel zwischen dem Götterpaar Inanna und Dumuzi – beziehungsweise deren akkadischem Pendant Ischtar und Marduk oder einem sonstigen wechselnden Göttergespielen der babylonischen Liebesgöttin – und

---

7 Auf dem Hintergrund der altorientalischen Liebeslyrik ist indes auch zu bedenken, dass die Rollen, Epitheta und Metaphern von König und Hirte ineinander übergehen. Vgl. dazu Joan Goodnick Westenholz, Love Lyrics from the Ancient Near East, in: Jack Sasson (Ed.), Civilizations of the Ancient Near East 4, New York 1995, 2471–2484; Volkert Haas, Babylonischer Liebesgarten, Erotik und Sexualität im Alten Orient, München 1999.

8 Othmar Keel, Das Hohelied, Zürich 1992 (1986), 11–14.

9 Michael V. Fox, The Song of Songs and the Ancient Egyptian Love Songs, Madison / Wisconsin 1985; Othmar Keel, Erotik als Amulett gegen den allgegenwärtigen Tod, in: Leben trotz Tod. Jahrbuch für Biblische Theologie 19, 2004, 49–62.

10 Zur historisch-kritischen Forschung und weiterführenden Angaben einschlägiger Literatur vgl. Anselm C. Hagedorn, Hoheslied, in: www.wibilex.de (aufgerufen am 12.5.2017); Ludger Schwienhorst-Schönberger, Das Hohelied, in: Erich Zenger (Hg.), Einleitung in das Alte Testament, Stuttgart 1998 (1995), 344–351. Als neuerer Kommentar besonders herausragend ist derjenige von J. Cheryl Exum, Song of Songs. A Commentary, Louisville/Kentucky 2005.

einem individuellen Menschenpaar.[11] Den alttestamentlichen Dichtern konnte das kaum entgangen sein. Lässt man sich auf jüngste Annahmen zu altisraelitischen Gottesvorstellungen ein,[12] so wäre denkbar, dass zunächst auch einzelne Texte des Hohenliedes einen *hieros gamos* impliziert hätten – in diesem Fall mit dem Götterpaar JHWH und Aschera. Im Rahmen einer zunehmenden Monotheisierung hätten spätere Redaktoren solche Spuren dann jedoch ent-polytheisiert. Eine erneute Re-Theologisierung wäre schließlich unter dem Einfluss der Propheten erfolgt, allerdings unter Austausch der Liebespartner. Denn verbreitet stilisierten die Propheten das Verhältnis zwischen Gott und seinem Volk als das eines – allerdings nicht selten zerrütteten – Paares, beispielsweise mit Texten wie dem Weinberglied (Jesaja 5,1–7), oder den deuterojesajanischen Versöhnungszusagen (Jesaja 54,1–14). Derart könnte im Hohenlied ein neues Paar zusammenfinden: Gott und seine Geliebte Israel. An diesem Punkt wird denn auch die rabbinische Interpretation anknüpfen.

Die eben umrissene inneralttestamentliche Entwicklung aber verharrt im Hypothetischen. Es bleibt die Tatsache, dass weder der Name Gottes JHWH noch das Nomen ‚Gott' im Hohenlied je vorkommen, es sei denn versteckt in der – verschriebenen? – Kurzform des Tetragramms *Jah* (*schalhevetja*, ‚die Flamme des Herrn'), eingebettet in den ausklingenden Versen des letzten Kapitels:

> **8**,6 Lege mich wie ein Siegel an dein Herz, wie ein Siegel an deinen Arm,
> denn stark wie der Tod ist die Liebe, hart wie die Unterwelt die Leidenschaft,
> ihre Funken sind Funken von Feuer, die Flamme des Herrn (*schalhevetja*).
> 7 Große Wasser können die Liebe nicht löschen, Ströme sie nicht überfluten.
> Gäbe einer auch all sein Gut um die Liebe, würde man ihn verachten?

An solcher Stelle klingt gewiss ein transzendenter Ton an, der indes der freudigen Körperlichkeit keinen Abbruch tut.

Zuviel des weltlichen Frohlockens? Störten sich die nachbiblischen Weisen an der fraglos erotischen Qualität des biblischen Liebesbüchleins? Auf jeden Fall wurde die rabbinische Kanonisierung des Hohenliedes von gewissen Missklängen beeinträchtigt.

---

[11] Zu den Primärtexten vgl. Yitzhak Sefati, Love Songs in Sumerian Literature, Critical Edition of the Dumuzi-Inanna-Songs, Bar-Ilan-University / Ramat Gan 1998; Nathan Wasserman, Akkadian Love Literature of the Third and Second Millennium BCE, Wiesbaden 2016.

[12] Peter Schäfer, Zwei Götter im Himmel. Gottesvorstellungen in der jüdischen Antike, München 2017, 9–10, 32, 161.

Eine Schlüsselrolle in dieser Diskussion schreibt die Tradition dem in der Einleitung bereits vorgestellten Rabbi Aqiva zu (um 50–135 n. Chr.). Auf ihn gehen mehrere Dikta zurück, welche Probleme bei der Heiligsprechung des Hohenliedes vermuten lassen, allen voran seine unmissverständliche Warnung in der Tosefta (Sanhedrin XII,10): „Wer das Hohelied im Gasthaus trällert und aus ihm ein gewöhnliches Lied macht, hat keinen Anteil an der kommenden Welt." Und ebenso seine Beteuerung in der Mischna, dass die Kanonizität des Hohenliedes über jeden Zweifel erhaben sei (Jadajim III,5):

> Rabbi Aqiva sagte: Gott behüte! Niemand in Israel hat bestritten, dass das Hohelied nicht die Hände verunreinige,[13] denn die ganze Welt ist nicht des Tages würdig, an dem das Hohelied Israel gegeben wurde, denn alle Hagiographen sind heilig, aber das Hohelied ist hochheilig.

Oder schließlich Rabbi Aqivas Ausdruck höchster Wertschätzung, von dem die Aggada zu berichten weiß: „Wäre nicht die Thora gegeben worden, so hätte das Hohelied genügt, die Welt zu lenken."[14]

Welche Gründe am Schluss den Ausschlag gegeben haben, das Hohelied in den Kanon aufzunehmen, bleibt umstritten.[15] Neben liturgischen Überlegungen oder dem typologischen Auslegungspotential des Textes kann auch die im Auftakt genannte Autorschaft Salomos (Hoheslied 1,1) in die Überlegungen der entscheidenden Instanzen hineingespielt haben. Seine Rolle als Verfasser wird rabbinisch breit diskutiert, gilt er den Rabbinen in Anlehnung an die Bibel durchaus als weiser Dichter (I Könige 5,9–12), sein Lebenslauf indes konnte halachischen Standards kaum genügen (I Könige 11,1–8), sodass die Lehrer des Midrasch auch nicht davor zurückschreckten, Salomo einen – wörtlich und mit dem griechischen Lehnwort – *idiotes* zu nennen (*Schir ha-Schirim Rabba* I,1).

Diese in einem Lehrhaus eher unschickliche Bemerkung mag den bibelkundlich bewanderten Leser darauf einstimmen, dass das alttestamentliche ‚Lied der Lieder Salomos' in der midraschischen Lesung des *Schir ha-Schirim Rabba* mit nicht wenig weiteren Überraschungen aufwarten wird.

---

[13] Wie bereits in der Einleitung zu dieser Stelle vermerkt, drückt der rabbinische Topos des Verunreinigungspotentials eine rituelle Tabuisierung, eventuell auch den Bezug zur Kanonisierung aus.

[14] Aggadath Shir Hashirim, ed. Salman Shechter, Cambridge 1896, 5 (hebr.).

[15] Oder ob die Kanonisierung überhaupt in Frage gestellt war, vgl. dazu John Barton, The Canonicity of the Song of Songs, in: Anselm C. Hagedorn (Ed.), Perspectives on the Song of Songs – Perspektiven der Hoheliedauslegung, Berlin / New York 2005, 1–7.

Die Denkwelt des Hohelied-Midrasch

Das Hohelied als auszulegender Text hält den Midrasch, der dem Ablauf der alttestamentlichen Vorlage Vers für Vers folgt, wie ein roter Faden zusammen, ein Faden, an dem Voten, Gegenvoten und Zusatzvoten, Episoden, Gleichnisse und Sentenzen – oftmals literarische Juwelen, manchmal auch einfach Kuriositäten – zu einer bunten Kette aufgefädelt sind.

Im Midrasch aber wechseln nun abrupt Akteure, Dekor und Handlung. Statt Liebesgeflüster in bukolischer Idylle oder orientalisch üppig ausgepolsterten Sänften: Talmud-Thora-Studium auf harten Sitzen rabbinischer Lehrhäuser! Auch ist der favorisierte Held nicht mehr König Salomo als Autor und Akteur des Hohenliedes, sondern vielmehr Rabbi Aqiva als der große Lehrer aus der Zeit des Bar-Kochba-Krieges (132–135 n. Chr.). Seinen Namen verbinden die Rabbinen mit dem erlesenen Öl, welches das Hohelied in seinen ersten Zeilen nennt (*Schir ha-Schirim Rabba* I,3):

> *Feinstes Öl dein Name* (Hoheslied 1,3). (…). Als Rabbi Aqiva einst zu spät ins Lehrhaus kam, setzte er sich draußen vor die Tür. Drin wurde eine Frage zur Halacha gestellt. Da hieß es: Die Halacha ist draußen. Es folgte eine weitere Frage. Da hieß es: Die Thora ist draußen. Nochmals folgte eine Frage. Da hieß es: Aqiva ist draußen. Man machte ihm einen Platz frei, und er setzte sich zu Füssen des Rabbi Eliezer. Das Lehrhaus des Rabbi Eliezer war wie ein Halbrund gebaut, und dort befand sich ein Stein, der für Rabbi Aqiva bestimmt war und auf dem er zu sitzen pflegte. Einst trat Rabbi Jehoschua dort ein, küsste diesen Stein und sagte: Dieser Stein gleicht dem Berg Sinai, und derjenige, der auf ihm sitzt, gleicht der Bundeslade.

Doch zunächst zu den Eckdaten des Midrasch *Schir ha-Schirim Rabba*. Wie der auszulegende Bibeltext weist auch der Midrasch einen oralen Sprachduktus auf, wenn auch ein ganz anderes Genre, denn hier fügen sich die direkten Reden zu einer endlos langen Diskussion zusammen, an welcher mehrere Generationen rabbinischer Weiser teilhaben. Gesprochen wird in Mischna-Hebräisch, hie und da finden sich aramäische Versatzstücke. Ebenso wie die übrigen rabbinischen Auslegungswerke zur Hebräischen Bibel ist *Schir ha-Schirim Rabba* wahrscheinlich in Palästina entstanden, eine Annahme, die zusätzlich dadurch abgestützt wird, als dieser Midrasch einiges Textgut mit dem Palästinischen Talmud und weiteren palästinischen Midraschim teilt – unter ihnen *Genesis Rabba*, *Leviticus Rabba* und *Pesiqta de-Rav Kahana*.

Wesentlich schwerer als die örtliche ist die zeitliche Bestimmung. Einige Fragmente aus dem 11. Jahrhundert wurden in der Kairoer Geniza gefunden, die älteste Handschrift (MS Parma De Rossi 3122) stammt aus dem 13. Jahrhundert, die *editio princeps* wurde 1519 in Pesaro gedruckt. Wenn auch die Hypothesen zur Datierung weit auseinander gehen, so herrscht in der wissenschaftlichen Debatte insofern Konsens, als man mit einem von der Spätantike bis ins Mittelalter reichenden Entstehungsprozess rechnet, der ungefähr im 6. bis 8. Jahrhundert zum Abschluss kommt.[16]

Tatsächlich wirkt der Charakter des Gesamttextes uneinheitlich wie eine Art exegetisches Potpourri. Die zahlreichen Wiederholungen und Parallelen zum übrigen rabbinischen Schrifttum vermitteln den Eindruck, dass der Midrasch *Schir ha-Schirim Rabba* aus verschiedenen Homilien zusammengefügt wurde – den Katenen der Kirchenväter vergleichbar oder dem Wachsen von Sagenkränzen zu Heiligenbiographien. Entsprechend unausgeglichen erscheint auch die Aufteilung des Stoffes, denn während der Midrasch dem ersten Kapitel des Hohenliedes wesentlich mehr als ein Viertel seines Gesamttextes widmet (in August Wünsches Übersetzung 53 von insgesamt 194 Seiten), sind ihm die Kapitel 3 bis 8 nicht einmal die Hälfte davon wert.

Das offensichtliche Bedürfnis nach Predigtsammlungen und Midraschim gründet in der liturgischen Verortung des Hohenliedes, das im synagogalen Gottesdienst an Pesach gelesen und folglich auch paränetisch kommentiert wird. Mit seinem Erinnern an den Auszug aus Ägypten symbolisiert Pesach das Erlösungsdatum schlechthin, sodass die durchgehend allegorische Auslegung des Midrasch *Schir ha-Schirim* nicht zuletzt aus dem Sitz in der Liturgie, die das Hohenlied nun nachbiblisch einnimmt, verständlich wird: die im Hohenlied besungene Liebe als die Beziehung zwischen Gott und seinem Volk Israel, welches er einst und jetzt aus Ägypten und aus dem Exil befreit.

Aus diesem Handlungsnukleus ergeben sich denn auch die dominierenden Themen des Midrasch: Mose und Messias, Exodus und Erlösung, ja, die gesamte Geschichte Israels, gespiegelt in all den Accessoires und Requisiten, von denen das biblische Hohelied zu erzählen weiß. Zur Ver-

[16] Zur historisch-kritischen Einschätzung des Midrasch *Schir ha-Schirim Rabba* und zur weiterführenden Literatur vgl. Günter Stemberger, Einleitung in Talmud und Midrasch, München 2011^{9}, 349–351; Song of Songs Rabbah, in: Encyclopaedia Judaica 15, Jerusalem 1971, 152–154.

anschaulichung ein paar repräsentative Ausschnitte (*Schir ha-Schirim Rabba* II,7.8.9; IV,5; V,2):

Rabbi Juhuda sagt (Hoheslied 2,8): *Die Stimme meines Geliebten! Sieh da, er kommt!* – Das ist Mose in der Stunde, als er auftrat und zu Israel sagte: In diesem Monat werdet ihr erlöst. (…) Rabbi Chunja sagt im Namen des Rabbi Eliezer Ben Jakob (Hoheslied 2,8): *Die Stimme meines Geliebten! Sieh da, er kommt!* – Das ist der König Messias, wenn er auftritt und zu Israel sagt: In diesem Monat werdet ihr erlöst.

Mein Geliebter gleicht der Gazelle (Hoheslied 2,9). Ebenso wie die Gazelle von Berg zu Berg hüpft, von Hügel zu Hügel, von Baum zu Baum, von Hütte zu Hütte, von Zaun zu Zaun, so sprang der Heilige, gepriesen sei er, von Ägypten zum Meer, vom Meer zum Sinai, und vom Sinai in die Zukunft …

Ich schlafe, doch mein Herz ist wach (Hoheslied 5,2). Das sagte die Gemeinde Israel vor dem Heiligen, gepriesen sei er: Ich schlafe und übe keine Gesetze aus, doch mein Herz ist wach für gute Taten; ich schlafe und verrichte keine wohltätigen Werke, doch mein Herz ist wach, sie zu tun; ich schlafe und bringe keine Opfer dar, doch mein Herz ist wach für das *Schma'* und das Achtzehngebet; ich schlafe und betrete nicht den Tempel, doch mein Herz ist wach und wendet sich Bet- und Lehrhäusern zu; ich schlafe und denke nicht an das Ende [der Leiden], doch mein Herz ist wach für die Erlösung; ich schlafe und denke nicht an die Erlösung, doch das Herz des Heiligen, gepriesen sei er, ist wach, mich zu erlösen.

Deine beiden Brüste (Hoheslied 4,5). – Das sind Mose und Aaron. Ebenso wie die Brüste Pracht und Anmut der Frau darstellen, stellen Mose und Aaron Pracht und Anmut Israels dar. Ebenso wie die Brüste die Zierde der Frau sind, sind Mose und Aaron die Zierde Israels. Ebenso wie die Brüste der Frau ihre Würde und ihr Ansehen ausmachen, machen Mose und Aaron die Würde und das Ansehen Israels aus. Ebenso wie die Brüste mit Milch gefüllt sind, waren es Mose und Aaron, die Israel mit der Thora gestillt haben. Ebenso wie die Brüste alles, was die Frau isst, dem Kind weitergeben, so gab auch unser Lehrer Mose das ganze Gesetz, das er gelernt hatte, an Aaron weiter, wie geschrieben steht (Exodus 4,28): *Und Mose berichtete Aaron all die Worte des Herrn.* Und die Rabbinen sagen, dass er ihm den ganzen Gottesnamen offenbart hat.

Weckt nicht, stört nicht die Liebe auf, bis es ihr gefällt! (Hoheslied 2,7) … Rabbi Berechja sagte: Das ist die Liebe, mit welcher der Heilige, gepriesen sei er, Israel geliebt hat, wie es heißt (Maleachi 1,2): *Ich habe euch geliebt.* Gott sagte: Was bedeutet ‚*bis es ihr gefällt*'? Die himmlische Königsherrschaft. Wenn es deren Maß des Rechts gefällt, bin ich es, der sie ohne Verzögerung und mit dröhnender Stimme bringt, deshalb heißt es ‚*bis es ihr gefällt*'.

Diese Darstellung der Erlösung wirft eine Reihe von Fragen auf. Nur zwei seien hier angesprochen.

Einerseits, wie virulent war die Erwartung auf die messianische Erlösung bei den galiläischen Juden im Gegensatz zur Diaspora-Gemeinde in Babylonien? Denn mit dem eben angeführten Zitat ‚*Weckt nicht, stört nicht die Liebe auf, bis es ihr gefällt!*' (Hoheslied 2,7; 3,5; 5,8) warnt Rabbi Jehuda im Babylonischen Talmud nachdrücklich vor der Naherwartung und davor, angesichts eines eventuell bevorstehenden Endes des Exils aus Babylonien ins Land Israel hinaufzuziehen (Ketubbot 111a).

Andererseits steht die Rolle des Mose in *Schir ha-Schirim Rabba* in auffälligem Gegensatz zur Pesach-Haggada, der Lektüre im familiären Rahmen am Seder-Abend, denn obwohl beide Texte zur Liturgie von Pesach gehören, zollt der Midrasch Mose höchstes Lob und erhebt ihn zusammen mit Israel zum favorisierten Liebespartner Gottes, während die Haggada – wohlgemerkt als Nacherzählung des Exodus aus Ägypten – Moses Part als Protagonist wie demonstrativ streicht und ihn mit Schweigen übergeht. Als Erklärung den unterschiedlichen Sitz in der Liturgie und die ungleichen Adressaten heranzuziehen, griffe zu kurz.

Wie dem auch sei, auf jeden Fall vertont der Midrasch das Hohelied als einen Gesang göttlicher Liebe und Befreiung Israels aus der Unterdrückung des ägyptischen wie des gegenwärtigen Exils. Wohl stehen dabei das Volk Israel und Mose als Gottes Geliebte im Mittelpunkt, doch zu ihnen gesellen sich zahlreiche weitere Akteure der biblischen Vergangenheit, sodass sich ein ganzer Reigen von Liebespaaren formiert, unter ihnen Gott und die Väter – allen voran Abraham als die viel besungene Taube[17] – oder auch Gott und Daniel, zu dem deshalb ein besonderes Liebesverhältnis besteht, weil Daniel die vier Königreiche verkündet, doch ebenso ihr Ende vorausgesehen hat.[18] Die Erzväter wie die Figur Daniels fügen sich denn auch als durchgehende sekundäre Motivstränge zum dominierenden Mose-Exodus-Strang hinzu.

Daneben schmückt der Midrasch sein spezifisches Szenario mit einer Fülle von Requisiten aus, die er aus dem Hohenlied konsequent allegorisch übersetzt. Aus dieser Fülle hier nur ein paar ausgewählte Beispiele: Die Narde, die von der Geliebten ausströmt, meint die Immanenz Gottes;[19] die sechzig Helden an Salomos Bett entsprechen den sechzig Buch-

---

17 *Schir ha-Schirim Rabba* VI,9 zum Hohenlied 6,9.
18 *Schir ha-Schirim Rabba* III,4 zum Hohenlied 3,4.
19 *Schir ha-Schirim Rabba* I,12 zum Hohenlied 1,12.

staben des Priestersegens;[20] der Tag der Hochzeit Salomos verweist auf Stiftshütte und Tempel;[21] die von Seim träufelnden Lippen der Braut beziehen sich auf die öffentlichen Vorträge über die Worte der Thora;[22] die von Wächtern besetzten Mauern, auf welche die Geliebte trifft, sind die Mauern, welche die Thora bewachen;[23] die beiden Hände des Geliebten versinnbildlichen die beiden Bundestafeln;[24] der schöne, wie mit Saphiren bedeckte Körper des Geliebten symbolisiert den Talmud, der dem großen Meer gleicht;[25] die sechzig Königinnen und achtzig Nebenfrauen, die mit der Geliebten verglichen werden, repräsentieren die sechzig Traktate von Halachot und achtzig Abschnitte in der Priester-Thora, d. h. Leviticus;[26] und der wohlgerundete Nabel der Geliebten bedeutet die Gerichtsbarkeit des Sanhedrin.[27]

Der Midrasch *Schir ha-Schirirm Rabba* wartet dementsprechend mit vielen unvermuteten Deutungen auf und enthält darüber hinaus das gesamte Repertoire der Topoi, welche das talmudisch-rabbinische Schrifttum thematisch prägen – der Wert der Thora, die Auferstehung der Toten, der Konflikt zwischen Esau-Rom und Jakob-Israel und vieles mehr –, sodass sich der Text nicht zuletzt als repräsentativer Querschnitt der rabbinischen Gedankenwelt liest.

Der Einfluss des Midrasch

Doch trotz dieser Repräsentativität des vorliegenden Midrasch für das rabbinische Schaffen ist einzuwenden, dass die allegorische Interpretation an sich nicht der gängigen talmudischen Exegese entspricht. Denn während jüdisch-hellenistische Autoren, allen voran der im vorigen Kapitel bereits erwähnte Philo von Alexandrien (um 20 v. Chr. bis 50 n. Chr.), ebenso wie später die christlichen Kirchenväter die Allegorese als bevorzugte Bibelauslegung praktizierten, binden die Rabbinen den *Remes*, die symbolische Deutung, zugunsten des *Drasch*, der homiletischen Deutung, zurück. Die Allegorie ist bekanntlich mehr willkürlich als logisch. Der

20 *Schir ha-Schirim Rabba* III,7 zum Hohenlied 3,7.
21 *Schir ha-Schirim Rabba* III,10 zum Hohenlied 3,10.
22 *Schir ha-Schirim Rabba* IV,11 zum Hohenlied 4,11.
23 *Schir ha-Schirim Rabba* V,7 zum Hohenlied 5,7.
24 *Schir ha-Schirim Rabba* V,14 zum Hohenlied 5,14.
25 Ibid.
26 *Schir ha-Schirim Rabba* VI,9 zum Hohenlied 6,8.
27 *Schir ha-Schirim Rabba* VII,3 zum Hohenlied 7,3.

Umstand, dass ihre christlichen Zeitgenossen zu allegorischen Mitteln griffen, um alttestamentliche Passagen und Figuren als Schriftbeweise für die neutestamentliche Botschaft einzusetzen – und damit das jüdische Erbe usurpierten –, konnte den Rabbinen nicht entgangen sein, musste sie mehr als peinlich berühren und mithin für einen solchen methodischen Ansatz grundsätzlich misstrauisch stimmen. Wenn die jüdischen Weisen in *Schir ha-Schirim Rabba* nun gegen ihren Usus der Allegorie in geradezu exzessiver Weise frönen, stellt sich zwangsläufig die Frage nach den Gründen und Hintergründen solchen Tuns.

Im Allgemeinen setzt die Allegorisierung eines kanonischen Textes dort ein, wo neue Zeitumstände und damit einhergehend eine neue Mentalität bewirken, dass die Rezipienten mit der Vorlage nicht mehr zurechtkommen und nicht mehr bereit sind, den Inhalt seinem einfachen Wortsinn gemäß zu akzeptieren.[28] Diese Regel gilt zweifellos auch für die rabbinische Auslegungspraxis von *Schir ha-Schirim Rabba*, wobei der *Pschat*, der Literalsinn, hie und da dennoch durchschimmert, nicht zuletzt in den Gleichnissen, die in diesem Midrasch vorwiegend als Mann-Frau-Gleichnisse ausgestaltet sind und aus denen hervorgeht, dass die Rabbinen bestens um die Harmonien und Disharmonien in Liebesdingen wussten.

Die alttestamentliche Liebesdichtung verlangt an sich keine religiöse Deutung. Dafür, dass die Heilige Schrift von profanen Dingen berichtet, liefert die Hebräische Bibel genügend Beweise. Ausschlaggebend für die rabbinische Allegorisierung des Hohenliedes scheinen denn auch vorwiegend die historischen Umstände der jüdisch-römischen Kriege. Davon zeugt ein spezifischer Motivstrang in *Schir ha-Schirim Rabba*, der insbesondere deshalb auffällt, weil die rabbinischen Schriften gemeinhin wenig historische Realia einbringen. Hier aber wird Rom und seine Aggression gegen Israel nicht nur unter der Chiffre ‚Esau' behandelt, sondern es fallen auch explizit die Namen mehrerer Cäsaren wie Caligula, Hadrian oder Diokletian, Orte von geschichtlicher Bedeutung wie Javne, Bethar oder Uscha, wobei im Mittelpunkt die Religionsverfolgungen des Bar-Kochba-Krieges und das Martyrium des Kreises um Rabbi Aqiva stehen (*Schir ha-Schirim Rabba* VIII,7):

> *Gäbe einer auch all sein Gut um die Liebe, würde man ihn verachten?* (Hoheslied 8,7). Wenn auch die Völker der Welt all ihre Schätze für ein einziges

[28] Othmar Keel, Das Hohelied, a. a. O., 16.

> Wort aus der Thora öffnen und all ihren Reichtum für das Blut des Rabbi Aqiva und seiner Genossen geben würden, so könnten sie dennoch niemals genug Sühne erwirken.

Die Niederlage gegen die Römer 135 n. Chr. gilt als der Tiefpunkt antiker jüdischer Geschichte schlechthin: der gewaltsame Tod der geistigen und militärischen Elite zusammen mit Rabbi Aqiva und Bar Kochba, die Ausweisung der Juden aus Judäa und damit einhergehend aus Javne als dem Zentrum jüdischer Selbstverwaltung, die Umgestaltung Jerusalems zur römischen Provinzstadt Aelia Capitolina. Mit diesem politischen Einbruch verbindet das rabbinische Schrifttum wiederholt das allegorische Verständnis des Hohenliedes. Dort, wo einzig Verlust, Verfolgung und Vertreibung erfahren werden, erklingt das Hohelied als göttlicher Liebesschwur an sein Volk Israel. Im Licht dieses Hoffnungsschimmers schildert *Schir ha-Schirirm Rabba* die behutsamen Schritte nach dem Debakel der Hadrianischen Verfolgung hin zu einem Neuanfang (*Schir ha-Schirim Rabba* II,5):

> Als die Zeit der religiösen Verfolgung vorüber war, versammelten sich unsere Meister in Uscha, nämlich: Rabbi Jehuda, Rabbi Nechemja, Rabbi Meir, Rabbi Jose, Rabbi Schimon Ben Jochai, Rabbi Eliezer Ben Jose ha-Gelili und Rabbi Eliezer Ben Jakob. Sie ließen den Ältesten in Galiläa folgende Nachricht zukommen: Jeder, der bereits gelehrt hat, komme hierher und lehre, und jeder, der noch nicht gelehrt hat, komme und lerne. Viele kamen und lernten …

Auf solche Weise beschreibt der Midrasch, wie das rabbinische Judentum in der Mitte des 2. Jahrhunderts n. Chr. sich in der galiläischen Ortschaft Uscha neu zu organisieren suchte.[29] Die allegorische Auslegung des Hohenliedes beabsichtigt folglich, die Niederlage des letzten jüdisch-römischen Krieges theologisch aufzufangen – ob diese Auslegung später auf diese Epoche projiziert worden oder aus ihr selber hervorgegangen ist, bleibe an dieser Stelle dahingestellt. Auf jeden Fall erklärt die politisch und soziale Notsituation den Erfolg der Allegorisierung, wird doch das Hohelied auf solche Weise zum Trosttext *par excellence*, die Zusicherung eines ewigen Liebesverhältnisses, welche von nun an über die Jahrhunderte in allen Synagogen der Welt anlässlich von Pesach eingebunden in das Exodusereignis ertönt.

---

[29] Synod of Usha, in: Encyclopaedia Judaica 16, Jerusalem 1971, 17–19.

Der wirkungsgeschichtliche Erfolgsradius dehnt sich sogar noch weiter aus, indem die Kirchenväter die allegorische Hohelied-Interpretation der Rabbinen aufnehmen und auf christlichen Boden übertragen. Als erster verfasst Hippolytus von Rom (gestorben um 235 n. Chr.) einen allegorisierenden Kommentar zum Hohenlied im Zusammenhang mit einer Osterhomilie. Als eigentlicher geistiger Vater der christlich allegorischen Auslegung gilt jedoch Origenes (um 184–254 n. Chr.), der mehrere Werke zum Hohenlied geschrieben hat, unter anderem einen zehnbändigen Kommentar, der im griechischen Original verloren und nur noch in einer freien lateinischen Übersetzung durch Rufinus in Teilen zugänglich ist.[30] Da Origenes von etwa 230 n. Chr. bis zu seinem Tod im galiläischen Cäsarea als Presbyter amtete, ist es sehr wahrscheinlich, dass er auch Kontakte zu rabbinischen Kreisen und Schriften pflegte. Inwiefern er aber direkt talmudisch-rabbinische Auslegungen aufgegriffen hat, ist umstritten und bedarf weiter der wissenschaftlichen Klärung.[31]

Wie im Midrasch *Shir ha-Schirim Rabba* werden nun auch bei Origenes die Rollen der biblischen Liebenden typologisch besetzt, doch finden nicht mehr Gott und Israel als Liebespaar zusammen, sondern Christus und die Kirche, oder der göttliche Logos und die menschliche Seele. Im Mittelalter erweitert sich das Personenrepertoire, indem die Marienverehrung mit der allegorischen Hohelied-Auslegung verschmilzt und sich Maria sowie der Heilige Geist dem Liebesreigen mit Gott und Christus zugesellen.[32] Origenes' allegorische Deutung des Hohenliedes trat denn auch denselben Erfolgszug an wie *Schir ha-Schirim Rabba* und blieb bis ins 19. und 20. Jahrhundert wegweisend für das christliche Verständnis des biblischen Liebesbuches.

Dabei sollen die ursprünglich lieblichen Klänge der Liebeslyrik nicht darüber hinwegtäuschen, dass auf dem Feld rabbinischer und patristischer Kommentare erbittert gekämpft wurde, ging es dabei doch um nichts weniger als die Auserwählung der ‚richtigen Geliebten'. Wen hatte Gott nun zu seiner Herzensdame auserkoren: die jüdische Gemeinschaft oder die christliche Kirche? Welche Waffen die Weisen in diesem Duell

---

30 Origenes, The Song of Songs. Commentary and Homilies, translated and annotated by R. P. Lawson, London 1957.

31 Ephraim E. Urbach, Rabbinic Exegesis and Origines' Commentaries on the Song of Songs and Jewish-Christian Polemics, in: Tarbiz 30, 1960, 128–170 (hebr.).

32 Zur christlichen Rezeption des Hohenliedes vgl. Friedrich Ohly, Hohelied-Studien. Grundzüge einer Geschichte der Hoheliedauslegung des Abendlandes bis um 1200, Wiesbaden 1958.

gezückt haben, mag abschließend das Gleichnis von der impertinenten Magd veranschaulichen (*Schir ha-Schirim Rabba* I,6):

> *Dass mich die Sonne verbrannt hat* (Hoheslied 1,6). ... Rabbi Isaak sagte: Ein Gleichnis! Gleich einer Frau, die in einer Provinzstadt lebte und eine dunkelhäutige Magd hatte. Einst gingen die beiden zum Brunnen, um Wasser zu holen. Da sprach die eine zur andern: Morgen lässt sich mein Herr von seiner Frau scheiden und heiratet mich. Da fragte die Frau: Weshalb? – Weil er sah, dass ihre Hände rußgeschwärzt waren. Die Frau sagte: Du Närrin! Mögen deine Ohren hören, was dein Mund redet! Wenn du sagst, dass er seine Frau, die ihm über alles lieb ist, deshalb vertreibt, weil er sie einmal mit rußgeschwärzten Händen gesehen hat, und du, die du ganz rußgeschwärzt bist, von oben bis unten schwarz, seit deiner Geburt, all deine Tage, um wieviel mehr ...

Soweit der *Maschal*, die Bildhälfte des Gleichnisses, der folgende *Nimschal*, die erklärende Sachhälfte, löst das Gleichnis dann dahingehend auf, dass die geliebte Ehefrau Israel, die impertinente Magd die Völker, die schwarzen Hände beziehungsweise die dunkle Haut die Sündhaftigkeit versinnbildlichen. Liebe auf solche Weise verstanden, heißt mithin Kampf um die ‚einzig wahre' Gottesbeziehung.

Erfolgreich, aber dennoch verfehlt gedeutet?

Mit der Aufklärung und Neuzeit entdeckten Dichter und Denker wiederum den einfachen Wortlaut des biblischen Hohenliedes und nutzten dieses zur Gestaltung eigener Liebesliteratur.[33] Zurück zum Literalsinn fand vom 19. Jahrhundert an ebenso die historisch-kritische alttestamentliche Forschung, sodass Allegorie und Typologie massiv unter Beschuss gerieten und zusehends als verfälschende Auslegung diskreditiert wurden – nachdem in der Antike gerade umgekehrt der Literalsinn als verfehlt galt. Kategorische Urteile hier und dort.

Um dem Midrasch *Shir ha-Schirim Rabba* Verständnis entgegenzubringen, ist indes nicht nur auf die tragischen Umstände seiner Entstehung zu verweisen, sondern ebenso darauf, dass der Midrasch an sich eine pluralistische meinungsoffene Gattung ist, die keinen Anspruch auf eine allein gültige Wahrheit für sich beansprucht und die von jeder Gene-

---

[33] Bertram Kircher (Hg.), Das Hohelied, in: ders., Die Bibel in den Worten der Dichter, Freiburg i. Br. 2006, 305–323.

ration weitergedacht werden will, denn je fester die (kanonische) Vorlage, umso freier darf sich die Auslegung gebärden. Insofern kursierten in Spätantike und Mittelalter neben *Schir ha-Schirim Rabba* eine Reihe weiterer rabbinischer Auslegungswerke wie etwa der *Schir ha-Schirim Suta* oder die *Aggadat Schir ha-Schirim*.[34]

Dennoch plädiert der heutige Zeitgeist für ein wörtliches Verständnis und es ist auch einem heutigen Lesepublikum zu gönnen, dass es sich an der biblischen Erotik uneingeschränkt erfreuen darf. Erstaunlich ist indes der Umstand, dass bei allem aufgeklärten Denken selbst im 20. und 21. Jahrhundert Theologie, Kunst und Literatur nicht uneingeschränkt von der religiösen Allegorie des Hohenliedes Abschied nehmen wollen. Noch Mitte des 20. Jahrhunderts liest man von katholischen Exegeten flammende Worte für die Rehabilitierung des ‚amour humain' im Hohenlied,[35] was auf einen entsprechenden Widerstand schließen lässt, der einer solchen These entgegentrat. Auf jüdischer Seite findet der zwischen 1957 und 1966 entstandene fünfteilige Bildzyklus *Le Cantique des Cantiques* von Marc Chagall (1887–1985) eine harmonische Synthese von zärtlich verliebtem Brautpaar, erotischen Requisiten und religiöser Symbolik.[36]

Dasselbe Bild vermitteln die modernen und postmodernen Nachdichtungen des Hohenliedes in zeitgenössischer hebräischer Lyrik, welche sämtliche Sinnregister zu ziehen wissen und oft zwischen Adaption und Ablehnung der Allegorie fluktuieren.[37] Hier zeichnet sich vielleicht besonders deutlich der Grund dafür ab, dass mehrere Lesarten – einfacher Wortsinn, religiöse Allegorie oder mystische Verschlüsselung – durchaus nebeneinander bestehen können. Denn mag die allegorische Deutung im Detail zuweilen verfehlt oder unfreiwillig komisch sein, so stimmt sie doch im übergeordneten Gedanken, denn Erotik und geschlechtliche Liebe vermögen zuweilen durchaus die Klänge göttlicher Sphärenmusik zu erhaschen.

Davon weiß abschließend Jehuda Amichai (1924–2000), der Titan unter den israelischen Liebeslyrikern, sein Lied zu singen, auch wenn er der

---

34 Günter Stemberger, Midraschim zum Hohenlied und Geschichte Israels, in: ders., Judaica Minora. Teil I: Biblische Traditionen im rabbinischen Judentum, Tübingen 2010, 248–255.

35 A.-M. Dubarle, L'amour humain dans le Cantique des Cantiques, in: Revue Biblique 61/1954, 67–86.

36 Marc Chagall / Klaus Mayer, Wie schön ist deine Liebe. Bilder zum Hohenlied im Nationalmuseum der Biblischen Botschaft Marc Chagall in Nizza, Würzburg 2008 (1984).

37 Malka Shaked (Ed.), *Schir ha-Schirim* – Das Hohelied, in: dies., *La-nezach anagnech. Hamiqra ba-schira ha-'ivrith ha-chadascha. Anthologia* – Auf ewig will ich dir singen. Die Bibel in der neuhebräischen Dichtung. Anthologie, Jerusalem 2005, 351–363 (hebr.).

allegorisch-typologischen Auslegung eine liebevoll ironische Absage erteilt – oder vielleicht doch nicht?

> So sehr suchte der Dichter des Hohenliedes die Geliebte seiner Seele,
> dass er darüber den Verstand verlor und auszog,
> sie auf einer imaginären Landkarte zu finden.
> Und er verliebte sich in seine eigenen Phantasien.
> So ging er nach Ägypten hinab,
> denn er schrieb „der Stute an des Pharao Wagen vergleiche ich dich",
> und so ging er nach Gilead hinauf,
> um ihr wallendes Haar zu sehen,
> wenn er schrieb „dein Haar gleicht einer Herde Ziegen,
> die vom Berg Gilead hinab eilen";
> und bis zum Davidturm stieg er hinauf, wie geschrieben steht
> „dem Davidturm gleich ist dein Hals", und bis zum Libanon zog er
> und fand doch keine
> Ruhe, wie es heißt „deine Nase ist gleich dem Libanonturm,
> der gegen Damaskus schaut", und er weinte an den Wasserfällen
> von En-Gedi, denn er schrieb „mächtige Wasser vermögen
> diese Liebe nicht zu löschen", und er suchte Tauben in Beth-Gubrin
> und gelangte bis nach Venedig, denn er schrieb
> „meine Taube in den Felsenklüften".
> Und er lief in die Wüste, so wie er sagte „wer ist sie, die aus
> der Wüste aufsteigt wie Säulen von Rauch". Und die Beduinen hielten ihn
> für einen dieser verrückten Propheten, und er selbst hielt sich
> für König Salomo. Und noch immer irrt er unstet und flüchtig umher
> mit dem Zeichen der Liebe auf seiner Stirn. Und manchmal stößt er
> auf die Liebe anderer Menschen in anderen Zeiten, und so gelangte er
> auch zu unserem Haus, dessen Dach Risse aufweist auf der Grenze
> zwischen Ost- und West-Jerusalem. Doch haben wir ihn nicht gesehen,
> weil wir uns umarmt hielten, und noch immer irrt er umher und ruft
> „siehe, schön bist du, meine Freundin" wie tief aus einem Sack
> des Vergessens. Und er, der geschrieben hatte
> „stark wie der Tod ist die Liebe",
> verstand erst ganz zum Schluss,
> was er sich da Phantastisches ausgedacht hatte,
> und er verstand, und er liebte, und er starb
> (die allegorische Deutung zerbarst mit dem Wortsinn zumal).[38]

---

[38] Jehuda Amichai, *Meschorer Schir ha-Schirim* – Der Dichter des Hohenliedes, in: ders., *Patuach, sagur, patuach* – Offen, geschlossen, offen, Jerusalem 1998, 42–43 (hebr.).

3 Kabbalistisches Ehe-ABC im spanischen Mittelalter Joseph Gikatilla, *Das Mysterium, dass Bathscheva David seit den sechs Tagen der Schöpfung vorbestimmt war* (Ende 13., anfangs 14. Jahrhundert)

Wie kaum eine andere Gattung jüdischer Literatur übt die Kabbala, die jüdische Mystik, seit Jahrhunderten eine besondere und eine besonders diffuse Faszination aus. Christliche Mystiker haben sich in ihre Schriften vertieft, synkretistische Esoteriker sich ihrer Motive bedient, Magier verschiedenster Couleur sich mit ihren Symbolen geschmückt, und wenn in jüngerer Zeit eine berühmte Pop-Ikone, die ausgerechnet ‚Madonna' als ihren Künstlernamen führt, medienwirksam zum Judentum konvertiert, da sie laut eigenen Angaben eine besondere Affinität zur Kabbala empfinde, so fügt dies der bewegten kabbalistischen Wirkungsgeschichte lediglich eine Kuriosität mehr hinzu. Stellt schon die Hebräische Bibel eine grundlegende Offenbarungsschrift dar, welche für die Menschheit weit über das Judentum hinaus relevant geworden ist, um wieviel mehr muss dann erst die jüdische Mystik der göttlichen Weisheit letzte Schlüsse in sich bergen – so wohl die implizite Erwartung der zahlreichen mehr oder weniger seriösen Kabbalisten und neuerdings auch Kabbalistinnen.

Im Folgenden soll demgegenüber ein bescheidener Versuch gemacht werden, den spezifischen Charakter dieser Art jüdischer Literatur aufzuspüren, indem an einem kleinen Lehrstück klassisch-hochmittelalterlicher Mystik die verschiedenen Bausteine – sprich Traditionslinien und Geistesströmungen – kabbalistischen Schaffens geortet werden. Im Rahmen der Liebesthematik bietet sich das Traktat *Das Mysterium, dass Bathscheva David seit den sechs Tagen der Schöpfung vorbestimmt war* des spanisch-jüdischen Autors Joseph Gikatilla an,[1] denn der kurze und klar

---

[1] Joseph Gikatilla ist ein für mystische Verhältnisse relativ verständlicher Autor und allgemein gilt die Einschätzung, „… dass Gikatillas Texte bei Weitem einfacher als die übrigen kabbalistischen Texte zu verstehen und auch in besserem Hebräisch geschrieben sind, und dies in oft geradezu schönem Stil". Zitiert nach: Karl Erich Grözinger, Das onomatologische Modell – Josef Gikatilla – *Ginnat 'Egos*, in: ders., Jüdisches Denken. Theologie – Philo-

strukturierte Text greift eine der berühmtesten und skandalumwittertsten Liebesgeschichten der Hebräischen Bibel auf: die in II Samuel 11 berichtete Affäre von David und Bathscheva. Man erinnert sich: Eines abends beobachtet König David die schöne Bathscheva beim Bade, worauf er sie in seinen Palast bringen lässt; als sie dann schwanger wird, versucht David dem im Krieg weilenden Ehemann Bathschevas, Uria, die Vaterschaft zuzuschieben; nachdem die königliche Intrige misslingt, lässt David Uria umbringen und heiratet Bathscheva.[2]

Joseph Gikatilla: ein Blick auf Person und Werk

Joseph Ben Avraham Ibn Gikatilla (um 1248 bis 1325) wurde im kastilischen Medinaceli geboren, lebte und wirkte später vor allem in Segovia. Als Schüler Abraham Abulafias (um 1240 bis 1290) kam er zunächst mit Formen ekstatisch-prophetischer Mystik in Berührung, wandte sich dann aber stärker der Philosophie zu und entwickelte in der Folge eine eigene kabbalistische Ausprägung aristotelisch-platonisierender Onomastik, beschäftigte sich also mit dem Mysterium des göttlichen Namens und des hebräischen Alphabets – im Hintergrund stets die neuplatonische Emanationslehre in Verbindung mit der maimonidischen Kosmologie. Jospeh Gikatilla war ein Zeitgenosse des oder der Autoren des *Sohar*, und sein Denken scheint denn auch Einfluss auf dieses monumentale Hauptwerk der Kabbala ausgeübt zu haben, er wiederum hat wohl auch Elemente des *Sohar* in seine Schriften integriert.[3]

Neben einem Kommentar zu Maimonides‘ philosophischem Opus *More Nevuchim* (‚Führer der Unschlüssigen‘) und den Hauptwerken zu seinem spezifischen kabbalistischen System wie dem *Ginnat Egos* (‚Nussgarten‘), den *Scha'are Orah* (‚Tore des Lichts‘) und den *Scha'are Zedeq* (‚Tore der Gerechtigkeit‘) hat Joseph Gikatilla zahlreiche exegetische,

sophie – Mystik, Band 2. Von der mittelalterlichen Kabbala zum Hasidismus, Frankfurt a. M. 2005, 303–333, 306.

2 Zur Figur und Wirkungsgeschichte vgl. hier in nur minimaler Auswahl Walter Dietrich, David, der Herrscher mit der Harfe, Leipzig 2006; Walter Dietrich / Hubert Herkommer (Hg.), König David – biblische Schlüsselfigur und europäische Leitgestalt, Freiburg Schweiz 2003.

3 Gikatilla (Chiquatilla), Joseph Ben Avraham, in: Encyclopaedia Judaica 7, Jerusalem 1971, 564–565; Moshe Idel, Historical Introduction, in: Joseph Gikatila, Gates of Light (Sha'are orah), ed. by Avi Weinstein, New York 1994; Johann Maier, Texte zur Gottesnamen-Kabbalah des Josef Gikatilla, in: ders., Die Kabbalah. Einführung – Klassische Texte – Erläuterungen, München 1995, 58–73.

halachische und poetische Texte sowie eine Reihe kleinerer Traktate, sogenannte *Sodot*, also Mysterien, zu verschiedenen Themen verfasst.[4]

Dazu gehört auch *Das Mysterium, dass Bathscheva David seit den sechs Tagen der Schöpfung vorbestimmt war* – ein Text, dessen gewundener Titel bereits eingangs kritische Nachfragen wecken mag.[5]

Das kleine Ehe-Traktat am Beispiel Davids

Den Auftakt des Textes bildet eine für die mystische Unterweisung typische Lehrsituation im intimen Rahmen von Lehrer und Lieblingsschüler, soll doch Kabbala nicht öffentlich gelehrt werden:[6]

> Du hast mich gebeten, mein liebster Freund, dir das zu erklären, was unsere Weisen, seligen Andenkens, gemeint haben mit: „Bathscheva war David vorbestimmt seit den sechs Tagen der Schöpfung, aber er hat sie als Frühfeige gekostet."[7] Doch zuvor will ich dir erklären, was sie gemeint haben mit: „Der Heilige, gepriesen sei er, führt die Paare zusammen."[8]

In einem Atemzug verbindet hier die Ich-Figur des lehrenden Weisen einen biblischen Protagonisten, ein talmudisches Zitat und ein Diktum des *Sohar*, um anschließend das Grundgerüst der Kabbala an sich anzusprechen, nämlich die *Sefirot*, die Emanationen Gottes, seine Schöpfungspotenzen oder Wirkungskräfte, wobei diese obere göttliche Welt

---

4 Shlomo Blickstein, Between Philosophy and Mysticism, a Study of the Philosophical-Qabbalistic Writings of Joseph Gikatila, New York 1983.

5 Das Traktat liegt in einer deutsch-französischen Edition vor: R. Joseph Gikatila, David et Bethsabée. Le secret du mariage. Texte hébreu établi, traduit et présenté par Charles Mopsik, Paris / Tel Aviv 2003. Zur deutschen Übersetzung des Gesamttextes vgl. Gabrielle Oberhänsli-Widmer, Aus jüdischen Quellen: Joseph Gikatilla, Das Mysterium, dass Bathscheva David seit den sechs Tagen der Schöpfung vorbestimmt war, in: Judaica 65/1, 2009, 75–83.

6 Als Grundlage der Übersetzung liegt hier nicht die *editio princeps* der gedruckten Fassung vor (Ferrara 1556), sondern das von Charles Mopsik herausgegebene hebräische Manuskript 840 der Bibliothèque Nationale de Paris. Wie bei den rabbinischen Ausschnitten im vorigen Kapitel werden die biblischen Zitate kursiv und mit Stellenangaben direkt in den Text geblendet, während die nun zusätzliche Schicht von Zitaten aus Talmud und Midrasch sowie die Querverweise auf zeitgenössische kabbalistische Literatur in Anführungs- und Schlusszeichen stehen und die entsprechenden Quellenangaben in den Fußnoten zu finden sind.

7 Babylonischer Talmud: Sanhedrin 107a.

8 Sohar I, 89a, 90b, 91b, 137a, 229a; eine ähnliche Formulierung findet sich im Midrasch Bereschit Rabba LXVIII,4.5 sowie in Tanchuma Buber, Ba-Midbar 18.

ihre symmetrische Entsprechung in der unteren Welt, derjenigen der Menschen hat – auch dies eine Prämisse mystischen Denkens:

> Wisse, dass derjenige, der das Mysterium der oberen Stufen und der Emanationen der *Sefirot* zusammen mit dem Mysterium des Überströmenden und Empfangenden, mit dem Mysterium der Erde und des Himmels kennt, dass der das Mysterium aller *Sefirot* und das Mysterium aller Geschöpfe auf Erden kennen wird, wie sie sich gegenseitig empfangen und sich gegenseitig nähren.

In diesem Szenario verfügt der Mensch insofern über ein Mittel, die Welt der göttlichen Emanationen und die ‚Kanäle', die sie verbinden, zu beeinflussen, als er die 613 Gebote befolgen und sich mit der Thora beschäftigen kann:

> Und wisse, dass der Mensch manchmal ein Gebot erfüllt und alle Kanäle von der ersten Emanation bis zum Ende aller Empfangenden wiederherstellt, und dieser wird *Gerechter, Fundament der Erde* genannt (Proverbien 10,25) …, oder derjenige, der sich ohne Unterlass mit der Thora beschäftigt, er wird alle Kanäle wiederherstellen und bringt den ‚Frieden'[9] nahe zur ‚Königsherrschaft', sozusagen als ob er selber den Namen, er werde gepriesen, erfülle, und darüber heißt es (Jesaja 27,5): *Oder er stärke meine Feste, er schaffe mir Frieden, Frieden schaffe er mir.*

Bereits an dieser Stelle fällt dem kritischen Leser zweifellos auf, dass entgegen dem mit dem Titel evozierten Gebots*bruch* (‚Davids Sünde' – wie bereits die talmudischen Rabbinen beschwichtigend Davids Mord und Ehebruch bezeichnen), hier nur in euphemistischer Manier von Gebots*erfüllung* die Rede ist. Die beschönigende Rede für alles Anstößige schwingt denn auch als Grundton durch den ganzen Vortrag des Lehrers. Zunächst aber entwirft dieser eine kleine anthropologische Skizze, die sowohl auf der Mischna (Pirqe Avot III,1) als auch auf dem Babylonischen Talmud (Qidduschin 30b) fußt, dann aber ganz unvermittelt zu platonischem Gedankengut übergeht:

> Und wisse und glaube, dass es zu Anbeginn der Schöpfung des Menschen aus einem Samentropfen drei Beteiligte gibt: seinen Vater, seine Mutter und den Heiligen, gepriesen sei er. Seinen Vater und seine Mutter für die Beschaffenheit der Form des Körpers, und den Heiligen, gepriesen sei er, für die Be-

[9] Im Kontext der Sefirot meint *Schalom*, ‚Friede', hier wohl die üblicherweise das Männliche repräsentierende Sefira *Jesod*, die ‚Urbasis', während *Malchut*, die ‚Königsherrschaft', als die das Weibliche repräsentierende Sefira steht. In der Fortführung des Textes figuriert denn auch das Paar *Jesod* – *Malchut*.

> schaffenheit der Form der Seele. Und wenn der Mann geschaffen wird, so wird seine Partnerin zwangsläufig mit ihm zusammen geschaffen, da man oben niemals nur eine halbe Form, sondern stets eine ganze Form macht. Und man fertigt oben nicht neu eine Seele an, die nicht männlich und weiblich enthält, wie es heißt (Genesis 1,16): *Wir wollen einen Menschen machen nach unserem Bild, entsprechend unserer Gestalt*; und es steht geschrieben (Genesis 1,27): *Männlich und weiblich hat er sie geschaffen* – ohne Zweifel an dem Tag, an dem sie geschaffen werden.

Was hier selbstverständlich nicht mit Passagen des *Symposion* illustriert, sondern mit Schriftbeweisen der Thora belegt wird, ist die Idee des berühmten platonischen Kugelmenschen: das menschliche Doppelgeschöpf, welches Zeus in Urzeit entzweit hatte, und in Folge dessen der Mensch – nunmehr in Mann und Frau geteilt – zur Suche nach seiner anderen Hälfte verurteilt war. Im weiteren Textverlauf wird der Lehrer diese Vorstellung der griechischen Philosophie wiederholt aufgreifen. Hier wie dort, bei Gikatilla wie bei Plato, birgt sie in sich den Gedanken himmlischer Vorbestimmung der Ehepartner.

Damit sind die Voraussetzungen der kleinen Paar-Theorie gegeben, die jetzt die Ehe in drei Typen vorführt: dem vollendeten, dem mittelmäßigen und dem verwirkten. Die Argumentation ist dabei erwartungsgemäß mit zahlreichen Bibelzitaten untermauert und zudem in einen übergeordneten Bogen gestellt, bringt doch der Sprecher mit Psalm 68,7 alle drei Paar-Typen auf eine Kurzformel:

> Und wisse, dass es drei Arten von Paaren gibt. (...) Diese drei Paare finden sich in einem Vers (Psalm 68,7): *Gott bringt Einzigartige nach Hause, er führt Gefangene zum Wohlergehen, doch Widerspenstige wohnen in ausgedörrtem Lande.*

Jede Art von Paar entspricht laut kabbalistischer Lesung einem der drei Bilder des Psalmverses. Zuerst das ideale Paar:

> Das erste Paar entspricht dem Gerechten, dem vergönnt ist, seine Partnerin zu finden gemäß dem Mysterium (Deuteronomium 6,4): *JHWH ist einer*; und gemäß dem Mysterium (Genesis 2,24): *Und sie werden ein Fleisch.* Darüber heißt es (Psalm 68,7): *Gott bringt Einzigartige nach Hause* – ohne Zweifel: Einzigartige. (...) Und das ist die vollendete Paarung, an der nicht der geringste Fehl ist. Und dann sind die Söhne voller Einsicht und Vollkommenheit und würdig, Israel die Thora zu lehren.

Anschließend das mittelmäßige Paar, das – aufgrund einer Sünde des Mannes – einander erst nach Irrungen finden wird:

> Doch wenn – fern sei es – der Mann gesündigt hat, indem er die ‚Urbasis' vom ‚Königtum' durch Übertretungen getrennt hat, die er begangen, wie es heißt (Proverbien 16,28): *Und ein Verleumder trennt Vertraute*, dann vergilt man ihm Maß für Maß, und ebenso wie er oben trennt, so trennt man zwischen ihm und der Partnerin, die ihm vorbestimmt war. In diesem Fall tut sich der weibliche Teil mit einem anderen Menschen zusammen, der nicht ihr Partner ist, doch dieses Paar wird sich nicht gut verstehen: „Vielmehr wird er sie oder sie ihn zu Grabe tragen, oder sie bringt ihn ins Unglück."[10] (…) Doch dieses Paar wird sich nie gut verstehen. Diese Frau wird als Jungfrau verschlungen und jemandem angetraut, der nicht ihr Partner war, und sie werden sich nicht gut verstehen, und ihnen werden gar keine anständigen Söhne vergönnt sein. Schließlich trägt sie ihn zu Grabe, beweint ihn und kehrt zu ihrem ursprünglichen Partner zurück. Und so heißt es in diesem Vers über die zweite Art Paar (Psalm 68,7): *Er führt Gefangene zum Wohlergehen.*

Und dann das Paar, das nie zueinander finden wird:

> Die dritte Art Paar ist diese: Ein Mensch wird geboren und seine Seele und die Seele seiner Partnerin kommen gleichzeitig zur Welt. Wenn er das Alter erreicht, die Gebote zu erfüllen, verdirbt er seinen Weg und begeht böse Taten, sodass er schließlich die Trennung der ‚Urbasis' von der ‚Königsherrschaft' bewirkt, und darüber heißt es (Genesis 38,9): *Und er verdarb es zur Erde hin*; denn (Genesis 6,12): *Denn alles Fleisch hat seinen Weg verdorben.* Keinem, der dieser Art entstammt, ist es vergönnt seine Partnerin zu finden, weder am Anfang noch am Ende, vielmehr bleibt sie von ihm gänzlich getrennt, und er wird sein verlorenes Gut niemals finden, und darüber heißt es am Ende dieses Verses (Psalm 68,7): *Doch Widerspenstige wohnen in ausgedörrtem Lande.* (…) Niemals werden sich solche Menschen vereinigen und sie haben keinen Weg, einander näher zu kommen.

Dem komplexen Ehe-Phänomen zum Trotz und ungeachtet der rhetorisch aufwendigen Aufmachung entspricht die so entfaltete Lehre der glücklichen Ehe einem einfachen Vergeltungsdenken: Der unanfechtbar Fromme begegnet der ihm im Himmel als Gattin Geschaffenen auf Anhieb, der mäßig Fromme trifft seine Frau erst nach Irr- und auf Umwegen, dem Gottlosen jedoch ist es nicht vergönnt, seine ihm Vorbestimmte je zu Gesicht zu bekommen. So entspricht es nicht mehr als logischer Konsequenz, wenn König David lediglich dem zweiten Paar-Typus zugewiesen wird:

10 Babylonischer Talmud: Pesachim 49a.

> Und hinsichtlich dieser Art Paar wisse und verstehe, dass David, Friede sei mit ihm, einen starken Trieb hatte, und deshalb war ihm Bathscheva anfänglich nicht vergönnt, obwohl sie ihm seit den sechs Tagen der Schöpfung vorbestimmt war. Denn dort wurde Davids Seele Teil der Seele Bathschevas, seiner Partnerin. Deshalb nahm sie zuerst Uria, der Hethiter, und David schrie und sagte (Psalm 38,18): *Denn ich bin bereit für die Rippe, doch mein Schmerz ist mir ständig gegenwärtig*, weil er einen so starken Trieb hatte; es steht geschrieben (ibid.): *Ich bin bereit für die Rippe*; und es steht geschrieben (Genesis 2,22): *Und JHWH Gott baute die Rippe* etc.; und es steht geschrieben (Exodus 26,20): *Und für die zweite Rippe*[11] *der heiligen Wohnung.*

Der weise Lehrer erörtert zwar anschließend ausführlich die sogenannte ‚Sünde Davids', ohne allerdings die Dinge beim Namen zu nennen. Vielmehr entfaltet er die verfehlte Zeitbestimmung Davids, die Ursünde Adams, den Einfluss der menschlichen Übertretung auf die himmlischen Sphären, das heißt die Trennung der göttlichen Wirkungskräfte *Jesod* und *Malchut*, der ‚Urbasis' und der ‚Königsherrschaft', denn stets geschieht oben wie unten. In diesem Sinn mündet die Argumentation zum Schluss in den dem Talmud entnommenen Titel des Traktats, zusätzlich den leitmotivischen Psalmvers nochmals einflechtend:

> Auf diese Weise wurde David bestraft und aus seiner Königsherrschaft vertrieben, und es suchten ihn all jene Strafen heim, die jedoch vorübergingen, und am Ende kehrte er zurück, da sie ihm seit den sechs Tagen der Schöpfung vorbestimmt war, denn sie war seine Partnerin. Nur war sie David nicht als erste Verbindung vergönnt – aus dem Grund, den wir erläutert haben gemäß dem Mysterium (Psalm 68,7): *Er führt Gefangene zum Wohlergehen.*

Bauschichten des kabbalistischen Textes

Der Abriss des kleinen Traktates mag genügend vorgeführt haben, wie zahlreich die Traditionsschichten sind, welche die kabbalistische Textur ausmachen.

Da ist als erste Schicht die Hebräische Bibel als Quelle zahlreicher Belege. Damit bedient sich der Autor der sogenannten Montage-Technik, welche die gesamte jüdische Traditionsliteratur charakterisiert, sei es

---

[11] Die wörtliche Lesung von *Zela'*, ‚Rippe', die in dieser Zitatgruppe die übliche Lesung im übertragenen Sinn von ‚Rand' oder ‚Seitenraum' verdrängt, basiert auf entsprechenden Lesungen aus dem Babylonischen Talmud und aus dem Midrasch: Sanhedrin 107a; Bereschit Rabba XVII,6.

Mischna, Gemara, Midrasch, seien es Stammgebete oder synagogale Gedichte: All diese Texte sind durchwoben mit Schriftzitaten, die jedes nachbiblische Gedankengut wie mit soliden Garnen an das biblische Vermächtnis anbinden.

Die zweite Schicht stellen die spätantiken Talmudim und Midraschim dar, ein Einfluss, der sich nicht nur im Titel des Textes und in mehreren Zitaten äußert, sondern bei Gikatilla ganz besonders durch seinen onomatologischen Ansatz, seine Gottesnamen-Kabbala bedingt ist. Bereits die talmudischen Weisen hatten das Repertoire der alttestamentlichen Gottesnamen wesentlich erweitert und damit den mittelalterlichen Kabbalisten reichlich Stoff zur mystischen Versenkung weitergereicht. Mithin lautet denn auch der Schlußsatz, den der Weise an seinen Schüler richtet:

> Die übrigen Gesetzesregeln, die man im Talmud hinsichtlich der Paare gesagt hat, werden sich dir erschließen auf der Grundlage dieser Schlüssel mit Hilfe des Namens, er werde gepriesen und verherrlicht.

Als eine dritte Schicht wirken das mystische Erbe der jüdischen Literatur sowie die zeitgenössische Kabbala auf das vorliegende Traktat ein. Joseph Gikatilla hat zu den beiden herkömmlichen mystischen Themen, zum *Ma'ase Bereschit* sowie zum *Ma'ase Merkava* – das heißt sowohl zu den Schöpfungsspekulationen als auch zur Thronwagenmystik – Kommentare verfasst, die im vorliegenden Text ihre Spuren hinterlassen haben. Darüber hinaus ist die kabbalistische Intertextualität namentlich im Vergleich mit dem *Sohar* greifbar. Im Falle der David-Batscheva-Episode betrifft diese allerdings weniger die interpretative Stossrichtung,[12] als vielmehr Stil und Einzelmotive – wie beispielsweise die Vorstellung von David als viertem Fuß des göttlichen Thronwagens („Und David stellt den vierten Fuß dar, und im fünften Jahr nahm er sie ohne Auslösung"), das Gikatillas Text mit einer Notiz im *Sohar* (III, 210b) teilt.[13]

Die vierte Schicht manifestiert sich im Einfluss der griechischen Philosophie. Nicht bloß das Konzept der *Sefirot* hat bekanntlich neuplatonische Wurzeln, viel präziser noch lassen sich im vorliegenden Kontext die Umrisse von Platons Kugelmenschen ausmachen. Klang schon in der

---

12 Der Sohar betont im Gegensatz zu Gikatillas Traktat die Unschuld Davids; vgl. Sohar I, 8b, 73b, 82a, 223b, 237a, 248b, 249a; II, 6a, 23b, 24a, 37a, 38b, 71b, 74b, 76a, 76b, 78b, 107a, 115a, 160a, 180b, 266b.

13 Zu den Interdependenzen zwischen dem Sohar und dem Werk Joseph Gikatillas vgl. Jehuda Liebes, Jerusalem Studies in Jewish Thought: The Age of the Zohar, vol. VIII, 1989, 1–71 (hebr.).

oben zitierten Passage zur Schaffung des Menschen die Reminiszenz auf das *Symposion* an, so geht Gikatilla im Verlauf der Argumentation noch wesentlich präziser zur Sache:

> Und daher wird der Mensch bei seiner Schaffung mit einer androgynen Seele erschaffen, d. h. mit zwei Gesichtern von einer männlichen und einer weiblichen Form. Und zusammen mit der Seele eben des Mannes wird die Seele seiner Partnerin geschaffen …

Auf welchen Traditionswegen diese Vorstellungen vom Kugelmenschen und vom Androgynos, die Platon in seinem *Symposion* formuliert hatte,[14] jüdische Denker erreicht haben, ist kaum mehr zu rekonstruieren, denn bereits der spätantike Midrasch integriert sie in seine Kommentare zur Schöpfung.[15] Bemerkenswert ist indes hier die Differenz sowohl zu Platon als auch zu den Rabbinen: Während jene das anfänglich zweigeschlechtige Doppelwesen körperlich meinten, bezieht es der Mystiker Gikatilla auf die Seele. Diese wird gemäß dem kabbalistischen Text bei ihrer Schöpfung im Himmel gespalten und strebt dann auf Erden als Seele von Mann und Frau wieder zusammen, das platonische Bild sozusagen spirituell umsetzend: „Als nun so ihre ursprüngliche Gestalt in zwei Teile gespalten war, ward jede Hälfte von Sehnsucht zur Vereinigung mit der anderen getrieben.“[16]

Als fünfte Schicht ist ein nicht zu übersehender christlicher Einfluss festzustellen, was angesichts von Reconquista, Inquisition und Religionsdisputationen nicht verwundern mag, bewirken doch auch ungewollte Kulturkontakte Vermengungen von Gedankengut. Verwunderlich ist vielmehr, dass der jüdische Denker Gikatilla ‚Davids Sünde‘ mittels einer – dem Judentum an sich fremden – Erbsündenlehre erklärt:

---

14 „Ehedem nämlich war unsere Natur nicht die nämliche wie jetzt, sondern andersartig. (…) Es gab nämlich damals ein mannweibliches Geschlecht nicht bloß dem Namen nach, sondern auch als wirkliches Naturgebilde, aus beiden, dem männlichen und weiblichen zusammengesetzt, während es jetzt nur noch den Namen gibt und zwar nur als Schimpfname. Ferner war damals die ganze Gestalt eines jeden Menschen rund, indem Rücken und Seiten eine Kugel bildeten; Hände aber hatte ein jeder vier und ebenso viele Füße und zwei einander völlig gleiche Gesichter auf einem kreisrunden Halse, für beide einander entgegengesetzt liegende Gesichter aber auf einem gemeinsamen Kopf, zudem vier Ohren und zwei Schamglieder und alles andere wie man es sich hiernach wohl ausmalen kann.“ Zitiert nach: Platon, Gastmahl, neu übersetzt und erläutert von Otto Apelt, Hamburg 1988 (1926), 26–27.

15 Bereschit Rabba I,10; VIII,1; Wajjiqra Rabba XIV,1.

16 Platon, Gastmahl, a. a. O., 28.

> Bereits zur Zeit des ersten Menschen war die Schlange gekommen, hatte Eva mit Unrat beworfen[17] und die beiden getrennt. Und als David kam – obwohl ihm Bathscheva seit den sechs Tagen der Schöpfung vorbestimmt und die Seele der beiden androgyn war, trotzdem – war es ihm nicht vergönnt, sich mit ihr zu vereinen, da der Gerechte seine Partnerin verloren, der erste Mensch am Anfang gesündigt und *Vertraute getrennt* hatte (Proverbien 16,28). Der Grund ist, dass der Feigenbaum sowohl sehr gute als auch sehr schlechte Feigen trug. Und der erste Mensch kam und aß von beiden zusammen, während noch die Vorhaut an ihnen haftete. So wurden die guten Feigen schlecht, da er nicht gewartet und ihnen nicht vorher die Vorhaut abgetrennt hatte, und die Thora sagt (Leviticus 19,23): *Und behandelt seine Vorhaut wie Vorhaut, seine Frucht.* Und als David kam, war Batscheva noch im Herrschaftsbereich der Vorhaut, im Herrschaftsbereich Urias, des Hethiters. Doch David wartete nicht, bis die Zeit der Vorhaut abgelaufen gewesen wäre, und nahm sie zu früh. Weil sie noch in einem anderen Herrschaftsbereich war, war sie ihm nicht als Jungfrau vergönnt. Und weil er zu früh handelte und sie im Zustand der Vorhaut kostete, brach er eine große Bresche in die ‚Königsherrschaft' und „hat sie als Frühfeige gekostet"[18] …

Unter den zahlreichen biblischen Bezügen dominieren nicht nur im vorliegenden Textauszug, sondern im ganzen Traktat die Genesis-Zitate bedingt durch die Parallele, die der Autor zwischen David und Adam herausstreicht im Sinne der vererbten Ursünde. Dieser Bezug ist auf dem rabbinischen Hintergrund ungebräuchlich, denn die talmudischen Lehrer weisen die ihnen vom Christentum zweifellos bekannte Erbsündendoktrin dezidiert zurück und betonen demgegenüber die Verantwortung jedes Einzelnen für seine Taten.[19] Joseph Gikatilla jedoch greift den Gedanken der Ursünde Adams als fatales Erbe der Menschheit mehrfach auf – nicht zuletzt in einem weiteren seiner Kurztraktate, dem *Sod ha-Nachasch*

---

17 Babylonischer Talmud: Schabbat 146a; Jevamot 103b; Avoda Sara 22b.

18 Babylonischer Talmud: Sanhedrin 107a.

19 Einen repräsentativen Eindruck für die rabbinische Position der talmudischen Epoche vermitteln die Paraschen XIX–XXI des Midrasch Bereschit Rabba zum Sündenfall von Genesis 3. Da es sich bei David um Mord handelt, mag hier zum Vergleich mit Gikatillas Ansatz auch der Brudermord Kains in Bereschit Rabba XXII,1 herangezogen werden, denn als Auslegung zu Genesis 4,14 (‚Und Kain sprach zum Herrn: „Meine Sünde ist zu groß, als dass ich sie tragen könnte!") werden Kain folgende Worte in den Mund gelegt: „Meine Sünde ist größer als die meines Vaters. Mein Vater hat nur ein leichtes Verbot übertreten und wurde aus dem Garten Eden vertrieben. Dies aber ist ein schweres Vergehen: Vergießen von Blut, um wieviel mehr … – meine Sünde ist zu groß!"; vgl. Gabrielle Oberhänsli-Widmer, Adam. Schuld und Sühne in Urzeit und Endzeit, in: dies., Biblische Figuren in der rabbinischen Literatur. Gleichnisse und Bilder zu Adam, Noah und Abraham im Midrasch Bereschit Rabba, Bern 1998, 128–147.

u-Mischpato (‚Mysterium der Schlange und ihres Gesetzes‘).[20] Grund dafür mag einerseits die mystisch bedingte Annahme sein, dass die Grenzen zwischen Zeiten, Räumen und Figuren gleichermaßen fließend seien und alles und jedes miteinander in einem kausalen Verhältnis stehe, andererseits aber auch eine massive Entlastung Davids dahingehend, dass seine Vergehen unausweichlich unter dem Schatten des Urvaters Adam gestanden hätten – ein Trend zur verklärten Darstellung Davids, der im Prinzip bereits inneralttestamentlich einsetzt, in der Entwicklung von der älteren Überlieferung in den Samuelbüchern zur jüngeren Darstellung im chronistischen Geschichtswerk und sich über die Epochen weiterschreiben wird.

Damit zurück zu den Bauschichten des kabbalistischen Textes. Schicht auf Schicht errichtet demgemäß Joseph Gikatilla sein Denkgebäude, sichtet Bausteine von Bibel, Talmud und Midrasch, von philosophischem und christlichem Gedankengut ebenso wie von Werken seiner kabbalistischen Zeitgenossen, um dem damit Gebauten zum Schluss sein ganz eigenes Gepräge zu verleihen.

Joseph Gikatillas Botschaften

Nach einer solchen Lektüre mag der Leser des 21. Jahrhunderts vorerst folgern, dass weder ideologische noch theologische Anliegen des mittelalterlichen Denkers einem aktuellen Zeitgeist entsprechen, von Stil und Tonalität ganz zu schweigen.

Da ist zunächst das Frauenbild – im Textgefüge zwar eher am Rand, für die heutige Leserin deshalb aber nicht weniger auffällig: ein gänzlich passives Wesen, komplett abhängig vom Tun ihres Partners, dessen Verhalten allein bewirkt, ob und wie sich das Paar finden wird. Entsprechend vergleicht der Weise die Frau im Allgemeinen und Bathscheva im Speziellen mit dem Mond, der selber kein Licht erzeugen, sondern nur dank der Sonne (sprich: dem Mann) leuchten kann. Und gravierender noch wirken Sätze wie: „Dieses weibliche Wesen ist wie herrenloses Gut, und der erst Beste nimmt sie.“ Als Trost kann höchstens ins Feld geführt wer-

[20] Gershom Scholem hat diesen Text in Ausschnitten übersetzt und an verschiedenen Stellen seines Werkes behandelt: Gershom Scholem, Die jüdische Mystik in ihren Hauptströmungen, Frankfurt a. M. 1988 (1957), 261, 437; ders., Gut und Böse in der Kabbala, in: Eranos Jahrbuch 30, 1961, 29–67, 57–60.

den, dass hier – wie auch im Fall der rabbinischen Darstellung Bathschevas[21] – der Frau dafür auch keine Schuld zugeschoben wird. Sie erscheint dementsprechend in einem umfassenden Sinn als ‚femme-objet' – was dazu gewisse jüngst rekrutierte Kabbalistinnen meinen, möge an dieser Stelle dahingestellt sein.

Auch der eigentliche Kern von Gikatillas Traktat teilt moderne Trends in keiner Weise. Einerseits das David-Bild: Ähnlich wie Gikatillas Bathscheva steht auch sein David dem der talmudisch-midraschischen Literatur nahe. Zwar erleidet der König durchaus eine gewisse Kritik, unter dem Strich jedoch wird er recht behutsam angefasst.[22] Seine Vergehen werden nicht nur mit dem Schleier der Erbsünde bemäntelt, sondern stets nur in Euphemismen angedeutet: Er habe „nicht gewartet, bis die Zeit der Vorhaut abgelaufen gewesen wäre", „er habe sie als Frühfeige gekostet", „er habe sie ohne Auslösung genommen" – würde man den biblischen Hintergrund nicht kennen, wäre man wohl kaum imstande, die Tatsachen zu entschlüsseln. Ganz anders die heutige David-Rezeption: Im Gegensatz zu solch beschönigenden Reden der Kabbala gehen die theologischen Kommentare Davids Machenschaften mit geradezu juristischer Härte auf den Grund, und die großen Romanfassungen des 20. Jahrhunderts nennen Mord und Totschlag – und noch einiges der königlichen Missetaten mehr – unverblümt beim Namen.[23]

Andererseits die theologische Basis: Der kunstvoll angelegte Text – mit Leitmotiven, Zitaten und Bildern zu dichten Textmustern verwoben – kann nicht darüber hinweg täuschen, dass hier letztlich doch nur ein einfacher Tun-Ergehen-Zusammenhang vorliegt, und Joseph Gikatilla ungeachtet aller kabbalistischen Akribie und mystischen Subtilität ein eher simples Ehe-ABC vorführt: die glückliche Ehe als alleiniges Privileg des vollumfänglich Frommen.

Doch damit wird man der Aussageintention des Mystikers Gikatilla nicht gerecht, ist doch die Sphäre der *Sefirot* nicht berücksichtigt. Hier dringt der Kabbalist erst eigentlich in die Bereiche von Göttlichkeit und

---

21 Madeleine Petit, Bethsabée dans la tradition juive jusqu'aux Talmudim, in: Judaica 47/1989, 209–224.

22 Sandra R. Shimoff, David and Bathsheva: The political Function of Rabbinic Aggada, in: Journal for the Study of Judaism XXIV/2/1993, 246–256; Gabrielle Oberhänsli-Widmer, Ein talmudischer Midrasch zu König David. Schabbat 56a, oder: wie Bathscheva zu ihrem Scheidebrief kam, in: Kirche und Israel 19/1, 2004, 3–16.

23 Stefan Heym, Der König David Bericht. Roman, München 1972; Joseph Heller, God Knows, New York 1984.

Theodizee ein. Das vorliegende Traktat wie die Kabbala allgemein orten das Böse bekanntlich in einer uranfänglichen Störung der göttlichen Wirkungskräfte, deren Gründe im Dunkeln verborgen sind und die erst in den Tagen der messianischen Erlösung behoben werden kann. Entsprechend der zentralen mystischen Prämisse ‚oben wie unten' ist nun der Mensch nicht einfach laut dem herkömmlichen Tun-Ergehen-Zusammenhang seines eigenen Glückes Schmied, vielmehr ist sein Verhalten auch für die Heilung der gestörten ‚Kanäle' zwischen den *Sefirot* verantwortlich, oder wie die vorliegende Abhandlung das formuliert: Wenn der Mensch die Gebote erfüllt und Thora studiert, dann verbindet er auch die *Sefirot* ‚Urbasis' mit der ‚Königsherrschaft', *Jesod* mit *Malchut*. Grosses lastet mithin auf dem Menschen, wie ihn Joseph Gikatilla sieht: sein Schicksal und das seiner Frau, die Heilung des Göttlichen vom Bösen und der Beitrag an die messianische Erlösung – nicht weniger ist ihm seit den Tagen der Schöpfung vorbestimmt.

Vielleicht hat diese kleine Gikatilla-Lektüre damit unerwartete Denkstrukturen zutage gefördert, unübliche Verflechtungen disparater Geistesströmungen aufgerollt. Vor allem aber mag sie gezeigt haben, hinter welch literarisch kunstvoller Architektur sich die geheimnisvolle Welt der Kabbala verbirgt.

(K)ein Wort von Liebe

Obwohl von der wohl stürmischsten Liebesaffäre der Bibel inspiriert – König Davids *coup de foudre* für die schöne Bathscheva –, ist in Joseph Gikatillas Traktat *Das Mysterium, dass Bathscheva David seit den sechs Tagen der Schöpfung vorbestimmt war* von Liebe nicht die Rede, und auch das Wort *ahav*, ‚lieben', fällt nur einmal indirekt in einem Zitat (Kohelet 9,9: „Schau für ein Leben mit der Frau, die du liebst [*ahavta*] alle Tage deines flüchtigen Lebens"), welches zudem auf Lebensskepsis und kaum auf Liebesromantik gemünzt ist. Und mehr noch: Obwohl der kurze kabbalistische Text an die 50 Schriftzitate aus 14 der 24 alttestamentlichen Bücher anführt, kommt das Hohelied kein einziges Mal vor, scheint wie absichtlich ausgespart. Überdies unterdrückt der spanische Autor hier ganz allgemein jede Erotik, während erotische Beschreibungen in der kabbalistischen Literatur der Zeit durchaus präsent sind, sei es zur Schilderung eines innerseelischen Geschehens als Vervollkommnung durch eine zweite Entität, oder sei es als mystisches Drama zwischen menschlicher Gemeinschaft und göttlicher Sphäre.[24] Eine solch auffällige Zähmung des Sinnlichen im Bereich der Liebesthematik bedarf der Beachtung und des Versuches einer Erklärung.

Da ist zunächst der historische Hintergrund von Joseph Gikatilla, welcher in der höfischen Gesellschaft des iberischen und südfranzösischen Raumes lebte. Die Literatur dieser Epoche im Allgemeinen und die Liebesliteratur im Speziellen sind weitgehend als verschlüsseltes Gesellschaftsbild zu lesen und zeigen ein fragiles höfisches Gebilde von Fürst, Lehensmann und Vasall, von Dichtersänger und ‚Domna', ein Bild, das die sozialen Grenzen zum Schutz einer geordneten Koexistenz ausgeprägt nachkoloriert.[25] Als von Troubadours und Trouvères Angebetete spielt die Frau zwar eine scheinbar zentrale Rolle, verharrt aber passiv, schemenhaft und vor allem in kaum zu überwindender Ferne.[26] So teilt die berühmte zeitgenössische Troubadour-Lyrik mit Joseph Gikatillas Ehe-Studie sowohl das Charakteristikum einer sublimierten Erotik in der Mann-Frau-Beziehung, als auch das Moment einer gänzlich passiven Frau. Nicht nur führt Gikatilla eine gänzlich willen- und aktionslose Bathscheva vor, er vermeidet – neben dem Hohenlied – auch jedes Zitat aus Ruth oder Esther, den beiden biblischen Büchern also, in denen Frauen einen aktiven Part innehaben, während der jüdische Spanier ansonsten favorisiert die *Ketuvim*, die poetischen Schriften, für seine Schriftbeweise nutzt.

Auf dem sozialen Hintergrund erschließt sich denn auch die theologische Stoßrichtung des Textes. So wie das gesellschaftliche Gesamtgefüge das Individuum überblendet, steht die göttliche Sphärenordnung über dem Menschen. Mithin geht es in Joseph Gikatillas Traktat nicht um Liebe, sondern um Ehe als Ordnungsprinzip. Und Ehen werden im Himmel geschlossen. Die der Liebe und Leidenschaft innewohnende anarchistische Unverfügbarkeit hat in einem solchen System keinen Platz.

Eine ganz und gar fatale Denkwelt – könnte man nun mutmaßen. Dennoch ist der Mensch hier aufgefordert tätig einzugreifen. Zunächst kann der Jude den göttlichen Plan – und damit den Weg zu seiner ihm vorbestimmten Ehefrau – insofern erkennen, als er sein Leben auf die Thora

[24] Moshe Idel, Kabbala und Eros, aus dem Englischen von Elke Morlok, Frankfurt a. M. / Leipzig 2009 (englische Originalausgabe 2005).

[25] Gabrielle Oberhänsli-Widmer, La complainte funèbre du haut moyen âge français et occitan, Berne 1989.

[26] Zur Primärliteratur vgl. Dietmar Rieger, Mittelalterliche Lyrik Frankreichs I. Lieder der Trobadors, Stuttgart 1980 (provenzalisch-dt.); ders., Mittelalterliche Lyrik Frankreichs II. Lieder der Trouvères, Stuttgart 1983 (französisch.-dt.).

ausrichtet und ihre Gebote hält. Und dann – weitaus subtiler, für die Kabbala jedoch kennzeichnend – vermag der Mystiker mittels einer kreativen Exegese heilend in den Weltenlauf einzugreifen. Betrachtet man noch einmal, wie Gikatilla die biblischen Zitate verwendet, so fällt der überproportionale Gebrauch von Genesis- und Psalm-Zitaten auf, wobei die bußfertigen Psalmverse – und David gilt der Tradition bekanntlich als Autor des Psalters – sozusagen den in der Genesis berichteten Sündenfall aufheben. *Das Mysterium, dass Bathscheva David seit den sechs Tagen der Schöpfung vorbestimmt war* leistet somit eine Art Sühne für Adams wie für König Davids Sündenfall zwecks Heilung von Welt und Sphären.

Dass Joseph Gikatilla schließlich seine Ehe-Theorie ausgerechnet an dem biblischen Beispiel veranschaulicht, welches man für denkbar ungeeignet halten würde, entspricht einer exegetischen Überzeugungsstrategie mittelalterlicher Religionsphilosophen, um mit solch zugespitzten Exempeln mögliche Gegenargumente von vornherein zu entkräften.[27] David und Bathscheva: vom Hofskandal zum Ehemodell – *quod erat demonstrandum.*

[27] Moses Maimonides (1134–1204) beispielsweise wählt in seinem *Führer der Unschlüssigen* ausgerechnet den biblischen Hiob als Paradigma für eine Abhandlung über den freien Willen. Vgl. dazu Gabrielle Oberhänsli-Widmer, Ist auch Hiob unter den Philosophen? Maimonides' Interpretation des Hiob, in: Kirche und Israel 17/1, 2002, 62–75.

4 Mystische Sublimierung in Schabbat-Liturgie Schlomo ha-Levi Alkabez, *Lecha Dodi – Auf, mein Geliebter, der Braut entgegen* (um 1540)

Welches sind die schönsten Wege? Zu den schönsten Wegen zählen zweifellos die hin zum Geliebten, zur Braut, zur spirituellen Begegnung, zur religiösen Begehung. All das birgt allein schon der Refrain von Schlomo ha-Levis berühmtem Schabbat-Hymnus: „Auf, mein Geliebter, der Braut entgegen, Schabbat wollen wir willkommen heißen – *Lecha Dodi liqrat Kalla, pene Schabbat neqabbela.*"

Diese Worte, welche den Auftakt des Schabbat ansagen, kommen erst Jahrhunderte – nachdem das jüdische Gebetbuch im 9. und 10. Jahrhundert bereits zu seiner Form gewachsen war – in den Siddur: ein später Nachzügler, doch geradezu ein Hit religöser Poesie. Zu mehreren Hundert Vertonungen haben Schlomo ha-Levis Zeilen Kantoren und Komponisten inspiriert, Sefarden, Aschkenasen und Vertreter weiterer Gebetsriten gleichermaßen.

Im Rahmen jüdischer Liebesthematik spielt der Schabbat eine zentrale Rolle. Deshalb werden ihm gleich zwei Kapitel gewidmet: an dieser Stelle das *Lecha Dodi* und im folgenden Kapitel Heinrich Heines *Prinzessin Sabbath*. Beide Texte sind zudem wörtlich verschränkt, auch wenn sie in ganz unterschiedlichem soziokulturellen Umfeld entstanden sind.

So gilt es zunächst die außerordentliche Geschichte des *Lecha Dodi* aufzurollen, sein Erfolgsrezept zu entschlüsseln und vielmehr noch, seinen geheimnisumwitterten Geliebten aufzuspüren. Schließlich hat das *Lecha Dodi* über die Generationen so manchen Sänger und Beter bezirzt – und eben selbst Heinrich Heine noch dreihundert Jahre später den Kopf verdreht.

Doch an dieser Stelle zunächst der Wortlaut:[1]

---

[1] Die hier vorgelegte Übersetzung aus dem Hebräischen orientiert sich nahe am Originaltext und will für die anschließende Auslegung eine möglichst verständliche Basis schaffen. Die konservativen und orthodoxen deutschen Gebetbücher gehen im Allgemeinen auf die Fassung von Seligmann Baer Bamberger (1807–1878) zurück: Sidur Sefat Emet, mit deutscher Übersetzung von S. Bamberger, Basel 1982, 84.

Auf, mein Geliebter, der Braut entgegen,
Schabbat wollen wir willkommen heißen.

[1] Hüte und denke an das eine Wort,
das uns der einzige Gott verkündet.
Der Herr ist eins und sein Name einzig,
zur Erinnerung, zu Pracht und zu Preis.

Auf, mein Geliebter, der Braut entgegen,
Schabbat wollen wir willkommen heißen.

[2] Schabbat wollen wir entgegeneilen,
denn sie[2] ist die Quelle jeden Segens,
von Anfang an und von Urzeit geweiht,
der Schöpfung Ende, im Plan der Beginn.

Auf, mein Geliebter, der Braut entgegen,
Schabbat wollen wir willkommen heißen.

[3] Heiligtum des Königs, königliche Stadt,
steh auf, und tritt aus den Trümmern heraus.
Lang genug weiltest du im Tränental,
doch er wird dir nun sein Mitleid schenken.

Auf, mein Geliebter, der Braut entgegen,
Schabbat wollen wir willkommen heißen.

[4] Schüttle von dir den Staub, erhebe dich,
zieh deine prächtigsten Kleider an, mein Volk,
an der Seite des Sohnes Isais aus Bethlehem,
schmieg dich an meine Seele, der sie erlöst.

Auf, mein Geliebter, der Braut entgegen,
Schabbat wollen wir willkommen heißen.

[5] Wach auf aus deinem Schlaf, wach auf, wach auf,
denn dein Licht erstrahlt, steh auf und leuchte,
erwache, erwache, stimm ein Lied an.
Die Ehre des Herrn ward dir offenbar.

Auf, mein Geliebter, der Braut entgegen,
Schabbat wollen wir willkommen heißen.

[6] Du musst dich nicht schämen, erröte nicht.
Was sinkst du hin, und was schluchzest du denn?
Bei dir bergen sich meines Volkes Geringste.
Die Stadt ersteht auf ihrem Trümmerberg.

[2] Das Nomen *Schabbat* ist im Hebräischen feminin.

Auf, mein Geliebter, der Braut entgegen,
Schabbat wollen wir willkommen heißen.

[7] Die dich geplündert werden zur Beute,
und die dich einst verschlungen verschwinden.
An dir wird sich nun dein Gott erfreuen,
des Bräutigams Freude gleich an der Braut.

Auf, mein Geliebter, der Braut entgegen,
Schabbat wollen wir willkommen heißen.

[8] Zur Rechten und zur Linken brich dir Bahn,
und dem Herrn sage Lob und Ehre an,
an der Seite des Ben Parzi, dem Mann,
wir wollen uns freuen und fröhlich sein.

Auf, mein Geliebter, der Braut entgegen,
Schabbat wollen wir willkommen heißen.

[9] Tritt ein in Frieden, Krone des Gatten,
voll von Freude, von Musik und Gesang,
inmitten des auserwählten Volkes Treuen,
komm, o Braut, komm, o Braut, tritt ein, tritt ein.

Auf, mein Geliebter, der Braut entgegen,
Schabbat wollen wir willkommen heißen.

Ein Hochzeitslied könnte diese erste Lektüre suggerieren, eine Liebeserklärung, verzaubert mit mystischen Motiven, oder ein religiöser Festgesang mit Liebestopoi überzuckert. Doch der Eindruck täuscht, oder besser: Die Täuschung ist intendiert, weil die zehnmalige Wiederholung des freudigen Refrains „Auf, mein Geliebter …" die dunklen Zeilen übertönt. Mehr als die Hälfte der Strophen sprechen von Zerstörung und Erniedrigung, und daraus ist der Text geboren, der Destruktion abgetrotzt. Zwei Generationen nach der Vertreibung der Juden aus der iberischen Halbinsel Ende des 15. Jahrhunderts.

Der Vertreibung abgerungen

Schlomo ha-Levi Alkabez entstammt einer sefardischen Gelehrtendynastie. Bezeugt ist unter anderem die Tätigkeit seines gleichnamigen Großvaters Schlomo als Buchdrucker um 1482 – also nur eine Generation nach Johannes Gutenbergs Erfindung – in der zentralspanischen Provinz Guadalajara. Anzunehmen ist, dass die Familie Spanien spätestens 1492 mit der Ausweisung der Juden verlassen hatte.

Schlomo ha-Levis Leben ist nur punktuell überliefert, memoriert ihn doch die Geschichte fast einzig als Verfasser des *Lecha Dodi.* Offensichtlich kommt der 1505 geborene Schlomo im Jahr 1529 ins Land Israel und lässt sich 1535 in Safed nieder. Safed im oberen Galiläa gelegen und seit talmudischer Zeit bekannt, erfährt durch die Zuwanderung der aus Spanien Vertriebenen ebenso wie im Zuge der ottomanischen Eroberung der Stadt 1516 einen regen Aufschwung. Während Benjamin von Tudela und Petachja von Regensburg – als wichtigste Informanten mittelalterlicher jüdischer Demographie überhaupt (beide zweite Hälfte des 12. Jahrhunderts) – Galiläa um 1170 oder wenige Jahre später besucht haben und in ihren Reiseberichten von keiner jüdischen Gemeinde in Safed wissen, berichtet der italienische Rabbiner und Weltenbummler Moses Basola (1480–1560) davon, dass sich im Jahr 1522 an die dreihundert jüdische Familien in der galiläischen Ortschaft niedergelassen hätten.[3]

Berühmt sind Safeds Kabbalisten eben dieser Epoche, zu deren Kreis Schlomo ha-Levi als begnadeter Prediger, Rabbiner, Bibelausleger, Dichter liturgischer Lyrik sowie Verfasser zahlreicher Abhandlungen zur Mystik zählt. Besonders hervorzuheben ist Schlomos Begegnung mit Joseph Karo (1488–1575), aus welcher heraus sich der bis heute weit verbreitete Brauch des *Tiqqun Lel Schavuot* entwickelt hat, das nächtliche Thora-Lernen zum Wochenfest. Und zentral für Schlomos spirituelle Entwicklung ist die Beziehung zu seinem Schüler und Schwager Moses Cordovero (1522–1570), wobei nicht unbedingt deutlich wird, wer in diesem Verhältnis die eigentliche Lehrerrolle innehatte. An die achtzigjährig stirbt Schlomo ha-Levi 1584, wahrscheinlich in demselben Jahr, in dem das *Lecha Dodi* erstmals Eingang in das jüdische Gebetbuch findet, genauer in den Siddur einer sefardischen Tradition von Venedig.

Schlomo ha-Levis Schriften sind der Nachwelt nur beschränkt überliefert, da sein Nachlass Gaunern in die Hände fiel, ob prosaischen Dieben oder diebischen Kollegen bleibt umstritten – augenscheinlich plünderte man schon vor mehreren Jahrhunderten und selbst in besten rabbischen Kreisen tatkräftig geistiges Eigentum. In Bezug auf Schlomos berühmte Schabbat-Hymne sind in erster Linie sein Hohelied-Kommentar *Ajjelet Ahavim* (‚Gazelle der Liebe') sowie das kabbalistische Traktat *Mittato schel Schlomo* (‚Die Liege Salomos') zur *Unio mystica* zu erwähnen, zwei

3 Safed, in: Encyclopaedia Judaica 14, Jerusalem 1971, 626–632; Benjamin von Tudela / Petachja von Regensburg, Jüdische Reisen im Mittelalter, aus dem Hebräischen übersetzt, mit Anmerkungen und einem Nachwort von Stefan Schreiner, Köln 1998 (1991), 49–53, 156–159.

Werke, welche ebenso wie das *Lecha Dodi* die Verschmelzung von göttlicher und irdischer Liebe thematisieren.[4]

Soweit ein paar äußere biographische Daten, deren Informationen sich durchaus als hilfreich erweisen, den vorliegenden Text in einen historischen und persönlichen Rahmen einzuordnen. Um das Verständnis von Schlomos Schabbat-Lied zu vertiefen, sollte man sich indes in die Erfahrungswelt der sefardischen Juden des 16. Jahrhunderts eindenken. An sich ist stets jeder Vergleich mit der Schoa unangebracht, was aber das Trauma der Juden im Zuge ihrer Vertreibung aus Spanien und Portugal in den Jahren 1492 und 1497 betrifft, so zeigen sich in deren Verarbeitung auffällige Parallelen: So wie nach 1945 weniger die erste, sondern vielmehr die zweite und dritte Generation die Judenvernichtung in breiter Auffächerung historisch, psychologisch, theologisch oder soziologisch zu bewältigen suchen, entwickeln auch die Sefarden und namentlich die in Safed lebende zweite Generation – zu der Schlomo ha-Levi zählt – eine außerordentliche Produktivität auf kabbalistischem, religionsgesetzlichem und mythologischem Gebiet.

Um nur die oben genannten Denker im unmittelbaren Umkreis Schlomo ha-Levis als Beispiele heranzuziehen: Moses Cordovero legte um 1550 mit dem *Pardes Rimmonim* (‚Granatapfelgarten') eine umfassende und systematische Studie zur Mystik vor, die als kabbalistische Meisterleitung gilt. Und um 1560 brachte Joseph Karo die Entwicklung der Gesetzeskompendien zum Abschluss, indem er mit dem *Schulchan Aruch* (dem ‚Gedeckten Tisch'), den Gesetzeskodex vorlegte, welchen die Orthodoxie bis heute als maßgebliche Halacha erachtet. Deutlicher vielleicht noch als die halachische und kabbalistische Systematik ist schließlich das mythologische System von Isaak Luria (1534–1572) – er wiederum ein Schüler von Moses Cordovero – als Antwort auf die iberische Katastrophe zu lesen, denn in seinem *Sefer Etz Chajjim* (‚Buch des Lebensbaums') legt Isaak Luria einen grundsätzlich neuen Schöpfungsbericht vor mit Vorstellungen wie dem *Zimzum*, der uranfänglichen Kontraktion und Emanation Gottes, dem sogenannten ‚Bruch der Gefäße' als Einfall des Bösen in die Schöpfung und schließlich dem *Tiqqun* als Rückführung aller Kräfte des Destruktiven und Heilung der Welt – von ‚Wiedergutmachung' könnte man heute sprechen. Mit kosmischen Maßen jonglierend und wie

---

4 Raphael Juda Zwi Werblowsky, A Collection of Prayers and Devotional Compositions by Solomon Alkabets, in: Sefunot 6, 1962, 135–182 (hebr.); Alkabez, Solomon Ben Moses Ha-Levi, in: Encyclopaedia Judaica 2, Jerusalem 1971, 635–637.

galaktisch entrückt steht diese lurianische Kabbala außerhalb des Bannkreises linearer Logik und Kausalität, sucht aber dennoch das Böse umfassend zu begreifen und das Theodizeeproblem zu lösen.[5]

Die überlebenden Sefarden hätten an der Katastrophe irr werden können, denn wie sollten sie damit fertig werden, dass Spanien und Portugal, die Länder, in denen Juden die letzen fünfhundert Jahre Wurzeln geschlagen hatten, sie auswiesen, ihre vermeintliche Heimat sie ausspuckte, zur Konversion zwang, als *Marranos*, als ‚Schweine' verhöhnte, der Inquisition auslieferte, sie entrechtete, ausraubte, misshandelte und tötete. Doch insbesondere die Weisen Safeds begegneten der Zerstörung mit geistiger Kraft und Kreativität, führten mit ihren Werken die chaotische und formlose Realität denkerischen Strukturen zu und sublimierten die Schmerzen in theologischen Spekulationen. Spirituelle Vollendung statt Verzweiflung. Allen voran die großen Kabbalisten Safeds, die Kinder und Enkel der Vertriebenen, brachten die hebräische Literatur Mitte des 16. Jahrhunderts zu einer eigentlichen Hochblüte, darunter Schlomo ha-Levi Alkabez mit seinem *Lecha Dodi* – schönste Blüten aus dunkelstem Grund gewachsen, Texte, die damit kämpfen, das Leid hinter sich zu lassen – von Trauerarbeit würde man in aktueller Formulierung sprechen, von Traumabewältigung.

Das innovative Schaffen der Sefarden aus Safed brachte auch neue Formen von Liturgie und Lernen mit sich, beispielsweise den *Tiqqun Chazot*, das Mitternachtsgebet, die Meditation an den Gräbern der Zaddikim und damit auch die Bewegung heraus aus den Lehrhäusern, die Unterweisung im Freien, die denkerische Bewegung – einem antiken Philosophieren nicht unähnlich. In diesem Sinn entwickelten Schlomo ha-Levi und die Seinen auch das Ritual, am Freitagabend vor Sonnenuntergang auf die Felder zu gehen, um Schabbat als personifizierte Braut willkommen zu heißen.[6]

Diese Zeremonie kann mithin als ursprünglicher Sitz im Leben des *Lecha Dodi* betrachtet werden und als Reminiszenz davon ist es bis heute Brauch, dass die Gemeinde sich beim Singen der Abschlußstrophe zur Tür der Synagoge wendet und sich vor der nunmehr imaginiert einzie-

---

[5] Maria Theresia Zeidler, *Zimzum* – Gott im Exil, in: Freiburger Universitätsblätter, Zwischen Selbstbehauptung und Identitätsverlust: Exilerfahrungen des Judentums, 172/2, 2006, 55–62; Gerold Necker, Einführung in die lurianische Kabbala, Frankfurt a. M. / Leipzig 2008.

[6] Ismar Elbogen, Der jüdische Gottesdienst in seiner geschichtlichen Entwicklung, Hildesheim 1995 (1913), 108, 388; Reuven Kimelman, The Mystical Meaning of ‚Lekhah Dodi' and ‚Kabbalat Shabbat', Jerusalem 2003 (hebr.).

henden Schabbat-Figur verbeugt – mit einem Anstandsknicks sozusagen vor der göttlichen Braut, wie einem himmlischen Hofzeremoniell folgend. Ebenso aber begrüßt die Gemeinde die Trauernden, welche in diesem Moment erst die Synagoge betreten, und fügt die Worte hinzu: „Der Allgegenwärtige tröste dich/euch inmitten der übrigen, die um Zijon und Jeruschalajim trauern."[7] Zwar finden sich hier Leid und Freude wiederum in unmittelbarer Nachbarschaft, doch markiert dieser verspätete Eintritt in die Synagoge für die Trauernden die ersten Schritte aus dem Trauerhaus heraus und hin zu einer festlich gestimmten Gemeinschaft.

Messianisches Versprechen in Poesie gewoben

Kabbalat Schabbat – Schabbat-Eingang kurz vor dem Abendgebet. Dies ist der Sitz in der Liturgie des *Lecha Dodi*. Nach dem Anzünden der beiden Schabbatkerzen und eingebettet in die Rezitation von Psalmen – die Psalmen 95 bis 99 sowie Psalm 29 gehen voraus, Psalm 92 folgt nach – singen Vorsänger und Gemeinde den vorliegenden Hymnus, worauf *Arvit*, der Abendgottesdienst, einsetzt mit Gebeten, dem *Höre Israel*, dem Siebengebet sowie dem *Qiddusch*, dem Segen über Wein und Brot. Je nach Ritus wird auch das Hohelied oder Proverbien 31,1–10, das sogenannte ‚Lob der wackeren Hausfrau', eingefügt, denn schließlich ist die Braut und Prinzessin Schabbat inzwischen zur Gemahlin und Königin Schabbat avanciert, wobei das *Lecha Dodi* den eigentlichen *rite de passage* markiert.

Und so präsentiert sich der Text formal: Neun Strophen zu je vier Zeilen mit gleichbleibendem Refrain in festem Silben- und Reimschema bilden die Grobstruktur. Die Feinstruktur weist eine Reihe weiterer Elemente auf, darunter ein Akrostichon, Assonanzen, Binnenreime, Zahlensymbolik, den *Parallelismus membrorum*, biblische Zitate sowie Motive des Midrasch. Damit reiht sich das *Lecha Dodi* ganz in die Tradition des *Pijjut* ein, des synagogalen Gedichtes, welches – von der biblischen und spärlichen talmudischen Lyrik abgesehen – auf ein poetisches Erbe von gut tausend Jahren zurückgreift, eine Tradition, die im spätantiken Galiläa ihren Anfang nimmt und im hochmittelalterlichen Spanien zur Hochblüte veredelt wird.[8]

---

7 Zitiert nach: Siddur Schma Kolenu, ins Deutsche übertragen von Joseph Scheuer, Basel/Zürich 1997, 231.

8 Piyyut, in: Encyclopaedia Judaica 13, Jerusalem 1971, 573–602; T. Carmi, Hebrew Verse, London 1981 (hebr.-engl.).

Dazu ein paar Erläuterungen. Da ist zunächst die Zahlensymbolik eingewoben in die 36 Zeilen, den *Lamed-Waw-Zaddiqim* gleich, den 36 Gerechten, die im talmudischen Schrifttum entwickelt (Sanhedrin 97b; Sukka 45b) und in der Kabbala rege rezipiert wurden: 36 Gerechte, die in jeder Generation inkognito leben sollen, um deretwillen die Welt überhaupt existiere und aus denen sich der Messias dereinst rekrutieren werde; 36 Zeilen, die dem Vorsänger und der Leserin wie lyrische *Lamedwawnikim* fröhlich aus dem Siddur zuwinken, kleine messianische Vorboten, denn tatsächlich hat Schlomo ha-Levi unter ihnen auch einen Messias versteckt. Ihn gilt es noch zu finden.

Reim, Rhythmus und Silbenmaß, lyrische Bausteine, die der alttestamentlichen Poesie noch unbekannt waren, figurieren in der hebräischen Literatur erstmals im Werk des namentlich bekannten *Pajtan* Jose Ben Jose (ungefähr fünftes Jahrhundert)[9] und werden in den kommenden Jahrhunderten zunehmend kunstvoll ausgestaltet. So verwendet Schlomo ha-Levi in seinem *Lecha Dodi* das Reimschema a – a – a – b. Zur Veranschaulichung zeigt dies die eingangs vorgelegte Übersetzung mit der achten Strophe: „Zur Rechten und zur Linken brich dir Bahn, // und dem Herrn sage Lob und Ehre an, // an der Seite des Ben Parzi, dem Mann, // wir wollen uns freuen und fröhlich sein". Alternierend aber behält der Dichter zuweilen den vom Refrain gegeben Reim bei, sodass über mehrere Zeilen ein gleichbleibender Reim erklingt, der arabischen *Qatsida* vergleichbar, was nicht zuletzt dem Einfluss der arabischen Lyrik auf die hebräische Poesie zugeschrieben werden kann.[10]

Als Silbenmaß wählt Schlomo ha-Levi durchgehend den Achtzeiler, den die vorliegende Übertragung auf einen Zehnzeiler hin erweitert, da das Hebräische allgemein lautlich ökonomischer ist als das Deutsche und für dieselbe Aussage ungleich weniger Buchstaben benötigt. Ein paar wenige Male musste auf einen Elfsilber oder auf einen Alexandriner ausgewichen werden, weil in gewissen Passagen die Originalsprache den Gedanken mittels Suffigierungen und Ellipsen besonders komprimiert, beispielsweise im letzten Vers der vierten Strophe: „*Qorva el nafschi ge'alah* – schmieg dich an meine Seele, der sie erlöst".

Weiter verdichtet Schlomo ha-Levi seinen Text mit einer Fülle von biblischen Zitaten und rabbinischen Topoi. Demzufolge ertönt schon in

---

9 Aharon Mirsky (Ed.), *Pijjute Jose Ben Jose* – Die synagogalen Gedichte des Jose Ben Jose, Jerusalem 1991² (1977; hebr.).

10 Rina Drory, Models and Contacts. Arabic Literature and Its Impact on Medieval Jewish Culture, Leiden 2000.

der allerersten Zeile („Hüte und denke an das eine Wort") der Dekalog in seinen zwei Fassungen von Exodus 20,8 („Gedenke des Schabbattages, um ihn zu heiligen!") und Deuteronomium 5,12 („Hüte den Schabbattag, um ihn zu heiligen!"). Unmittelbar darauf, ebenso in der ersten Strophe, hallt das *Höre Israel* von Deuteronomium 6,4 nach („Der Herr ist eins …"). Das vergangene Leid und die bevorstehende Freude besingt dann der Psalmvers 84,7 mit dem ‚Tränental' in der dritten Strophe. Vor allem aber dominieren die Worte von Deutero- und Tritojesaja: Jesaja 60,1 in der dritten und fünften Strophe sowie Jesaja 62,5 im zweiten Teil der siebten Strophe („Steh auf …, denn dein Licht erstrahlt, steh auf und leuchte …, an dir wird sich nun dein Gott erfreuen, des Bräutigams Freude gleich an der Braut"). Diese Prophetenworte, welche die definitive Wende zum Glück versprechen, gipfeln schließlich in einem Vers, der gleich zwei Zitate in sich birgt: Die erste Zeile der sechsten Strophe („Du musst dich nicht schämen, erröte nicht") erteilt dem dunklen Raunen von Jeremia 22,22 („… dann wirst du dich schämen und erröten") eine klare Absage, indem sie ihm die optimistische Vision Deuterojesajas, Jesaja 54,4, gegenüberstellt, welche von einem neuen göttlichen Bund mit Israel zu berichten weiß („… du musst dich nicht schämen, und erröte nicht"). Getragen von einer solchen Hoffnung auf ein wiederkehrendes goldenes Zeitalter tritt denn auch der messianische Spross aus dem Hause Davids auf, einmal als ‚Sohn Isais' in der vierten Strophe, dem Wortlaut von I Samuel 16,1 folgend, und ein zweites Mal als ‚Ben Parzi' in der achten Strophe, gemäß dem David-Stammbaum von Ruth 4,18–22. David übrigens, aus dessen Stamm der Messias laut Tradition hervorgehen wird, ist im Text – wenn auch versteckt – insofern allgegenwärtig, als *Dod* (‚Geliebter') und der Name ‚David' denselben hebräischen Konsonantenbestand aufweisen.

Über all den Zitaten aber schwebt der Zauber des Hohenliedes, denn sowohl die Titelgestalt als auch der angesprochene Bräutigam des Refrains, der *Dod*, eben der Geliebte, entsprechen einem Schlüsselwort des biblischen Liebesbuches. Allgegenwärtig flirrt das Wort *Dod* durch den Text: 29 von insgesamt 30 alttestamentlichen Belegen entfallen auf das Hohelied, beziehungsweise sechs von neun der Pluralform *Dodim*, was die ‚Liebe' oder ‚Liebeslust' allgemein bezeichnet.[11] Und nicht weniger evoziert auch *Kalla*, die ‚Braut', das Hohelied: Hier finden sich sechs von

[11] Die 18 Belege mit der zweiten Bedeutung von *Dod* als ‚Onkel' werden in diesem Kontext nicht mitgezählt.

15 Stellen des Kanons.[12] Auf solche Weise wird der Eindruck erweckt, als ob das *Lecha Dodi* unmittelbar aus der Heiligen Schrift erwachsen, ja, selbst Teil der biblischen Liebescarmina wäre.

Eingebunden ist das Szenario schließlich in das talmudisch-rabbinische Motiv von der Präexistenz jüdischer Werte, postuliert doch der Midrasch, dass der Schabbat – ebenso wie die Thora, Israel oder der Name des Messias – noch vor der Schöpfung im göttlichen Gedanken aufgestiegen war (Bereschit Rabba I,4). Diese aggadische Vorstellung verdichtet mithin die zweite Strophe mit den Worten: „Schabbat wollen wir entgegeneilen, // denn sie ist die Quelle jeden Segens, // von Anfang an und von Urzeit geweiht, // der Schöpfung Ende, im Plan der Beginn."

Doch der virtuosen Sprachverflechtung nicht genug! Einem Renaissancemaler gleich hat sich der Dichter in seinem Werk auch selbst verewigt, indem er seinen Namen als Akrostichon in das *Lecha Dodi* eingraviert hat, je im ersten Konsonanten der ersten acht Strophen: *Schin*, *Lamed*, *Mem*, *He*, *He*, *Lamed*, *Waw*, *Jod* – Schlomo ha-Levi.

Und Weiteres gäbe es zu verfolgen, beispielsweise die Gematrie, die Umrechnung der Konsonanten in ihren Zahlenwert. Das vorliegende Akrostichon weist die Summe 426 auf und es wäre ein Leichtes, einer verschlüsselten Botschaft mit einem solchen Zahlenwert nachzugehen oder sie schlicht selber zu erfinden. Kann es tatsächlich ein Zufall sein, dass dieser Zahlenwert von 426 identisch ist mit demjenigen der Wendung *ba-Maschiach Ben David* („zusammen mit dem Messias, dem Sohn Davids"), einer liturgischen Formulierung, wie sie etwa das Elija-Lied zum Schabbat-Ausgang kennt und wo der Prophet aus Gilead ebenfalls die baldige Ankunft des Messias signalisiert?

Die formale Fantasie des Poeten kennt keine Grenzen. Und spätestens hier wird wohl augenfällig, dass angesichts einer solchen Textverdichtung selbst der begnadetste Übersetzer an seine Grenzen stößt und die emsig bemühte Übersetzerin in Mutlosigkeit versinken könnte.

Im Rückblick auf den phänomenalen Formenreichtum eine ergänzende Bemerkung. Mit ihren geradezu geometrisch angelegten Klang- und Sinnstrukturen steht die hebräische Lyrik des Mittelalters keinesfalls singulär da. Sie findet sich in bester Gesellschaft mit der Poesie des maurischen und christlichen Spaniens, der provenzalischen Troubadour-Lyrik Südfrankreichs sowie der Dichtkunst Italiens, denn im direkten Kultur-

[12] Ebensowenig sind die 19 Belege mit der zweiten Bedeutung von *Kalla*, ‚Schwiegertochter', hier berücksichtigt.

kontakt konkurrenzieren, inspirieren und beflügeln sich diese Literaturen gegenseitig.[13] Dabei ist das ziselierte Sprachgefüge nicht nur Ausdruck von künstlerischem Gestaltungswillen, sondern vielmehr noch von einer *Imitatio Dei*, welche den Schöpfergott beim Schaffen seines vollkommenen Werkes nachzuahmen trachtet. Wenn es der Dichter seinem Vorbild auch nie gleichtun kann, sucht er dennoch, sich an göttlichen Maßstäben zu messen – gerade auf diesem Hintergrund wird evident, dass sich spätestes nach der Schoa sämtliche lyrischen Formalia verlieren, ist eine solche Formauflösung doch als Absage an einen souveränen Gott und eine gelungene Schöpfung gleichermaßen zu verstehen.

In diesem Sinn könnte man noch lange an den lyrischen Formen entlangdenken, doch gilt es nun, sich an die Fersen des rätselhaften Geliebten zu heften und den messianischen Bräutigam aufzuspüren.

Rätsel um Du und Ich

„Auf, mein Geliebter, der Braut entgegen, Schabbat wollen wir willkommen heißen." Wer spricht denn da? Und wer ist angesprochen? Wer versteckt sich hinter der Maske des lyrischen Ich, Du, Wir?

Denkbar wäre allein schon der Refrain als Minidrama:

Sie:	Auf, mein Geliebter!
Er:	... der Braut entgegen!
Chor:	Schabbat wollen wir willkommen heißen!

Das Spiel der *dramatis personae* scheint jedoch wesentlich komplexer. Die Imperative sind – der Differenzierungsmöglichkeit im Hebräischen entsprechend – bald feminin, bald maskulin, Sprecher und angesprochene Person stehen in stetem Wechsel und scheinen zuweilen ineinander überzugehen.

Ein Paar, eine Braut mit ihrem Bräutigam, zu denen sich weitere Figuren gesellen. Das *Lecha Dodi* erinnert an das Spielwerk einer alten Uhr, deren Drehmechanismus zur bestimmten Stunde ein Karussell freigibt,

[13] Chaim Schirmann, *Ha-Schira ha-'ivrit bi-Sfarad uva-Provence* – Die hebräische Dichtung in Spanien und in der Provence, 2 Bände, Tel-Aviv 1955/1956 (hebr.); Dante Alighieri, Rime, Torino 1973; Dietmar Rieger, Mittelalterliche Lyrik Frankreichs I. Lieder der Trobadors, Stuttgart 1980 (provenzalisch-dt.); Wout J. van Bekkum, The Emperor of Poets. Immanuel of Rome (1261–1323), in: Martin F. J. Baasten / Reinier Munk (Ed.), Studies in Hebrew Literature and Jewish Culture presented to Albert van der Heide on the Occasion of his Sixty-Fifth Birthday, Dordrecht 2007, 203–212.

indem eine Gestalt nach der andern aus dem Gehäuse heraustritt – König und Knecht, Matrone und Braut und viele mehr –, worauf diese sich dann zum Reigen vereinen.

Bereits die alttestamentlichen Propheten bilden das Verhältnis zwischen Israel und seinem Gott als ein Liebesverhältnis in all seinen Schattierungen ab, von der Werbung über die Vermählung bis hin zur Verstoßung, ein Verhältnis, bei dem sowohl Israel und Juda als auch Zion und Jerusalem der Frauenpart zugewiesen wird.[14] Und spätestens seitdem sich in der Spätantike die rabbinische Interpretation des biblischen Hohenliedes als Liebeswerben zwischen Gott und seinem auserwählten Volk durchgesetzt hat, ist jede jüdische Liebesliteratur auf einen allegorischen Gehalt hin zu lesen – man erinnere sich an das zweite Kapitel. Der Männerpart wird nun jedoch nicht mehr einzig Gott vorbehalten, denn bedingt dadurch, dass die rabbinische Gottesbezeichnung der *Schechina*, der göttlichen Einwohnung, grammatikalisch eine Femininform darstellt, schreiben ihr vornehmlich kabbalistische Kreise vermehrt weibliche Aspekte zu, sodass auch die *Schechina* die Rolle der Liebespartnerin des – nunmehr als männlich imaginierten – Volkes Israel einnehmen kann.[15] Die Personifizierung von Schabbat als Braut, Prinzessin und Königin schließlich geht ebenso auf die spätantiken Weisen zurück und findet sich erstmals im Traktat *Schabbat* des Babylonischen Talmud (Schabbat 119a):

> Rabbi Chanina pflegte sich am Vorabend des Schabbat anzuziehen und gegen Abend zu sprechen: Kommt, wir wollen der Königin Schabbat entgegengehen. Rabbi Jannai pflegte am Vorabend des Schabbat seine Gewänder anzuziehen und zu sprechen: Komm, o Braut, komm, o Braut.

Verbreitet stilisieren Religionen ihre eminentesten Werte zu Frauengestalten und gerade den Sefarden, in deren Tradition Schlomo ha-Levi steht, dürfte die allgegenwärtige Marienverehrung im mittelalterlichen Spanien kaum entgangen sein, eine Vorstellung, auf die religiös sicher mit Ablehnung reagiert wurde, deren literarische Üppigkeit aber dennoch zur Inspiration gereicht haben mag.

---

14 Gabrielle Oberhänsli-Widmer, Jerusalem als Frauenfigur und heiliger Ort in der hebräischen Literatur, in: Freiburger Rundbrief 3/1999, 179–184.

15 Peter Schäfer, Mirror of his Beauty. Feminine Images of God from the Bible to the Early Kabbalah, Princeton 2002; Gershom Scholem, *Schechina*; das passiv-weibliche Moment in der Gottheit, in: ders., Von der mystischen Gestalt der Gottheit, Frankfurt a. M. 1977 (1962), 135–191.

In Anbetracht solcher Allegorisierungen finden im *Lecha Dodi* denn auch eine ganze Reihe von Paaren zusammen: Bräutigam und Braut, Israel und Schabbat, die *Schechina* und das Volk Israel, Gott und Jerusalem oder der Messias und die jüdische Gemeinschaft. Allen voran vielleicht aber der ganz einfache Beter, ein geknechteter Jude, der – dem Froschkönig gleich – durch den Kuss der Prinzessin Schabbat aus seiner elenden Existenz befreit und zum Prinzen geadelt wird und sich nun, einen Tag in der Woche wenigstens, beim Stelldichein mit der Holden vergnügen darf.

Versucht man nun, die eben zusammengeführten Paare in die neun Strophen des *Lecha Dodi* einzuordnen, so zeigt sich, dass der Zwirn, der die 36 Zeilen auffädelt, an sich nichts anderes ist als der traditionelle theologische Geschichtsaufriss von der Schöpfung, Erwählung bis hin zum Exil und der messianischen Erlösung. Als liturgischer *rite de passage* markiert der Text zwar den zentralen Übergang vom Alltag zum Schabbat, vom Werktag zum Festtag, gibt aber ebenso den Blick auf eine Vielfalt weiterer Übergänge frei: von der profanen Zeit zur heiligen Zeit, von der Weltzeit zur messianischen Zeit, vom Säkularem zum Religiösen, von der Trauer zur Freude, von der Erniedrigung zur Erhöhung, von der Verbannung zurück in die Heimat, von der Zerstörung zum Wiederaufbau, von der Gefangenschaft zur Freiheit, vom Dunkel ins Licht, von der Einsamkeit zur Liebe, vom Geliebten zum Bräutigam, von der Braut zur Gattin. Oder um noch ein wenig in den Grimmschen Küssen zu schwelgen: Das *Lecha Dodi* kommt dem Kuss gleich, der Dornröschen aus dem Schlaf wiedererweckt.

So strebt der Duktus des Gedichtes letztlich einer *Unio mystica* zu, der Vereinigung des Beters mit dem Göttlichen, und offenbart somit seinen eigentlichen Charakter als durch und durch mystisches Sprachgefüge.[16] Unter Anschauung eines solch kabbalistischen Gepräges ist denn auch das Patchwork der biblischen Zitate nochmals anders zu bewerten, und zwar im Sinn einer manipulativen Exegese, die mit ihrem schöpferischen Eingriff in die Heilige Schrift die – rabbinisch gesprochen – ‚Wehen des Messias' zu beschleunigen sucht. Oder mit andern Worten: Durch die neu arrangierte Anordnung biblischer Botschaften will der Dichter dem göttlichen Schöpfer ein baldiges und glückhaftes Eschaton, ein endgülti-

16 Moshe Idel, Universalization and Integration: Two Conceptions of Mystical Union in Jewish Mysticism, in: ders. / Bernard McGinn, Mystical Union and Monotheistic Faith. An Ecumenical Dialogue, New York 1989, 27–57.

ges goldenes Zeitalter abringen – dass doch der Geliebte, der Messias, liturgisch formuliert, „jetzt und in unseren Tagen" kommen möchte!

Ein Irrtum als Topos von Vollendung

Wie ist nun die Ausgangsfrage nach dem Erfolgsrezept des *Lecha Dodi* zu beantworten?

Eine erste Antwort mag die eben genannte *Unio mystica* geben. Denn vielleicht ist Liebe stets nur Stückwerk, und man möchte sie in dem einen Menschen oder in dem einen Göttlichen bannen, was das Lied sublimiert, indem es die Liebe in dem Einen aufgehen lässt und dennoch dem Flirren vielfacher Figuren Raum gibt.

Und dann ist da diese vereinnahmende Bewegung von vergangenem Leid hin zur Freude. Der Text atmet Aufbruch. Das *Lecha Dodi* meditierend könnte man seinen eigenen Lebensweg abschreiten, um auf eine Wende zum Besseren zu vertrauen. Die Erwartung des Schabbat als Entwicklung zum Guten. Der gelungene Wochenzyklus als Versprechen im Hinblick auf den Lebenszyklus, vom Weltzyklus ganz zu schweigen.

Ausschlaggebend für den Siegeszug ist schließlich noch eine weitere Dimension des Hymnus, da der Text offensichtlich von Anfang an in eine Melodie gekleidet war: die Musik. Bereits in den zwanziger Jahren des 20. Jahrhunderts zählt der für die jüdische Musikologie wegweisende Abraham Zvi Idelsohn (1882–1938) in seiner Feldforschung über zweitausend Melodien des *Lecha Dodi*. Welches die Originalmelodie war, ist unbekannt, die Spielarten aber überborden an Vielfalt, variieren im liturgischen Jahreszyklus, wechseln fallweise von Strophe zu Strophe, weisen bisweilen – da vor dem eigentlichen Schabbat-Eingang gesungen – Instrumentalbegleitung auf. Kurz: Schlomo ha-Levis Carmen kann man sowohl als Menuett wie als Polonaise hören, als türkischen Militärmarsch oder als polnisches Volkslied trällern, oder in Anlehnung an eine Kavatine von Wolfgang Amadeus Mozarts *Le nozze di Figaro* mitsummen.[17]

Und ganz zum Schluss gibt es da noch eine Kuriosität, sozusagen einen literarischen Patzer, der die Wirkungsgeschichte des Textes mit einer besonderen Würze versieht. In seinem durchaus kongenialen Gedicht *Prinzessin Sabbath* kommt Heinrich Heine (1797–1856) erwartungsgemäß auf das *Lecha Dodi* zu sprechen, oder seiner aschkenasischen Aus-

[17] Lekhah Dodi, in: Encyclopaedia Judaica 11, Jerusalem 1971, 4–7; Abraham Z. Idelsohn, Jewish Music. Its Historical Development, New York 1992 (1929), 116.

sprache entsprechend, auf das *Lecho Daudi*. Ein armer jüdischer Krämer tritt am Freitagabend in die Synagoge und:

Dort an seinem Betpultständer
Steht schon der Gemeindesänger;
Schmuckes Männchen, das sein schwarzes
Mäntelchen kokett geachselt. (...)

Trällert vor sich hin ganz leise,
Bis er endlich laut aufjubelnd
Seine Stimm erhebt und singt:
Lecho Daudi likras Kalle!

Lecho Daudi likras Kalle –
Komm, Geliebter, deiner harret
Schon die Braut, die dir entschleiert
Ihr verschämtes Angesicht!

Dieses hübsche Hochzeitskarmen
Ist gedichtet von dem großen,
Hochberühmten Minnesinger
Don Jehuda ben Halevy.

In dem Liede wird gefeiert
Die Vermählung Israels
Mit der Frau Prinzessin Sabbath,
Die man nennt die stille Fürstin. (...)[18]

Nicht dem spätmittelalterlichen Kabbaliten aus Safed, sondern dem hochmittelalterlichen ‚Minnesinger' Jehuda ha-Levi (um 1075–1141) schreibt Heinrich Heine die Schabbat-Hymne also zu und das, obschon er sehr wohl Hebräisch und damit das Akrostichon als Signatur des wahren Autors, also Schlomo ha-Levi, zu lesen vermochte, und obwohl (oder gerade weil?) er ein bekennender Verehrer des spanischen Dichters und mit dessen Werk vertraut war. Zu Heines Verteidigung ist indes anzumerken, dass Jehuda ha-Levi der berühmteste sefardische Dichter überhaupt war, bekannt nicht nur dank seines religionstheoretischen *Kusari*, sondern mehr noch aufgrund seiner Zion- und Exillieder.[19] Und darüber

---

18 Zitiert nach: Heinrich Heine, Prinzessin Sabbath, in: ders., Romanzero, herausgegeben von Paul Staph, Berlin/Darmstadt (ohne Jahreszahl; Originalausgabe Hamburg 1851), 384–385. Je nach Aufbereitung der einzelnen Texte aus dem *Romanzero* werden in diesem und dem folgenden Kapitel sowohl die Edition von Paul Staph als auch die von Bernd Kortländer, (Stuttgart 1997) verwendet.

19 Dov Jarden (Ed.), *Schire ha-Qodesch le-Rabbi Jehuda ha-Levi* – Die religiöse Lyrik des Rabbi Jehuda ha-Levi, 4 Bände, Jerusalem 1978–1985 (hebr.); Meret Gutmann-Grün, Zion

hinaus wurde das *Lecha Dodi* in zahlreichen Gemeinden zu einer Melodie von Jehuda ha-Levis Gedicht *Schuvi nafschi li-menuchajchi* („Kehre zurück, meine Seele, zu deiner Ruhestätte") gesungen – der Titel zitiert Psalm 116,7. Wie dem auch sei, eine Würze der Wirkungsgeschichte: Heines Verwechslung erscheint förmlich wie der antike Topos, gemäß dem ein letztes Quäntchen Unvollkommenheit dem Kunstwerk erst eigentlich zur Vollkommenheit gereicht.

Doch damit nicht genug. Unter den *Hebräischen Melodien* seines *Romanzero* erweist Heine dem aus Cordova stammenden Jehuda ha-Levi eine ausgiebige poetische Hommage, würdigt dessen literarische Bedeutung, beschreibt seine abenteuerliche Biographie gleichsam als Protozionisten, schildert mit dramatischem Pathos Jehudas Heldentod, wie er Zionshymnen deklamierend sein Leben zu Füßen Jerusalems lassen musste, um daraufhin im Himmel mit gebührendem Pomp von artig musizierenden Engelchen empfangen zu werden:

> Droben, heißt es, harrte seiner
> Ein Empfang der schmeichelhaft
> Ganz besonders für den Dichter,
> Eine himmlische Sürprise.
>
> Festlich kam das Chor der Engel
> Ihm entgegen mit Musik,
> Und als Hymne grüßten ihn
> Seine eignen Verse, jenes
>
> Synagogen-Hochzeitskarmen,
> Jene Sabbath-Hymenäen,
> Mit den jauchzend wohlbekannten
> Melodien – welche Töne!
>
> Englein bliesen auf Hoboen,
> Englein spielten Violine,
> Andre strichen auch die Bratsche
> Oder schlugen Pauk' und Zimbel.
>
> Und das sang und klang so lieblich,
> Und so lieblich in den weiten
> Himmelräumen widerhallt es:
> Lecho Daudi Likras Kalle. (…)[20]

als Frau. Das Frauenbild Zions in der Posie von al-Andalus auf dem Hintergrund des klassischen Piyyuts, Bern 2008.

20 Zitiert nach: Heinrich Heine, Jehuda ben Halevy, in: ders., Romanzero, herausgegeben von Bernd Kortländer, a. a. O., 136–168, 157–158.

Das *Lecha Dodi* erschallt mithin selbst in der kommenden Welt, wenn hier auch fünfhundert Jahre vor seiner Komposition durch Schlomo ha-Levi. Doch die Ewigkeit kennt keine Zeit. Leicht vorzustellen, dass sich sowohl der andalusische als auch der galiläische Autor über Heines muntere Rezeption amüsiert hätten und dass die beiden Levi-Poeten, Jehuda und Schlomo, zusammen mit Heine im ‚Triumvirat der Dichtkunst' nun ihren elysischen Schabbat feiern, indem sie sich beim *Lecho Daudi* jeweils einträchtig verschmitzt zuzwinkern. Wolle Gott, dass sich Heine in dieser Hinsicht nicht getäuscht hat und dass holde Engel die Sterblichen dereinst mit ‚Hoboen', Bratschen und vor allem mit dem *Lecha Dodi* auf den Lippen im Himmel willkommen heißen!

Die Verbindung von Schabbat und kommender Welt übrigens entnimmt Heinrich Heine rabbinischem Denken, werden doch die jüdischen Weisen nicht müde zu betonen, dass der Schabbat ein Vorgeschmack auf die kommende Welt sei,[21] oder wie der Babylonische Talmud mathematisch spekuliert (Berachot 57b): „Der Schabbat ist ein Sechzigstel der kommenden Welt".

Doch damit vom Jenseits zurück ins Diesseits. Ein Hymnus aus dem 16. Jahrhundert, ein kleiner Text, aus der Destruktion erstanden, wurde, ist und wird weiterhin zum Fanal von Freude, zum Fanfarenstoß von Frohsinn über die Generationen, Traditionen, Kontinente und Länder, überall dort, wo Juden die Mühen des Alltags hinter sich lassen, um für einen Tag eine Friedensinsel im Strom der Zeit zu betreten und den Schabbat zu begehen.

Schabbat als Braut und Geliebte. Im Figurenkabinett jüdischer Liebesliteratur nimmt der Schabbat eine so zentrale Rolle ein, dass das liturgische Phänomen und seine literarische Gestaltgebung im kommenden Kapitel weiter vertieft werden, denn da rückt Schabbat sogar in den Adel auf, ja entpuppt sich als Prinzessin – Heinrich Heine sei Dank!

---

[21] Midrasch Bereschit Rabba XVII,5 und Parallelstellen.

5 Chimäre der Assimilation
Heinrich Heine, *Prinzessin Sabbath* (1851)

Wer sich mit Heinrich Heine (1797–1856) beschäftigt, trifft auf eine Persönlichkeit, deren Leben, Werk und Erinnerung in einem Spannungsfeld von Extremen, Superlativen und Widersprüchen steht.

Allein die Geschichte der Denkmäler Heines kommt einer Kuriositätensammlung gleich,[1] Hunderte Komponisten und Musiker haben seine Lieder vertont,[2] zahllose Straßen tragen seinen Namen, Briefmarken sein Konterfei, die Übersetzungen seiner Texte figurieren in allen Weltsprachen, und inzwischen haben weit über zwanzig Biographen sein Leben ausgeleuchtet, von der Heine-Forschung im Allgemeinen ganz zu schweigen.[3]

Ebenso außergewöhnliche Züge trägt Heines Vita. In Düsseldorf Ende des 18. Jahrhunderts in eine gut situierte Familie eines kulturoffenen Judentums geboren, lernte der junge Heine im Hamburger Bankhaus seines Onkels Salomon Heine das Handelsgeschäft, studierte später Rechtswissenschaft in Bonn, Göttingen und Berlin, wandte sich dann aber ausschließlich dem Schreiben zu. Dank seiner Sprachvirtuosität, seinem Witz und Scharfsinn wurde Heine bald als Journalist, Prosaautor und Dichter bekannt und schon anfangs der 1830er Jahre weit über Deutschland hinaus in Europa berühmt.

Politisch an liberal-konstitutionellen Regierungsformen orientiert und in seinen Zeitungsberichten sozialkritisch engagiert, war Heine nie und niemandes Parteigänger. Unverhohlen bewunderte er Napoleon Bonaparte, befreundete sich mit Karl Marx, verfolgte die europäischen Revolutionen von 1848 und 1849 mit gemischten Gefühlen, stets skeptisch die

---

1 Christian Liedke, Heines Denkmäler, 1891–2012. Ein kommentiertes Verzeichnis, in: Heine-Jahrbuch 53, Stuttgart/Weimar 2014, 170–214.

2 Günter Metzner, Heine in der Musik. Bibliographie der Heine-Vertonungen, 12 Bände, Tutzing 1989–1994.

3 Darunter besonders bedeutend diejenige von Max Brod, Heinrich Heine. Biographie, Göttingen 2015 (1934). Bezüglich Sekundärliteratur sei hier neben dem seit 1962 jährlich erscheinenden Heine-Jahrbuch exemplarisch auf zwei Studien mit weiterführender Literatur verwiesen: Marcel Reich-Ranicki, Der Fall Heine, München 2000; Karl-Josef Kuschel, Gottes grausamer Spaß – Heinrich Heine, Düsseldorf 2002. Primärtexte und Kommentare finden sich zudem auf mehreren Internet-Portalen, beispielsweise auf: http://hhp.uni-trier.de/Projekte/HHP/Projekte/HHP/start (aufgerufen am 5.4.2016),

Machtverhältnisse abwägend, was ihn seit 1827 mit der Zensur in Konflikt brachte. 1833 wurden seine Schriften in Preußen, 1835 in allen Mitgliedstaaten des Deutschen Bundes verboten.

Aufgrund solcher Anfeindungen lebte Heine seit 1831 in Paris, schrieb weiterhin Deutsch und publizierte bei seinem Hamburger Verleger Julius Campe. Heine im Exil? Obwohl Heine die französische Metropole und Mentalität liebte, bleibt seine Sehnsucht nach Deutschland legendär, und das trotz seiner geradezu prophetischen Einschätzung einer aufziehenden Gefahr des ‚deutschen Donners', welcher die Weltgeschichte noch erschüttern werde.[4]

Überschattet wurde Heines Pariser Zeit durch eine schleichende Erkrankung. Die letzten acht Lebensjahre blieb er ans Bett gefesselt – oder wie er es ausdrückte: in der ‚Matratzengruft' gefangen –, beinahe völlig erblindet, und dennoch schriftstellerisch höchst aktiv. Ungebrochen auch seine ganz eigene Tonalität: heiter und melancholisch zugleich, zuweilen liebevoll, dann unvermittelt giftig, im selben Atemzug zärtlich und zynisch, kurz – so wiederum seine Selbsteinschätzung – ein ‚entlaufener Romantiker'.

1856 starb Heine in Paris. Woran? Selbst da scheiden sich die Geister: an einem ungeklärten Nervenleiden, einer schleichenden Bleivergiftung, einer chronischen Meningitis, an multipler Sklerose oder Tuberkulose oder – wie er selbst mutmaßte – an Syphilis? Wie dem auch sei, Heines Grab auf dem Montmartre gilt eingefleischten Literaturliebhabern und eben solchen Liebhaberinnen bis heute als solenne Pilgerstätte.

Die Zäsuren in Heines Leben könnte man jedoch auch auf andere Art setzen – und dies hätte ihm zweifellos mehr zugesagt –, nämlich gemäß der Chronologie seiner Liebschaften, war Heine doch dem weiblichen Geschlecht unverhohlen zugeneigt. Namentlich drei Musen begleiteten sein Schaffen: Molly, Mathilde und Mouche – die an sich alle drei anders hießen. Amalie Heine alias Molly war Heinrichs Hamburger Cousine und seine unerwiderte Jugendliebe; Augustine Crescence Mirat, eine einfache Pariser Schuhverkäuferin, die Heine Mathilde nannte, wurde 1841 seine Ehefrau; und schließlich die Schriftstellerin Camilla Selden, eine späte Romanze, der Heine nach ihrem mit einer Fliege verzierten Petschaft den Namen ‚Mouche' verlieh. Sie alle drei und die eine oder andere der Musen mehr beleben Heines Zeilen, mit literarischem Rouge gepudert wohl-

4 So etwa im Schlusswort seiner Geschichte der Religion und Philosophie in Deutschland aus dem Jahr 1834.

gemerkt und in poetischer Retusche: im *Buch der Lieder* (1827), in den *Reisebildern* (1826–1831), im *Rabbi von Bacherach* (1840), in *Deutschland. Ein Wintermärchen* (1844), oder im *Romanzero* (1851) – um nur ein paar ausgewählte Titel von Heines Oeuvre anzuführen.

Seit seinen Erfolgen als junger Schriftsteller und über die Generationen hat Heine polarisiert, wurde entweder geliebt oder gehasst, verehrt oder geächtet. Ein im 19. Jahrhundert zunehmend schwelender Antisemitismus marginalisierte seine Texte nachhaltig, später verbrannten die Nationalsozialisten seine Bücher und tilgten seinen Namen auf Jahrzehnte aus der Liste der großen Dichter, sodass auch nach dem Zweiten Weltkrieg Heines Werk noch lange Zeit außen vor blieb und nur schwerlich einen Weg in die Schulbücher fand. Und selbst als Heine wieder als salon- und schulstubenfähig galt, mag manch moralischer Pädagoge Heines wenig autoritätsgläubiges Gedankengut weder als erzieherisches Elixier für artige Schüler noch als sittliches Labsal für folgsame Schülerinnen erachtet haben.

Bei aller Prominenz also – wer ist tatsächlich mit Heines Werk vertraut, abgesehen von einzelnen Liedern in den musikalischen Bearbeitungen von Franz Schubert oder Robert Schumann, oder abgesehen von der berühmten Elegie *Ich weiß nicht, was soll es bedeuten*, berühmt wiederum aufgrund der Vertonung von Friedrich Silcher und unter dessen Titel *Die Lorelei*.

Höchste Zeit also Verpasstes, Vergessenes und Zensuriertes im Kontext jüdischer Liebesliteratur neu zu entdecken und dies umso mehr, als Heines Verse erstaunlich zeitlos, ja erfrischend vom 19. ins 21. Jahrhundert herüber klingen.

Zwangsläufig stellt sich dabei die Frage nach Heines Religion, er, der als Jude geboren war, 1825 in Heiligenstadt zum Protestantismus konvertierte, 1841 in Paris katholisch heiratete, unter dem Einfluss der deutschen Philosophie zeitweilig als dezidierter Atheist auftrat, später wie schon sein Vater Freimaurer wurde[5] und am Schluss mit dem Bekenntnis zu einem ganz persönlichen Gott starb. Dazu bieten sich nun besonders die *Hebräischen Melodien* an, allen voran die lyrische *Prinzessin Sabbath*.

Entgegen all der oben aufgeführten Dramatik ist diese heitere Ode an den Schabbat aus dem *Romanzero* ein denkbar ruhiger Text, unaufgeregt und mit einem friedsamen Blick auf den wöchentlich wiederkehrenden

---

5 Zunächst mit seinem Vater Samson Heine zusammen in der Frankfurter Loge *Zur aufgehenden Morgenröte*, seit 1844 als Mitglied der Pariser Loge *Les Trinosophes*.

Feiertag – ein Blick, mit welchem Heine nicht wenig über seine Haltung zu Religion und Ritus verraten wird.

Schabbat

Die heutige Beschäftigung mit dem Schabbat konfrontiert Exegeten und Religionswissenschafter mit einer denkbar ernsten Materie, mit einer Diskussion, die sich Jahrhunderte lang um halachische Vorgaben, Verbote und Strafen drehte, um theologische Konzepte oder Spekulationen zum geschichtlichen Werdegang. Und auch wenn Heines Wissensstand über den Schabbat noch nicht dem heutigen entsprach, so ist doch die Differenz der Traditionsliteratur zu seiner poetischen Umsetzung äußerst erhellend. Deshalb an dieser Stelle ein kurzer Abriss über den Schabbat, denn ohne eingangs allzu viel zu verraten: Heine wird aus den schabbatlichen Requisiten eine erfrischend neue Szenerie hervorzaubern.

„Hüte den Tag des Schabbat, um ihn zu heiligen!" (Deuteronomium 5,12). Den arbeitsfreien siebten Wochentag verdankt die Welt dem Judentum. Da der Schabbat als schöpferischer Einfall des biblischen Israel ins Christentum einfloss, trat der ‚Tag des Herrn' seit der Spätantike über die Jahrhunderte seinen Siegeszug über den Erdball an. Den Weg dazu bahnte das im Dekalog verankerte Schabbat-Gebot (Exodus 20,8–11; Deuteronomium 5,12–15), welches sich an Freie und Sklaven, Israeliten und Fremde, Mensch und Tier gleichermaßen richtete und damit eine soziokulturelle Errungenschaft darstellt, wie sie keine antike Gesellschaft kannte: eine Zeit von Regeneration und Ruhe unabhängig von gesellschaftlichem Status. Nicht zu aller Freude. Bereits Autoren wie Seneca oder Plutarch äußerten ihr Missfallen an dem Einfluss jüdischer Schabbat-Observanz, ein irritierender Müßiggang sei das, mit welchem man eines Siebtels an Lebenszeit und des damit einhergehenden Geschäftsumsatzes verlustig gehe. Den Rabbinen indes blieb das soziale Moment vorrangig, ganz pointiert formuliert in der Mischna, dem nachbiblischen Gesetz, wenn es von den Juden am Schabbat heißt (Schabbat XIV,4): „Alle Israeliten sind Königssöhne."

Doch wo sind Anfang und Ursprung des Schabbat zu verorten? Auf der narrativen Ebene der Bibel bekanntlich im göttlichen Schöpfungsgeschehen (Genesis 2,2.3): „Und Gott vollendete am siebenten Tag sein Werk, das er getan hatte und ruhte (*wajjischbot*) am siebenten Tag von all seinem Werk, das er getan hatte. Und Gott segnete den siebenten Tag und heiligte ihn; denn an ihm hatte Gott geruht (*schavat*) ..." In der Chronologie der Erzählung fällt hier zwar noch nicht das Substantiv *Schabbat* aber doch bereits das Verb *schavat*, während das Nomen dann erstmals in der eigentlichen Schabbat-Gründungslegende vorkommt (Exodus 16,23), in der Erzählung von Manna und Wachteln, die Gott Israel als Nahrung in einem schabbatlichen Rhythmus auf seinem Wüstenweg zukommen ließ, sodass Israel den Schabbat schon als Wunder erfahren hatte, bevor es noch das Gebot am Sinai auferlegt bekam.[6]

Doch eine solche Erzählebene ist nur das literarische Gefäß, das einen aus mehreren Quellen gespeisten Strom fasst und in ein Narrativ zusammenfließen lässt, denn zweifellos weist der Schabbat mehrere Anfänge auf: einen philologischen Anfang, einen astrologischen, politischen, historischen oder soziologischen.

Da ist zunächst das hebräische Wort *Schabbat*, das sich wahrscheinlich aus einer der akkadischen Muttersprache entnommenen Wurzel *schapattu* ableitet, dem 15. Tag im Mondmonat und zugleich dem Vollmondtag. Von der inhaltlichen Differenz vorerst ganz abgesehen, unterscheiden sich die beiden Zeitzäsuren jedoch ganz offensichtlich, löst sich doch der Schabbat von dem Mondzyklus und durchläuft eine davon unabhängige Siebenzählung.[7]

Dann die Frage nach dem politischen Anfang: Wer verfügt über die Autorität, einen solch bahnbrechend neuen Zeitrhythmus einzuführen? Sieht man von der Erzählebene mit Mose und seiner Gesetzgebung ab, so wäre ein früher historisch greifbarerer Fixpunkt der Erlass des Nehemia Mitte des fünften vorchristlichen Jahrhunderts. Aus dem Zweistromland kommend entsetzte sich der judäische Nehemia – Mundschenk des Perserkönigs Artaxerxes und später Statthalter Jerusalems – nicht wenig darüber, dass sowohl Tyrer wie Judäer in Jerusalem am Schabbat Handel trieben, was er dann offenbar mit entsprechenden Maßnahmen zu unterbinden suchte (Nehemia 13,19): „Und sobald es bei den Toren Jerusalems dunkel zu werden begann vor dem Schabbat, ließ ich die Tore schließen und befahl, dass man sie nicht mehr auftue bis nach dem Schabbat. Und einige meiner jungen Männer stellte ich an die Tore, damit keine Last hereinkomme am Tag des Schabbat."

6 Ina Willi-Plein, Anmerkungen zu Wortform und Semantik des Sabbat, in: Zeitschrift für Althebraistik 10, 1997, 201–206.

7 Corinna Körting, Sabbat, in: http://www.bibelwissenschaft.de/wibilex (aufgerufen am 5.4.2016).

Denselben Weg wie Nehemia scheint der Schabbat selber gut ein Jahrhundert zuvor genommen zu haben, nämlich vom Zweistromland ins Land Israel, erachtet doch die historische Forschung die zentrale Bedeutung des wöchentlichen Ruhetages vorwiegend als ein Konzept des babylonischen Exils. Wohl existierte der Schabbat schon vorexilisch. Davon zeugt sowohl die Sozialkritik der frühen Propheten (beispielsweise Amos 8,4.5) als auch beiläufig erwähnte Tempelvorrichtungen für den Schabbat (II Könige 16,18), doch die anfänglichen Konturen dieses speziellen Tages bleiben unklar.[8]

Wie kein anderes Ereignis zuvor gefährdeten die Zerstörung Jerusalems im Jahr 587 v. Chr. und die damit einhergehende Deportation der judäischen Oberschicht das biblische Volk in seiner Existenz. Dass die exilierte Gemeinde in Baylonien nicht aufgerieben wurde wie die israelitischen Nordstämme nach 722 v. Chr. im assyrischen Reich, geht wesentlich auf die soziologische Weitsicht ihrer Priesterschaft zurück, die dem untergegangenen Tempelheiligtum einen ‚Palast in der Zeit'[9] entgegenstellte. Anstelle des verlorenen heiligen Raumes sollte nun eine heilige Zeit die Identität im Exil garantieren: ein Tag frei von jeder Arbeit und Belastung zwecks Hinwendung zum Göttlichen, Rückbesinnung auf die gruppeneigenen Werte und Festigung familiärer Banden; der Schabbat sozusagen ein spirituelles Experiment, darauf angelegt, sämtliche Grundbedürfnisse abzusättigen und gesellschaftliche Rivalitäten auszuschalten mit der Absicht, dem Menschen Raum für Sinne und Seele zu schaffen, um ihn damit für geistige Werte empfänglich zu machen.

Offensichtlich wurde dieses Experiment im Exil besonders überlebenswichtig. Nur auf einem solchen soziopolitischen Hintergrund lässt sich der rigorose Charakter von Arbeitsverbot und Ahndungen erklären. Der heilige Zeitraum erforderte einen hohen Zaun. Während die alttestamentlichen Vorgaben zum Arbeitsverbot noch recht rudimentär daherkamen, zählte die Mischna bereits 39 konkrete am Schabbat untersagte Beschäftigungen auf (Schabbat VII,2), wobei sie als Definitionsgrundlage alle Tätigkeiten bündelte, welche die Bibel in Exodus 35 für den Bau des Heiligtums ins Feld geführt hatte. Und nicht nur drastisch, sondern gera-

---

8 Zur Datierung der alttestamentlichen Schabbat-Passagen vgl. Alexandra Grund, Die Entstehung des Sabbats. Seine Bedeutung für Israels Zeitkonzept und Erinnerungskultur, Tübingen 2011.

9 Abraham J. Heschel, Der Sabbat. Seine Bedeutung für den heutigen Menschen, aus dem Englischen übersetzt von Ruth Olmesdahl, Neukirchen-Vluyn 1990 (englische Originalausgabe 1951), 11.

dezu hyperpolisch fiel die Androhung von Strafen aus, wenn ein Israelit es dennoch wagen sollte, am Schabbat einer zweckorientierten Tätigkeit nachzugehen. Drei Arten von Strafen abhängig davon, als wie schwerwiegend die Übertretung galt: Steinigung, Ausrottung[10] oder Schuldopfer. Todesstrafe und Schabbat – das scheint wenig zusammenzupassen, und diese Diskrepanz klafft umso mehr, als die Steinigung sonst nur bei ausgesprochenen Frevel- und Gräueltaten verhängt wurde, sodass etwa die Lektüre von Numeri 15,32–36 – die Erzählung eines Mannes, der in der Wüste am Schabbat Holz gesammelt hatte, deshalb angeklagt, verurteilt und gesteinigt wurde – den heutigen Leser nicht wenig verstört. Gegen eine solche Befremdung ist indes anzuführen, dass Todesstrafen aufgrund einer Übertretung von Schabbat-Vorschriften zwar literarisch und halachisch, aber nicht historisch vorliegen und wohl vorwiegend der Abschreckung dienen sollten.

Ebenso wie die rigorose Ahndung, mit denen die biblischen und rabbinischen Weisen den Schabbat durchzusetzen beabsichtigten, dokumentiert die zunehmende Ausdifferenzierung der Schabbat-Halacha die Dringlichkeit einer geheiligten Zeit im Exil. Unvergleichlich breiter als im antiken Exil entfalteten die jüdischen Weisen im großen auf die jüdisch-römischen Kriege folgenden Exil die schabbatliche Gesetzgebung. So umfasst das Traktat *Schabbat* im hebräisch-aramäischen Original des spätantiken Babylonischen Talmuds 157 Folioseiten (in der deutschen Übersetzung 505 Seiten), und dies ist bloß das argumentative Basismaterial, welches Gelehrte und Spezialisten über die Jahrhunderte immer weiter verfeinerten.[11]

Einem solch überbordenden Religionsgesetz wurde oft exemplarisch das Jesus-Wort von Markus 2,27 entgegengesetzt („Der Schabbat ist um des Menschen willen geschaffen worden und nicht der Mensch um des Schabbat willen"), um damit eine moderatere neutestamentliche Position zu illustrieren, ohne allerdings zu berücksichtigen, dass Jesus noch mitten

---

10 Der umstrittene Begriff der ‚Ausrottung' meint wahrscheinlich sowohl einen Ausschluß aus der Gemeinschaft im Sinn von Bann oder Ächtung, als auch ein vom Himmel verhängtes Urteil wie etwa ein unvermittelt früher Tod; vgl. dazu G. F. Hasel, *Karat*, in: G. Johannes Botterweck / Helmer Ringgren / Heinz-Josef Fabry, Theologisches Wörterbuch zum Alten Testament, Band IV, Stuttgart 1984, 355–367; *Karet*, in: Avraham Even-Schoschan, *Hamillon he-chadasch* – Das neue Wörterbuch, Vol. II, Jerusalem 1993 (hebr.), 568.

11 Thematisch und ursprünglich zusammengehörend ist zusätzlich das auf *Schabbat* folgende Traktat *Eruvin* (‚Vermischungen', mit denen man bestimmte Schabbat-Gesetze umgehen kann) zu rechnen mit weiteren 105 Folioseiten (beziehungsweise 306 Seiten in der deutschen Übersetzung).

im Entwicklungsprozess einer solchen Gesetzgebung argumentierte und die sabbatlichen Vorschriften im Frühjudentum auch wesentlich strenger als die der Rabbinen ausfallen konnten, allen voran in der Qumran-Gemeinde, wo laut der Damaskusschrift (CD X,14–XII,5) der Schabbat-Weg um die Hälfte kürzer, der Reinlichkeitskodex weit rigoroser, die Gesprächsinhalte zensuriert, die Sexualität am Feiertag verboten waren und insbesondere das rabbinische Prinzip des *Piquach nefesch*, das heißt der Lebensrettung, welches die Gesetze im Fall einer Lebensbedrohung außer Kraft setzen kann, offenbar nicht existierte.[12]

Hand in Hand mit der immer prekärer werdenden politischen Situation des biblischen Juda, später der exilierten Juden, wurde der Schabbat zu einem Exklusivitätsmerkmal, das die Gemeinschaft von anderen Gruppen abgrenzte, um ihre Identität zu wahren. Deshalb die halachische Einfassung des kostbaren Tages, der überdimensioniert hohe Zaun um die heilige Zeit. Spätestens an dieser Stelle wird klar, dass der Schabbat eine unbeabsichtigte Gabe an die Menschheit war und sich in erster Linie durch das Christentum verbreitete. Den Gedanken eines Schabbat für die gesamte Menschheit entwickelte das Volk Israel wohl seit biblischen Zeiten, allerdings eigens als Zukunftsvision eines goldenen Zeitalters, deutlich etwa im eschatologischen Ausklang des Buches Jesaja (Jesaja 66,22.23): „Denn wie der neue Himmel und die neue Erde, die ich mache, vor mir stehen – das ist der Ausspruch des Herrn –, so wird euer Geschlecht und euer Name bestehen. Neumond um Neumond und Schabbat um Schabbat wird alles Fleisch kommen, um sich vor mir zum Gebet niederzuwerfen – spricht der Herr.“

Dass der christliche Sonntag letztlich andere Züge trägt, bekunden namentlich Liturgie und Begehung des Schabbat. Auf den Eingangsgottesdienst am Freitag Abend mit *Kabbalat Schabbat* folgen das Abendgebet, der Gottesdienst am Schabbat-Morgen mit anschließendem *Musaf*-Gebet, das *Mincha*-Gebet am Schabbat-Nachmittag und schließlich der Schabbat-Ausgang mit der *Havdala*-Zeremonie als symbolischem Abschied vom Festtag am Samstagabend. Sechs synagogale Andachten mit ihren Gebeten und Gesängen, mit Thora-Lesung und Segenssprüchen.[13] Den süßen Kern unter der halachischen Schale machen denn auch Wein und Essen aus, Geselligkeit und Gespräche, Singen und Erbauung, Festklei-

12 Lutz Doering, Schabbat. Sabbathalacha und -praxis im antiken Judentum und Urchristentum, Tübingen 1999.

13 Erich Spier, Der Sabbat in Synagoge und Haus, in: ders., Der Sabbat, Berlin 1989, 81–108; Sidur Sefat Emet, mit deutscher Übersetzung von S. Bamberger, Basel 1982, 80–201.

dung und körperliche Reinheit, Ausruhen und Lieben.[14] Als schabbatliche ‚Spezialitäten' sind besonders die dritte Mahlzeit zu erwähnen – in der Antike waren für nicht privilegierte Kreise bloß zwei Essenszeiten üblich –, bei den Mystikern noch eine vierte, das sogenannte König-David-Mahl, und als weiteres Extra der *Oneg Schabbat*, die geistige Nahrung am Samstagnachmittag.

Stellte man sich den Schabbat als lebendige Gestalt vor, so wäre deren Gemüt das mystische Gedankengut. Seit der talmudischen Spätantike und bis weit ins Mittelalter malen Rabbinen und Kabbalisten den Festtag mit zauberhaften Motiven aus: vom Schabbat als paradiesischem Vorgeschmack auf die kommende Welt, über die schützende Begleitung von Engeln bis hin zu einer zusätzlichen Seele, die dem feiernden Menschen am Schabbat geschenkt wird.

Zentral ist die *Unio mystica*, die Verschmelzung Israels mit dem göttlichen Schabbat, welche alle möglichen Spielarten aufweist und – wie aus dem vorigen Kapitel bekannt – in der Schabbat-Hymne *Lecha Dodi* gipfelt. Schon im 2. Jahrhundert träumt Rabbi Schimon Ben Jochai von einer solch zarten Bande, wenn er im Midrasch sagt (Bereschit Rabba 11,8): „Schabbat klagte vor dem Heiligen, gepriesen sei er: Herr der Welt, alle Tage haben einen Gefährten, nur ich habe keinen Gefährten! Der Heilige, gepriesen sei er, antwortete: Die Versammlung Israels – sie ist deine Gefährtin!" Im Hochmittelalter spekulieren die spanischen Mystiker von einer Verschmelzung der jüdischen Seele mit den göttlichen Emanationen, und weit über die kabbalistischen Zirkel hinaus verhalf – wie im vorhergehenden Kapitel erörtert – Schlomo ha-Levi Alkabez dem Liebestopos im 16. Jahrhundert mit seinem *Lecha Dodi* zu Popularität: „Auf, mein Geliebter, der Braut entgegen, Schabbat wollen wir willkommen heißen."

Und damit steht man unvermittelt vor dem herrschaftlichen Palais von Heines Schabbat-Prinzessin.

---

[14] Semirot Michal. Tischgebet, Schabbatgesänge und alle Kidduschim, ins Deutsche übersetzt und kommentiert von Joseph Scheuer unter der Mitarbeit von Emanuel Lang, Basel/Zürich 1993 (hebr.-dt.).

Heines schabbatliches Prinzenpaar

Schon im Jahr 1829, zwanzig Jahre vor dem *Romanzero*, entwirft Heine in seinen *Reisebildern* die Prosaskizze eines häuslichen Schabbat-Szenarios. Die *Reisebilder* hatten Heine weit über Deutschlands Grenzen hinaus zu europäischem Ruhm verholfen, wobei diese Impressionen keineswegs nur von Landschaft und Natur handeln. So erzählen *Die Bäder von Lucca*, in denen sich die entsprechende Skizze findet, weniger von der nordtoskanischen Stadt als vielmehr von der deutschen Restaurationsgesellschaft. Im neunten Kapitel plaudert der Ich-Erzähler, ‚Herr Doktor' genannt, mit zwei Hamburger Juden, dem betuchten Bankier Christoph Gumpel zusammen mit seinem Diener Hirsch Hyazinth, ein pittoreskes Paar im Zuschnitt von Don Quichotte und Sancho Pansa. Wie der Autor selber wenige Jahre zuvor, haben auch seine beiden wenig vergeistigten Figuren zum Christentum konvertiert zwecks sozialen Aufstiegs. Das Gespräch dreht sich um Gott und die Welt, namentlich um die Religionen, wobei der Diener Hirsch Hyazinth – halb gebildet zwar, dafür doppelt pfiffig – frohgemut über Katholizismus, Protestantismus sowie über den neuen israelitischen ‚Mosaik-Gottesdienst' im Tempel lästert. Der ‚altjüdischen Religion' aber, die – so Hyazinth – keine Religion, sondern ein Unglück sei, gehört nach wie vor seine Zuneigung:

> So ein alter Jude mit einem langen Bart und zerrissenem Rock, und der kein orthographisch Wort sprechen kann und sogar ein bißchen grindig ist, fühlt sich vielleicht innerlich glücklicher als ich mit all meiner Bildung. Da wohnt in Hamburg, im Bäckerbreitengang, auf einem Sahl, ein Mann, der heißt Moses Lump, man nennt ihn auch Moses Lümpchen, oder kurzweg Lümpchen; der läuft die ganze Woche herum, in Wind und Wetter, mit seinem Packen auf dem Rücken, um seine paar Mark zu verdienen; wenn der nun Freitag abends nach Hause kömmt, findet er die Lampe mit sieben Lichtern angezündet, den Tisch weiß gedeckt, und er legt seinen Packen und seine Sorgen von sich, und setzt sich zu Tisch mit seiner schiefen Frau und noch schieferen Tochter, ißt mit ihnen Fische, die gekocht sind in angenehm weißer Knoblauchsauce, singt dabei die prächtigsten Lieder vom König David, freut sich von ganzem Herzen über den Auszug der Kinder Israels aus Ägypten, freut sich auch, daß alle Bösewichter, die ihnen Böses getan, am Ende gestorben sind, daß König Pharao, Nebukadnezar, Haman, Antiochus, Titus und all solche Leute tot sind, daß Lümpchen aber noch lebt und mit Frau und Kind Fisch ißt – Und ich sage Ihnen, Herr Doktor, die Fische sind delikat und der Mann ist glücklich, er braucht sich mit keiner Bildung abzuquälen, er sitzt vergnügt in seiner Religion und seinem grünen Schlafrock, wie Diogenes in seiner Tonne, er betrachtet vergnügt seine Lichter, die er nicht einmal selber

> putzt – Und ich sage Ihnen, wenn die Lichter etwas matt brennen, und die Schabbesfrau, die sie zu putzen hat, nicht bei der Hand ist, und Rothschild der Große käme jetzt herein mit all seinen Maklern, Diskonteuren, Spediteuren und Chefs de Comptoir, womit er die Welt erobert, und er spräche: ‚Moses Lump, bitte dir eine Gnade aus, was du haben willst, soll geschehen' – Herr Doktor, ich bin überzeugt, Moses Lump würde ruhig antworten: ‚Putz mir die Lichter!' und Rothschild der Große würde mit Verwunderung sagen: ‚Wär ich nicht Rothschild, so möchte ich so ein Lümpchen sein!'[15]

Vorerst finden sich hier weder Prinzessin noch Prinz, und schon gar kein Palast, sondern stattdessen eine bescheidene jüdische Stube in Hamburg, eine schiefe Frau, eine noch schiefere Tochter und ein armer Hausierer namens Moses Lümpchen. Der Name sagt alles über dessen Los – nicht aber am Freitagabend, denn da wird Lümpchen zum Hausherrn, lebensfroh, stillvergnügt und rundum zufrieden, weil Schabbat ist. Keine Rede zwar von Theologie, Liturgie oder gar von Gott. Vielmehr interessiert das gesellschaftliche Gefüge, und erinnert sei an die Mischna-Sentenz, laut der am Schabbat alle Israeliten als Königssöhne gelten. Die vorliegende Szene geht jedoch noch einen Schritt weiter, stellt die Hierarchie auf den Kopf, indem der mittellose Hamburger Jude nicht nur die berühmten antiken Könige überlebt hat, sondern sich auch erheblich glücklicher preist als ein Zeitgenosse wie der sprichwörtlich reiche Rothschild. Lümpchen in seiner Religion wie Diogenes in seiner Tonne. Der Vergleich mit dem Philosophen nimmt neben Macht- und Geldhierarchie gerade auch die Bildungshierarchie aufs Korn, nicht zuletzt den ‚Herrn Doktor' – es mangelt Heine nicht an Selbstironie –, sogenannt Aufgeklärte, Skeptiker und Co., bei denen Religion letztlich zum Kalkül verkommt. All das überstrahlt nun Moses Lümpchen mit seiner einfachen religiösen Folklore in seinem ebenso einfachen Heim bei Familie, Festschmaus und Gesang. Dem Domestiken Hyazinth, welcher die Szene ausmalt, geht bei der schabbatlichen Ausschmückung einiges an Präzision ab (die Kerzen!), doch darauf kommt es eben nicht an, denn bekanntlich legen Dichter ihre Wahrheiten den Narren in den Mund. Unverkennbar zügelt Heine an dieser Stelle seinen Spott und lässt ein wenig Wehmut aufkommen: um eine verlorene rituelle Heimat. Und so endet diese Schabbat-Szene mit dem Märchen-Motiv vom offenen Wunsch, den Lümpchen scheinbar

---

15 Zitiert nach: Heinrich Heine, Die Bäder von Lucca, in: ders., Werke III, Reisebilder, herausgegeben von Paul Staph, Berlin/Darmstadt (ohne Jahreszahl), 834–835.

vergibt und eben gerade nicht vergibt, könnte doch aller Mammon dieser Welt kein friedliches Schabbat-Stündchen aufwiegen.

Damit zu Heines eigentlichem Schabbat-Märchen, der *Prinzessin Sabbath*. Zwanzig Jahre nach der Skizze zu Moses Lümpchen nimmt Heine das Motiv des jüdischen Feiertages noch einmal auf, fasst es in Verse und integriert es in seinen *Romanzero*. Inzwischen hat sich Heines Lage dramatisch verschlechtert: gelähmt, erblindet, ernüchtert auch über die gescheiterten Revolutionen der Jahre 1848 und 1849. Der *Romanzero* ist mithin Heines Spätwerk und dichterisches Testament zugleich. Wie schon im Fall der *Reisebilder* versteckt sich auch unter dem Titel *Romanzero* eher Unerwartetes, das heißt konkret wenig Romantisches. Nicht allzu viel Liebesgeflüster gönnt einem da der Autor, vielmehr enttarnt er politisches Gefasel, entklittert gefälschte Historie, demaskiert phrasenreiche Bigotterie, entlarvt munter übliche und weit verbreitete Lebenslügen und liefert nicht wenige seiner Akteure unvermutet dem Tod aus. Die thematisch weit ausladenden Texte in gebundener Rede ordnet Heine dreiteilig in einer Art Syllogismus an: *Historien*, *Lamentationen*, *Hebräische Melodien*.[16] Mit dem dritten Teil verweist Heine explizit auf die gleichnamigen *Hebräischen Melodien* des Lord Byron (1788–1824), von dem er Jahre zuvor auch einige Auszüge ins Deutsche übersetzt hatte. Den beiden Gedichtzyklen gemeinsam ist die Klage über das Exil Judas und die Empathie zum alttestamentlichen Erbe. Eröffnet werden Heines *Hebräische Melodien* nun mit der *Prinzessin Sabbath*. Hier der ganze Wortlaut, 38 Vierzeiler in achtsilbigem Rhythmus:[17]

[1] In Arabiens Märchenbuche
Sehen wir verwünschte Prinzen,
Die zu Zeiten ihre schöne
Urgestalt zurückgewinnen:

[2] Das behaarte Ungeheuer
Ist ein Königsohn geworden;
Schmuckreich glänzend angekleidet,
Auch verliebt die Flöte blasend.

[3] Doch die Zauberfrist zerrinnt,
Und wir schauen plötzlich wieder
Seine königliche Hoheit
In ein Ungetüm verzottelt.

[4] Einen Prinzen solchen Schicksals
Singt mein Lied. Er ist geheißen
Israel. Ihn hat verwandelt
Hexenspruch in einen Hund.

16 Zu einer ausführlichen Einleitung und detaillierten Kommentierung sämtlicher Texte des *Romanzero* vgl. Heinrich Heine. Historisch-kritische Gesamtausgabe der Werke, herausgegeben von Manfred Windfuhr, Band 3/2. Romanzero. Gedichte. 1853 und 1854. Lyrischer Nachlass (Apparat), Hamburg 1992; Helmut Landwehr, Der Schlüssel zu Heines „Romanzero", Hamburg 2001.

17 Zwecks Orientierung in der Lektüre sind die ersten vier Strophen hier nummeriert.

Hund mit hündischen Gedanken
Kötert er die ganze Woche
Durch des Lebens Kot und Kehricht,
Gassenbuben zum Gespötte.

Mensch mit menschlichen Gefühlen,
Mit erhobnem Haupt und Herzen,
Festlich, reinlich schier gekleidet,
Tritt er in des Vaters Halle.

Durch das Haus geheimnisvoll
Zieht ein Wispern und ein Weben,
Und der unsichbare Hausherr
Atmet schaurig in der Stille.

Trostverheißend goldne Lichter
Wie sie glänzen, wie sie glimmern!
Stolz aufflackern auch die Kerzen
Auf der Brüstung des Almemors.

Dort an seinem Betpultständer
Steht schon der Gemeindesänger;
Schmuckes Männchen, das sein schwarzes
Mäntelchen kokett geachselt.

Trällert vor sich hin ganz leise,
Bis er endlich laut aufjubelnd
Seine Stimm erhebt und singt:
Lecho Daudi likras Kalle!

Dieses hübsche Hochzeitskarmen
Ist gedichtet von dem großen,
Hochberühmten Minnesinger
Don Jehuda ben Halevy.

Perl und Blume aller Schönheit
Ist die Fürstin. Schöner war
Nicht die Königin von Saba,
Salomonis Busenfreundin,

Die Prinzessin Sabbath, welche
Ja die personifizierte
Ruhe ist, verabscheut alle
Geisteskämpfe und Debatten.

Sittsam birgt die stille Fürstin
In der Haube ihre Zöpfe;
Blickt so sanft wie die Gazelle,
Blüht so schlank wie eine Addas.

Aber jeden Freitagabend,
In der Dämmrungstunde, plötzlich
Weicht der Zauber, und der Hund
Wird aufs neu ein menschlich Wesen.

„Sei gegrüßt, geliebte Halle
Meines königlichen Vaters!
Zelte Jakobs, eure heilgen
Eingangspforten küßt mein Mund!"

Stille! Nur der Seneschall
(Vulgo Synagogendiener)
Springt geschäftig auf und nieder,
Um die Lampen anzuzünden.

Vor dem Schreine, der die Thora
Aufbewahret und verhängt ist
Mit der kostbar seidnen Decke,
Die von Edelsteinen funkelt –

Um die weiße Hand zu zeigen,
Haspelt er am Halse, seltsam
An die Schläf den Zeigefinger,
An die Kehl den Daumen drückend.

Lecho Daudi likras Kalle –
Komm Geliebter, deiner harret
Schon die Braut, die dir entschleiert
Ihr verschämtes Angesicht!

In dem Liede wird gefeiert
Die Vermählung Israels
Mit der Frau Prinzessin Sabbath,
Die man nennt die stille Fürstin.

Die, ein Blaustrumpf Äthiopiens,
Durch Esprit brillieren wollte,
Und mit ihren klugen Rätseln
Auf die Länge fatigant war.

Gleich fatal ist ihr die trampelnd
Deklamierende Passion,
Jenes Pathos, das mit flatternd
Aufgelöstem Haar einherstürmt.

Sie erlaubt dem Liebsten alles,
Ausgenommen Tabakrauchen –
„Liebster! Rauchen ist verboten,
Weil es heute Sabbath ist."

Dafür aber heute Mittag
Soll dir dampfen, zum Ersatz,
Ein Gericht, das wahrhaft göttlich –
Heute sollst du Schalet essen!“

Schalet ist die Himmelspeise,
Die der liebe Herrgott selber
Einst den Mose kochen lehrte
Auf dem Berge Sinai;

Schalet ist des wahren Gottes
Koscheres Ambrosia,
Wonnebrot des Paradieses,
Und mit solcher Kost verglichen

Ist nur eitel Teufelsdreck
Das Ambrosia der falschen
Heidengötter Griechenlands,
Die verkappte Teufel waren.

Speist der Prinz von solcher Speise,
Glänzt sein Auge wie verkläret,
Und er knöpfet auf die Weste,
Und er spricht mit selgem Lächeln:

„Hör ich nicht den Jordan rauschen?
Sind das nicht die Brüßelbrunnen
In dem Palmental von Beth-El,
Wo gelagert die Kamele?“

„Hör ich nicht die Herdenglöckchen?
Sind das nicht die fetten Hämmel,
Die vom Gileathgebirge
Abendlich der Hirt herabtreibt?“

Doch der schöne Tag verflittert;
Wie mit langen Schattenbeinen
Kommt geschritten der Verwünschung
Böse Stund – Es seufzt der Prinz.

Ist ihm doch als griffen eiskalt
Hexenfinger in sein Herze.
Schon durchrieseln ihn die Schauer
Hündischer Metamorphose.

Die Prinzessin reicht dem Prinzen
Ihre güldne Nardenbüchse.
Langsam riecht er – Will sich laben
Noch einmal an Wohlgerüchen.

Es kredenzet die Prinzessin
Auch den Abschiedstrunk dem Prinzen –
Hastig trinkt er, und im Becher
Bleiben wenge Tropfen nur.

Er besprengt damit den Tisch,
Nimmt alsdann ein kleines Wachslicht,
Und er tunkt es in die Nässe,
Dass es knistert und erlischt.[18]

Am Anfang erfolgt erneut eine Verwandlung und erinnert an den Auftakt der Beschreibung Lümpchens.[19] Mit der schabbatlichen Metamorphose tauchen Leser und Leserin jedoch diesmal in eine Märchenwelt ein. Wiederum dem Froschkönig gleich – ähnlich wie im *Lecha Dodi* der einfache Beter – mutiert hier ein Hund zum Prinzen, weil der Schabbat ihn adelt.

[18] Zitiert nach: Heinrich Heine, Prinzessin Sabbath, in: ders., Werke II: Romanzero, herausgegeben von Paul Staph, Berlin/Darmstadt (ohne Jahreszahl), 383–387.

[19] Während die *Hebräischen Melodien* in der Sekundärliteratur viel Beachtung finden, namentlich die Texte *Jehuda ben Halevy* und *Disputation*, gibt es unverhältnismäßig wenig Einzeluntersuchungen zur *Prinzessin Sabbath*; als neuere Erscheinung vgl. Noam Pines, Life in the Valley. Figures of Dehumanization in Heinrich Heine's „Prinzessin Sabbat [sic]“, in: Prooftexts 33, 2013, 25–47.

Auf den ersten Blick scheinen Akteure und Orte mehr oder weniger dieselben wie in den *Reisebildern*, doch der Eindruck täuscht, denn der zum Prinzen avancierte Protagonist ist nicht bloß ein armer Hamburger Jude, sondern versinnbildlicht Israel als Gesamtheit, statt der schiefen Frauenzimmer sitzt jetzt eine hübsche Prinzessin am Schabbat-Tisch, und vor allem gesellt sich Gott höchst persönlich zu der schabbatlichen Gemeinschaft („Sei gegrüßt, geliebte Halle // Meines königlichen Vaters!“), wenn auch unsichtbar, so doch fühlbar präsent („Und der unsichtbare Hausherr // Atmet schaurig in der Stille.“). Gleich zweimal wird Gott hier Vater geheißen, ein familiärer Rahmen also. Bekanntlich will der Brauch, dass der jüdische Vater am Freitagabend seine Kinder segnet, um wieviel mehr erst der himmlische Vater! Ort des Geschehens ist inzwischen nicht mehr nur das traute Heim, sondern ebenso die Synagoge, und am Schluss weitet sich der Raum zu einer erträumten Heimat in paradiesischer Levante.

Was aber nimmt Heine jetzt aus der Tradition des Schabbat auf? Was lässt er weg? Welches Sondergut fügt er hinzu?

Obwohl Heine in seiner Berliner Zeit den „Verein für Cultur und Wissenschaft der Juden“ kennengelernt und einzelne Arbeiten seiner Vertreter, etwa diejenigen von Leopold Zunz (1794–1886), gelesen hatte,[20] nimmt den Dichter der historische Wissensballast hier herzlich wenig wunder. Aus dem Ablauf der Gottesdienste wählt er einzig die liturgischen Glanzlichter, dies im wahrsten Sinne des Wortes, nämlich die beiden effektvollen Lichtzeremonien *Hadlaqa* und *Havdala* zum Eingang und zum Ausgang des Schabbat; daneben aber keine Gebete, keine Thoralesung, dafür Gesang, geheimnisvoller Glitzer, erlesene Stoffe und edle Gewänder – eine leuchtende Gegenwelt zur dunklen Existenz des blinden Dichters in seiner Matratzengruft. Die religionsgesetzliche Kasuistik stutzt Heine auf ein Kochrezept am Sinai zusammen („Schalet ist die Himmelspeise, // Die der liebe Herrgott selber // Einst den Mose kochen lehrte // Auf dem Berge Sinai;“), und die vielen schabbatlichen Verbote verflüchtigen sich zu dem recht harmlosen Rauchverbot, welches erst noch freundlich formuliert daherkommt („Liebster! Rauchen ist verboten, // Weil es heute Sabbath ist.“).

[20] Céline Trautmann-Waller, Bilder jüdischer Verwandlungen in den „Hebräischen Melodien“: Metamorphose, Sublimierung und Verklärung, in: Heine-Jahrbuch 43, Stuttgart/Weimar 2004, 1–11.

Statt mit ermüdender Halacha aufzuwarten, kommt der Dichter dann ausführlich auf Kulinarisches zu sprechen, den *Schalet* oder *Tscholent*, einen typischen Schabbat-Eintopf, welcher Anlass bietet, Schiller und Beethoven mitsamt der griechischen Götterwelt vorzuführen, stellvertretend für die klassischen Werte eines deutschen Bildungsbürgertums („Schalet, schöner Götterfunken, // Tochter aus Elysium! // Also klänge Schillers Hochlied, // Hätt er Schalet je gekostet."). Denn fraglos malt Heine hier eine deutsch-jüdische Gesellschaft – die Prinzessin ein wenig hausbacken bezopft, der Prinz mit beknopfter Weste, die Königin von Saba als belesene Salondame etc. –, und nimmt diese manchmal liebevoll, zuweilen wiederum zynisch auf die Schippe.

Alle Aspekte aber überstrahlen, wie im Titel angekündigt, die weibliche Gestalt des Schabbat, die Liebesthematik und folglich auch die Rezeption des Hohenliedes: Israel in der Rolle des Prinzen, Schabbat in derjenigen der Prinzessin. „Lecho Daudi likras Kalle", das schabbatliche Eingangslied *Lecha Dodi* in der deutsch-aschkenasischen Aussprache,[21] weckt die Erinnerung an die *Unio mystica* wie sie die jüdischen Weisen seit talmudischer Zeit immerzu neu ersonnen hatten. Und wenn in den letzten Strophen vage Anklänge an biblische Bukolik ertönen („Hör ich nicht die Herdenglöckchen? // Sind das nicht die fetten Hämmel, // Die vom Gileathgebirge // Abendlich der Hirt herabtreibt?"), so evoziert der Dichter einmal mehr das Hohelied in seiner traditionell-rabbinischen Auslegung als Liebesduett zwischen Gott und der Gemeinschaft Israel.

Als eigentliche Seele des wöchentlichen Feiertages hatten die einleitenden Überlegungen den mystischen Gedanken der Vereinigung mit dem Göttlichen geortet. Heines Darstellung schält damit die Kernidee des Schabbat heraus und setzt sie atmosphärisch adäquat in eine glitzernde Bildfolge um. Dass der Dichter das kabbalistische Konzept auf ungewohnt gewitzte Weise in Verse verpackt, verleiht dem Text schließlich sein ganz eigenes Timbre. Außergewöhnlich intim gibt Heine also den Blick auf ein schabbatliches Interieur frei: Israel und Schabbat als Liebespaar vereint und füreinander vorbestimmt wie Prinz und Prinzessin im

---

[21] Wie am Ende des vorausgegangenen Kapitels erwähnt, schreibt Heine das *Lecha Dodi* hier irrtümlich dem hochmittelalterlichen spanischen Dichter Jehuda Halevi (1075–1141) zu, während der tatsächliche Verfasser ja der galiläische Mystiker Schlomo ha-Levi Alkabez (1505–1584) ist. Die *Prinzessin Sabbath* weist – an gewissen Stellen vielleicht absichtlich – ein paar liturgische Patzer auf; die Korrektur solch ‚judaistischer Fehler' zusammen mit einer Kritik an allen elf Übersetzungen des Gedichtes ins Hebräische würdigt den Text allerdings zur Schulübung herab: Dafna Mach, Heines Prinzessin Sabbat [sic] – hebräisch verkleidet, in: Heine-Jahrbuch 22, Stuttgart/Weimar 1983, 96–120.

Märchen, das jüdische Fest als familiäre Geborgenheit und als religiöse Vertrautheit in friedvoller Stimmung.

Doch unvermutet rüttelt der Schluss aus der Idylle auf. Mit dem *Havdala*-Brauch welcher den Schabbat verabschiedet, läuft der Text fatal auf das Schlusswort ‚erlischt' zu, womit das eben vorgetragene Märchen seine Leserschaft um das gattungsobligate Happyend bringt. Jäh zerstört der Alltag den Zauber der Verwandlung. Heines erdichteter Schabbat als Luftschloss, als tröstlicher Traum in einer bedrängenden Nacht.

Späte Religion und späte Romanze

Abgesehen von dem Romanfragment *Der Rabbi von Bacherach* finden sich Heines Bearbeitungen jüdischer Themen hauptsächlich im *Romanzero* und da wiederum konzentriert in den *Hebräischen Melodien* mit den Dichtungen *Prinzessin Sabbath*, *Jehuda ben Halevy* und *Disputation*. Einem Triptychon gleich stehen diese drei Texte am Ende des Werkes. Die Rückbesinnung auf die jüdische Denkwelt hat wiederholt die These angeregt, Heine sei trotz seiner Konversion zum Christentum im Alter zum Judentum zurückgekehrt,[22] was dieser aber offenbar in einem Gespräch mit Ludwig Kalisch (um 1850) geistreich dementierte: „Ich mache kein Hehl aus meinem Judentume, zu dem ich nicht zurückgekehrt bin, da ich es niemals verlassen habe."[23]

Allerdings stellt sich dann die Frage, was Heines Judentum denn beinhaltet hatte, denn ganz offensichtlich stellte er sich die Religion eklektisch und genüsslich nach persönlichem Gusto zusammen, sozusagen als familieneigenes *Schalet*-Rezept, angerührt mit allerlei sinnlichen, kreativen und spirituellen Zutaten, doch dezidiert unter Ausschluss jeder theologischen Sophistik, Kasuistik, Rabulistik und vor allem fern aller Bigotterie. Um dies zu dokumentieren, genügt ein Blick auf die beiden anschließenden Balladen der *Hebräischen Melodien*, denn während Heine in *Jehuda ben Halevy* den spanisch-jüdischen Poeten und Philosophen (1075–1141) als höchstes Dichterideal zelebriert, verhöhnt er in der *Disputation* auf bitterböse Weise christliche und jüdische Kleriker gleichermaßen – entlarvend das Urteil des theologischen Disputs, mit dem der

---

[22] Hartmut Kircher, Heinrich Heine und das Judentum, Bonn 1973; Ruth L. Jacobi, Heinrich Heines jüdisches Erbe, Bonn 1978.

[23] Zitiert nach: Max Brod, Heinrich Heine. Biographie, a. a. O., 457.

Romanzero endet: „Welcher recht hat, weiß ich nicht – // Doch es will mich schier bedünken // Dass der Rabbi und der Mönch, // Daß sie alle beide stinken."

Diesen Schlussworten fügt Heine ein Nachwort an, eine *Confessio* gleichsam, in der er seine späte Religiosität ohne Umschweife öffentlich macht:

> Ja, wie mit der Kreatur, habe ich auch mit dem Schöpfer Frieden gemacht, zum größten Ärgernis meiner aufgeklärten Freunde, die mir Vorwürfe machten über dieses Zurückfallen in den alten Aberglauben, wie sie meine Heimkehr zu Gott zu nennen beliebten. Andere, in ihrer Intoleranz, äußerten sich noch herber. Der gesamte hohe Klerus des Atheismus hat sein Anathema über mich ausgesprochen, und es gibt fanatische Pfaffen des Unglaubens, die mich gerne auf die Folter spannten, damit ich meine Ketzereien bekenne. Zum Glück stehen ihnen keine andern Folterinstrumente zu Gebote als ihre Schriften. Aber ich will auch ohne Tortur alles bekennen. Ja, ich bin zurückgekehrt zu Gott, wie der verlorene Sohn, nachdem ich lange Zeit bei den Hegelianern die Schweine gehütet. War es die Misère, die mich zurücktrieb? Vielleicht ein minder miserabler Grund. Das himmlische Heimweh überfiel mich (...). Wenn man nun einen Gott begehrt, der zu helfen vermag – und das ist doch die Hauptsache – so muß man auch seine Persönlichkeit, seine Außerweltlichkeit und seine heiligen Attribute, die Allgüte, die Allweisheit, die Allgerechtigkeit usw. annehmen. (...) In der Theologie hingegen muß ich mich des Rückschreitens beschuldigen, indem ich, was ich bereits oben gestanden, zu dem alten Aberglauben, zu einem persönlichen Gotte, zurückkehrte.[24]

Auf solche Weise rechnet Heine mit dogmatischen Ideologien und allzu engen Theologiekonzepten ab, mit Atheismus, Pantheismus und mit jeder Art philosophischen Hochmutes. Demgegenüber bekennt er sich zu einem persönlichen Gott, einer Gottesbeziehung losgelöst von Konfession oder Religion. Er wagt es, fast kindlich anmutende Vorstellungen zu formulieren und greift deshalb auch auf die vertraute religiöse Heimat seiner Familie und Kindheit zurück, die eben jüdisch geprägt war.

Wie die Liebe als Bild einer persönlichen Gottesbeziehung dient, das besingt Heine in seiner *Prinzessin Sabbath*. Ein beliebtes Notarikon des Schabbat lautet *<u>Sch</u>alom-<u>B</u>racha-<u>T</u>iqwa* (‚Friede – Segen – Hoffnung'). Und so hofft und erträumt sich Heine auf seinem Krankenlager seine späte Religion wie eine späte Romanze, welche er ebenfalls in den *Romanzero* unter dem Titel *Der Abgekühlte* einfügt hat:

---

24 Zitiert nach: Heinrich Heine, Romanzero, herausgegeben von Bernd Kortländer, Stuttgart 1997, 199, 200, 202.

Und ist man tot, so muß man lang
Im Grabe liegen; ich bin bang,
Ja, ich bin bang, das Auferstehen
Wird nicht so schnell vonstatten gehen.

Das junge Volk voll Lebenskraft
Will den Tumult der Leidenschaft,
Das ist ein Rasen, Schwören, Poltern
Und wechselseitges Seelenfoltern!

Noch einmal, eh mein Lebenslicht
Erlöschet, eh mein Herze bricht –
Noch einmal möcht' ich vor dem Sterben
Um Frauenhuld beseligt werben. (…)

Unjung und nicht mehr ganz gesund,
Wie ich es bin zu dieser Stund;
Möcht' ich noch einmal lieben, schwärmen
Und glücklich sein – doch ohne Lärmen.[25]

Da nimmt Heine schon langsam Abschied von der Welt und damit auch vom Leser, den er im Nachwort des *Romazero* mit dem tröstlichen Hinweis auf ein Wiedersehen im Paradies entlässt: „Du bist gerührt, mein teurer Leser, und kostbare Perlen fallen aus Deinen Tränensäckchen. Doch beruhige Dich, wir werden uns wiedersehen in einer besseren Welt, wo ich Dir auch bessere Bücher zu schreiben gedenke."[26]

Angesichts solcher Versprechen sieht wohl manche Leseratte dem Jenseits wohlgemut entgegen. Wenn Heine schon in der Vergangenheit mit literarischen Kostbarkeiten aufzuwarten wusste, um wieviel mehr in messianischer Zukunft! Die Verfasserin jedenfalls harrt schon jetzt Heines Himmelshymnen, obwohl sie sich fragt, inwieweit der Dichter angesichts seiner Lebensernüchterung tatsächlich auf eine neuerliche Karriere im Garten Eden hoffte.

[25] A. a. O.,116–117.
[26] A. a. O., 203.

6 Frühzionistische Vision
Abraham Mapu, *Die Liebe zu Zion* (1853)

Zwei Jahre nur nach dem *Romanzero* erscheint *Die Liebe zu Zion*. Doch Welten liegen zwischen den beiden Werken und ihren Verfassern. Da der assimilationsfreudige Großstädter Heinrich Heine mit seinen brillant geschliffenen deutschen Versen, hier der litauische Lehrer Abraham Mapu mit seinem biblischen Roman in gewundenem Hebräisch als Vorbote des Zionismus.

Zionismus. Spätestens seit dem Jahr 1975, als die UNO-Vollversammlung den Zionismus zu einer ‚Form des Rassismus' deklariert hat, ist Zionismus zu einem umstrittenen Begriff geworden. Je nachdem, wer das Wort im Munde führt, wo und in welchem Kontext es verwendet wird, steht es für die Bewegung, die 1948 in die Gründung des modernen Staates Israel mündete und so dem jüdischen Volk nach zweitausend Jahren Exil den Schutz eigenstaatlicher Strukturen ermöglichte. Demgegenüber aber verwenden manche Politiker den Ausdruck nicht selten in rhetorischen Ketten ideologischer Invektiven.

Doch wo keimen die ersten Wurzeln des Zionismus? Lehrbücher und Monographien sprechen – historisch zweifellos richtig – vom 19. Jahrhundert.[1] Doch reichen die ideologischen Spuren sehr viel weiter zurück.

Zion als Metapher für Jerusalem. Obwohl die Eroberung Jerusalems durch David erst Generationen nach den Ereignissen, welche die Thora schildert, erfolgen wird, skizzieren die Bücher Mose doch schon den Stammvater Abraham – auf der Handlungsebene Mitte des zweiten vorchristlichen Jahrtausends – als eine Art Protozionisten, wenn er das eine Mal zum Priester Melchizedeq nach Salem pilgert, um dort, wie später seine Nachkommen, den Zehnten zu entrichten (Genesis 14,18–20), und wenn er ein anderes Mal nach Moria schreitet, um seinen Sohn Isaak als Opfer darzubringen (Genesis 22,2),[2] auch hier seinen Kindeskindern ein Vorbild an Opferbereitschaft. Beide Szenen richten den Blick bereits auf Jerusalem. Um 1000 v. Chr. also erobert David die Stadt. Während vierhundert Jahren bis zum Einbruch des babylonischen Exils 587 v. Chr.

---

1 Michael Brenner, Geschichte des Zionismus, München 2002.

2 II Chronik 3,1 nennt Moria als den Ort, wo Salomo den Tempel baut.

regieren dort die judäischen Könige. Von diesem Zeitpunkt an bricht sich dann die Sehnsucht nach Jerusalem Bahn, und über die Epochen halten israelitischer Kult, rabbinische Liturgie und jüdisches Schrifttum die Erinnerung an Zion wach:[3] frühe und stetig wachsende Vorboten des Zionismus.

Der Zionismus im modernen Sinn fußt auf der Französischen Revolution, da erst diese den Juden die bürgerliche Gleichberechtigung und damit auch politisches Handeln ermöglichte. Damit einhergehend die jüdische Aufklärung im 18. Jahrhundert, später der aufkommende Nationalismus im 19. Jahrhundert legen schließlich die geistigen Fundamente für diesen Zionismus, der aus Jerusalem, dem Zion eben, seinen Namen schöpft.

Die Geschichte des klassischen Zionismus kreist vorwiegend um Werk und Wirken Theodor Herzls (1860–1904),[4] während der litauisch-jüdische Schriftsteller Abraham Ben Jequtiel Mapu (1808–1867) in der heutigen Rezeption höchstens noch am Rande Erwähnung findet. Zwei Generationen älter als Herzl, doch ein Vorreiter seines Gedankenguts, veröffentlicht Mapu 1853 seinen ersten und äußerst erfolgreichen Roman *Ahavat Zijjon*, ‚Die Liebe zu Zion', und errichtet auf solche Weise einen frühen literarischen Wegweiser für eine tatsächliche Rückkehr der Juden ins Land der Väter.

Das Werk gilt gemeinhin als erster hebräischer Roman der Neuzeit überhaupt und erzählt vordergründig eine Liebesgeschichte im Lande Israel.[5] Das Buch war über Jahre die Lieblingslektüre der jüdischen Jugend Osteuropas, und mit Mapus Israel-Bildern vor Augen trat mach junger Jude seine *Alijja* an, seine Einwanderung in das damalige Palästina. Höchste Zeit auch hier, *Die Liebe zu Zion* aus ihrem Dornröschenschlaf in verstaubten israelischen Schulbüchern wachzuküssen und das Geheimnis einer solch zionistischen Romanze zu lüften.

---

3 Gabrielle Oberhänsli-Widmer, „An den Flüssen Babels, dort weilten wir und weinten, als wir Zions gedachten" – Die jüdische Sehnsucht nach Jerusalem, in: Freiburger Universitätsblätter, 214/4, 2016, 5–18.

4 Michael Brenner, Israel. Traum und Wirklichkeit des jüdischen Staates. Von Theodor Herzl bis heute, München 2016.

5 Abraham Mapu, *Ahavat Zijjon. Sippur* – Die Liebe zu Zion. Eine Erzählung, Warschau (ohne Jahreszahl; hebr.).

Ein Lehrer aus Litauen

Wenn auch Abrahm Mapu in seinem Romanerstling *Die Liebe zu Zion* den Naturbeschreibungen judäischer Gefilde frönt und ausführlich die Zinnen Jerusalems besingt, so hat er doch die Levante nie betreten, noch Palästina je besucht. Sohn eines Hebräischlehrers aus einfachen Verhältnissen und selber Lehrer – ein Beruf mit wenig Prestige in der damaligen jüdischen Gesellschaft – fristete er sein Leben vorwiegend in Kovno und Vilna. Erst im Alter, als sich langsam sein literarischer Ruhm einstellte, kam er über Litauens Grenzen hinaus und unternahm im Jahr 1861 eine kleine Reise nach St. Petersburg.

Doch ganz im Gegensatz zu Abraham Mapus engem geographischen Radius weitete sich seine geistige Welt. Neben der üblichen Talmud-Thora-Erziehung brachte er sich als glänzender Schüler selber Latein bei – dies mit Hilfe einer lateinischen Psalmübersetzung – und lernte als Autodidakt auf ähnliche Art Französisch, Deutsch und Russisch, während seine Muttersprache Jiddisch war. Damit zeichnet sich schon ab, dass der junge Mapu Wissensgebiete aufspürte, die traditionellen jüdischen Kreisen mehr als suspekt waren. Nach einem kurzen Flirt mit Chassidismus und Kabbala beschäftigte er sich zudem mit hebräischer Grammatik, Realgeschichte des biblischen Altertums und zeitgenössischer Literatur. Mit dieser eigenwilligen Bildung bahnte er sich den Weg zur Haskala, zur jüdischen Aufklärung, und wurde einer ihrer bedeutenden Denker.

Vier Romane und mehrere Lehrbücher umfasst Abraham Mapus Werk. Neben seinem Erstling *Die Liebe zu Zion*, an dem Mapu an die zwanzig Jahre lang feilte, schrieb er einen zweiten biblischen Roman mit dem Titel *Aschmat Schomron*, ‚Samarias Schuld' (1865/1866), den historischen Roman *Chose Chesjonot*, ‚Visionäre' (1858), welcher die Epoche des Pseudo-Messias Sabbatai Zwi im 17. Jahrhundert beschreibt, sowie einen zeitgenössischen Roman im osteuropäischem Setting namens *Ajit Zavua'*, ‚Der falsche Vogel' oder – wie üblicherweise übersetzt – ‚Der Scheinheilige' (erschienen in drei Teilen 1858, 1861, 1864). Von seinen pädagogischen Werken sind zwei Hebräischlehrbücher (1859, 1867) zu nennen sowie *Der Hausfranzose* (1859), ein Textbuch für den Französischunterricht.

Allein die Genres und Titel dieses Oeuvres lassen deutlich die Einflüsse auf Mapu erkennen: allen voran die Bibel, gefolgt von den frühen jüdischen Aufklärern, welche vom 18. Jahrhundert an begannen, ihre Texte in Haskala-Hebräisch zu verfassen, unter ihnen der italienisch-jüdische Dichter und Moralethiker Mosche Chajjim Luzzatto (1707–1746) oder auch der deutsch-jüdische Schriftsteller und Hebraist Naphtali Hirz Wessely (1725–1805). Und dann sind da die russischen und französischen Romanschriftsteller, deren Charme Abraham Mapu ganz offensichtlich erlegen war, allen voran Victor Hugo (1802–1885), Eugène Suë (1803–1857) und Alexandre Dumas père (1802–1870). Mit ihnen teilt Mapu Romantik und Melodrama, Gesellschaftskritik und soziales Engagement.

Wohl verfügte der litauische Autor weder über die psychologische Wucht der russischen Romankunst, noch über die literarische Raffinesse der Pariser Romanciers, doch entsprach dies auch kaum seinem Anliegen. Vielmehr ersann er einen Romantyp eigener Prägung: eine allegorische Liebeserzählung im Rahmen der antiken Vergangenheit Israels in ein neobiblisches Hebräisch gegossen als erzieherisches Lehrstück. Schwer zu sagen, ob Abraham Mapu je die Holzstiche seines Leipziger Zeitgenossen Julius Schnorr von Carolsfeld (1794–1872) zu Gesicht bekam, die vielleicht berühmtesten Bibelillustrationen des 19. Jahrhunderts, auf jeden Fall hätte er im graphischen Werk des nicht minder moralischen Leipziger Lutheraners viel seiner eigenen theologischen Visionen wiederentdeckt.

Wie schwer, die Erfahrungswelt eines Autors aufzudecken, der vor hundertfünfzig Jahren starb! Hilfreich liefern Lexika und Biographen chronologische Daten, aber Vieles bleibt doch äußere Fassade.[6] Die Gedankenwelt liegt demgegenüber wesentlich klarer offen. Zwar bricht man ein literaturwissenschaftliches Tabu, wenn man hinter dem Erzähler den Autor ausmacht. Doch heiligt der Zweck die Mittel, und – banal zu sagen – kein Erzähler kann erzählen, was der Schriftsteller nicht denkt. So kann man auf jeden Fall mehr als einen Blick hinter Mapus Maske erhaschen, wenn er etwa eine seiner Figuren sagen lässt:

> … denn wer ist so blind, wie ein wirklicher Diener Gottes? wer ist so taub, wie ein wahrhaft Frommer? Ein Frommer ist ein schlechter Menschenkenner, er sieht nicht in das Herz seines Nächsten und richtet ihn nur nach den Worten und Werken, die er vor Augen sieht.[7]

---

[6] Joseph Klausner, *Historia schel ha-sifrut ha-'ivrith ha-chadascha* – Geschichte der neuhebräischen Literatur, Vol. 3, Jerusalem 1953[2] (hebr.), 269–360; David Patterson, Abraham Mapu. The Creator of the Modern Hebrew Novel, London 1964; Abraham Mapu, in: Encyclopaedia Judaica 11, Jerusalem 1971, 932–936; Second Edition, Vol. 13, Jerusalem 2007, 505–507.

[7] Dieses und die anschließenden Zitate aus *Ahavat Zijjon* folgen der deutschen Übersetzung, die den Namen der Protagonistin als Titel wählt: Abraham Mapu, Thamar. Roman aus dem biblischen Alterthum, aus dem Hebräischen von Solomon Mandelkern, Leipzig 1885 (hebräische Originalausgabe 1853), 37, 1. Teil.

Das schrillt jäh wie ein unerwarteter Missklang in dem ansonsten so salbungsvollen Duktus des litauischen Erziehers. Abraham Mapus Menschenkenntnis, seine Ideale und Träume, ein Augenschein in seine Seele mit ihren Bildern von Sehnsucht und Angst sind durchaus aufzuspüren, wenn man sich in sein Werk versenkt.

Ein historischer Roman der biblischen Antike

Als geschichtlicher Rahmen für seinen Roman *Die Liebe zu Zion* wählt Abraham Mapu die Regierungszeit des judäischen Königs Hiskija (um 728 bis 699 v. Chr.): eine politisch bewegte Zeit unter der ständigen Bedrohung durch Assyrien und geprägt vom Fall Samarias, der Hauptstadt des israelitischen Nordreiches, durch den assyrischen König Sargon 722 v. Chr. mit der anschließenden Deportation der Nordstämme; im judäischen Süden hingegen auch eine Zeit der Prosperität – sichtbar etwa am Bau des Siloah-Tunnels, der die Wasserversorgung Jerusalems sicherte – mit einem König, den die Hebräische Bibel über alle Maßen lobt, wenn sie in II Könige 18,3.5 sagt:

> 3 Und er [Hiskija] handelte recht in den Augen des Herrn, ganz wie sein Ahnvater David gehandelt hatte. (...) 5 Auf den Herrn, den Gott Israels, vertraute er. Und unter allen Königen Judas, die nach ihm kamen oder vor ihm lebten, war keiner wie er.

Hiskija, laut II Könige 18–20 voll von Gottvertrauen und in ständigem Dialog mit dem Propheten Jesaja Ben Amos, taktierte mit den Assyrern offenbar ungleich geschickter als die Könige des Nordreiches Israel. Dennoch wurde Jerusalem 701 v. Chr. von Sargons Nachfolger Sanherib belagert, dann aber unerwartet aus der Notlage befreit (II Könige 19,35–37):

> 35 In jener Nacht ging der Engel des Herrn aus und erschlug im Lager Assurs 185 000 Mann. Und am andern Morgen in der Frühe, siehe, da waren sie alle tot, lauter Leichen. 36 Und Sanherib, der König von Assur, brach auf und kehrte um, und er blieb in Ninive. 37 Und einmal, als er sich im Tempel des Nisroch, seines Gottes, zum Gebet niederwarf, erschlugen ihn Adrammelech und Sarezer mit dem Schwert ...

Die historischen Umstände dieses Ereignisses liegen bis heute im Dunkeln, doch in der biblischen und nachbiblischen Tradition haben sie als göttliche Errettung Jerusalems in einer verklärten Zion-Theologie höchsten Nachhall gefunden.[8]

Mapu nun lässt seine ganze Handlung auf das Jahr 701 v. Chr. als Peripetie zulaufen: die wundersame Befreiung Jerusalems im Gleichtakt mit der Zusammenführung des Liebespaares. Amnon und Thamar heißen die beiden, Kinder zweier Jerusalemer Fürsten, welche den Ehebund von Sohn und Tochter noch vor deren Geburt vereinbart hatten, um damit ihre Freundschaft zu besiegeln.

Diese Romanze erzählt *Die Liebe zu Zion*, angefangen mit der Vorgeschichte der Eltern bis hin zur glücklichen Verlobung. Doch was sich als Story im zielgerichtet linearen Zeitstrahl in einem Satz resümieren lässt, kommt als Plot, als Art *wie* der Autor dies erzählt, denkbar verwickelt daher. Mapu erweist sich als Meister des Plottens, denn Intrigen und Ränkespiele verheddern den Handlungsfaden auf den 440 Seiten der deutschen Übersetzung, beziehungsweise den 240 – enger beschriebenen – Seiten der hebräischen Originalfassung bis zur Unkenntlichkeit. Mehrere Eingangskapitel führen immer neue Akteure ein, wobei biblische Personen wie Hiskija oder Jesaja nur eben als Statisten die historische Kulisse abstecken, während die Bühne von einer bunten Korona fiktionaler Protagonisten und Deuteragonisten besetzt wird. So wäre selbst der gewiefte Leser gut beraten, sich eingangs ein Personenregister anzulegen. Abhilfe gegen die drohende Unübersichtlichkeit schafft allerdings ein einfaches Ordnungsprinzip, indem sich die Gottlosen stets mit den Frevlern zusammenrotten, während sich andererseits die Guten am Ende einzig zu Ihresgleichen gesellen.

Dennoch dreht sich alles um den Hauptstrang, die Liebe von Amnon und Thamar. Die Verwicklung dieser Liebe gründet in der Geschichte ihrer Eltern. Joram und Jedidjah sind zwei noble judäische Fürsten, innig in Freundschaft verbunden. Jedidjah heiratet Thirza, die Tochter Hananels aus dem Stamm Ephraim. Jedidjah und Thirza bekommen eine Tochter, Thamar, die behütet in Jerusalem aufwächst. Anders aber Amnons Eltern. Amnons Vater Joram und seine Mutter Noëmi lieben sich zwar innig, doch Joram hat noch eine zweite Frau namens Hagith, und deren Eifersucht zerstört die Familie, sodass Noëmi, verleumdet und zu Unrecht des Mordes verdächtigt, fliehen, ihr Leben von nun an als Ärmste der Armen fristen und ihren Sohn weggeben muss. Deshalb wächst Amnon als armer Hirte in Bethlehem auf, ohne Vater und Mutter zu

8 Vgl. dazu Barbara Schmitz, Geschichte Israels, Paderborn 2011, 103–109.

kennen, noch um seine Abstammung zu wissen. Der ebenso missratene wie hässliche Sohn der Hagith aber – in Tat und Wahrheit handelt es sich um den Sohn des korrupten Hausknechtes Achan – soll nun Thamars Bräutigam werden. So überschattet die Vorgeschichte die fatalen Ereignisse in einer Art Ahnenhaftung, als ob die vom Propheten verworfene Sentenz dennoch Gültigkeit hätte (Ezechiel 18,2): „Die Väter essen unreife Früchte, und den Söhnen werden die Zähne stumpf."

Doch die füreinander wahrhaft Bestimmten werden allen Widrigkeiten zum Trotz zusammenfinden. Noch bevor sie sich das erste Mal begegnen, weist ihnen ein Traum den Weg, der Traum von Thamars Großvater Hananel, welcher nach dem Fall Samarias in die Gefangenschaft verschleppt, einen Brief an seine Kinder übermitteln kann (S. 40–42, 1. Teil):

> Als wir sechs Tage gewandert waren, gelangten wir an den Fluß Chebar und lagerten daselbst. Ich aß mein Brot unter Thränen und schlief ein. Und siehe, im Traume erschaute ich einen schönen Jüngling mit glänzenden Augen, der ritt auf einem feurigen Rosse und war prächtig gekleidet, an der Seite trug er ein Schwert und auf dem Haupte einen funkelnden Helm. Rabenschwarze Locken umspielten seinen Nacken; seine Wangen waren wie Purpur und seine Stirn weißer als Schnee und lauterer denn Milch. Als ich die Gestalt betrachtete, die wie in Saphir geschnitten vor mir stand, fing ich bitterlich an zu weinen und rief: O Herr, mein Gott, auch ich hatte Kinder, die waren schön, wie dieser Jüngling, nun aber ist Niemand da, der mir die Augen zudrücke und die Frucht meiner Mühen erbe. – Als der Jüngling mein Murren hörte, stieg er vom Pferde, ergriff meine Rechte und sprach zu mir mit wohlklingender Stimme: Meine Seele verlanget nach Thamar, deiner Enkeltochter. Siehe, mein Wunsch ist so mächtig, daß er dich herauswünschen wird aus deinem Gefängnis, daß du von mir losgekauft nach Zion zu all' deinen Lieben zurückkehren und dort leuchten wirst im Lichte Gottes. – Ich fragte ihn nach Namen, Herkunft und Anverwandten, doch er antwortete mir: Verborgen und versiegelt sollen dir meine Worte sein, bis die Zeit kommen wird, sie zu erfüllen. – Darauf zeigte er mir den Ring, den ich Thamar gegeben und sagte: Siehe, das ist das Zeichen unseres Bundes, das mir meine geliebte Thamar gegeben hat. – Hier erwachte ich und sah, daß ich geträumt hatte. –
> Dieser wunderbare Traum fiel wie ein Hoffnungsstrahl in meine Trübsal. Ich erhob meine Augen zum Himmel, da leuchteten die Sterne am Firmament, während die Erde mit Dunkel bedeckt war, und ich rief zu Gott und bat ihn, daß die Worte des Traumes die Nacht meiner Seele erleuchten möchten. –

Der vorliegende Ausschnitt ist sowohl eine Schlüsselszene als auch höchst charakteristisch für Mapus Art zu schreiben: vollendetes Drama, Pathos pur, frommes Gottvertrauen, hell erleuchtete Sternstunden gegenüber dunkelstem Desaster und keine Grautöne dazwischen, Schwarz-Weiß-

Malerei wie die Farbpalette von Amnons Porträt – denn natürlich wird er sich als der ‚schöne Jüngling' entpuppen –, jeder Satz Existentielles abwägend und all das präsentiert auf Hebräisch. Dieses Hebräisch entspricht jedoch nicht dem späteren Neuhebräischen, welches vorwiegend auf nachbiblischen Sprachstufen fußt, sondern stellt vielmehr eine nahezu perfekte Imitation der alttestamentlichen Prosa und Prophetenrede dar mitsamt ihren Wendungen, Vergleichen, Topoi und Motiven. Dementsprechend treiben denn auch direkte Reden, Visionen, Träume oder Briefe die Handlung voran, und symbolschwangere Requisiten wie Ringe oder Siegel führen zu den dramatischen Wendepunkten, ganz wie in der obigen Szene.

Und wie Hananel es in seinem Traum voraussieht, wird es kommen. Amnon wird Thamars Großvater aus dem assyrischen Exil befreien und Thamar als Braut heimführen. Doch vorher warten abenteuerliche Hindernisse, lauern den beiden Liebenden allenthalben ungeahnte Gefahren auf.

Doch der Reihe nach. Erstmals begegnen sich Amon und Thamar in Bethlehem. Dort erfreut sich Thamar mit ihren Gespielinnen auf dem Lande an den Freuden des Lenzes und trifft auf einen schönen Hirten, der – in den Fußspuren von König David – Lieder singt und, als Thamar von einem Löwen bedroht wird, den Löwen tötet. Liebe auf den ersten Blick und mehr als das, denn Thamar erkennt in dem tapferen Hirten den Jüngling, von dem ihr Großvater in seinem Brief berichtet hatte: Amnon! Den Hirten wiederum und allen voran Amnon erscheint Thamar in ihrer Schönheit einzig der Stadt Gottes vergleichbar (S. 54, 58–59, 1. Teil):

> Die Hirten sahen sie und voll Bewunderung sprach einer zum andern: „Sehet, das ist die allerschönste unter Zion's Töchtern." (…) Und Amnon sprach: „Mir aber erscheint sie prächtig, wie Jerusalem, herrlich und strahlend, wie die Sonne am Morgenhimmel, Lieblichkeit und Anmuth, Milde und Schönheit haben sich in ihr vereinigt. (…)"

Der soziale Unterschied zwischen dem vermeintlichen Hirten und der Fürstentochter klafft indes unüberbrückbar, von der Arglist der Widersacher und Falschheit der Gegenspielerinnen ganz zu schweigen, sodass Amnon und Thamar sich bald himmelhoch jauchzend ihre Liebe gestehen, dann wieder zu Tode betrübt alle nur erdenklichen Liebesqualen erleiden, wenn sie sich bald betrogen und hintergangen, bald verraten und vergessen fühlen. Dabei geht die Kette der Verwicklungen Hand in

Hand mit wortreichen Grabgesängen. Und so tönt es, wenn Amnon sich von Thamar verstoßen fühlt (S. 83–84, 2. Teil):

> „(...) Ich will hinaus in's Elend wandern, ich will meinem Herzen, das immerdar treu für dich geschlagen, die fürchterlichsten Qualen auferlegen, und sollte ich auch in der Fremde sterben, so wird mein letztes Wort sein: Vergieb, mein Herz, dulde und schweige; denn Thamar hat deine Leiden gewollt. Siehe, Thamar, du Holde, an deinen Lippen hängen für mich heute Frieden oder Unglück, Ehre oder Schande, Leben oder Tod. O sprich nur e i n Wort und dies wird mich lehren, ob mir hinfürder der Himmel oder die tiefste Hölle zu Theil werden wird. Siehe, du Liebe, in deiner Hand liegt mein Geschick, so habe denn Mitleid mit dem armen Amnon." –

Und so tönt es, wenn Thamar Amnon die kalte Schulter zeigt (S. 109–110, 2. Teil):

> „Wie der Winzer, der Nachlese hält auf den Ranken, und wie der, welcher Aehren sammelt im unfruchtbaren Thale Rephaim, also will ich nun den Rest von Liebesworten zusammen suchen, während Gott Schmerz und tiefes Wehe über uns gesandt hat. O, mein Freund! mein Erwählter! mein Bräutigam! mein Herzgeliebter! so rief ich dich in den Tagen unseres Liebesglückes, und du nanntest mich: deine Treue, dein Täubchen, deine Einzige, dein Alles auf der Welt. So waren die Worte deines Mundes glätter denn Oel, während deine Hände mir ein Grab bereiteten; deine Lippen waren wie Rosen, aber die Gedanken deines Herzens wie Dornen. Also gedachtest du mit deinem Täubchen, deiner Einzigen zu handeln. Nun aber, du Todesbräutigam, laß uns nicht länger girren wie die Tauben, nicht länger von anmuthigen Dingen und Freundschaft sprechen; nein, laß uns die brummende Sprache der Bären und das Brüllen der Löwen wählen, und nun höre, wenn deine Ohren nicht verstopft sind wie die einer tauben Otter, höre mein Schreien, mein Grollen, mein Zürnen. (...)"

Laut diesen Zitaten kommt das Abgewiesenwerden des Liebenden dem Exil gleich, die Rüge der Geliebten einer prophetischen Scheltrede. Unnötig zu sagen, dass die verfahrene Situationen einzig fatalen Missverständnissen geschuldet, die Liebe von Amnon und Thamar aber über jeden Zweifel erhaben ist. Doch langsam und unaufhaltsam bricht sich die Wahrheit Bahn und bringt alle Ränke an den helllichten Tag. Die Beichte des Hausknechtes Achan legt das anfängliche Verbrechen offen und leitet damit die befreiende Katharsis ein (S. 128, 2. Teil):

> „O!" schrie Achan unter entsetzlichem Heulen: „der Ewige ist ein gerechter Gott und vergilt mir nun nach meinen Thaten. Wehe! Vor achtzehn Jahren

> beschwatzte mich der Richter Mathan, an das Haus der Hagith, meiner Herrin, die er haßte, Feuer anzulegen. Ich folgte seinen bösen Eingebungen und ließ sie mit ihren drei Kindern elend in den Flammen umkommen, meinen Sohn Nabal aber gab ich für den verbrannten Askiram aus. Auf die unschuldige Frau meines Herrn, auf die gute und sanfte Noëmi aber wälzte ich die schwere Schuld der Brandstiftung."

In der Folge lösen sich alle Erzählfäden. Keine Figur – Fürstentochter, Edelmann, Knecht oder Magd –, die am Ende nicht ihren Taten zufolge belohnt oder bestraft würde. Die symbolischen Requisiten, Ringe und Siegel legen alle Identitäten offen, jeder Akteur nimmt die ihm vorbestimmte Stellung im Gesellschaftsgefüge ein, und selbst die Totgeglaubten kehren unvermutet aus der Verbannung zurück. Sämtliche Paare – allen voran Amnon und Thamar – finden in Minne zusammen, sodass der Traum von Thamars Großvater vollumfänglich in Erfüllung geht und Hananel, dem biblischen Hiob gleich,[9] sagen kann (S. 191, 2. Teil):

> „Eja!" rief Hananel; „mein Erlöser und mein Erbe ist wiedergekehret. Jetzt kann ich ruhig sterben; denn mein Traum ist erfüllt und kein Titelchen ist verloren gegangen." (…)

Abraham Mapu, ein Meister des Plottens mithin, der jeden Opernlibrettist in den Schatten stellt, der litauische Lehrer, der sein Leben zumeist in Schulstuben fristete und dem es kaum vergönnt war, Theaterluft zu schnuppern. Als Mapu 1861 die baltische Provinz zum ersten Mal verlassen konnte und nach St. Petersburg kam, verlor er in der russischen Großstadt sein Herz ganz und gar an die Oper. Er musste dort offensichtlich eine Welt vorfinden, die seinem Milieu völlig fremd, seinem Wesen aber seelenverwandt war.

Religiöse Sozialkritik und judäische Schäferidylle als zionistisches Programm

Angesichts des Handlungsverlaufs von Mapus Roman könnte sich eine arglose Leserin vielleicht im Schmalz einer sentimentalen Romanze wähnen. Doch in Mapus Liebesschwüren sprühen nicht bloß Funken der

---

9 Der Vers aus einer Klage Hiobs nimmt dessen Rehabilitierung im Epilog des alttestamentlichen Textes proleptisch voraus (Hiob 19,25): „Ich aber weiß, mein Erlöser lebt, und als Letzter wird er über dem Staub erstehen."

Leidenschaft, vielmehr knistert darin jede Menge ideologischen Zündstoffs.

Da ist zunächst die theologische Ebene, die allerdings in ihrer rigiden Vergeltungslehre, ihrem strikten Tun-Ergehen-Zusammenhang wenig ansprechend wirkt, wenn etwa Thamars Vater deklamiert (S. 184, 1. Teil): „Laß uns nicht um der Sünde eines Einzigen willen die ganze Welt und alle ihre Bewohner anklagen. Wir wollen vielmehr auf Treue und Glauben rechnen, und hoffen, dass es stets offenbar werde, wenn ein Mensch auf krummen Wegen wandelt." Oder wenn ein treuer Knecht zu Amnon über die Tränen der Gottesfürchtigen meint (S. 196, 2. Teil): „... denn sie sind alle gezählet von dem der da oben wohnet und Er wird Rath und Hilfe schaffen zu seiner Zeit." Nur kurze Zeit ist der Frevler wohlauf, und der Gute muss nicht ewig leiden. Fromm, moralisch, belehrend und zuweilen so übertrieben kommen solch homiletische Einlagen daher, als ob sich der Autor von etwas überzeugen müsste, an dem er selbst höchste Zweifel hegt.

Wesentlich subtiler bearbeitet Mapu hingegen die theologische Sinnbildlichkeit seiner Liebesgeschichte. Wie die jüdischen Autoren vor und nach ihm bettet auch er die Beziehung von Amnon und Thamar in die rabbinisch-midraschische Auslegung des Hohenliedes: das Duett der Liebenden als religiöse Allegorie. Einerseits, indem eine ganze Reihe direkter und indirekter Zitate des biblischen Textes den Roman durchwirkt,[10] wobei es dem Autor insbesondere die dramatischen Verse der Schlusspassage angetan haben (Hoheslied 8,6.7):

> 6 Lege mich wie ein Siegel an dein Herz, wie ein Siegel an deinen Arm,
> denn stark wie der Tod ist die Liebe, hart wie die Unterwelt die Leidenschaft,
> ihre Gluten sind Funken von Feuer, die Flamme des Herrn.
> 7 Große Wasser können die Liebe nicht löschen, Ströme sie nicht überfluten.
> Gäbe einer alle Güter seines Hauses für die Liebe, würde man ihn verachten?

Wiederholt klingen diese Worte an, beispielsweise in Amnons Brief an Thamar, als er im fernen Ninive weilt (S. 14, 2. Teil): „Umsonst erheben die Gebirge ihre Gipfel zwischen uns, sie vermögen uns nicht zu trennen, und alle Wasser des Tigris, des Euphrat, des Jordan und aller gewaltigen Ströme können unsere Liebe nicht auslöschen."

Andererseits verstärkt Mapu die Bindung an den Heiligen Text, indem er die beiden Liebenden in biblische Rollen einbindet: Thamar als Sym-

---

[10] 1. Teil: 60, 64, 79. 2. Teil: 14, 16, 17, 66, 136, 164, 180.

bolgestalt Jerusalems, Amnon als Davidischer Messias. Mehrere der obigen Passagen tragen bereits solche Reminiszenzen, und Dutzende Ausschnitte könnte man ergänzen. Hier nur noch wenige Zitate dazu.

Dass *Die Liebe zu Zion* in Einklang mit der Liebe zu Thamar einhergeht, veranschaulicht die konstante Überblendung vom Los der Stadt mit dem persönlichen Schicksal der Protagonistin. In einem Atemzug fällt denn auch oft ihrer beider Namen, wie im folgenden Klagemonolog Amnons (S. 114, 2. Teil):

> O Jerusalem, du treue Burg und ihr Berge all', die Gott geschaffen, rufet Thamar zu, dass Amnon kein Bräutigam des Blutes ist, sondern ein armer, unrechtmäßig und unschuldig gekränkter. Friede über dir Jerusalem mit all' deiner Herrlichkeit, Friede über dir auch, Thamar, du Holde! Ich kann dir nicht zürnen, du Schönste unter den Frauen …

Amnon seinerseits trägt alle Züge eines Nachkommen von König David als Held, Hirte, Sänger, Löwenbezwinger oder judäischer Fürst. Geradezu eschatologisch aber tritt Amnon in einer Vision Thamars auf: Während der assyrischen Belagerung Jerusalems sieht sie ihren Geliebten inmitten der Krieger als Erretter Zions (S. 163, 2. Teil):

> Mit einem Male erblickte ich Amnon in ihrer Mitte. Glänzenden Auges, mit dem Schwerte umgürtet und mit Schild und Panzer gerüstet, saß er auf dem Pferde, über dessen Rücken das Löwenfell gebreitet lag und er prangte wie ein Held, der in den Streit zieht.

Demgemäß versinnbildlicht die glückliche Vereinigung von Amnon und Thamar die Befreiung Jerusalems einhergehend mit dem Anbruch des messianischen goldenen Zeitalters. Von nichts Geringerem phantasiert *Die Liebe zu Zion* als von der Befreiung der Juden aus dem Exil und ihrer autonomen Existenz im Lande Israel.

Die moralisch-ethische und theologisch-religiöse Ebene verbindet Mapu dann mit einer ausgeprägten Sozialkritik. Es sind dies Ansätze eines frühen, religiös motivierten Sozialismus. Eine Vielzahl von Dialogen beschäftigt sich mit gesellschaftlicher Ungerechtigkeit, mit der Kluft zwischen Herrschenden und Unterprivilegierten oder mit der Diskrepanz zwischen charakterlichem Adel gegenüber materieller Macht. Man höre nur, wie Thamar den vermeintlichen Sohn Jorams, Askiram, rügt, welchen sie laut dem Versprechen ihrer beider Väter heiraten sollte (S. 227, 1. Teil):

> Wie lange, Askiram, willst du noch mit Ansehen und Reichthum prahlen? Wisse, Reichthum und Ansehen tasten im Finstern und finden selten den Mann, den sie suchen; denn, würden Wahrheit und Licht auf ihrem Pfade strahlen, so wäre Manches anders auf unserer Erde und wir könnten neue und wunderliche Dinge sehen. Da würden wir erleben, daß, die sich nun in köstliche Gewänder hüllen, entblößt von ihrem Schmuck und nackend gehen, und die da nackend gingen, die würden bekleidet werden und die Stolzen sollten sich vor ihnen beugen. Von Reichthum und Ehre gilt der Spruch: ‚Dem Narren paßt Reichthum, wie Schnee im Sommer und Ehre wie Regen zur Erntezeit'.

Und so wird Askiram schließlich als Sohn des korrupten Hausknechtes Achan entlarvt. Keine Figur im umfangreichen Personenaufgebot des Romans wird niederträchtiger geschildert als Askiram, der selbst nicht davor zurückschreckt, seine eigenen Eltern umzubringen. Joram und die Seinen aber überantworten den Mörder weder einem Richter noch den Ältesten im Tor, sondern übergeben ihn seinen Brüdern, worauf diese Blutrache üben.

Das verstört! Dem ist nachzugehen! Ränke regieren offenbar sowohl die Welt der Bösen wie die der Guten. Als Thamar sich von Amnon betrogen glaubt, greift auch sie zur Intrige (57, 2. Teil): „Doch nein! mit List und heimlicher Tücke ist er von mir gewandelt, mit List und Tücke will ich nun auch an ihm handeln." Dort, wo ein nüchterner Leser nach praktischen Problemlösungen suchen würde, um verfahrene Situationen zu klären, begegnet man in Mapus fiktionalem Universum allerorten Ränkespielen, Lügen, Verleumdungen, Verschlagenheit, Erpressung, Bestechung, Rache, Heuchelei und was es der Gräuel noch mehr gibt. Sie sind die eigentlichen Motoren der Handlung. In diesem Sinn agiert etwa Simri, ein Antagonist der ganz üblen Sorte (S. 86, 2. Teil):

> Simri ging von Amnon hinaus, sein Herz tobte und alle seine Gedanken waren auf Arglist, Raub und Meuchelmord gerichtet. So glich er dem Satan, der da ausgehet von der Hölle, um alles Land zu verderben, und ihm folgen seine bösen Engel: Pest, Seuche, Mord und Tod.

Vorschnell könnte eine moderne Leserin folgern, dass dies auf einer plumpen Erzähltechnik beruhe, da der Autor über keine subtileren – etwa psychologischen – Erzählregister verfüge. Doch das ist weit gefehlt. Das von Mapu dargestellte soziale Gefüge spiegelt eine Gesellschaft, wo pure Willkür herrscht, und verweist auf einen Staat mit mangelndem Rechtswesen, in welchem selbst der integere Untertan ohne Finten nicht zu überleben vermag. Unmissverständlich spielt dies auf die Verhältnisse der Juden im russischen Ansiedlungsrayon an. Auf diesem Hintergrund sind denn auch die predigtähnlichen Passagen über Werte und Sitten zu lesen, denn wenigstens diese sollen greifen, wo Recht und Gesetz versagen.

Abraham Mapu selber geriet in seinem Leben immer wieder in die Zange der russischen Zensur, wurde zur Zielscheibe jüdischer Haskala-Gegner, von den eigenen Leuten bei den Behörden angeschwärzt, manche erdreisteten sich sogar, seine Texte zu entwenden. Auf solche Art fließen seine persönlichen Erfahrungen wie auch die des Kollektivs in *Die Liebe zu Zion* ein, sodass einige seiner Akteure vermutlich die – heute kaum noch erkennbaren – Gesichtszüge gewisser Zeitgenossen tragen.

Trotz all dem bleibt Mapu ein moderater Sozialist. Er pocht eher höflich an die Tore der Reichen, als dass er gewaltsam ihre Paläste stürmen würde. Immer wieder wagt er sich zwar an gesellschaftskritisches Gedankengut, schreckt dann aber doch zurück, um althergebrachte Normen und Standesgrenzen zu wahren. Am Schluß erweisen sich in Mapus Werk die Schranken zwischen den oberen und unteren Gesellschaftsschichten als kaum durchlässig. Dem Wertesystem des Romans zufolge könnte die Fürstentochter Thamar den Hirten Amnon nie heiraten, würde der sich nicht ebenso als Fürstensohn entpuppen.

Und schließlich ist da noch die Ebene der Landschaftsbeschreibung, die einen weit wichtigeren Stellenwert einnimmt als in den europäischen Literaturen der Zeit – alles andere als harmloses Beiwerk zwecks Bühnenausstattung. Nachdem das zweitausend Jahre währende Exil den Juden Besitz und Bearbeitung eigenen Bodens verunmöglicht hatte, kam ihnen auch eine gewisse Empfindung für die Natur abhanden. Zumindest spielen Flora und Fauna, Wald und Heide in jüdischer Diaspora-Literatur nur eine untergeordnete Rolle. Wohl schwärmten talmudische Weise zuweilen von der Heiligen Stadt, etwa in der Weise: „Zehn Maße von Schönheit kamen in die Welt herab. Neun erhielt Jerusalem und eines die ganze Welt“.[11] Doch hyperbolische Bilder wie dieses scheinen eben nicht von dieser Welt zu sein.

Ganz anders nun aber Mapus Blick auf Zion. Die folgende Passage zeigt die Stadt im Licht der Morgenröte – man beachte die Symbolik des Motivs (S. 183–184, 2. Teil):

---

11 Babylonischer Talmud: Qidduschin 49b.

Die Kinder Zion's, die Gott fürchteten und seine Gebote hielten, standen auf vor dem Morgensterne und zerstreuten sich da und dort unter den Myrthenbüschen, auf den Auen und an den Bächen, um Palmzweige, Weiden und allerlei grünes Gezweig anzusammeln zu den Laubhütten, in denen sie sich am ersten Tag des Samuelfestes freuen wollten.
Allmählich erblaßten die Sterne vor dem Glanze der Morgenröthe, die rosig emporzog; der ganze Himmel aber war wie mit einem Gluthmeer übergossen von den Feuerstrahlen, welche die Sonne vor sich her sendet, bevor sie ihr Gezelt verläßt. Regungslos lagen die Teiche zwischen ihren grünen Ufern und strahlend vom Widerscheine des Morgens waren sie anzusehen wie geschmolzen Erz und wie Spiegel in köstlichen Rahmen, in denen sich die grünen Hügel und der rosige Morgenhimmel abspiegelt. Aber noch strahlten gen Abend die letzten Sterne, wie silberne Punkte auf dem tiefblauen Schleier der scheidenden Nacht. Das ganze Schauspiel dieses wunderbar frischen Morgens lud alle Creatur zu Freude und fröhlichem Lobgesang ein. Der Adler weckte seine Brut und alle Vögel erhoben ihre Stimmen und sangen …

Landschaftsschilderungen solch plastischer Art hielten im Zuge von Imperialismus und Kolonialismus Einzug in die europäischen Literaturen. Bei Abraham Mapu indes gehen sie zugleich Hand in Hand mit der Wiederentdeckung biblischer Flora und Fauna. So hat sich Mapus Jerusalem der rabbinischen Entrückung entledigt und markant an ein tatsächliches Landschaftsbild angenähert, wenn auch weit weg von jeder orientalischen Realität. Bäche, Teiche und üppiges Grün kann man in Jerusalem lange suchen! Und das verstaubte Provinzstädtchen unter osmanischer Herrschaft, das Jerusalem Mitte des 19. Jahrhunderts war, hatte ebenso wenig mit der hier eingeblendeten Idylle gemein. Wie eingangs schon erwähnt, kannte der litauische Schriftsteller die Levante nur aus dem Traditionsschrifttum und vom Hörensagen.

Aber das ist nicht der springende Punkt, vielmehr: Hier malt ein osteuropäischer Autor eine idealisierte, aber dennoch irdisch reale jüdische Heimat, nicht allzu fern, im Nahen Osten gelegen, eine wunderschöne Gegenwelt zum engen Schtetl, zur elenden Existenz der Juden im russischen Ansiedlungsrayon.[12] Damit rückte Mapu Jerusalem in einen erreichbaren Raum.

Aber nicht Jerusalem und Zion allein besingt Mapu, sondern ebenso die ländliche Gegend, das bukolische Bethlehem beispielsweise oder das fruchtbare Karmel-Gebirge mit seinen gottgläubigen Bewohnern (S. 111, 112, 1. Teil):

---

12 Yigal Schwartz, „Human Engineering" and Shaping Space in the New Hebrew Culture, in: Jewish Social Studies 11/3, 2005, 92–114.

> Gewiß wohnet Ehre und Pracht in herrlichen Tempeln und reichen Palästen, Gotteswissen ruhet in den Wohnungen der Gerechten und des Herren Majestät in seinem Heiligthum; doch wahre Gottesfurcht findet sich gerade in den Dörfern, obgleich sie vom Hause des Herrn entfernt liegen; denn Gott ist dem Herzen und dem Munde der Landleute nahe und seine Rechte zeiget sich ihnen im Wechsel der Jahreszeiten, beim Pflügen und beim Ernten, im Mangel und im Überfluß. Wenn der Himmel Regen und Thau zurückhält, dann heben die Ackerbauer ihre Augen auf und hoffen auf den gnadenreichen, segenspendenden Regen, den der Herr ihnen senden wird, um die lechzende Erde zu erquicken. (...) ... und wenn alle Vöglein frohlocken und singen im strahlenden Himmelsblau, dann wendet auch der Landmann sein Herz zum Allmächtigen, denn Gott ist seine Freude; und sein Gebet steigt empor wie Weihrauch.

So entwirft Mapu ein neues Ideal im Gefüge der jüdischen Gemeinschaft: den Bauersmann, der sein Land bestellt und der sich nun neben dem Ideal des Diaspora-Juden, dem talmudischen Gelehrten, positioniert – Jahrzehnte vor der zionistischen Pionierbewegung, noch bevor erste *Chaluzim* und ‚neue Hebräer' das Land Israel urbar machten. Nicht mehr die Thora allein gilt als Lehrmeisterin, sondern ebenso unterweist die Natur denjenigen, der sie zu lesen sucht (S. 67, 1. Teil):

> Wahrlich, wahrlich die Gräser des Feldes und die Blumen der Auen sind unsere Lehrer. Der Himmel ist vor uns ausgerollt wie ein unendliches Buch; und die Erde mit allem was da kreucht und fleucht ist ein Pergamen, das Gott der Herr selber mit gar wunderbarer Schrift beschrieben. Der Herr sprach zum Menschen: Lies in diesem großen Buche und lerne daraus dein Leben lang; dann wirst du verständig und klug werden in allen deinen Thaten.

In diesem Sinn färbt denn auch der litauische Autor die bekanntlich äußerst kargen Berge Judas mit Blumen des gesamten Spektrums buntscheckig ein, und alle möglichen Tiere tummeln sich in seinem gelobten Land. Darüber hinaus wimmelt es in der – im wahrsten Sinne des Wortes – blumigen Sprache Mapus von Tiervergleichen im biblischen Stil des Gedankenreims: Bär und Löwe, Kalb und Kuh, Gazelle und Hindin ...

Zum Schluss noch eine bukolische Note der rätselhaften Art und gleichzeitig eine zentrale Frage an den Roman. Wie bereits ausführlich dokumentiert, lauten die Namen des Liebespaares Amnon und Thamar. Das weckt bei jedem Bibelleser ungute Assoziationen, denn so heißen in II Samuel 13,1–22 zwei von König Davids Kindern. Amnon vergeht sich dort an seiner Halbschwester Thamar und löst damit den fatalen Erbfolgekrieg in Davids Dynastie aus. Weshalb wählte Abraham Mapu, der die

Hebräische Bibel in- und auswendig kannte, ausgerechnet die Namen dieser unglücklichen Königskinder? Da stört noch einmal ein Misston den harmonischen Schlussakkord. Das will bewusst reiben und verlangt eine Erklärung.

Die Sekundärliteratur entzieht sich der Fragestellung, und auch die Verfasserin hat nur eine Vermutung: Wie in der mystischen Exegese und dem kabbalistischen Auslegungsverständnis entsprechend, greift hier der Autor heilend in den Heiligen Text, um mit seiner Deutung ein My zum *Tiqqun*, zur Läuterung der Welt, beizutragen. Aus den Namen eines der tragischsten Paare der Bibel, aus einer nie gesühnten Schandtat, welche wie eine unverheilte Wunde schwärt und schwelt wie ein Fluch, formt Mapu ein ideales Liebespaar, das schließlich nach endlosen Irrungen in Jerusalem glücklich zueinanderfindet.

Ein *Tiqqun* mit Erfolg: Geradezu sprichwörtlich für zwei Liebende wurden die Namen Amnon und Thamar bei der jüdischen Jugend Osteuropas, sodass Verliebte unter dem Einfluß von Mapus Roman diese Namen augenscheinlich als Kosenamen verwendeten.[13] *Amnon-we-Thamar* wurde im Neuhebräischen, möglicherweise in Anlehnung an das russische *Ivan-da-Maria*, zur Bezeichnung einer Blume, nämlich der des Stiefmütterchens. Und so blühen im israelischen Frühling eine ganze Menge Blumen namens *Amnon-we-Thamar* – sicher nicht in Erinnerung an die traurigen David-Kinder, sondern als Hommage an Abraham Mapus trautes Liebespaar.[14]

„*Wenn ihr wollt, ist es kein Märchen*“

Der Wirkung von Johann Wolfgang von Goethes *Die Leiden des jungen Werthers* (1774) auf die deutsche Jugend im 18. Jahrhundert vergleichbar, elektrisierte Abraham Mapus *Die Liebe zu Zion* die jüdische Jugend Osteuropas im 19. Jahrhundert – und nicht nur sie. Der Roman wurde ins Jiddische, Russische, Deutsche, Französische, Englische, Arabische, Ladino und ins Judeo-Persische übersetzt und erlebte im hebräischen Original zahlreiche Auflagen.[15]

---

13 David Patterson, Abraham Mapu. The Creator of the Modern Hebrew Novel, a. a. O., 64.

14 Vgl. dazu den Eintrag zum Lexem *Amnon-we-Thamar*, in: Avraham Even-Schoschan, *Hamillon he-chadasch* – Das neue Wörterbuch, Vol. 1, Jerusalem 1993 (hebr.), 56.

15 Verena Dohrn, Abraham Mapus „Zionsliebe“. Die Geburt einer neuen Zionsidee in Osteuropa, in: Heiko Haumann (Hg.), Der Traum von Israel. Die Ursprünge des modernen Zionismus, Weinheim 1998, 108–139, 109.

Dieser Erfolg beruhte auf einer ganzen Reihe innovativer Aspekte, welche Mapu zu einem abgerundeten Werk zusammenzufügen wusste: das neue Gefühl jüdischen Selbstbewusstseins; der Stolz auf eine nationale Vergangenheit und Kultur; jüdisches Heldentum gepaart mit romantischer Liebe im literarischen Gefäß des modernen europäischen Romans; die Verwendung des alt-neuen Hebräischen als Nationalsprache; die Verbindung universal-humanistischer Werte mit rabbinischem Gesetz und jüdischem Brauchtum; soziale Gerechtigkeit im Einklang mit Gottbezogenheit; der bemerkenswerte Part autonom agierender Frauen, welcher sogar eine Liebesheirat möglich zu machen schien; eine Wiedererweckung der Heiligen Schrift zu frischem Leben; die Neuerfindung der biblischen Landschaft zusammen mit der Wiederentdeckung der judäischen Natur; der Entwurf einer idyllisch vollendeten Gegenwelt zur osteuropäischen Öde im Schtetl als tatsächliche Lebensmöglichkeit für eine lebenshungrige jüdische Jugend.

Obwohl in ärmlichen und oftmals bedrängten Verhältnissen gefangen, vermochte sich Abraham Mapu eine denkbar phantastische Welt zu ersinnen. Mit den Worten seines Biographen ausgedrückt:

> Indeed, there is an element of alchemy in Mapu's talent, that serves to translate the dross of a humdrum and humiliating struggle for existence into a golden dream-world of excitement and romance. Certainly, few novelists could have emerged from a less promising environment.[16]

Auf solche Weise wurde *Die Liebe zu Zion* zum Bestseller der Epoche, denn wie viele Bestsellerautoren formte Abraham Mapu die kollektiven Sehnsüchte und Imaginationen seiner Zeitgenossen zu einer epischen Erzählung. In dem Fall: der Aufbruch aus der ‚Nacht des Exils' in eine selbstbestimmte Zukunft. „Will denn diese Nacht ewig dauern und bis an das Ende der Tage?" klagt Amnon aus dem assyrischen Ninive (S. 11, 2. Teil). Den glückhaften Ausgang aber trägt die Hoffnung, wenn Thamar zu ihrem aus der Verschleppung heimkehrenden Liebsten sagt (S. 196, 2. Teil): „Hoffe Amnon; denn Hoffnung ist das Leben!"

„Wenn ihr wollt, ist es kein Märchen", das Leitwort, unter welches Theodor Herzl seine zionistische Utopie *Altneuland* zu Beginn des 20. Jahrhunderts stellte (1902), durchflutete schon fünfzig Jahre zuvor Abraham Mapus Roman. Das zionistische Gedankengut antizipierte Mapu Mitte des 19. Jahrhunderts in mehrfacher Hinsicht. Bevor überhaupt der

[16] David Patterson, Abraham Mapu. The Creator of the Modern Hebrew Novel, a. a. O., 13.

Begriff ‚Zionismus' im Jahr 1890 von dem österreichisch-jüdischen Publizisten Nathan Birnbaum erstmals verwendet wurde und lange bevor der legendäre Erneuerer der modernen hebräischen Sprache, Eliezer Ben Jehuda (1858–1922), sein Lebenswerk in Angriff nahm, schrieb Mapu den ersten hebräischen Roman der Moderne.

Wo finden sich nun die Anfänge des Zionismus? Zweifellos existieren verschiedene Anfänge. Einer davon ist in Abraham Mapus Werk zu verorten. Für Mapu selber setzte der Zionismus, wenn auch nicht mit dem Stammvater Abraham, so doch schon zu Zeiten des biblischen Königs Hiskija mit der wunderbaren Errettung Jerusalems aus der assyrischen Belagerung im Jahr 701 v. Chr. ein. 1948, knapp hundert Jahre nach der Veröffentlichung seines Zion-Romans, wurde der Staat Israel ausgerufen. Ob Abraham Mapu je geahnt hat, wie gerade er, ein mittelloser Lehrer aus Litauen, mit seiner melodramatischen Liebesgeschichte, die Realgeschichte für diese Staatsgründung angeschoben hatte?

7 Idylle im Schtetl? Scholem Alejchem, *Stempenju* (1888)

Stempenju – das ist ein Titelheld des jungen Schalom Alejchem und laut dessen eigenen Worten „mayn erschten jiddischen Roman“,[1] den er seinem geistigen Großvater Mendele Mojcher Sforim widmet. Doch da bekommt das Lesepublikum gleich eine doppelte Mogelpackung in die Hand gedrückt, die der Autor voller Liebenswürdigkeit und Schalk zwischen zwei Buchdeckel gepackt hat. Denn wohl handelt es sich bei *Stempenju* um ein frühes Werk des jiddischen Schriftstellers, doch nicht um seinen ersten Roman,[2] und dann mimt die Figur des Stempenju, eines begnadeten Musikanten, auch nur den sekundären Part, ist es doch „die jüdische Tochter Rochel die Schöne, die in diesem Roman die Hauptrolle spielt“.[3]

Ein Frauen- oder weit vernichtender: ein Damenroman also – mag sich nun manch einer denken und angesichts der heutzutage allgegenwärtigen Genderthematik müde abwinken. Und tatsächlich fügt sich *Stempenju* in die Tradition der dramatischen Liebesromane des 19. Jahrhunderts ein. Die Handlung ist durchaus vergleichbar mit Gustave Flauberts *Madame Bovary* (1857), Lew N. Tolstojs *Anna Karenina* (1873–1876) oder Theodor Fontanes *Effie Briest* (1894/1895). Dem skeptischen Leser ist indes entgegenzuhalten, dass es sich bei diesen Dramen auf gar keinen Fall um die salonfähige Kusine des Dreigroschenromans handelt, denn geradezu schulbeispielhaft dienen die Romane des 19. Jahrhunderts als Spiegel gesellschaftlicher Verhältnisse, analysieren sie doch an Fallbeispielen Gesellschaft und Mentalität in den veränderten sozialen Strukturen des aufkommenden Bürgertums.

Im Kontext des Judentums kommen weitere bemerkenswerte Gesichtspunkte hinzu. So ist fürs erste zu erwähnen, dass den Frauen im jüdischen Traditionsschrifttum bis an die Schwelle zum 20. Jahrhundert weder als Protagonistinnen und noch viel weniger als Autorinnen ein maßgebender

---

1 Scholem Alejchem, Stempenju. A jiddischer Roman, Buenos Aires 1952 (1888; jidd.), 258.

2 Scholem Alejchems erster Roman erschien 1884 vorerst unter dem Titel *Natascha* und wurde später als *Tajbele* bekannt.

3 Scholem Alejchem, Stempenju. Roman, mit 28 Lithographien von Anatoli Kaplan, aus dem Jiddischen übertragen und herausgegeben von Hubert Witt, Leipzig 1989, 5. Die Zitate in deutscher Übersetzung folgen dieser Ausgabe.

Stellenwert zukommt. Überbordend ist inzwischen zwar die Flut der Publikationen zur Frau im Judentum, die Empathie ihrer Verfasser beachtlich, die der Primärquellen dagegen eher gequält – man denke nur an die talmudische Ordnung *Naschim*, ‚Frauen', welche in Mischna und Gemara das rabbinische Familienrecht umreißt.[4] Scholem Alejchem indes bildet da eine der ersten Ausnahmen, denn der Protagonistin Rochel gilt seine ganze Zuwendung und ausgehend von ihren Herzensnöten denkt er sich ein in den erstickend engen Radius einer jüdischen Tochter seiner Zeit – doch halt (S. 44):

> Das Herz einer jüdischen Tochter ist ein Geheimnis, ein großes Geheimnis. Ein Kasten, ein verschlossener Kasten, und da darf wirklich kein Mann hineingucken, das wäre keine Art ...[5]

In einem solchen Rahmen scheint denn auch eine jüdische Romanze und folglich ein jüdischer Roman undenkbar, denn im osteuropäischen Schtetl war eine Heirat ein arrangiertes Geschäft, das Brautpaar kaum den Kinderschuhen entwachsen und jede Liebelei ein Tabu. So gesehen stellt *Stempenju* tatsächlich eine Art erster jüdischer Roman dar, eine Sozialstudie, wunderbar unterhaltend als Liebesgeschichte verpackt. Mithin mehr als lohnend, die Fußspuren der schönen Rochel aufzuspüren und ihre Entourage näher zu inspizieren.

Schalom Rabinovitz (1859–1916) alias Scholem Alejchem

Doch zunächst zum Autor, der als Verfasser von *Tewje, der Milchmann* – nicht zuletzt in der Fassung des Musicals *The Fiddler on the Roof* beziehungsweise *Anatewka* – weit über sein jiddisches Publikum hinaus Weltruhm erlangt hat. In der Tat gilt Scholem Alejchem zusammen mit Men-

---

4 Von dem Forschungsgebiet hier nur wenige Titel in Auswahl: Leonard Swidler, Women in Judaism: The Status of Women in Formative Judaism, Metuchen 1976; Rachel Biale, Women and Jewish Law: The Essential Texts, Their History & Their Relevance for Today, New York 1995 (1984); M. Menachem Brayer, The Jewish Woman in Rabbinic Literature: A Psychological Perspective, 2 volumes, Hoboken 1986; Günter Mayer, Die jüdische Frau in der hellenistisch-römischen Antike, Stuttgart 1987; Tal Ilan, Integrating Women into Second Temple History, Tübingen 1999; Dorothy Sly, Philo's Perception of Women, Atlanta 2009.

5 Die ironische Bemerkung des Erzählers mag auf die berühmte Karikatur von Lemont anspielen, welche Gustave Flaubert als Chirurgen persifliert, in der emporgereckten Hand das Seziermesser mit Madame Bovarys Herz als Trophäe (erschienen in *La Parodie* im September 1869).

dele Mojcher Sforim (1835–1917) und Isaak Leib Peretz (1851–1915) als das leuchtende Dreigestirn, welches der jiddischen Literatur im späten 19. und zu Beginn des 20. Jahrhunderts einen ganz eigenen Glanz zu geben wusste.[6]

Geboren wurde Schalom Rabinovitz 1859 im ukrainischen Perejaslav. Nach einer traditionellen jüdischen Erziehung und dem Abschluss an einem russischen Gymnasium wandte sich Rabinowitsch früh publizistischen Tätigkeiten zu und wählte dafür das Pseudonym Scholem Alejchem, ein Deck- und Künstlername, der eine Vielfalt an Konnotationen in sich birgt und verbirgt. Denn vorerst ist das jiddische ‚Scholem Alejchem' der gewinnende Gruß eines Menschenfreundes: „Friede sei mit euch!". Weiter verwendet der Autor sein Pseudonym als *dramatis persona*, sei es für die Figur des Erzählers in den Rahmenhandlungen, sei es für die des Zuhörers seiner monologisierenden Protagonisten. Der praktische Grund des *amusing pen name* soll indes Rabinovitz' Bemühen gewesen sein, seine Identität als Jiddisch schreibender Autor vor seiner Familie und namentlich vor seinem Vater zu verbergen, da in den Jahren seines frühen Schaffens nur mit dem Hebräischen, nicht aber mit dem Jiddischen Staat zu machen war. Doch ganz abgesehen davon ist Scholem Alejchem ganz einfach ein Segen für das jiddische Schrifttum im Besonderen wie für die Weltliteratur im Allgemeinen.

Das Jiddische, auch im ausgehenden 19. Jahrhundert von Intellektuellen und gehobeneren Schichten noch vorwiegend als Jargon und Dialekt der breiten Masse beäugt, verdankt seinen Aufstieg zur Literatursprache denn auch maßgeblich Scholem Alejchem, der mit dem von ihm gegründeten Jahrbuch *Di jiddische Folksbibliotek* ein literarisches Forum für die herausragenden jiddischen Autoren schuf. Darin erschienen auch zahlreiche von Scholem Alejchems eigenen Texten, unter anderem sein Roman *Stempenju.*

Das Gesamtwerk des Autors, posthum in 28 Bänden ediert, umfaßt nahezu alle Prosagattungen: Feuilletonistisches, Erzählungen, Romane sowie Kinderliteratur und Theaterstücke. Als Genres ganz eigener Prägung sind die ‚Perlenromane' zu erwähnen, das heißt Romane, bei denen zahlreiche in sich abgeschlossene Episoden an einem kontinuierlichen Erzählfaden aufgefädelt sind – die Form ist dem Umstand geschuldet,

---

6 Susanne Klingenstein, Mendele der Buchhändler. Leben und Werk des Sholem Yankev Abramovitsh. Eine Geschichte der jiddischen Literatur zwischen Berdichev und Odessa, 1835–1917, Wiesbaden 2014; Ken Frieden, Classic Yiddisch Fiction, Abramovitsh, Sholem Aleichem, and Peretz, New York 1995.

dass solche Romane oft als Fortsetzungstexte in Zeitungen veröffentlicht wurden. Und unter diesen Episoden wiederum trägt der tragikomische Monolog einzelner Akteure, die dem stillen Gegenüber in der Person des Erzählers ihre Freuden und Leiden berichten, eine ganz persönliche Handschrift seines Autors. Als kleine Kostprobe dazu eine Tirade des Milchmanns Tewje:

> Wenn einem der Haupttreffer beschert ist, hört Ihr, Reb Scholem Alejchem, so kommt er zu einem ganz von selbst ins Haus, wie es in den Psalmen heißt: „Vorzusingen auf der Githith:" – wenn man Glück hat, so kommt es von allen Seiten gelaufen; und es gehört gar kein Verstand und keine Tüchtigkeit dazu. Wenn man aber, Gott behüte, kein Glück hat, so kann man reden, bis man zerspringt, und es wird nützen wie der vorjährige Schnee. Wie sagt man doch: „Es gibt keine Weisheit und keinen Rat gegen ein schlechtes Pferd." Der Mensch arbeitet, der Mensch plagt sich ab und ist nahe daran, auf alle Feinde Zions sei es gesagt, sich hinzulegen und zu sterben! Und plötzlich kommt, man weiß nicht woher, von allen Seiten lauter Glück und Erfolg, wie es im Buche Esther steht: „Hilfe und Errettung komme den Juden." Ich brauche es Euch wohl nicht zu übersetzen, doch der Sinn dieser Stelle ist, dass der Mensch, solange seine Seele in ihm ist, Gottvertrauen haben muss.[7]

Der Duktus des Zitats entspricht durchaus dem aus der russischen Literatur bekannten *Skas*, einem Erzählstil, welcher ein vertrautes familiäres Geplauder vorgibt und damit ein mündliches Einvernehmen zwischen Erzähler, Figuren und Leserschaft fingiert. Der Ausschnitt vermittelt aber ebenso die beiden grundlegenden Charakteristika von Scholem Alejchems Schreiben: den humoristischen Grundton einerseits, das Leitmotiv des trügerischen Glücks andererseits, wobei gerade deren Verquickung eine ausgesprochen lebendige Lektüre bewirkt, sodass das Publikum die Handlung nolens volens mit einem lachenden und einem weinenden Auge verfolgen muss.

So kann auch im vorliegenden Zitat Tewjes drolliger Redeschwall nicht darüber hinwegtäuschen, dass sich hinter den Euphemismen des Optimisten pure Not und Elend verbergen: Glück steht für Unglück, Erfolg für Fluch, und mit dem Haupttreffer zieht ein besonders ausgesuchtes Desaster auf. Die biblischen Zitate in komischer Nachbarschaft zu fingierten Sprichwörtern kommen dabei so verdreht und deplaziert daher, dass sie schon wieder Sinn machen. Eine unerwartete Komik im Melo-

[7] Zitiert nach: Scholem Alejchem, Der Haupttreffer, in: Jizchok Leib Perez / Scholem Alejchem / Dowid Frischmann, Messias' Zeiten. Jiddische Geschichten, aus dem Jiddischen von Alexander Eliasberg, Rudolstadt/Berlin 2010, 16–37, 16.

drama als Ausdruck eigenwilliger Lebenskunst. Zu ergänzen ist an dieser Stelle, dass Scholem Alejchems erstes ‚Opus' ein kleines Wörterbuch der Flüche seiner – wohl nicht eben kinderliebenden – Stiefmutter war, mithin ein erster literarischer Versuch, den tragischen Seiten des Lebens mit Humor zu begegnen, ein Weg, welcher für den Autor wegweisend sein sollte.[8]

Inhaltlich gestaltet Scholem Alejchem seine Romane und Geschichten als unentwegtes Auf und Ab von Misere, Erfolg und erneutem Fall, von Bedrängnis und wieder aufkeimender Hoffnung, von der Überwindung einer Katastrophe hin zur nächsten. Nicht zuletzt verarbeitet der Autor damit wohl seine eigene wechselvolle Biographie. Scholem Alejchem war zwar ein begnadeter Schriftsteller, doch ein denkbar unbedarfter Geschäftsmann, welcher sein Vermögen mehr als einmal an der Börse verlor und seinen publizistischen Erfolg finanziell nicht zu nutzen wußte. Darüber hinaus zwangen ihn die äußeren Umstände, namentlich die Pogrome von 1905 in der Folge der ersten russischen Revolution, seine Heimat zu verlassen, sodass er bis zu seinem Tod 1916 ein unstetes Wanderleben führte und vorübergehend in den USA, der Schweiz, Frankreich, Deutschland und Dänemark eine Bleibe fand.

Dies bewirkte nicht nur einen Wandel von einer prinzipiell sozialistischen Grundgesinnung hin zum Zionismus, sondern ebenso eine Öffnung seines Schaffens gegenüber der europäischen und amerikanischen Literatur, ihren Formen, Inhalten und Rezipienten. Dementsprechend fehlt es nicht an Vergleichen zwischen Scholem Alejchem und berühmten Zeitgenossen, allen voran eine gewisse Affinität zu dem populären englischen Romancier Charles Dickens,[9] was vielleicht weniger über das je eigene Schaffen der beiden Dichter aussagt als vielmehr darüber, dass einem Jiddisch schreibenden Dichter der Aufstieg zur Weltliteratur gelang. Daraufhin angesprochen, dass man Scholem Alejchem den ‚jüdischen Mark Twain' nenne, soll der große amerikanische Autor erwidert haben: „Please tell him I am the American Sholem Aleichem."[10]

---

8 Dan Miron, The Dark Side of Sholem Aleichem's Laughter, in: Central and Eastern European Online Library 1, 2003, 16–55 (www.ceeol.com).

9 Anita Norich, Portraits of the Artist in Three Novels by Sholem Aleichem, in: Prooftexts 3/4, 1984, 237–251.

10 Zu Leben und Werk von Scholem Alejchem vgl. Shalom (Sholem) Aleichem (Shalom Rabinovitz), in: Encyclopaedia Judaica 14, Jerusalem 1971, 1272–1286, Second Edition, Vol. 18, 2005, 378–389; Joseph Butwin / Frances Butwin, Sholom Aleichem, Boston 1977; Chone Shmeruk, Scholem Alejchem: *Madrich le-chajjaw we-li-zirato* – Scholem Alejchem: ein Handbuch zu Leben und Werk, Tel-Aviv 1980 (hebr.).

Stempenju – oder besser: Rochel die Schejne

Doch damit zurück zu Scholem Alejchems frühen Roman *Stempenju.* Wie bereits angedeutet, scheint die Story sowohl von der französischen *Madame Bovary* wie auch von der russischen *Anna Karenina* inspiriert, zwei Bestsellern, die dem jungen jiddischen Autor zweifellos bekannt waren mit ihrem Melodrama um Ehebruch und Suizid.

Ort des Geschehens ist die fiktive Provinzstadt Masetewka, ein Schtetl unweit von Jehupez (lies Kiew).[11] Die nicht näher bestimmte Zeit entspricht in etwa der Gegenwart von Autor und Erzähler. Und dieser guckt seiner Heldin Rochel, entgegen der oben zitierten Beteuerung, nicht nur tief ins Herz, sondern – weit unschicklicher – durch ihr Schlafzimmerfenster (S. 98):

> In dieses schöne Nachtbild paßte unsere Rochel genau hinein – die schöne, die reine, die ehrliche Rochel mit ihrem weißen Hals, dem reichen blonden Haar (ach, hat Rochel zu diesem Zeitpunkt bedenken können, daß der Mond und der Romanautor ihre eignen, unverdeckten Haare sehen konnten?), ihre Augen waren nicht minder blau und klar als der blaue klare Himmel, und ihr lichtes Gesicht war nicht häßlicher als die leuchtende Nacht. Aber Rochel hat sich wenig Gedanken darüber gemacht; ihr Kopf war dort, wo sich das erlesene Spiel hören ließ, und ihr Herz war bei Stempenjus Fiedel.

Damit ist bereits viel ausgeplaudert. Rochel, ‚die Schejne', eine junge verheiratete Frau, wohlbehütet in der Familie ihrer begüterten Schwiegereltern und fest situiert inmitten der jüdischen Masetewkaer Gesellschaft hat sich in den Musikanten Stempenju verliebt und ringt mit fremden Gefühlen. Denn Liebe kennt Rochel höchstens vom Hörensagen, genauer von den Liebesklagen ihrer unglücklichen Freundin Chaje-Etel. Rochel aber wurde, kaum ein junges Mädchen, verheiratet und lebt nun der Tradition einer solch arrangierten Ehe gemäß im Haus der Schwiegereltern. Leitmotivisch für diesen Umbruch im Leben einer jüdischen Tochter verweist der Erzähler denn auch auf die schönen Haare, die dem Mädchen bei der Hochzeit genommen werden: bedeckt im besten Fall, geschnitten oder geschoren im schlechteren Fall, damit außer Hauses niemand mehr den weiblichen Schmuck zu sehen bekommt. Und so schauen

---

11 Zur Bedeutung der Lokalitäten, des Schtetl und zur Topographie vgl. Marc Caplan, Neither Here not There: The Critique of Ideological Progress in Sholem Aleichem's Kasrilevke Stories, in: Sheila E. Jelen / Michael P. Kramer / L. Scott Lerner (Ed.), Modern Jewish Literatures. Intersections and Boundaries, Philadelphia 2011, 127–146.

Erzähler und Mond in der vorliegenden Szene, zwei unverschämten Voyeuren gleich, auf Rochels blonde Flechten. Rochels Blick auf ihren Mann Mojsche-Mendel wiederum beginnt sich nach der Begegnung mit ‚dem Andern' dramatisch zu wandeln, und auch hier scheint der subversive Mond das Seine beizusteuern (S. 33):

> Der Mond leuchtet durch ein Fenster herein, und ein langer weißer Lichtstreifen fällt auf das Bett, wo Mojsche-Mendel liegt, das Gesicht nach oben, mit offenem Mund, glotzenden Augen, verdrehtem Hals. Und der Adamsapfel tritt deutlich hervor, daß es häßlich anzusehen ist ... Rochel will nicht hinschauen, und guckt doch. Nie hat sich Mojsche-Mendel ihr so häßlich gezeigt wie jetzt, in dieser Nacht, und unwillkürlich verglich sie ihn mit einem andern, mit diesem Gott-vertilge-seinen-Namen-Kerl.

Richtig: Dieser Kerl ist natürlich Stempenju. Und will man dem ebenso allwissenden wie verschmitzten Erzähler Glauben schenken, so kann man es Rochel tatsächlich nicht verdenken, dass sie ihr Herz an den begnadeten Geiger verliert, betritt er doch als fulminanter Star die Bühne des Romangeschehens – der Kontrast zum schnarchenden Mojsche-Mendel könnte ausgeprägter nicht sein (S. 10–11):

> Oh, Stempenju ist ein tüchtiger Kerl gewesen! Er griff nach der Fiedel und strich mit dem Bogen darüber, ein einziges Mal, nicht mehr, und schon fing sie zu reden an. Aber wieso reden? Richtig mit Wörtern, mit einer Zunge, wie - wohl zu unterscheiden - ein lebendiger Mensch? Reden, Disputieren, Singen mit einem Schluchzen nach jüdischer Art, kraftvoll, mit einem Aufschrei aus tiefem Herzen, aus der Seele. Den Kopf pflegte Stempenju zur Seite zu werfen, die langen schwarzen Locken flossen über die breiten Schultern, die Augen, die schwarzen brennenden Augen blickten nach oben (...) Er macht das Seine: „Tjoch - tjoch - tjoch", und genug. Und wenn er aufhört zu spielen, streckt er die Fiedel zur Seite und faßt sich ans Herz. Dann leuchten ihm die Augen wie zwei Schabbeslichte, und sein schönes Gesicht glänzt wie die Welt.

Stempenju ist jedoch nicht nur als Gegenfigur zu Rochels Ehemann, sondern ebenso zu Rochel selber gestaltet, bewegt er sich doch als Künstler auf nonchalante Art von der Mitte zu den Rändern der traditionellen jüdischen Gemeinschaft, führt als Musikant zunächst das freie Leben eines Bohemien und spielt (im wahrsten Sinne des Wortes) auf allen Hochzeiten auf – kurz: ein ausgemachter Frauenschwarm (S. 11):[12]

---

[12] Max Wohlberg, Music and Musicians in the Works of Sholom Aleichem, in: Journal of Synagogue Music VI/1, 1975, 20–42.

> Und die Mädchen, die „Mamsells", blieben stehen, angeschmiedet an ihre Plätze, wie die Puppen, starrten auf Stempenju und seine Fiedel, ohne ein Glied zu rühren oder mit einem Auge zu blinzeln. Aber irgendwo seitlich im Korsett klopfte das Herz: „Tick – tick – tick", und öfter drang von dort ein verborgener Seufzer herauf …

Dabei erweist sich Stempenju als Herzensbrecher der durchaus liebenswürdigen Sorte, sodass er schließlich auch dem nicht gerade sanften Drängen Frejdels, der Tochter eines Musikanten, nachgibt, als diese ihm eine fingierte Schwangerschaft vorgaukelt (S. 75):

> Frejdel hat es ausgeführt und zuende gebracht: sie hielt mit Stempenju Hochzeit nach jüdischem Gesetz. Dann nahm sie ihn gleich in ihre Tätzchen. Ein wenig half ihr auch die Mutter dabei, kaum hatte sie die Freude erlebt, Schwiegermutter zu werden. Und Stempenju glaubte die Hölle zu schmecken und – hat sich nicht geirrt.

Einer solch Schrecken verbreitenden Ankündigung zum Trotz ist aber einzuwenden, dass ausnahmslos alle Charaktere mit Zuneigung gezeichnet sind, selbst jene, mit denen man nicht unbedingt unter einem Dach wohnen möchte: Rochels Schwiegermutter begegnet ihrer Schwiegertochter voller Fürsorge, nur tut sie des Guten zuviel; Rochels Ehemann Mojsche-Mendel kann außerhalb des engen Familienrahmens sehr wohl geistreiche und selbst charmante Seiten entwickeln, nur hat er den Umgang mit dem weiblichen Geschlecht nie gelernt; und selbst bei der energischen und geizigen Frejdel fragt sich der Erzähler in geradezu (vor-) freudianischer Manier, woher eine solche Veranlagung komme und sucht den Grund in ihrem armen Elternhaus und einer allzu strengen Erziehung.

Kein Wunder also, dass Rochel und Stempenju sich anlässlich einer Hochzeit tief in die Augen sehen. Überhaupt bildet der Hochzeitsbaldachin im vorliegenden Roman fast permanent das erzählerische Dekor, da die Hochzeit als besonderes Ereignis eine, wenn auch nur bedingte, Begegnung zwischen Männern und Frauen in einer ansonsten streng nach Geschlechtern geteilten Gemeinschaft ermöglicht. Auf ihr ganzes Leben hin betrachtet ist es zudem der einzige Tag, an dem einem traditionell erzogenen Mädchen die kollektive Aufmerksamkeit vergönnt ist.

Wie die heftige Zuneigung der beiden Liebenden entbrennt, soll der geneigten Leserin an dieser Stelle vorenthalten werden, ist dies doch so anrührend skizziert, dass selbst der skeptischste Leser schmelzen muss. Kurz: Es kommt wie es kommen muss. Stempenju schreibt Rochel ein

Briefchen, um sie zu einem Rendezvous zu treffen: in der Stunde zum Ausgang von Schabbat in der Klostergasse – man bemerke den denkbar unjüdischen Strassennamen, als ob hier der gefährliche Einfluß fremder Welten besonders virulent wäre. An dieser Stelle aber greift der Erzähler unvermutet drastisch ein, um jeden Schatten einer Madama Bovary oder einer Anna Karenina dezidiert zu verscheuchen (S. 105):

> Die Leser, die an hochinteressante Romane gewöhnt sind, haben durch unseren Roman schon, leider, lange genug gelitten. Es gibt keinerlei rührende Szenen und Rendezvous, keiner erschießt und keiner vergiftet sich. Man begegnet keinem Grafen und keiner Marquise. Man trifft sich immer nur mit einfachen Leuten, mit Musikanten und alltäglichen jüdischen Frauen. Die Leser warten gewiß schon lange auf den Schabbesabend, sie warten auf eine wunderbar-pikante Szene in der Klostergasse … Ich muss aber im voraus sagen: sie warten umsonst. Keine wunderbar-pikanten Szenen werden sich ereignen. Denn Rochel kommt nicht, Gott bewahre, wie eine Sünderin, wie eine zügellose Frau, die sich in der Dunkelheit mit ihrem Liebsten küssen will. Ferne sei es …

Man hüte sich vor den Ränken des listigen Erzählers, vor seiner Distanzierung von ‚hochinteressanten Romanen' etc.,[13] denn seiner Ankündigung zum trotz kommt Rochel sehr wohl zum Rendezvous mit Stempenju. Doch zugegebenermaßen ist die Liebesszene züchtig, nicht zuletzt deshalb, weil vor Rochels geistigem Auge warnend die Gestalt ihrer verstorbenen Freundin Chaje-Ethel aufsteigt. Chaje-Ethel, die Rochel anvertraut hatte, dass Benjamin ihr auf immer „eingebacken im Herzen" sei (S. 43), dieser jedoch dann eine andere heiratete, worauf Chaje-Ethel sich das Leben nahm.[14] Solchermaßen erschreckt reißt sich Rochel von Stempenju los – das definitive Ende der Romanze.

Der Roman aber endet mit einem seltsamen Umschwung. Rochel fühlt sich unvermutet zu ihrem angetrauten Mojsche-Mendel hingezogen – das wirkt so demonstrativ unmotiviert und so wenig überzeugend, dass sogar der wundertätige Prophet Elija heraufbeschworen werden muss, um Ro-

---

13 Die Anspielungen auf die ‚hochinteressanten Romane' werden üblicherweise auf den sogenannten Schomerismus, das heißt auf die Romane des jiddischen Schriftstellers Nachum Meyer Schajkewitch (1849–1905) bezogen, der unter dem Pseudonym Schomer publizierte und dessen populäres Werk namentlich von Scholem Alejchem als trivial taxiert wurde; vgl. dazu das Nachwort von Hubert Witt, in: Scholem Alejchem, Stempenju (deutsche Übersetzung), a. a. O., 135. Besonders aber die metasprachlichen Anspielungen in *Stempenju* scheinen den Rahmen der jiddischen Literatur unmissverständlich zu überschreiten.

14 Zum verbreiteten Motiv des Suizids in jiddischer Literatur vgl. Janet Hadda, Passionate Women, Passive Men: Suicide in Yiddish Literature, New York 1988.

chels Gefühlen ein wenig nachzuhelfen. Auf Rochels Wunsch verlässt das junge Paar das Haus der Schwiegereltern, um einen eigenen Haushalt in der großen Stadt Jehupez zu gründen. Und im folgenden Jahr bringt Rochel, die sich inzwischen zu einer vielversprechenden Krämerin gemausert hat, einen Sohn zur Welt.

Ein schales Happyend! Und gar keines für Stempenju, verkümmert doch der unglückliche Titelheld mehr und mehr, nachdem sich Rochel von ihm abgewandt hat. Ein gefallener Don Juan, oder im jüdischen Kontext besser ein seiner Locken beraubter Simson (S. 129):

> Närrischer Held, vergiß nicht, deine Delila steht dir zur Seite, dein Weib Frejdel. Diese Delila hat dich eingewiegt, deinen Kopf auf ihren Schoß gebettet und heimlich deine langen Haare abgeschoren. Sie hat dir die Kraft genommen, all deine Kraft, so wie jene Delila es mit ihrem starken Simson getan hat. Jetzt ist dir auf der Welt nur ein einziger Trost geblieben: die Fiedel.

Mit diesem Ende unterwirft sich der Autor ganz offensichtlich den Normen des Milieus, in welchem er selber sich bewegt hatte. Dabei ist das Fazit denkbar ernüchternd, denn augenfällig kann eine moderne Form von Liebe nicht mit der traditionellen jüdischen Welt zusammenkommen, ebensowenig wie sich die Existenz des Künstlers mit einer solchen Welt verträgt.[15]

Der Liebesroman als Sittengemälde

Demzufolge ist dieser Liebesroman aller Augenwischerei zum Trotz keine romantische Fabel. Spätestens das leise Malaise bei der Lektüre der Schlußpassage rüttelt jede eingelullte Leserin auf, und der Erzähler selber winkt dem Leser förmlich mit dem Zaunpfahl, wenn er abschließend bemerkt (S. 119):

> „Ein stiller Abend“, sagt der Leser, offenbar sehr unzufrieden, weil er von jenen ‚hochinteressanten‘ Romanen erzogen wurde, wo man sich erhängt, ertränkt, vergiftet, erschießt; oder wo ein Lehrer zum Grafen wird, ein Dienstmädchen zur Prinzessin, und ein Hilfslehrer sich in eine Schlange verwandelt … Was soll ich tun, wenn bei uns keine Grafen und keine Prinzessinnen vorkommen? Bei uns gibt es nur einfache Juden, einfache Frauen, jüdische Töchter und jüdische Musikanten …

15 Nokhem Oyslender, Der junger Scholem Alejchem un zayn Roman Stempenju, in: Schriftn fun der Katedre 1, 1928 (jidd.), 5–72.

Wohl ist in diesem Ausschnitt vom Unterschied zwischen dem jiddischen Roman und den großen Romanen der Weltliteratur die Rede – hier die kleine jüdische Schtetl-Gesellschaft, dort das französische Bürgertum oder der russische Adel –, den Werken gemeinsam aber ist die Sozialkritik. So zeichnet Scholem Alejchem seine Charaktere denn auch in das enge Koordinatensystem sozialer Zwänge ein. Auf solche Weise schafft er nicht nur Typen, sondern geradezu Archetypen seiner ukrainischen Heimat: Tewje als ostjüdischen Hiob, Stempenju als Schtetl-Casanova. Der jiddische Dichter entwirft ein innerjüdisches Sittengemälde des ausgehenden 19. und beginnenden 20. Jahrhunderts, eine Art *Comédie juive*, Honoré de Balzacs *Comédie humaine* vergleichbar, und dokumentiert damit den Umbruch der Schtetl-Gesellschaft von der alten Ordnung im Aufbruch zur frühen Moderne. Konkrete historische Ereignisse bleiben schemenhaft. Die Pogrome von 1880 etwa, die noch nicht lange zurückliegen und tiefe Narben hinterlassen haben, werden in *Stempenju* nicht erwähnt. Die konstante Bedrückung und Not jedoch stehen stets zwischen den Zeilen und hallen wie ein Refrain durch den Text (S. 11): „Juden seufzen, Juden ächzen, Juden weinen …"

Sozialkritik übt Scholem Alejchem in seinem Jugendroman in erster Linie an der Erziehung und Stellung der Frauen. Wie kein jüdischer Schriftsteller vor ihm denkt sich Scholem Alejchem voller Empathie in den weiblichen Erfahrungshorizont ein und veranschaulicht, wie die jüdischen Mädchen aufwachsen: ungebildet, unwissend, unbedeutend, mit moralischen Grundsätzen und gefährlich trügerischen Illusionen gleichermaßen überfüttert, de facto aber mit wenig rosigen Aussichten im Hinblick auf ihr späteres Los als Ehefrauen und Mütter. Für diese in der jüdischen Schtetl-Gesellschaft unbeachteten Wesen bricht Scholem Aleichem in *Stempenju* eine Lanze, engagiert, liebenswürdig und anrührend.

Einen Vorgeschmack auf das weibliche Geschick gibt zum Auftakt des Romans Stempenjus ‚Hochzeitspredigt' (S. 20):

> Stempenju stellte sich gegenüber der Braut auf und hielt ihr auf der Fiedel eine Hochzeitspredigt – eine schöne und lange Predigt, eine rührende Predigt: über das bisherige freie und glückliche Leben der Braut, ihren Mädchenstand, und über das finstere bittere Leben, das sie später erwartet, später, wenn es mit dem Mädchen vorbei ist. Der Kopf und die schönen langen Haare auf ewig bedeckt … Die Fröhlichkeit dahin. Sei gesund, Jugend, dort wirst du zu einer verheirateten Jüdin … Nicht sehr fröhlich. Gott soll diese Rede nicht strafen.

Stempenjus Geige weint. Und zu recht, denn mit der Heirat steht die Braut vor einer ungewissen Zukunft (S. 47, 97):

> Die Braut verabschiedet sich von allen ihren Lieben, man geleitet sie aus der Stadt, man küßt sich, man weint, man wird eine Tochter los, man gibt sie zu Schwiegervater und Schwiegermutter in Kost. (...) Das Wort ‚loswerden' reicht schon aus, um fühlen zu machen, wie gründlich man fortgerissen wird – Kinder von den Eltern und Eltern von den Kindern. Das Wort ‚loswerden' bekommt man bei uns Juden sehr oft zu hören, beinahe in jeder Familie. Das Wort ‚losgeworden' ist eine große Schande, eine Beleidigung für unser ganzes Volk, das stolz ist auf seine Barmherzigkeit.

Die Rüge des Autors ist nicht zu überhören, doch hütet er sich vor simplen Schuldzuweisungen, etwa an die Adresse der Männer, obwohl sich ihr Los, mit Blick auf Mojsche-Mendel, doch ein wenig erträglicher gestaltet (S. 40, 95):

> Und der Mann ist entweder im Lehrhaus oder auf dem Markt, wirbelt sein Stöckchen herum und erzählt Anekdötchen. (...) Dieser Mann der Öffentlichkeit hat ganz fein Mittag gegessen und sich dann ins Lehrhaus begeben. Und weil an jenem Abend im Lehrhaus ein freudiges Ereignis stattfand (die Beendigung eines Talmudtraktats wurde gefeiert), blieb Mojsche-Mendel dort von der Zeit nach dem Abendgebet bis in den weißen Tag hinein, wie er es oft zu tun pflegte.

Problematisch erscheinen in erster Linie verkrustete Strukturen, die den Übergang zu zeitgemäßeren Formen des Zusammenlebens nicht schaffen, die engen Maschen von Brauch und Gesetz, die Männer- und Frauenleben strikt trennen (S. 50): „So ein junger Mann wie Mojsche-Mendel wird doch nicht anfangen, sich mitten am Tage zu Hause hinzusetzen und mit seinem Weibe zu schwätzen."

Eine solch mangelnde Kommunikation ist umso tragischer als Mojsche-Mendels Frau, die Romanheldin Rochel, schon als Kind durch ihre musikalische Begabung und ihre schöne Stimme auffällt (S. 56):

> Doch kaum war sie Braut geworden, sagte ihr die Mutter: „Pfui, Tochter, genug tiriliert. Du kommst zu den Schwiegereltern in Kost, da wirst du dich doch nicht plötzlich hinsetzen und vor dich hinbrummeln – was würde das bei den Leuten für einen Eindruck machen ..."

So würgen alte Zwänge junge Talente ab. Nicht auszudenken, wie viele Talente so verstummt oder schon gar nicht zum Klingen gekommen sind und wie viele Beziehungen in humaneren Strukturen hätten verlaufen können.

Die Frau als Opfer einer verblendeten Gesellschaft. Dahingehend tendieren die Interpretationen der klassischen Romane aus dem 19. Jahrhundert. Madame Bovarys oder Anna Kareninas Suizid als fatale Folge eines unbarmherzigen, scheinheiligen und korrupten sozialen Gefüges, und dennoch ein Opfer, welches selber Schuld trägt und infolgedessen untauglich ist, eine Katharsis in die Tragödie einzubringen.[16] Doch wie dem oben umrissenen Plot zu entnehmen ist, erspart Scholem Alejchem seiner Protagonistin Rochel ein solch bitteres Ende. Dass eine radikale Liebe die soziale Ordnung aufbricht – davor schreckt der jiddische Autor offenbar zurück. Nicht zuletzt auch deshalb, weil er der jüdischen Gemeinschaft bei aller Kritik mit Wohlwollen begegnet, steht diese doch selbst permanent unter Druck: „Juden seufzen, Juden ächzen, Juden weinen …" Und so wählt der jiddische Autor ein anderes Ende und träumt den unrealistischen Traum von der plötzlichen Minne zwischen Rochel und ihrem Gemahl Mojsche-Mendel, derweil er seine Protagonistin ein einsames Lied singen lässt, welches ihre Wirklichkeit wohl wesentlich prägnanter einfängt:

Ajne alejn,	Eine allein,
elent, wi a Schtejn,	einsam wie ein Stein …
ich hob zu qejnm zu rejdn.	Ich kann mit keinem reden,
Nor zu sich alejn.	nur mit mir allein,
Elent, wi e Schtejn.	einsam wie ein Stein,
ich hob zu qejnm zu rejdn …	ich kann mit keinem reden …[17]

… und das Hohelied?

Ausgiebig kommt das Hohelied auch bei Scholem Alejchem zur Sprache, allerdings nicht in seinem frühen Roman *Stempenju*, sondern vielmehr in seinem späten Schaffen. In den Jahren 1909–1911 arbeitet er an einem kleinen jiddischen Roman, welchen er mit dem hebräischen Titel *Schir-ha-Schirim* überschreibt, mit ‚Lied der Lieder' also. Aus seinem unsteten und finanziell angespannten Exilantendasein zwischen Amerika und Westeuropa, schaut der Autor dabei voller Sehnsucht zurück in die für ihn verlorene osteuropäisch-jüdische Heimat. Und so tönt der Auftakt:

---

16 Barbara Vinken, Bengalische Beleuchtung: Flauberts Moderne – „Madame Bovary", in: Neue Zürcher Zeitung 90, 16. April 2011, 71.

17 Hier in einer vereinfachten Umschrift der jiddischen Originalausgabe wiedergegeben (a. a. O., 303) zusammen mit der deutschen Übersetzung von Hubert Witt (a. a. O., 62).

> Busi ist ein Name, abgeleitet von „Estherlieb“: Libusi – Busi. Sie ist ein Jahr älter als ich, vielleicht auch zwei, und beide zusammen zählen wir nicht einmal zwanzig Jahre. Seid so gut, setzt euch hin und rechnet nach: Wie alt bin ich, wie alt ist sie? Und doch, so mein ich, ist's nicht wichtig. Besser ihr hört mir zu, und ich erzähl euch kurz ihr Leben (...).[18]

Und so lässt der Erzähler seine Kindheit und Jugend im Schtetl Revue passieren, seine erste und große Liebe zu seiner Cousine Busi, wobei er das *Schir-ha-Schirim* nahezu magisch heraufbeschwört, seinen Bericht mit Hohelied-Zitaten förmlich spickt[19] und das biblische Dekor kurzerhand in die osteuropäische Stube stellt (S. 12):

> Von der Stadt kommt ein seltsamer Klang. Es rauscht. Es kocht. Es siedet. Es ist Erew Pessach! Ein unvergleichlicher Pessachvorabend. Ein heller Tag. Und draußen voller Wärme.
> Vor meinen Augen bekommt die Welt in dieser Minute ein ganz anderes Gesicht. Unser Hof ist ein Schloß. Unsere Wohnstube ist der Palast. Ich bin der Prinz. Und Busi ist die Prinzessin. Die Hölzer und Reiser in der Ofenecke sind die Zedern und Zypressen, von denen das Schir-ha-Schirim spricht. Die Katze, die sich an der Tür in der Sonne wärmt, ist vom Geschlecht der Ajelojss-Hassodeh, ist eine der Hindinnen des Schir-ha-Schirim. Der Berg jenseits der Synagoge ist der Libanon aus dem Schir-ha-Schirim. Die Frauen und Mädchen, die draußen waschen, bügeln und alles säubern für Pessach – das sind die Töchter Jeruschalajims aus dem Schir-ha-Schirim. Alles, alles ist aus dem Schir-ha-Schirim.

Doch die Idylle bricht. Wie Scholem Alejchem selber, der aus seinem frommen Milieu ausbricht, verlässt auch der Ich-Erzähler als Alter ego des Autors das Schtetl, um sich in der Großstadt ein neues fortschrittliches Leben einzurichten. Busi aber bleibt zurück und heiratet einen Andern. Vergeblich nun die Liebesbeteuerungen (S. 16): „Ich will ihre Hand nehmen. Ich will ihr in der Schir-ha-Schirim-Sprache sagen: ‚Schuwi schuwi haschulamiss ... Kehre wieder, kehre wieder, Busi!‘“ Nach Jahren besucht der Erzähler sein Heimatstädtchen, hängt dort seinen Erinnerungen nach und beschließt sie voller Wehmut (S. 79–80):

> Auf jenem Hügel, über den wir einst, vor Jahren, wie die jungen Hirsche liefen, auf dem wir herumsprangen wie die Rehe in den Würzbergen. Dort, wo

[18] Die folgenden Zitate sind der deutschen Ausgabe entnommen: Scholem Alejchem, Schir-ha-Schirim. Lied der Lieder. Roman einer Jugend, aus dem Jiddischen von Jürgen Renner, Frankfurt a. M. 1985 (jiddische Originalausgabe 1911), 9.

[19] Die deutsche Übersetzung ebenso wie das jiddische Original geben die alttestamentlichen Zitate in aschkenasischer Aussprache des Hebräischen wieder.

> die schönsten Erinnerungen meiner auf immer und ewig verlorenen Jugend, meines auf immer und ewig verlorenen Glücks begraben sind, kann ich stundenlang sitzen und weinen und die unvergeßliche Sulamith aus meinem Schir-ha-Schirim-Roman betrauern. (…)
> Und was ist nun mit der Sulamith meines Schir ha-Schirim-Romans? Was ist mit Busi? Was ist der Schluß? Was ist das Ende?
> Zwingt mich nicht, euch das Ende meines Romans zu erzählen. Das Ende, es mag das beste sein, ist ein trauriger Akkord. (…)
> Der Anfang, der ärgste Anfang, ist besser als das beste Ende.
> Laßt den Anfang das Ende sein. Nehmt ihn als Epilog meines nicht erfundenen, sondern schmerzlich wahren Romans:
> Schir-ha-Schirim.

Längst ist Leser und Leserin evident, dass Busi viel mehr als eine simple Jugendliebe verkörpert. Auch wenn von Gott nicht mehr die Rede ist und biblische Dikta munter auf den Kopf zu stehen kommen[20], so wird doch der Verlust jüdischer Tradition im Bild von Busi verdichtet. Insofern bewahrt selbst der aufgeklärte, weltgewandte Scholem Alejchem in seiner Liebesliteratur die religiöse Eigenart des rabbinischen Erbes bei: das Hohelied als Allegorie. Als ob auch der jiddische Autor nicht zur Unbefangenheit profaner Liebe zurückfinden möchte.

Noch ein Stelldichein in der kommenden Welt

1916 starb Scholem Alejchem in Amerika an den Folgen einer langjährigen Tuberkulose. Verarmt, aber weltberühmt, gebrochen durch den Tod seines ältesten Sohnes Mischa, aber geliebt von den Juden und seinen Lesern weltweit. Mit geschätzten 100 000 Trauernden war Scholem Alejchems Begräbnis eines der größten, das überhaupt je in New York stattgefunden hat – das Bildmaterial dazu ist nach wie vor eindrücklich.[21]

Gründe für eine solche Popularität gibt es genug. Bereits der frühe Roman *Stempenju* zeugt von der Großherzigkeit seines Verfassers als eines Freundes der Menschen, der Juden, der Männer *und* Frauen, der Kreatur, ja selbst der Tiere zu einer Zeit, als ein solches Engagement ebenfalls noch völlig unüblich war.[22] Da ist von Anfang an das Talent Scholem Alejchems, denkbar Ungleiches zusammenzufügen: Tragik und Komik,

---

[20] In der vorliegenden Schlußpassage etwa dient ein Vers aus dem Prediger als Subtext (Kohelet 7,8): „Besser das Ende einer Sache als ihr Anfang."

[21] http://en.wikipedia.org/wiki/Sholem–Aleichem (aufgerufen am 18.7.2012).

[22] Scholem Alejchem, Quäle nie ein Tier, in: Jizchok Leib Perez / Scholem Alejchem / Dowid Frischmann, Messias' Zeiten. Jiddische Geschichten, a. a. O., 45–50.

Pathos und Humor. Dann die Vertrautheit mit seinen Figuren und seinem Publikum gleicherweise, denn mit beiden ist er wörtlich und atmosphärisch auf Du, plaudert mit diesen und jenen in familiär jovialen Ton, während seine Figuren – stellvertretend für mehr als einen Leser – ihm ihr übervolles Herz ausschütten, ihm ihre Hoffnungen anvertrauen, mit ihm über Gott und die Welt debattieren. Und schließlich verbirgt sich in Scholem Alejchems Werk jede Menge Schalk, entpuppt er sich doch als ein denkbar schelmischer Autor und Erzähler, vor dessen munter ironischem Spiel Leser und Leserin unaufhörlich auf der Hut sein müssen, um nicht allzu naiv in seine literarischen Fallen zu tapsen.

Scholem Alejchems Humor lebt mit seinem Werk denn auch weit über seinen Tod hinaus, ja sein Witz umweht sogar sein Grab: Er, der Zeit seines Lebens abergläubisch war und deshalb die Zahl dreizehn vermied, starb ausgerechnet an einem Dreizehnten. Die Inschrift seines Grabsteins auf dem *Old Mount Carmel* in Queens aber gibt als Todesdatum „May 12a 1916" an. Aus seinem Wunsch heraus, dass man sich an den Namen Scholem Alejchem dereinst mit Lachen – oder gar nicht – erinnern solle, ist die Tradition gewachsen, anlässlich seiner Jahrzeit eine seiner Erzählungen zu lesen, eine öffentliche Veranstaltung, die bis heute in der New Yorker *Brotherhood Synagoge* gepflegt wird.

Scholem Alejchems Ruhm scheint posthum noch größer als zu seinen Lebzeiten, und das in Ost und West. 1996 wurde in New York City der *Sholem Aleichem Place* eingeweiht, und selbst in der ehemaligen Sowjetunion galt der jiddische Schriftsteller als eine Art Kulturheld – um nur zwei ausgewählte Beispiele anzuführen. Nach seinem Tod wandelte sich sein Image zunehmend vom Volksautor hin zum Klassiker. Und sicher hat sich Scholem Alejchems Renommee auch längst in der kommenden Welt herumgesprochen, wo er weiter seine legendären Lesungen hält. Da der irdischen Leserschaft dieses Ereignis leider vergönnt ist, bleibt nur der Traum, dort in einer Zukunft, die da kommen mag, seiner Stimme zu lauschen, wie er eine seiner Geschichten auf Jiddisch vorträgt, und den begnadeten Vorleser anschließend persönlich kennenzulernen, sei es beim Tee aus dem himmlischen Samowar oder – wie er es offenbar besonders mochte – beim Kaffe mit einer Buttersemmel.

8 Risse im religiösen Konstrukt Samuel Joseph Agnon, *Agunot* (1908)

Agnon – *Agunot*. Ein augenfälliges Wortspiel, ein bitterernstes allerdings, denn tatsächlich wählte der Literaturnobelpreisträger das Pseudonym ‚Agnon' als offiziellen Nachnamen in Anknüpfung an seine Erzählung *Agunot*.

Eine *Aguna* ist eine verlassene jüdische Ehefrau. Sei es, dass der Ehemann aus ungeklärten Gründen verschollen ist, oder sei es, dass der Mann die Frau verstößt, ohne ihr einen Scheidungsbrief, den *Get*, auszustellen. Dieser Zustand der *Aginut*, in den eine verheiratete Frau geraten kann, ist von fataler halachischer Tragweite, wird doch der Verlassenen eine neue Heirat verwehrt und im Fall, dass sie Kinder bekäme, würden diese als *Mamserim* geächtet, eine Art Outlaws in der jüdischen Gemeinde, ‚Bastarde' wäre die hässliche Bezeichnung im Deutschen.

Wie kommt der als Samuel Joseph Czaczkes (1888–1970) geborene Autor dazu, im Jahr 1924 den Namen Samuel Joseph Agnon anzunehmen? ‚Agnon', eine Wortneuschöpfung, in der sich die Identität der nunmehr gereiften Persönlichkeit kristallisiert. Wie soll man das deuten?

Bereits 1908, kurz nach seiner Einwanderung ins damalige Palästina und erstmals unter dem Pseudonym Agnon, veröffentlicht der Zwanzigjährige die Erzählung Agunot, mithin ein Frühwerk, das jedoch wie der gekonnte Wurf eines alten Meisters wirkt. In der Tat birgt der Text in seinem Kern schon all die Substanz, die das spätere Oeuvre entfalten wird.

Agunot verspricht wohl eine Liebesgeschichte, wenn auch eine gescheiterte. Wie es die Titelfiguren, eben die Verlassenen und Verstoßenen, ankündigen, kommt dabei ein spezifisch jüdischer Aspekt von Mann-Frau-Beziehung zum Ausdruck. Einmal mehr porträtiert hier Liebesliteratur eine spezielle Gesellschaft mit der ihr eigenen Geisteswelt, konkret: das traditionell geprägte Ostjudentum im Übergang zur säkularen Moderne des Landes Israel zu Beginn des 20. Jahrhunderts.

Der erste – und bis anhin einzige – Literaturnobelpreisträger, der auf Hebräisch geschrieben hat, das wegweisende Frühwerk, dessen Tragweite, die Rätsel der *Aginut* und dazu noch ein besonders enges Verhältnis des Autors zu Deutschland – der Gründe sicher genug, den hohen Laureaten

Samuel Joseph Agnon höflichst einzuladen, sich dem Liebesreigen zuzugesellen.

Von Samuel Joseph Czaczkes zu Schai Agnon

Samuel Joseph Czaczkes wurde 1888 im galizischen Buczacz geboren, einer Stadt, die damals zu Österreich-Ungarn gehörte. Der Vater, ein rabbinisch gebildeter und wohlhabender Pelzhändler, war Anhänger des chassidischen Chortover Rebbe. Die Bildung fand im privaten Rahmen statt: jüdische Tradition mit Talmud-Thora ebenso wie Haskala-Schrifttum und europäische, namentlich deutsche Literatur. Erste schriftstellerische Gehversuche machte Samuel Joseph schon als Kind mit jiddischer Lyrik, publizierte als Jugendlicher jiddische und hebräische Prosatexte, sodass er bei seiner Einwanderung nach Palästina, seiner *Alijja* im Jahr 1908, bereits als vielversprechender Jungautor galt. In Jaffo verdiente er seinen Unterhalt mit Veröffentlichungen und arbeitete als Hebräischlehrer und Sekretär. Von 1912–1924 lebte Samuel Joseph Czaczkes in Berlin, Leipzig, Wiesbaden und Bad Homburg. Enge Freundschaften verbanden ihn mit bedeutenden Persönlichkeiten aus Wirtschaft und Gesellschaft, jüdischen Gelehrten und zionistischen Vordenkern - Martin Buber, Salman Schocken, Gershom Scholem und andere mehr. 1920 heiratete er Esther Elsa Marx, die Tochter des Bankiers Georg Schimschon Marx aus Königsberg. 1924 kehrte der inzwischen arrivierte Schriftsteller - nunmehr unter dem Namen Samuel Joseph Agnon - nach Jerusalem zurück und schuf in den folgenden Jahren ein umfangreiches Werk, namentlich Romane, Novellen und Kurzgeschichten, doch ebenso Anthologien von hebräischem Traditionsschrifttum wie beispielsweise die Midraschim zu den Hohen Feiertagen mit dem gleichnamigen Titel *Jamim Nora'im* (1938). Viele Bände erschienen erst posthum nach Agnons Tod 1970, meist von seiner Tochter Emunah Yaron publiziert, darunter Briefe, Korrespondenzen, Reden und Skizzen.[1] Inzwischen sind Agnons Bücher in 34 Sprachen übersetzt, seine Prosa wurde vielfach für Bühne und

1 Ein paar grundlegende Studien zum Werk in Auswahl: Arnold J. Band, Nostalgia and Nightmare. A Study of the Fiction of S. Y. Agnon, Berkeley 1968; Werner Martin (Hg.), Samuel Josef Agnon. Eine Bibliographie seiner Werke, Hildesheim / New York 1980; Gershon Shaked, Shmuel Yosef Agnon. A Revolutionary Traditionalist, New York / London 1989; Anne Golomb Hoffman, Between Exile and Return. S. Y. Agnon and the Drama of Writing, New York 1991.

Leinwand dramatisiert. Der gesamte Nachlass befindet sich heute an der Hebräischen Universität in Jerusalem. Die Krönung der zahlreichen Auszeichnungen und Ehrungen – darunter figurieren der Bialik- und gleich zweimal der Israel-Preis – war schließlich der Nobelpreis, den Agnon und die deutsch-jüdische Lyrikerin Nelly Sachs 1966 gemeinsam zugesprochen bekamen. Nach dem Akronym seiner Vornamen (Schmuel Joseph) spricht man in Israel von Schai Agnon, bedeutet *Schai* doch auf Hebräisch ‚Geschenk' – und ein solches ist er zweifellos für die Weltliteratur und ihr Publikum.[2]

So oder ähnlich präsentieren einschlägige Lexika Agnons biographische Eckdaten, welche die überreichliche Sekundärliteratur emsig vervielfältigt. Tatsächlich liest sich Agnons Leben im Rückblick wie eine Erfolgsstory, blank poliert wie eine Seder-Platte zu Pesach. Doch wäre alles so glatt gewesen, worüber hätte er dann schreiben können? Woher würde die Reibung für diese so singuläre und üppige Kreativität rühren? Betrachtet man Fotos von Agnon mit seinen auffällig unterschiedlich anmutenden Gesichtern, bedenkt man die Zäsuren seines Lebens und hört in seine seltsame Sprache, stößt man indes auf unvermutetes Dunkel, das den Glanz eigentümlich kontrastiert.

Da sind zunächst die Bilder, darunter auch das Porträt auf dem früheren 50-Schekel-Schein: ein eleganter Dichter der Diaspora, ein vergeistigter Denker, ein distinguierter jüdischer Herr in dunklem Anzug mit schwarzer Kippa, kurz: in keiner Weise das Ideal des kraftvollen Pioniers, der die wieder gefundene heimatliche Erde urbar macht. Dass der Autor schon wenige Jahre nach seiner *Alijja* das Land Israel in Richtung Deutschland verlassen hat, mag damit zu tun haben. Im Gegensatz zum Geschäftsleben und der Landwirtschaft schien da das Schriftstellermetier offenbar von minderem Prestige. „… Frau Gottlieb sagte: Und was würdest du dann machen? Bücher schreiben? Alle lachten. Ein Kaufmann, ein Mann der Tat, setzt sich hin und schreibt Bücher …"[3] lässt der Erzähler eine Figur aus der Erzählung *In der Mitte ihres Lebens* sagen, und der Protagonist Akavia Masal, ein Hebräischlehrer und Schriftsteller wie Ag-

---

2 Zur Biographie: Dan Laor, *Chajje Agnon. Biografia* – Agnons Leben. Eine Biographie, Jerusalem 1998 (hebr.); Shmuel Yosef Agnon, in: Encyclopaedia Judaica 1, Second Edition 2007, 465–469; Dan Laor, Shmuel Yosef Agnon, in: Zissi Stavi / Yigal Schwartz (Ed.), *Lexikon heqscherim le-sofrim jisra'elim* – The Heksherim Lexikon of Israeli Authors, Beer-Sheva 2014, 680–684 (hebr.).

3 Zitiert nach: Samuel Joseph Agnon, In der Mitte ihres Lebens, aus dem Hebräischen von Gerold Necker, Frankfurt a. M. 1914 (hebräische Originalausgabe 1922), 40.

non selber, fristet eine wenig glückliche Existenz als Solitär in einer beengenden Gesellschaft.

Auf die biographischen Zäsuren von 1908 und 1912 folgen in den zwanziger Jahren zwei weitere massive Einschnitte: 1924 verbrannte Agnons Wohnung und seine wertvolle Büchersammlung in Bad Homburg, und 1929 wurde sein Haus und seine Bibliothek in Jerusalem von einem arabischen Mob gebrandschatzt. Was dieser Verlust hebräischer Bücher – darunter auch die eigenen Manuskripte – und solche Aggression in Agnon auslösten, kann man nur vermuten, zudem in einer Epoche, die mit Bücherverbrennungen begann und in der Schoa endete. „... ich glaube nicht daran, daß der Heilige im Himmel das Wohl Seiner Geschöpfe im Sinn hat“[4] sagt Daniel Bach, die Gestalt des Advocatus diaboli, in dem Roman *Nur wie ein Gast zur Nacht*. Das rüttelt Leser und Leserin jäh aus dem scheinbar frommen Duktus des Autors. Die Handlung von Agnons Fabeln einer vorgeblich integeren jüdischen Welt ist stets unvorhersehbar und endet nicht selten in Ausweglosigkeit.

Und schließlich dieses *Ivrit Agnonit*, diese Agnon eigene und eigentümliche Sprache, eine vordergründig fromme Redeweise, die in beinahe jedem Satz Anspielungen an Bibel, Midrasch und Liturgie in sich birgt. Die vielbemühte Intertextualität allerdings trägt nur bedingt zur Klärung bei, da Agnons Erzählweise denkbar doppelbödig angelegt ist und intratextuell das klassische jüdische Schrifttum nicht selten unterläuft. Bei aller Traditionsbindung bleibt Agnons Sprache die eines skeptischen Außenseiters.

Niemand hat die Persönlichkeit von Samuel Joseph Agnon eindringlicher charakterisiert als Amos Oz in seinem Roman *Eine Geschichte von Liebe und Finsternis*, in dem Oz seine Kindheit im Jerusalem der vierziger und fünfziger Jahre verdichtet. Oz beschreibt Agnon als einen Mann, der mehr als nur einen Schatten warf, als ein Wunderkind auf der Suche nach Liebe, als religiös praktizierenden Juden, gottesfürchtig im wahrsten Sinne des Wortes, ja mehr noch: durchdrungen von einem Grauen Gottes.[5] Dem berühmten Agnon war Amos Oz – damals noch Amos Klausner – schon als Kind öfters begegnet, da sein nahezu ebenso berühmter Großonkel, der Historiker und Literaturkritiker Joseph Gedaliah Klausner (1874–1958), Agnon gleich gegenüber wohnte:

4 S. J. Agnon, Nur wie ein Gast zur Nacht, Roman, aus dem Hebräischen von Karl Steinschneider, Frankfurt a. M. 1964 (hebräische Originalausgabe 1938–1939), 8.

5 Amos Oz, Eine Geschichte von Liebe und Finsternis, aus dem Hebräischen von Ruth Achlama, Frankfurt a. M. 2004 (hebräische Originalausgabe 2002), 113–126.

> Onkel Joseph hielt nicht viel von Agnon, für ihn hatte dessen Art zu schreiben etwas Langatmiges und Provinzielles und etwas ausgeklügelt Schnörkeliges, wie die trillernden Finessen jüdischer Kantoren.
> Herr Agnon wiederum pflegte seinen Groll, vergaß nichts und spießte Onkel Joseph schließlich auf eine Lanze seiner Ironie, in der lächerlichen Gestalt des Professor Bachlam in dem Roman *Schira*. Zum Glück starb Onkel Joseph vor Erscheinen dieses Romans, wodurch ihm Kummer erspart blieb. Herr Agnon hingegen erfreute sich eines langen Lebens, erhielt den Nobelpreis für Literatur und gelangte zu Weltruhm, mußte es aber – gewiß mit zähneknirschendem Mißmut – hinnehmen, daß eines Tages die kleine Straße der beiden, eine Sackgasse im Viertel Talpiot, in Klausner-Straße umbenannt wurde. Von da an bis zu seinem Tod war er also dazu verurteilt, der berühmte Schriftsteller Samuel Josef Agnon aus der Klausner-Straße zu sein.[6]

Mithin scheint selbst ein Nobelpreisträger vor menschlichen Mikrobosheiten nicht gefeit. Nur am Rande sei vermerkt, dass hier das Schicksal für einmal rehabilitierend eingegriffen hat, denn inzwischen finden sich in Israel nicht wenige Agnon-Straßen.

Amos Oz hat Agnon aber nicht nur in seinem fiktionalen Werk eine Hommage erwiesen, sondern ihm ebenso eine wissenschaftliche Studie gewidmet. Darin würdigt er den Nobelpreisträger als literarischen Lehrer sämtlicher zeitgenössischer israelischer Autoren.[7] Über ein solches Urteil, Agnon als unerreichbares Vorbild modernen hebräischen Literaturschaffens zu betrachten, herrscht in der zeitgenössischen Szene Einigkeit: Abraham B. Jehoschua etwa spricht seinerseits von Agnons ‚Goldfäden', aus denen die israelischen Autoren ihre Werke weiterspinnen.[8] Schai Agnon als ein Geschenk auch im Sinn einer nachhaltigen Inspirationsquelle für die hebräische Dichtung bis in unabsehbare Zukunft.

Agunot

Doch wie genau sehen solche Agnonschen ‚Goldfäden' aus? Der Vorspann zur Erzählung *Agunot* liefert ein unverkennbares Muster:

---

6 Amos Oz, Eine Geschichte von Liebe und Finsternis, a. a. O., 64–65.

7 Amos Oz, Das Schweigen des Himmels. Über Samuel J. Agnon, aus dem Hebräischen von Ruth Achlama, Frankfurt a. M. 1998 (hebräische Originalausgabe 1993).

8 An Agnons *Agunot* etwa hat Devorah Baron (1887–1956) ihre während des Ersten Weltkriegs verfasste Erzählung *Aguna* geknüpft; vgl. dazu Marc S. Bernstein, Midrash and Marginality: The „Agunot" of S. Y. Agnon and Devorah Baron, in: Hebrew Studies 42/1, 2001, 7–58.

> Es heißt: Ein Faden der Gnade durchzieht Israels Taten, und der Heilige selbst, er sei gepriesen, in seiner Herrlichkeit, sitzt und webt Bahn um Bahn einen Gebetmantel, der ganz aus Huld und Gnade besteht, für die Gemeinde Israel, um sich darin einzuhüllen. Selbst in jenen Ländern, wo sie im Exil lebt, strahlt der Glanz ihrer Schönheit wie zu ihrer Jugendzeit im Haus ihres Vaters, im Tempel des Königs, in der königlichen Stadt. Wenn Gott, er sei gepriesen, sieht, daß Israel auch unter ihren Feinden weder häßlich - das sei ferne - noch abstoßend ist, neigt er der Gemeinde sein Haupt zu, wenn man so sagen darf, und preist sie mit den Worten: „Schön bist du, meine Freundin, ja du bist schön" (Hld 1,15; 4,1). Und dies ist das Geheimnis von Größe und Macht, von Erhöhung und zärtlicher Liebe, dessen jeder Mensch aus der Gemeinde Israel gewahr wird. Doch manchmal ereignet sich - Gott bewahre uns - ein Mißgeschick und unterbricht einen Faden im Gewebe, beschädigt den Gebetmantel, läßt böse Einflüsse eindringen, die ihn in Stücke reißen und ein Gefühl der Scham auslösen. „Und sie erkannten, daß sie nackt waren" (Gen 3,7). Ihre Ruh' ist hin, ihr Fest ist aus. Schmutz bekommen sie anstelle von Schmuck. Dann irrt die Gemeinde Israel umher, trauert und heult: „Sie schlugen, sie verletzten mich, den Mantel entrissen sie mir" (Hld 5,7). Ihr Geliebter ist fort, hat sie verlassen, doch sie sucht ihn und seufzt: „Wenn ihr meinen Geliebten findet, sagt ihm, ich bin krank vor Liebe" (Hld 5,8). Und diese Liebeskrankheit führt nur zu schwerem Verdruß - Gott bewahre uns -, bis uns vom Himmel der Geist zur Umkehr eingegeben wird, daß wir uns wieder den guten Werken zuwenden, die jenen, die sie verrichten, gut anstehen, so daß der Faden von Huld und Gnade vor dem Herrn weitergesponnen wird.[9]

Wie eine Kurzpredigt muten diese Zeilen, die dem Plot vorausgehen, an, doch lasse sich der geneigte Leser durch die homiletische Tonalität nicht einlullen, und die gutgläubige Leserin misstraue der bigotten Melodie, denn was diese portiert, ist eine – wenn auch bestens kaschierte – Ungeheuerlichkeit: Sollte Gott sich beim himmlischen Weben der menschlichen Schicksale verheddern? Fern sei es! Und doch scheint die göttliche Schöpfung hier gewisse Produktionsfehler aufzuweisen. Der aus Midrasch und Kabbala bekannte Topos vom heiligen Gewebe wird im vorliegenden Fall verfremdet, und das traditionelle rabbinische Verständnis des biblischen Hohenliedes als Allegorie für die Liebe zwischen Gott und Israel wird unschön gestört durch das Zitat aus dem Sündenfall. Ein solcher Auftakt lässt für die folgende Liebesgeschichte nichts Gutes ahnen.

---

[9] Hier und im Folgenden zitiert nach: S. J. Agnon, Agunot, in: ders., Liebe und Trennung. Erzählungen, aus dem Hebräischen von Gerold Necker, Frankfurt a. M. 1996, 7–25 (hebräische Originalausgabe 1908), 7–8. In den späteren Ausgaben von 1921, 1931 und 1953 wurde die Erzählung mehrfach überarbeitet, doch wird im vorliegenden Zusammenhang auf die Entwicklungsgeschichte des Textes verzichtet.

Jerusalem in einer nicht näher bestimmten neueren Zeit. Eine Welt chassidischer Gotterfülltheit und halachischer Lebensführung. Der reiche und wohltätige Achi'ezer ist ins Land Israel eingewandert, um hier ein neue Talmudschule zu eröffnen, wie sie die Heilige Stadt zuvor noch nie gesehen hat, mit der guten Absicht, so seinen Teil am Erlösungswerk für die Gemeinde Israel beizutragen. Zwar sind Achie'zer männliche Nachkommen verwehrt, doch hat er eine einzige Tochter namens Dina – dem Stammvater Jakob gleich[10] –, ein außerordentliches Kleinod, vergleichbar nur mit den leuchtenden Ahnen der biblischen Vergangenheit, Achi'ezers ganzer Stolz (S. 8–9):

> Wie einen Augapfel hütete er sie, stellte Kindermädchen, Dienerinnen und Mägde ein, die sie umsorgten, und jeder ihrer Wünsche wurde sogleich „mit königlicher Großzügigkeit"[11] erfüllt. Sie verdiente diese Ehre wirklich, weil in ihr alle guten Wesenszüge vereint waren. Ihr Angesicht strahlte wie das einer Königstochter, sie war fromm und tugendhaft wie eine der Stammesmütter, der Klang ihrer Stimme glich der Musik von Davids Harfe und ihre ganze Art war bescheiden und sittsam.

In der Tat blitzt hier das Märchenmotiv der schönen Königstochter auf, und dementsprechend lässt der Vater nach einem geeigneten Schwiegersohn suchen, welcher dereinst seine Tochter heiraten und seiner geplanten Talmudschule vorstehen würde. Inzwischen schreitet der Bau voran (S. 10): „Er warb alle möglichen großen Künstler an, ließ ein prachtvolles Gebäude bauen und weiß kalken, streichen und die Wände überziehen" – die klassische Topik rabbinischer Gleichnisse.[12] Besonderes Augenmerk gilt dabei der Ausstattung der Synagoge, allem voran dem Thoraschrein. Ein begnadeter Künstler namens Ben Uri gestaltet den Schmuck des zukünftigen Gotteshauses – implizit wie Bezalel Ben Uri die Stiftshütte beim Auszug aus Ägypten.[13] Vom künstlerischen Tun Ben Uris und seinem Gesang magisch angezogen, verfolgt Dina den Gang der Arbeit (S. 11–12):

> Dina hörte ihm zu und vergaß alles darüber. Und er hoffte mit seinem Gesang gleichfalls so auf sie zu wirken, daß sie noch bleibe, daß sie niemals von ihm fortgehen würde. Doch je mehr Ben Uri sich in seine Arbeit vertiefte, um so mehr wurde er von seinem Werk in Anspruch genommen, bis er nur noch

10 Genesis 34,1–31.
11 Esther 1,7; 2,18.
12 Midrasch Bereschit Rabba IX,4.
13 Exodus 31,2.

> Augen für den Toraschrein hatte und an nichts anderes mehr dachte. Dina schwand aus seinem Gedächtnis, und er vergaß sie. Nach kurzer Zeit hörte Ben Uri auf zu singen, und man hörte seine Stimme nicht mehr.

So vollendet Ben Uri sein Meisterwerk, in welchem sich ihm die *Schechina*, die göttliche Präsenz persönlich, offenbart hat. Doch da passiert ein Unglück, denn aus unerfindlichen Gründen kommen sich göttliche und menschliche Liebe in die Quere (S. 13):

> Zur selben Zeit verließ Dina ihr Zimmer. Sie hatte nur ihr Nachthemd an, und ihr Gesicht verriet Furcht. Seit vielen Tagen hatte sie Ben Uris Stimme nicht mehr gehört, noch ihn selbst gesehen. Sie trat bei ihm ein, um das Werk seiner Hände in Augenschein zu nehmen. Sie traf ihn nicht an, als sie kam. Dina stand in Ben Uris Zimmer; der Schrein Gottes befand sich vor dem geöffneten Fenster, dort, wo Ben Uri zu arbeiten pflegte. Sie näherte sich dem Schrein und betrachtete ihn. Satan erschien und träufelte das Gift der Eifersucht in ihr Herz. Mit dem Finger zeigte er auf den Schrein und sagte zu ihr: „Was meinst du wohl, was Ben Uris Stimme verstummen ließ – doch nur diese Lade." Während er mit ihr sprach, legte sie Hand an den Schrein und gab ihm einen Stoß. Er schwankte und fiel durch das offene Fenster hinaus.

Die offenkundige Eifersucht kleidet der Erzähler in die rabbinische Denkwelt, indem er den Satan selber bemüht, um Dinas Verhalten zu motivieren. Dina bereut dieses anschließend zutiefst, kann aber die Konsequenzen nicht verhindern. Sowohl Ben Uri wie der Schrein verschwinden. Erst kurz vor ihrer Hochzeit gesteht Dina ihre Untat unter vier Augen dem Rabbiner, der den Trauakt vollziehen soll.

Inzwischen ist der Bräutigam aus der *Gola*, dem Land des Exils, in Jerusalem angekommen (S. 9): „Alles war voll gespannter Erwartung, was für eine Partie der Heilige, er sei gepriesen, dieser verborgenen Kostbarkeit, dieser wunderschönen, einzigartigen und gepriesenen Tochter Jerusalems vorherbestimmt hatte." Gott als *Schadchen*, als gewiefter Hochzeitsvermittler? Der Topos erfreut sich im Traditionsschrifttum großer Beliebtheit,[14] doch mit Blick auf den Auftakt ist in der vorliegenden Geschichte zu befürchten, dass der Heilige, gepriesen sei er, die Fäden falsch zusammenfügt.

Ezechiel heißt der edle und gelehrte Jüngling, den Dina heiratet. Aber die Hochzeitsfeier ist ebenso unglücklich wie die spätere Ehe. Dina trauert dem verschollenen Ben Uri nach, Ezechiel seiner Jugendliebe Freidel

---

14 Midrasch Bereschit Rabba LXVIII,4; Zohar I,5b.

im fernen Polen. Wohl lehrt Ezechiel in der nunmehr prächtig erbauten Talmudschule nach allen Regeln rabbinischer Kunst (S. 20): „Er hatte eine begnadete Gabe, die Tora auszulegen, sei es dem Wortsinn nach oder durch halachische und aggadische Deutung oder unter Hinweis auf den mystischen Sinn – alles, was aus seinem Munde kam, leuchtete wie im Licht der Tora." Doch dem biblischen Exilspropheten gleich, findet Ezechiel keine Bleibe in Jerusalem. Seine Seele hat Schaden genommen. Er lässt sich von Dina scheiden (S. 22): „Unsere Weisen, ihr Andenken sei zum Segen, haben gesagt, daß über jeden, der sich von seiner ersten Frau scheiden läßt, sogar der Altar Tränen vergießt; doch bei dieser Ehe hat der Altar schon bei der Trauung Tränen vergossen." Aber auch das tragische Nass der talmudisch heraufbeschworenen Tränen[15] vermag nicht wegzuwischen, dass die göttliche Ehevermittlung von Anfang an ein Fiasko war.

Dina und ihr Vater verlassen das Heilige Land. Die prächtige Jerusalemer Talmudschule verödet. Mithin misslingt Achi'ezers Plan von der Rückkehr ins Land Israel und von der Erlösung aus dem Exil, sodass rückblickend der weisheitliche Spruch des allwissenden Erzählers wie eine sarkastische Note gellt (S. 21): „Auf aramäisch sagt man: ‚Dies Glück ist demjenigen verheißen, dem es zu seinen Lebzeiten gelingt, sich im Heiligen Lande niederzulassen; und nicht nur das, sondern wem dies in seinem Leben beschieden ist, der wird auch für wert befunden, dass der Heilige Geist allezeit auf ihm ruhe.'"

Noch ist die Geschichte nicht zu Ende. Ein Nachtrag führt in die *Gola*, in die jüdische Diaspora. Böse Träume plagen den Rabbi, der Dina trotz ihrer Beichte zu der Vermählung gedrängt hatte. Mit ein paar Phrasen der Weisen hatte er sie damals vertröstet. Doch nun fühlt er sich schuldig. Fasten und Beten vermögen die bedrängenden Bilder nicht zu verscheuchen (S. 23): „In einer himmlischen Vision durfte er manches erblicken, was dem menschlichen Auge verborgen ist: verwirrte Seelen, die betrübt umhertappen und nach ihren Lebensgefährten suchen." Schweren Herzens trennt sich deshalb auch der Rabbi von seiner Frau, verlässt Jerusalem und bricht ins Exil auf, um dort die umherirrenden Seelen zu erlösen. Seine Spuren verlieren sich im Dunkel abgelegener Lehrhäuser und gespenstischer Nächte, in einer albtraumhaften Atmosphäre, gelegentlich nur wenig erhellt von mystischen Messiasfunken.

---

15 Babylonischer Talmud: Gittin 90b; Sanhedrin 22a.

Nicht alles wurde bis ins Detail auserzählt, aber auch demjenigen, dem der ganze Text vertraut ist, bleibt der Schluss rätselhaft und offen die Frage, wieviel Ironie in den ausklingenden Worten mitschwingen mag (S. 25): „Die Wahrheit liegt bei Gott" – *we-Leloqim pitronim.*

In Anbetracht der vielen biblischen und talmudischen Zitate, der kabbalistischen und liturgischen Anspielungen vielleicht dennoch eine religiöse Legende? Mutmaßt die gutgläubige Leserin. Doch der kritische Leser wird energisch kontern: eine subtile Erzählung, die sich aus der traditionellen Erbauungsliteratur speist, diese jedoch förmlich zersetzt.

Aginut

Agnons *Agunot* haben in den letzten hundert Jahren zahlreiche und denkbar unterschiedliche Interpretationsansätze erfahren, je nachdem welcher Faden aus dem dichten Erzählgefüge herausgegriffen wurde beziehungsweise je nach Fokus der Rezensenten: das Land Israel und die Diaspora, Exil und Erlösung, religiöse Ideologie und psychologische Realität, freier Wille und göttliche Verfügbarkeit, um ein paar der am meistausgeloteten Spannungsfelder zu erwähnen.[16]

Im vorliegenden Zusammenhang hingegen soll die *Aguna* zur Sprache kommen, da in der Gestalt der verlassenen Frau sowohl die Liebesthematik, ein spezielles Phänomen jüdischen Familienrechtes als auch der Autor mit seinem Pseudonym in *einem* Fokus zusammenfallen: *Aguna* – *Agunot* – *Aginut* – Agnon. Wie schon gesagt, keine fröhliche Flexion.

Der strittige Punkt der *Aguna* – der Frau, die ohne Scheidungsurkunde von ihrem Mann verlassen wurde oder deren Mann als verschollen gilt – ist in der jüdischen Gesellschaft nicht nur ein halachisches Relikt, sondern vielmehr ein religionsgesetzliches Problem, das sich in Moderne und Gegenwart zunehmend komplexer gestaltet. Der konkrete Nachweis eines Todesfalls ist in einer Epoche von Pogromen, Vertreibungen, Migrationen, Massenmorden und Kriegen oftmals unmöglich zu erbringen. Zudem haben sich die neuen Bedingungen jüdischen Lebens im Rahmen des Staates Israel verändert, und die Zivilehe in den Ländern der Diaspora bezieht einen zusätzlichen rechtlichen Rahmen mit ein. Wohl hat die

[16] Orna Golan, „Agunot" and the Second Aliyah, in: Mosnajim 32, 1971, 215–223 (hebr.); Isaac Bacon, On Shai Agnons's „Agunot", in: Mosnajim 46, 1978, 167–179 (hebr.); Gershon Shaked, Midrash and Narrative: Agnon's „Agunot", in: Geoffrey H. Hartman / Sanford Budick, Midrash and Literature, New Haven / London 1986, 285–303.

israelische Gesetzgebung juristische Maßnahmen ergriffen, doch liegt das Familienrecht nach wie vor im Machtbereich des orthodoxen Establishments, und dieses konnte sich bis heute nicht zu einer Lösung durchringen, um den betroffenen Frauen grundsätzlich zu helfen. Wenn auch die *Aginut* seit talmudischer Zeit als Auflage im jüdischen Eherecht steht, so scheint sie doch gerade in dem Sinn ein Problem der Moderne, als die Halacha teilweise an der Realität heutiger Familien vorbeigeht und die Gemeinde oder der Rabbiner zudem oft nicht mehr über die Autorität verfügt, einen ‚widerspenstigen' oder erpresserischen Ehemann zu zwingen, seiner Frau den Get auszustellen.[17]

Doch damit zurück zu Agnons *Agunot.* Überblickt man den Plot, so finden sich unter den Protagonisten keine *Agunot* im halachischen Sinn. Einzig in der abschließenden Szene, wo der Erzähler den Titel in den Text einstreut, gerät eine Deuteragonistin tatsächlich in die *Aginut* (S. 23–24):

> Tränenüberströmt erwachte der Rabbi und wußte, daß all das eine tiefe Bedeutung hatte. Er wusch sich die Hände, kleidete sich an, nahm Stock und Reisesack, rief seine Frau und sagte zu ihr: „Such nicht nach mir, meine Tochter, mir ist die Pflicht, ins Exil zu gehen, auferlegt worden, um diejenigen, die wie *Agunot* – verlassene Frauen – zur Einsamkeit verdammt sind, zu erlösen." Er küßte die *Mesusa* am Türpfosten und ging hinaus. Man suchte ihn, fand ihn aber nicht.

Welch paradoxe Situation: Um die verlassenen Seelen zu erlösen, macht der Rabbi seine eigene *Rabbanit,* seine eigene Frau, zur *Aguna.* Das präzisere Verständnis, wie der Titel zu deuten ist, liefert indes der Vergleich: „wie *Agunot* – wie verlassene Frauen". Demzufolge verwendet der Verfasser den Topos der *Aguna* sinnbildlich. Die eigentliche Schlüsselszene dazu findet sich fast in der Mitte des Textes, denn im Anschluss an Dinas fatale Tat wird ebenfalls auf den Titel angespielt und zwar in der Form, wie ihn die Bibel – ein einziges Mal nur – anführt (S. 14–15):

> Ein ungetrübter Mond trat zwischen den Wolken hervor, und ein zweiter Mond taucht auf der Wasseroberfläche des Gartenteiches auf; sie stehen einander gegenüber wie die zwei Kerzen am Sabbat. Und womit kann der Schrein in dieser Stunde verglichen werden? Mit einer Frau, die ihre Hände

17 Unüberschaubar und emotional floriert die Literatur zum Thema im Internet, und ungezählte halachische Diskussionen und juristische Studien befassen sich damit. Hier nur zwei ausgewählte Titel: Robert Gordis, Issues in Jewish Ethics: *Agunot* – A Different Kind of Hostage, in: https://www.jewishvirtuallibrary.org/jsource/Judaism/agunot1html (aufgerufen am 13.7.2014); Agunah, in: Encyclopaedia Judaica 1, Second Edition 2007, 510–520.

> zum Gebet ausbreitet, und ihre beiden Brüste, die zwei Bundestafeln, erheben sich, im Gebet mit ihrem Herzen vereint vor ihrem himmlischen Vater: „Herrscher der Welt, diese Seele, die du ihm eingehaucht hast, nahmst du ihm wieder fort, sieh doch, wie ein seelenloser Körper liegt er jetzt vor dir, und Dina dort, diese reine Seele, wurde nackt in die Verbannung getrieben. Wie lange noch werden die Seelen in deiner Welt zur Einsamkeit verdammt [*te'agena*]? Soll nur wehmütiger Gesang in deinem Tempel erklingen?"

Die hier ins Zitat eingeblendete Form *te'agena* greift auf das biblische Ruth-Büchlein zurück, wo sich in Ruth 1,13 die identische Formulierung als Hapaxlegomenon findet und das Verb wohl die Bedeutung von ‚einsam, ehelos leben' hat.[18] Nochmals fängt das Zitat die *Aguna* metaphorisch als Sinnbild ein, ist Dina doch in dieser Passage bereits vor ihrer Ehe und von jeder Heirat unabhängig eine *Aguna*. Einer *Aguna* kommt sie deshalb gleich, weil sie gesündigt hat. Doch worin besteht denn eigentlich ihre Sünde? Was in frommer Legende zu einem Sakrileg dramatisiert wird – die Schändung des heiligen Thoraschreins –, ist mit einem nüchternen Blick betrachtet, nichts anderes als eine spontane Reaktion eines eifersüchtigen verliebten Mädchens, das gemäß eines antiquierten Usus zu einer Ehe mit einem anderen, ihr gänzlich fremden Mann gezwungen wird. In diesem Sinn übt auch der Erzähler Nachsicht mit seiner Protagonistin, sodass er mit seiner rhetorischen Frage fast schon ein Fürbittegebet zugunsten der Ärmsten formuliert.

Demzufolge entsprechen Agnons *Agunot* nicht der klassischen religionsgesetzlichen Definition der *Aguna*, sondern sind in einem übertragenen Sinn zu lesen: als religiöse Menschen, die in der Welt und speziell in einer modernen Welt ihre Orientierung verlieren und zur Einsamkeit verdammt werden. So sind schließlich alle Akteure in der vorliegenden Erzählung *Agunot*, und mehr noch: Fast alle Figuren überhaupt, das Volk Israel selbst, die jüdische Gemeinde als Ganzes, tappen in den Agnonschen Texten als Entwurzelte durch die *Gola* und irren – weit gravierender – nicht weniger heimatlos durch das Land Israel.

Und wenn auch die Figuren – Achi'ezer, Ben Uri, Ezechiel, der Rabbi und selbst Dina – eifrig bestrebt sind, nach allen Regeln der Tradition zu leben, misslingen ihnen dennoch ihre durchaus löblichen Lebenspläne.

---

18 Der Ausdruck fällt zu Beginn des Textes in der Rede, in welcher No'omi ihre jung verwitweten Schwiegertöchter Ruth und Orpa ermuntert, sich von ihr zu trennen, um erneut zu heiraten (Ruth 1,13): „… wollt ihr deshalb einsam und ehelos leben [*te'agena*], nicht eines Mannes sein?" Alttestamentlich ist dies der einzige Beleg der Wurzel *'agan*, genauer der Nif'al-Form *le-he'agen*.

All diese Menschen sind guten Willens, und dennoch ist ihnen die Welt nicht gut. Wie kann das in einer religiös gedachten Welt sein? Doch da erinnern sich Leserin und Leser an die ‚Eingangspredigt' der *Agunot*: Der göttliche Gebetschal hat einen Webfehler, also weist die Schöpfung Mängel auf.
Agnons traditionsschwangere Sprache täuscht nicht darüber hinweg, dass die Story die Idylle brutal bricht. Konstant laufen die religiös geprägten Formulierungen gegen die destruktiven Ereignisse an, ohne ihrer Herr zu werden. So schroff wie der Agnonsche Duktus der Handlung gegenübersteht, stehen die religiösen Denkstrukturen in Kontrast zu einer sachlich betrachteten Realität. Und eine höchst subversive Einsicht droht sich einzuschleichen: dass leider keine Lehre und Ideologie der Welt, ja – dem Himmel sei es geklagt – nicht einmal die göttliche Thora das Leben zu ordnen und dessen Geheimnisse zu erklären vermag. Am Schluss macht sich in Agnons Text theologische Ratlosigkeit breit – literarisch blendend veranschaulicht.

Gesellenstück und Meisterwerk

1946 veröffentlicht Samuel Joseph Agnon seinen monumentalen Roman *Gestern, vorgestern*, ein Werk, an welchem er von 1931–1945 gearbeitet hatte. Darin entwirft er ein Panoptikum des *Jischuv*, der jüdischen Bevölkerung zur Zeit der zweiten *Alijja*, der Einwanderungswelle nach Palästina zwischen der ersten Russischen Revolution und dem Ersten Weltkrieg 1905–1914. Jahre und Jahrzehnte nach seiner frühen Erzählung *Agunot* blickt Agnon auf dieselbe Epoche und denselben Ort zurück, wo seine eigene *Alijja* ebenso wie die seiner damaligen Akteure kläglich gescheitert war.

Ein kurzer Vergleich zwischen der Erzählung *Agunot* und dem Roman *Tmol, schilschom* – so der hebräische Originaltitel des Romans – eignet sich mithin vorzüglich, um Agnons Sicht auf Liebe und Lebenswelt abschließend noch einmal präziser zu bestimmen.

Gestern, vorgestern ist ein Jerusalem-Roman, ein Epos, ein Opus, von dem sowohl der Autor als auch seine Figuren und – den euphorischen Reaktionen der Rezensenten nach zu schließen – offenbar auch das hebräische Lesepublikum geträumt hatte:

> Und wenn erst der große Schriftsteller aufstehen und den Roman von Jerusalem schreiben wird! In zwei Bänden, einen, der vom irdischen, und einen, der

> vom himmlischen Jerusalem handeln müsste. Der Teil über das himmlische Jerusalem müsste die sehnsüchtigen Wünsche der alten Generation in sich fassen, die mit ihrem Leiden die jüdische Siedlung in ihrem Bestand aufrechterhielt, und der über das irdische müsste vom neu aufgebauten Jerusalem, seinen Askanim und Erbauern erzählen.[19]

Noch im gleichen Jahr, am 28. August 1946, erhielt Agnon für *Gestern, vorgestern* den Ussishkin-Preis. Die Festrede dazu hielt Joseph Klausner.[20] Man erinnert sich: der berühmte Onkel von Amos Oz und besagter Nachbar Agnons, und man folgert, dass selbst literarische Lorbeeren bisweilen zu stechen vermögen. Abraham Menachem Mendel Ussishkin (1863–1941) übrigens war einer der großen Zionisten der Zeit, und als zionistischer Roman wurde Agnons *Tmol, schilschom* gefeiert.

Den Handlungsfaden des voluminösen Werkes kann man in wenigen Sätzen umreißen. Der im osteuropäischen Schtetl aufgewachsene Jizchak Kummer – der Nachname des Protagonisten ist Erzählprogramm – wandert als junger Mann ins Land Israel ein, um als beherzter *Chalutz*, als mannhafter Pionier, die alt-neue Heimat urbar zu machen. Leider gelingt es ihm in der Levante nicht ganz, seine hehren zionistischen Ideale zu realisieren, doch vermag er nach und nach, sein Leben als Anstreicher zu fristen. Als fatal erweist sich dann jedoch, dass Jizchak – sei es aus Jux oder auf göttliche Eingebung – einem Straßenhund ‚verrückter Hund' aufpinselt, worauf das geplagte Tier namens Balak von sämtlichen Bewohnern Jerusalems aufs Übelste verfolgt und deshalb tatsächlich verrückt wird. Als Balak schließlich Jizchak noch einmal begegnet, rächt sich der Hund und beißt Jizchak in einem wilden Ausbruch verhockten Hasses. Und so stirbt Jizchak Kummer jung und sinnlos an Tollwut.

Keine zionistische Erbauungslektüre! Sagt sich die Leserin. Und tatsächlich bricht die zionistische Idylle ein übers andere Mal. Da genügt allein der Blick auf das oben eingeblendete Zitat, denn nicht von *Chaluzim* ist darin die Rede. Die idealistischen Pioniere und ‚neuen Hebräer', die das Land bebauen wollen, kommen da nicht vor, während dagegen die *Askanim* in Erscheinung treten. Eine wohlwollende Übersetzung des hebräischen *Askan* würde etwa ‚für das Gemeinwohl tätiger Mensch'

---

19 Hier und im Folgenden zitiert nach: Samuel Joseph Agnon, Gestern, vorgestern, aus dem Hebräischen von Karl Steinschneider, Frankfurt a. M. 1996 (hebräische Originalausgabe 1946), 315.

20 Todd Hasak-Lowy, A Mad Dog's Attack on Secularized Hebrew, in: ders., Here and Now. History, Nationalism, and Realism in Modern Hebrew Fiction, Syracuse, New York 2008, 68–100, 68–69.

lauten. Bei Agnons *Askanim* hingegen, und weit weniger schmeichelhaft, handelt es sich zumeist um mehr oder weniger faule Funktionäre.

Doch zurück zu Jizchak Kummer. Eine eingehende Analyse von *Gestern, vorgestern* könnte einmal mehr den Liebesplot als Spiegel der Lebenswelt perfekt veranschaulichen, ist der Protagonist doch zwischen zwei Frauen hin und her gerissen: zwischen Sonja (stellvertretend für eine aufgeklärte säkulare jüdische Lebensform) und Schifra (stellvertretend für die althergebrachte Religionsnorm). So ist Sonja eine moderne junge halbgebildete Frau, die indes nach ihrer *Alijja* weder mit sich noch mit den eretz-israelischen Gegebenheiten etwas anzufangen imstande ist. Schifra demgegenüber ist ein junges Mädchen aus streng observantem Haus, dessen Erziehung sich auf religiöse Schuldkataloge beschränkt. Doch mit beiden läuft es schief, da Jizchak, wie bereits angetönt, noch in den Flitterwochen mit Schifra an den Folgen eines Hundebisses stirbt.

Balak! Wesentlich dominanter als die beiden Frauen, spielt dieser Hund die zweite Hauptrolle neben Jizchak. Der Hund ist weit mehr als ein Akteur, denn zahlreiche Kapitel zeigen die Handlung durch seine Hundeaugen, und die Quartiere Jerusalems – jedes eine Welt für sich – erschnuppert man vornehmlich mit Balaks sensibler Schnauze. Ein Hund zudem, der dichtet, was dann beispielsweise so klingt – die folgenden Verse sind überschrieben mit ‚Balaks Lied' (S. 295–296): „... Über der Erde / Ruht Gottes Frieden; / Er ist Hügel und Tal, / Ist Fels und Kluft beschieden. // Niemand wandelt / Auf meinen Pfaden. / Was schmachtest du Seele / Kummerbeladen? // Noch fern ist der Tag, / Nacht nicht verflossen. / Lid, bleib gesenkt, / Bleib, Auge, geschlossen. // Es wandelt niemand / Soweit ich schau. / Still ist's im Lande, / Wau, wau, wau." Unnötig zu sagen, dass der virtuose Romancier mit solchen Einlagen genüsslich Spott über die hebräische Dichtergilde schüttet, über die damaligen Gelegenheitspoeten, welche nicht nur in Tel-Aviv, sondern ebenso in jedem Kibbuz und Moschav üppig wie Klementinen und Mandarinen gediehen. Balaks Part aber ist kein komisches Spiel, sondern todernst.

Dieser Hund ist es denn auch, der den vorerst realistischen Roman ins Groteske und Surrealistische aufsprengt. Als gewiefter Autor kokettiert Agnon mit einer schillernden Symbolik Balaks, und dementsprechend haben auch Rezensenten und Literaturwissenschafter eine Reihe disparater Ansätze vorgeschlagen: der Hund als Jizchaks *Alter ego*, als Frauenbild und Eros, als Wiederkehr des Verdrängten, als magisch-mystische Kraft der hebräischen Sprache etc.[21] Balak als Symbol auf vier Pfoten, eine Sinnbildlichkeit, die einem indes entgleitet, sobald man sie zu fassen wähnt – dem behenden Tier gleich. Vorsichtig versucht hier auch die Verfasserin einen Ansatz zu formulieren: Der ausladende und verstörende Part dieses Hundes hat zu tun mit einer verhärmten Ghetto-Existenz, welche durch die anhaltenden Verfolgungen pathologisch mutiert ist, von Verfolgungswahn heimgesucht und zur Überlebensfindigkeit verdammt.

Doch damit zurück zur Liebe. Wie in den vorausgegangenen Kapiteln eignet sich auch an dieser Stelle die intertextuelle Einbindung des Hohenliedes als griffiges Instrument, um die ideologische Position des Autors zu orten. Während Agnon im Auftakt seiner *Agunot* das Hohelied noch vierfach und traditionell ins Gewebe der göttlichen Schöpfung eingeknüpft hatte,[22] klingt das in *Gestern, vorgestern* irritierend anders (S. 241–242):

> Nicht jedem Amnon wird seine Tamar zuteil, nicht jeder Salomo findet eine Sulamith. Wie hatte ihnen, als sie noch im Ausland waren, das Herz schneller geschlagen, wenn sie in Mapus ‚Zionsliebe' vom Glanze der erlesenen Töchter Zions lasen: Seit sie in Jerusalem lebten, war ihnen nicht vergönnt gewesen, etwas von diesem Glanz zu sehen. Hatten etwa unsere Weisen – ihr Andenken sei gesegnet – tatsächlich recht gehabt, wenn sie das Hohelied als eine wohlstilisierte fromme Parabel und sonst gar nichts auslegten?

Gefährlich hinterfragt da der Erzähler in einem Atemzug Abraham Mapus idyllische *Zionsliebe* zusammen mit der rabbinischen Hohelied-Allegorie im Sinn von Gott und Israel als in Ewigkeit vereintem Liebespaar. Die zionistische und religiöse Skepsis Agnons tritt mithin im späten Roman noch wesentlich pointierter zutage als in der frühen Erzählung: In *Agunot* verlieren sich die Spuren der jüdischen Einwanderer irgendwo in der Diaspora, Jizchak Kummers *Alijja* aber endet im tödlichen Abgrund von *Eretz Israel.*

---

21 Anne Golomb Hoffman, „Mad Dog" and Denouement in *Tmol shilshom*, in: David Patterson / Glenda Abramson (Ed.), Tradition and Trauma. Studies in the Fiction of S. J. Agnon, San Francisco / Oxford 1994, 45–63.

22 Vgl. dazu das obige Eingangszitat zu *Agunot* mit Hoheslied 1,15; 4,1; 5,7; 5,8.

Agnon

Agunot, die Erzählung des zwanzigjährigen angehenden Schriftstellers, trägt insofern schon die unverwechselbare persönliche Agnonsche Handschrift, seinen literarischen Fingerabdruck, seine Tonalität: durchdrungen vom jüdischen Traditionsschrifttum, fromm und nicht fromm zugleich, gehalten als Legende, doch im gebrochenen Handlungsverlauf denkbar ernüchternd. Das, was später noch breiter ins Psychologische, Mythische, Mystische, Surrealistische, Absurde, Groteske oder Historische wachsen wird, ist in den *Agunot* vollumfänglich angelegt. Eine jüdische Welt bevölkert mit chassidischen Weisen, zionistischen Pionieren, trägen Kommissären, unglücklichen Frauen, melancholischen Männern und argwöhnischen Autoren.

Agnons Erfolg beweist, dass er offensichtlich den Nerv seiner Zeit sehr genau berührte, indem er den Finger auf die rissige Naht legte, die jüdische Tradition und moderne Lebenswelt oft nur notdürftig zusammenhält. Agnons Literatur und speziell seine Liebesliteratur als Ausdruck kollektiven Empfindens seiner Leserinnen und Leser im frühen 20. Jahrhundert und bis heute: der Schmerz von Einsamkeit in einer von Gott verlassenen Welt gepaart mit der Sehnsucht nach dem sicheren Hort einer verloren gegangenen geistigen Heimat.

Es bleibt, die Frage nach dem Pseudonym zu klären, dem Neologismus ‚Agnon, welchen Samuel Joseph Czaczkes 1908 erstmals für die Veröffentlichung der *Agunot* verwendet hatte und 1924 als offiziellen Nachnamen annahm. ‚Agnon' in einer weiten Bedeutung als Verlassenwerden und Verlassen einer Beziehung, die indes nie aufgekündigt wurde. Auch der Autor mochte sich zu den verlorenen Seelen seiner Figuren zählen, oder er bezog den Topos der *Aguna* auf sein persönliches Gottesverhältnis. Doch wer hatte wen verlassen und blieb ihm dennoch wider Willen verbunden? Gott den Schriftsteller, oder umgekehrt der Schriftsteller Gott? Ein Gottverlassener? Ein Gottverlassender? Oder doch nicht?[23]

---

[23] Geradezu oder scheinbar lapidar erklärt Samuel Joseph Agnon selber sein Pseudonym in einem Interview mit folgenden Worten: „Mein bürgerlicher Name lautet Samuel Josef Czaczkes. … Meine erste veröffentlichte Erzählung hieß ‚Agunot'. Agunot heißt verlassene Frau. Da war ein Mädchen von vierzehn Jahren, Anna, verheiratet. Der Mann war plötzlich verschwunden. Man konnte ihn nicht finden. Nun konnte dieses Mädchen von vierzehn Jahren nicht mehr heiraten. Sie blieb gebunden an den Mann, der nicht mehr da war. Das hat mir großen Eindruck gemacht. Agnon aber heißt: der Gebundene. – Ja, und so ist es geblieben. Es gibt den Bürger Czaczkes, und es gibt den Dichter Agnon, gebunden an seine Geschichte, an die Geschichte Israels und an die Geschichten, die ich erfahren habe und die

Im Zuge seiner Rückkehr nach Palästina 1924 wandte sich Agnon erneut der praktizierenden Religion zu, die er bei seiner *Alijja* 1908 abgelegt hatte. Von nun an und bis zu seinem Tod hielt er den Schabbat und die Gebote. Auch in dieser Hinsicht stellt er eine Ausnahme dar, war und ist doch die israelische Literaturszene fast ausschließlich säkular und spielte sich damals vorwiegend im mediterranen lebenshungrigen Tel-Aviv ab, während Agnon abgeschottet in den hohen Hügeln Jerusalems lebte und sich mit asketischer Disziplin seiner literarischen Lebensaufgabe widmete.

Wer heute sein Heim, das seit 1982 der Öffentlichkeit zugängliche Agnon-Haus im Quartier Talpijjot, besucht, mag über das einfache Interieur staunen. Neben der Nobelpreisurkunde zieht höchstens ein in seiner Schlichtheit vollendeter Chanukka-Leuchter den Blick auf sich. Agnon, der seine fiktionale Welt mit ungeheurem Schöpfungsreichtum ausstattete, lebte karg. Beeindruckend aber die Bibliothek in Agnons Arbeitszimmer. Fänden sich allerdings nicht die deutschen, französischen und weiteren Klassiker der Weltliteratur, würde man auch hier eher an eine Klosterbibliothek denken, als an die eines modernen Romanciers. Gibt schon der Schriftsteller Samuel Jospeh Agnon nicht wenige Rätsel auf, so entzieht sich Samuel Joseph Czaczkes als Mensch beharrlich der Deutung.

Aginut – bei aller Not und jedem Leid bleibt ein Quentchen Hoffnung, ist die Trennung doch nicht durch Scheidung oder Tod bedingt, sodass der Faden nicht ganz gerissen scheint. Vielleicht – so ein tröstlicher Schimmer – kehrt der verloren Geglaubte eines Tages zurück, findet die vereinsamte Seele dennoch in ihr Heim, und alles wird gut? *Halwaj*, dass dies Gottes Wille sei!

in mir sind." Zitiert nach: Werner Martin (Hg.), Samuel Josef Agnon. Eine Bibliographie seiner Werke, a. a. O., 8.

9 Fluch der Frömmigkeit
An-Ski, *Der Dibbuk, oder: Zwischen zwei Welten* (1920)

Manchmal überstrahlt ein einziges Werk den Namen eines Dichters, sein Leben und Gesamtoeuvre zugleich. Und manchmal schreibt ein Dichter ein Motiv von Folklore und Volksschrifttum in die klassische Literatur ein und das gerade, indem er diesem Motiv eine unvermutete Wende gibt. Beides ist bei An-Skis Theaterstück *Der Dibbuk* der Fall. Im 20. Jahrhundert war An-Skis *Dibbuk* einer der berühmtesten Stoffe der jüdischen Literatur: auf den großen Bühnen von Moskau bis New York gefeiert, als Film, Ballett, Musiktheater und Oper erfolgreich umgesetzt. Doch wer kennt heute noch das ursprüngliche Schauspiel oder seinen Verfasser, den russisch-jüdischen Autor An-Ski alias Solomon Zainwil Rapaport (1863–1920)?

Der mittlerweile bekannte Begriff ‚Dibbuk', der im Hebräischen wörtlich so viel wie ‚Anhaften' oder ‚Festkleben' bedeutet, meint das Eindringen der Seele eines Verstorbenen in den fremden Körper eines Lebenden. Das scheint zunächst wenig geeignet, Bolschoi oder Brodway zu erobern, und der für einen Bühnenerfolg unerlässliche Liebesplot rückt kaum in Sichtweite. An-Ski – so viel sei an dieser Stelle verraten – wird die okkulte Figur richtiggehend zum Format eines jüdischen Romeo-und-Julia-Dramas entfalten und zugleich einer denkbar dunklen Theologie zuweisen. So wartet der Weg vom Topos antiker Geistbesessenheit bis hin zum literarischen Durchbruch einer modernen Dibbuk-Fassung mit nicht wenigen Überraschungen auf.

Magie und Medizin, Mystik und Macht: vom bösen Geist zur unerlösten Sünderseele

Obwohl der Dibbuk erst im 17. Jahrhundert im oben erwähnten Sinn auftaucht,[1] reicht das Phänomen der Besessenheit bis weit in biblische Zeit zurück, wird doch die Krankheit König Sauls mit den Worten be-

[1] Dibbuk, in: Encyclopaedia Judaica 6, Jerusalem 1971, 19–21.

schrieben (I Samuel 16,14): „Und als der Geist des Herrn von Saul gewichen war, da schreckte ihn ein böser Geist auf, vom Herrn gesandt." Und berühmt ist die neutestamentliche Passage der synoptischen Evangelien, die davon berichtet, wie Jesus einen besessenen Gerasener heilt, indem er – je nach Version – den ‚unreinen Geist' beziehungsweise die ‚Dämonen', welche den Leidenden peinigen, austreibt und diese in eine Schweineherde bannt (Markus 5,13): „... da fuhren die unreinen Geister aus und fuhren in die Schweine. Und die Herde stürzte sich den Abhang hinunter in den See, ungefähr zweitausend, und sie ertranken im See."[2]

Für die Entwicklung des Dibbuk-Motivs ist insbesondere dieses Detail der Übertragung vom Krankheitsdämon in ein Schwein relevant, geht sie doch offensichtlich auf einen altorientalischen, wahrscheinlich in Babylonien tradierten Ritus zurück, demzufolge der Beschwörer mithilfe einer magischen Puppe eine richtiggehende Scheidung zwischen dem Kranken und dem Dämon vollzieht und diesen anschließend mit einem Ferkel verheiratet, um auf diese Weise einen Ersatzträger für den Krankheitsdämon bereitzustellen und ihn so unschädlich zu machen.[3] Da zeichnet sich bereits der Aspekt eines Mann-Frau-Verhältnisses ab: im frühjüdischen Schrifttum vergleichbar mit dem Dämon Asmodäus, der im Tobit-Buch aus Eifersucht Saras Bräutigame in der Hochzeitsnachtsnacht sozusagen als metaphysischer Serienmörder umbringt – bekanntlich sieben an der Zahl. Und ebenso inszenieren die rabbinischen Texte den Krankheitsgeist und dessen Opfer vorzugsweise als Paar, so etwa in einer Episode des Babylonischen Talmud, wo ein gewisser Ben Tamaljon in die Tochter des Kaisers fährt, worauf der geistbegabte Rabbi Schimon Ben Jochai die Situation rettet (Me'ila 17b): „Er sagte: Hinaus, Ben Tamaljon, hinaus, Ben Tamaljon! Und als er ihm dies zurief, verließ er sie sofort. Da sagte er [der Kaiser] zu ihnen: Verlangt von mir, was ihr wollt!" In den zahlreichen fiktionalen und ‚realen' Fällen, die über die Jahrhunderte bis in die Neuzeit von Exorzismen zu berichten wissen, werden denn auch zumeist Frauen der Besessenheit eines Dibbuk bezichtigt.

Doch zunächst zurück zur jüdischen Antike: Exorzismen beschreiben sowohl die Qumran-Texte[4] als auch das Neue Testament, Talmudim und

---

2 Matthäus 8,28–34; Markus 5,1–20; Lukas 8,26–39.

3 Daniel Schwemer, Die Hochzeit des Totengeistes, in: ders., Akkadische Rituale aus Hattuša. Die Sammeltafel KBo XXXVI 29 und verwandte Fragmente, Heidelberg 1998, 59–67.

4 Hermann Lichtenberger, Ps 91 und die Exorzismen in 11QPsAp[a], in: Armin Lange / Hermann Lichtenberger / K. F. Diethard Römheld (Hg.), Die Dämonen – Demons. Die Dämonologie der israelitisch-jüdischen und frühchristlichen Literatur im Kontext ihrer Umwelt, Tübingen 2003, 416–421.

Midraschim, wobei der Krankheitsdämon vorläufig noch wie in der biblischen Saul-Erzählung *Ruach ra'a* heißt, ein böser Geist also, oder auch *Ruach tesasit*, ein irr gewordener Geist.[5] Auf diesem Hintergrund wird menschliches Fehlverhalten über die Generationen hinweg als dämonisch besetzt interpretiert. Im Mittelalter etwa veranschaulicht dies der Midrasch *Pirqe de-Rabbi Eliezer*, indem er Adams Anfälligkeit für Sünden ganz selbstverständlich in ein Gleichnis von Geistbesessenheit kleidet (Kapitel 13):

> Ein Gleichnis: Womit ist die Sache zu vergleichen? Einem Menschen, in dem ein böser Geist haust. Und begeht er denn alle Taten, die er begeht, und alle Dinge, die er redet, aus eigenem Bestreben? Tut er dies nicht vielmehr aus dem Bestreben eines bösen Geistes, der auf ihm lastet? Ebenso verhält es sich mit der Schlange: Alle Taten, die sie beging, und alle Dinge, die sie geredet, tat sie einzig aus dem Bestreben Samaels. Und darüber sagt die Schrift (Proverbien 14,32): *Durch seine eigene Bosheit wird ein Frevler gestürzt.*

Medizin und Theologie als untrennbare Einheit. „Denn ich, der Herr, bin dein Arzt“ (Exodus 15,26). Was die Erzählung der Wüstenwanderung als religionspolitische – und in keiner Weise heilkundliche – Metapher verwendet, geisterte später nachhaltig durch die Zeiten und wurde vielfach verfehlt und fatal zugleich rezipiert, vorzugsweise um medizinische Eingriffe zu verhindern. Einem solch volkstümlichen Wunderglauben stand im Judentum jedoch immer eine aufgeklärte Heilkunst gegenüber: Die göttlich verliehene, sprichwörtliche Weisheit Salomos (I König 5,9–14) interpretiert bereits das vorchristliche hellenistische *Buch der Weisheit* dahingehend, dass der biblische König unter anderem als pflanzenkundiger Protomediziner praktizierte,[6] und die herausragendsten Religionsphilosophen des Hochmittelalters waren nicht minder begnadete Ärzte – man denke nur an Jehuda Halevi oder Moses Maimonides.[7]

Trotzdem hielten sich die mit Mystik und Macht verbrämten Dämonenvorstellungen nachhaltig und zäh, veränderten sich jedoch sowohl

---

5 Michael Becker, Wunder und Wundertäter im frührabbinischen Judentum. Studien zum Phänomen und seiner Überlieferung im Horizont von Magie und Dämonismus, Tübingen 2002; Simon Claude Mimouni, Der fromme Chanina ben Dosa. Ein charismatischer Heiler im 1. Jahrhundert, in: Jesus, der Heiler (Themenheft). Welt und Umwelt der Bibel 76, 2015, 44–46.

6 Buch der Weisheit 7,15–21.

7 Isidore Simon, Die hebräische Medizin bis zum Mittelalter, in: Richard Toellner (Hg.), Historia Medicinae. Heilkunde im Wandel der Zeit, Salzburg 1983, 643–701.

unter fremdem Einfluß als auch unter einem veränderten jüdischen Zeitgeist.

Da ist zunächst die Einwirkung des Christentums. Namentlich der mittelalterliche Katholizismus der iberischen Halbinsel mit seinen dunkelsten Seiten von schwarzer Magie, Inquisition, Exorzismus und erzwungener Beichte. Eine böswillige Ironie der Geschichte, dass die Juden, als sie 1492 beziehungsweise 1497 aus Spanien und Portugal vertrieben wurden, solches Gedankengut nicht einfach hinter sich lassen konnten, ist doch der eigentliche Herd des spätmittelalterlichen Dibbuk-Glaubens im galiläischen Safed zu verorten: eine richtiggehende Dibbuk-Hysterie, die dort im 16. Jahrhundert ausbrach. Wie im vierten Kapitel bereits erörtert, ließen sich in Safed die berühmten sefardischen Mystiker nieder, die Enkelgeneration der Vertriebenen. Allen voran überliefern nun diese spanisch-jüdischen Nachkommen die detailliertesten Protokolle zu den Dibbuk-Austreibungen – darunter Joseph Karo, Isaak Luria und Chajjim Vital.[8] Psychologisch erschließt sich die Entwicklung dahingehend, dass die traumatische Erfahrung der Ausweisung durch die katholischen Könige eine Dämonisierung des Weltbildes nach sich zog.

Zu dieser Dämonisierung gesellte sich der Seelenwanderungsgedanke, wie ihn bereits die klassische Kabbala im hochmittelalterlichen Spanien ausgebildet hatte als sogenannter *Gilgul*. Die Heimsuchung wurde nun nicht mehr – wie noch in der jüdischen Antike – als perfide Untat eines Dämons erachtet, sondern als verzweifelter Akt einer verstorbenen Seele, welcher aufgrund ihrer Sündenlast jeder Weg in die kommende Welt versperrt war, selbst der in die Gehenna, und welcher nun mangels Alternative kein Ausweg blieb, außer als Dibbuk in einen lebendigen Körper einzudringen, notfalls sogar in den eines Tieres. Als Denkfiguren stehen Dibbuk wie Gilgul letztlich im Bannkreis der theologischen Urfrage, wie das Böse in der von einem gerechten Gott regierten Welt zu fassen sei. Dabei zeichnet sich im Übergang von der Antike zum späten Mittelalter ein gravierender Umschwung ab: vom allzu aufdringlichen *Daimon* hin zur Haftung eines menschlichen Individuums mit seiner unerlösten, da sündigen Seele.

Mit dieser Entwicklung klafft freilich ein gesellschaftlicher Abgrund auf, ein gefährliches Machtgefälle zwischen dem Dibbuk-Dompteur und

---

[8] Elf solche Exorzismusberichte – davon die meisten aus Safed – finden sich in der Studie des israelischen Historikers J. H. Chajes, Dybbuks, Exorcists, and Early Modern Judaism, Philadelphia 2003, 141–180.

der vom Dibbuk heimgesuchten Person. Die erwähnten Protokolle, angefangen im 16. Jahrhundert, teilen vorwiegend die Perspektive der Exorzisten oder sind von ihnen selbst verfasst. Dennoch oder gerade deswegen legen die Texte einen bedenklichen Umstand frei, wurde doch die Anklage, von einem Dibbuk besessen zu sein, nicht selten als Drohkulisse für Außenseiter, Ungehorsame und Rebellen errichtet. Als Zwang zur Reue und Unterordnung unter die moralischen Werte, welche die religiöse Obrigkeit diktierte. Wer nicht die Normen der Mehrheit teilte, stand offenkundig vermehrt in Gefahr, einer Besessenheit bezichtigt zu werden. Exorzismus als Waffe, als Machtdemonstration und Erziehungsmaßnahme der brutalsten Art.

Noch deutlicher äußert sich ein solcher Sachverhalt am Dibbuk-Material aschkenasischen Zuschnitts, auf dem schließlich An-Skis Schauspiel fußt. Der im 18. Jahrhundert aufblühende osteuropäische Chassidismus popularisierte bekanntlich die Lehren der Mystik, allen voran die der Lurianischen Kabbala mitsamt ihren Dibbuk-Vorstellungen. Darüber hinaus aber krallte sich der in ganz Europa um sich greifende Hexenglaube an diesen Vorstellungen fest. Es bedarf kaum der heutigen Sensibilität für die Gender-Problematik, um festzustellen, dass in den historischen Zeugnissen fast ausschließlich Frauen als Opfer von Inkriminierung und Diskriminierung auftauchen, den christlichen Hexenverfolgungen bis in die Details entsprechend[9] – einige davon wird An-Ski als motivische Bausteine für sein Drama verwenden.

Soweit der Dibbuk-Stoff, welcher dem Autor zu Beginn des 20. Jahrhunderts vorliegt: der Dibbuk als unheilvolles dämonisch-anthropomorphes Mischwesen, gottwidrig, menschenvernichtend, gesellschaftsschädigend – ein Bote des Bösen.[10]

An-Ski: Ein Pseudonym als Wortmaske

Nein, hier schreibt kein weltfremder Talmud-Student, kein mystisch entrückter Chasside. Im Gegenteil: ein aufgeklärter Schriftsteller, ein politischer Agitator und jüdischer Ethnograph der ersten Stunde. Vielfältig

---

9 Rachel Elior, Dybbuks and Jewish Women in Social History, Mysticism and Folklore, translated from the Hebrew by Joel Linsider, New York 2008 (hebräische Originalausgabe 2005).

10 Zu diesem Material vgl. auch den Ausstellungskatalog des Musée d'art et d'histoire du Judaïsme (Ed.), Magie, anges et démons dans la tradition juive, Paris 2015.

seine verschiedenen Lebensrollen als Autor und Aufrührer, Handwerker und Hauslehrer, Intellektueller und Minenarbeiter, Volkskundler und Weltenbummler. Mit nicht wenigen nostalgischen Mythemen durchwirken er selber wie auch spätere Biographen – allen voran der Jugendfreund Chaim Zhitlowsky – seinen Lebenslauf, verflechten munter biographische Daten mit hagiographischen Episoden. Und tatsächlich gebührt ihm ein Platz im Pantheon der großen jiddischen Autoren.[11]

Geboren wurde Solomon Zainwil Rapaport 1863 in der weißrussischen Provinz Witebsk, ebenso wie der vierzehn Jahre jüngere Marc Chagall, der Jahre später das Bühnenbild für die hebräische Erstaufführung des *Dibbuk* realisieren sollte, den Auftrag aber ablehnte. Die Familie scheint mittellos, Solomon Zainwils Vater weitgehend abwesend, sodass die Mutter den Lebensunterhalt ihres Sohnes und ihrer zwei Töchter als Schankwirtin bestreiten muss. Solomon durchläuft eine traditionelle, doch nur rudimentäre jüdische Schulbildung. Bereits als Jugendlicher flirtet er mit der Haskala, dem Gedankengut der jüdischen Aufklärung, ebenso wie mit der Narodniki-Ideologie, einer revolutionären Form des russischen Agrarsozialismus. Er lernt autodidaktisch Russisch, später Französisch und bahnt sich so eigenständig den Weg zu den großen Romanciers des 19. Jahrhunderts. Zeit seines Lebens wird er sich als innovativer Selfmademan zu behaupten wissen.

Der Durchbruch zum Schriftsteller gelingt ihm 1892, als er sich illegal in St. Petersburg niederlässt – als Jude war ihm der Aufenthalt außerhalb des Ansiedlungsrayons verboten –, und wo er sich in kürzester Zeit vom jüdischen Provinzparvenü zum russischen Intellektuellen wandelt. Mit den ersten, russisch verfassten Publikationen wählt er das Pseudonym ‚S. A. An-Ski'. Zweifellos der Ausdruck einer neuen Identität, die er mit nicht wenigen Anekdoten verschleiert und was praktisch dazu diente, Identität und Provenienz zu kaschieren: ‚S. A.' für die Initialen von Seymon Akimovitch, einer russifizierten Anlehnung an Solomon Zainwil Aronovich, ‚An' als Anlaut für ‚Anonymus' oder als Hommage an seine Mutter Anna, und ‚-Ski' reimend auf den Auslaut des Namen seines geistigen Ziehvaters Gleb Uspen<u>ski</u>, einem sozialkritischen St. Petersburger Schriftsteller (1843–1902) im Umkreis der sogenannten Volkstümler. S. A. An-Ski – zugegeben, ein arg gekünstelter *Nom de plume*, allerdings

[11] Chaim Zhitlowsky, Zikhroynes fun mayn lebn, New York 1935 (jidd.); S. An-Ski, in: Encyclopaedia Judaica 3, Jerusalem 1971, 34–35; David G. Roskies, The Maskil as Folk Hero, in: Prooftexts 10/2, 1990, 219–235.

ganz im Trend des von der Zensur über- und beschatteten Literaturlebens im zaristischen Russland.[12]

Schtetl, Haskala, Narodniki-Kreise, St. Petersburger Intelligenzia. An-Ski wechselt wiederholt und abrupt seine Lebenswelten. Noch im Jahr seines Durchbruchs reist er nach Westeuropa, zunächst nach Berlin, in die Schweiz und schließlich nach Paris, wo er mehrere Jahre als Sekretär tätig ist – namentlich für den russischen Revolutionstheoretiker Pyotr Lavrov (1823–1900) – und wo er die Dreyfus-Affäre erlebt, von der er mit Abscheu nach Russland berichtet. 1905 kehrt An-Ski in seine Heimat zurück und dies in einem doppelten Sinn, einerseits nach Russland, andererseits zu seinen jüdischen Wurzeln. Vielleicht angesichts innerer und äußerer Anfechtungen der jüdischen Schtetl-Gesellschaft, vielleicht im Wissen um das Versagen der Haskala – Emanzipation und Assimilation als Ziele der jüdischen Aufklärung waren in Russland nicht zu verwirklichen – widmet sich An-Ski von nun an mit Leidenschaft der jüdischen Volkskultur, gründet in St. Petersburg die „Jüdische Historisch-Ethnographische Gesellschaft", unternimmt in den Jahren 1911 bis 1914 mit finanzieller Hilfe des Baron Horace Günzburg eine ausgedehnte ethnographische Expedition durch das jüdische Volhynien und Podolien und arbeitet während des Ersten Weltkrieges als Vertreter einer jüdischen Hilfsorganisation in Galizien.

Aus der spezifischen Bearbeitung seines *Dibbuk* wird sich später zeigen, welch folkloristischem Geisterglauben An-Ski auf diesen Reisen begegnet war. Eindrücklich das Material seiner Feldforschung: 2000 Fotografien, 1800 Legenden, 1500 Volkslieder, 1000 Melodien, Hunderte historische Dokumente und Judaica, für die er – als ethnologisch-judaistischer Vorreiter – ein jüdisches Museum plant und 1917 für wenige Monate in St. Petersburg realisieren kann. Dann aber scheitert das Unternehmen an der Oktober-Revolution.

Die letzten Jahre seines Lebens sind geprägt von politischen Aktivitäten, ethnographischen Projekten und dem Bemühen, eine Aufführung seines *Dibbuk* zu realisieren. 1920 stirbt An-Ski 57-jährig an einer Herzattacke in einer Warschauer Klinik. Sein posthumes russisch und jiddisch verfasstes Werk umfaßt fünfzehn Bände fiktionaler, politischer, sozialkritischer, ethnologischer und dokumentarischer Schriften.[13]

---

[12] Gabriella Safran, An-sky in 1892: The Jew and the Petersburg Myth, in: dies. / Steven J. Zipperstein (Ed.), The Worlds of S. An-sky. A Russian Jewish Intellectual at the Turn of the Century, Stanford 2006, 53–82.

[13] S. Anski, Gezamelte Verk, 15 volumes, Vilna / Warsaw / New York 1925 (jidd.).

Was aber mag nun den weltgewandten An-Ski mit seinen anarchistischen Allüren und seinem nihilistischen Nimbus dazu bewogen haben, sich des doch recht esoterisch anmutenden Dibbuk-Stoffes anzunehmen? Zunächst vielleicht gewagt zu behauten, dass sich gerade dieses Schauspiel im Fadenkreuz all seiner Aktivitäten und seines gesamten Schaffens einlotet. An-Ski auf jeden Fall war sich der Qualität seines Meisterwerkes bewußt.

Seit 1911 im Zuge seiner ethnographischen Reisen beschäftigt sich An-Ski mit dem Dibbuk-Stoff. 1914 legt er eine erste Rohfassung des Schauspiels vor und kämpft dann jahrelang für eine Inszenierung, ringt unermüdlich und zäh mit Zensoren, Intendanten und Regisseuren. Da wütete vermutlich in der Textgeschichte selber ein Dibbuk. Ohne alle Episoden und Peripetien aufzulisten, soll hier – pars pro toto – nur die Sprache erwähnt werden. Schon damit begannen die Probleme, geriet doch das Stück in den Strudel des linguistischen Kulturkampfes: Wie wollte man den *Dibbuk* aufführen? Russisch, jiddisch, hebräisch? An-Ski hatte den Text anfänglich auf Russisch verfasst, im Buchdruck erschien er zuerst auf Hebräisch (1918 in der Übersetzung von Chajjim Nachman Bialik), die Premiere schließlich wurde in jiddischer Sprache (in An-Skis eigener Übersetzung) auf die Bühne gebracht – allerdings erst im Dezember 1920, einen Monat nach An-Skis Tod, in Warschau, wo er im November unerwartet verstorben war, sodass die Aufführung zur Hommage seiner *Schloschim* wurde, dem Ablauf der dreißig Trauertage. Eine definitive Version des Textes liegt bis heute nicht vor.

An-Skis Dibbuk

Der Vierakter *Der Dibbuk, oder: Zwischen zwei Welten* spielt im chassidischen Milieu Osteuropas, im Umfeld der ukrainischen Stadt Miropol zu einem nicht näher präzisierten Zeitpunkt im 19. oder zu Beginn des 20. Jahrhunderts. Den Handlungsfaden, der sich über weit mehr als eine Generation hinzieht, schneidet An-Ski kühn zusammen, um sich der klassisch dramaturgischen Koinzidenz von Ort, Zeit und Handlung anzunähern:

> Das erste und zweite Bild spielen in Briniz, das dritte und vierte in Miropol. Zwischen dem ersten und zweiten Bild sind drei Monate vergangen; zwischen

dem zweiten und dritten drei Tage; zwischen dem dritten und vierten zwölf Stunden.[14]

Orte des Geschehens sind eine Betstube, ein rabbinisches Amtszimmer sowie ein Synagogenvorhof: alles denkbar düster, alt, morsch und unheimlich, eine Atmosphäre, die namentlich der *Meschulach*, die Figur des Boten in der Funktion eines Spielleiters, mit seinen vieldeutigen Reden verstärkt. Er ist es denn auch, der den Dibbuk als Erster beim Namen nennt und damit Lea, die Hauptfigur, und das Publikum gleichermaßen aufschreckt (S. 30):

DER MESCHULACH *(tritt näher heran):* Braut!
LEA *(erschrickt leicht und wendet sich dem Meschulach zu):* Was wollt Ihr?
DER MESCHULACH: Die Seelen der Toten kehren zur Welt zurück. Es gibt Seelen, die durch mehrere Körper hindurchgehen müssen, bis sie ihre Läuterung erreicht haben ... Sündige Seelen verwandeln sich in Tiere, in Fische, in Vögel, sogar in Pflanzen, und sie können allein die Erlösung nicht erlangen, sie müssen warten, bis ein Heiliger kommt und sie befreit ...
LEA *(zitternd):* Sprich! Sprich weiter!
DER MESCHULACH: Und es gibt herumirrende Seelen, die keine Ruhe finden. Sie dringen in fremde Körper ein, sie werden zu einem Dibbuk, und erst auf diese Weise werden sie erlöst ...

Die Handlung entspinnt sich an der bevorstehenden Hochzeit Leas, dem einzigen Töchterchen des wohlhabenden Reb Sender Brinizer, das standesgemäß mit einem ebenso reichen Bräutigam namens Menasche unter den Hochzeitsbaldachin gebracht werden soll. Doch schon zu Beginn des ersten Bildes beherrscht ein anderer die Bühne, der brillante, aber arme Jeschiwa-Student Chanan (S. 19):

CHANAN *(kommt herein, er geht verträumt, ziellos, nähert sich dem heiligen Schrein, ist überrascht)*: Der heilige Schrein ... offen? Für wen hat er sich mitten in der Nacht geöffnet? *(blickt hinein)* Heilige Bücher, eins am andern, ruhig, schweigsam ... und in ihnen sind alle Geheimnisse der Welt verborgen, alle Zauberformeln seit den sechs Tagen der Schöpfung bis ans Ende aller Zeiten ... aber wie schwer ist es, den Büchern ein Geheimnis zu entlocken, wie schwer. *(Er zählt die Thora-Bände.)* Neun Bücher ... neun ... das bedeutet so viel wie Wahrheit in kleiner Zahl ... und in jedem Buch vier Lebensbäume ... zusammen sechsunddreißig ... jeden Augenblick stoße ich auf die-

---

14 An-Ski, Der Dibbuk. Dramatische jüdische Legende, aus dem Jiddischen von Salcia Landmann und Horst Bieneck, München 1976, 11. Die folgenden Ausschnitte richten sich nach dieser Übersetzung.

se Zahl … ich fühle, in ihr liegt das Geheimnis. Sechsunddreißig ist auch das Zahlwort von „Lea" und dreimal sechsunddreißig ergibt Chanan. Lea kann man auch lesen als Lo adonai – das bedeutet. Nicht durch Gott …

Der dunkle Monolog Chanans beschwört die Denkwelt der Chassiden herauf, düstert die Stimmung des gesamten Melodramas ein und birgt gleichzeitig das Schicksal von Chanan und Lea. Fatum und Unheil umwehen das wahre Liebespaar. Das ganze Geheimnis liegt in der Gematrie der Schlüsselwörter, in der Berechnung des Zahlenwertes ihrer hebräischen Buchstaben: Die Wahrheit als göttliche Vorsehung, die numerische Verschmelzung der Namen Chanan und Lea, doch ebenso das abgründige „Nicht durch Gott".[15] Im Anschluss an diese Szene begegnet sich das Paar flüchtig, im Beisein der Gemeinde, ohne dass es ihnen vergönnt wäre, ein Wort zu wechseln. Als Chanan dann von der bevorstehenden Vermählung Leas erfährt, bricht er zusammen (S. 25):

MEIER *(sieht Chanan auf dem Boden liegen):* Er ist auf dem Boden eingeschlafen.
SENDER: So weckt ihn auf, er soll mit uns tanzen!
MEIER *(schüttelt ihn; erschrocken):* Er wacht nicht auf!
(Alle gehen auf Chanan zu, neigen sich über ihn, rütteln ihn.)
I. BATLAN[16] *(schreit auf):* Er ist tot!
2. BATLAN: Seht, aus seiner Hand ist das geheimnisvolle Buch des Engels Rasiel herausgefallen!
DER MESCHULACH: Er ist den bösen Geistern zum Opfer gefallen!
(Alle stehen wie erstarrt.)

Vorhang

„Das geheimnisvolle Buch Rasiel"[17] – in die dramatische Schlußszene des

---

[15] Hier die Auflösung der gematrischen Anspielungen: Wahrheit, hebräisch *emet*, hat den Zahlenwert 441 (Aleph = 1, Mem = 40, Taw = 400); ‚in kleiner Zahl' meint den additiven Wert 4+4+1, also 9; *Chanan* hat den Zahlenwert 108 (Chet = 8, Nun = 50, doppelt verwendet); *Lea* hat den Zahlenwert 36 (Lamed = 30, Aleph = 1, He = 5); dreimal 36 (Lea) ergibt 108 (Chanan); die aus dem Namen *Lea* abgeleitete Lesung „Nicht durch Gott" ist als *lo H*, die Verneinungspartikel und eine Kürzungsformel des Gottesnamens zu verstehen.

[16] Dem hier von den Übersetzern gewählte hebräische *Batlan* entspricht im Jiddischen der *Batlen*: ein hoffnungslos unpraktisch veranlagter Müßiggänger, der seine Zeit in Synagoge und Lehrhaus verbringt. Weitere hier erwähnte Nebenrollen sind die des Meier als Synagogendiener, später die der Gitl als Freundin Leas [Anmerkung von G. O.-W.].

[17] Das hebräisch geschriebene *Buch Rasiel* gilt als Inbegriff kabbalistischer Geheimlehre. Auf der Handlungsebene ist es eine Offenbarung an Adam im Garten Eden und gibt sich somit als ältestes Buch der Welt überhaupt aus; auf der Verfassungsebene ist es wahrscheinlich ins 13. Jahrhundert zu datieren und eventuell im jüdischen Worms zu verorten. Vgl. Sepher Rezial Hemelach. The Book of the Angel Rezial, edited and translated by Steve Savedow, San Francisco 2000.

ersten Aktes schiebt An-Ski vielsagend eine Anspielung an den Ketzer Elischa Ben Abuja, die sprichwörtliche *Persona non grata* des talmudischen Schrifttums, welche von den Rabbinen zumeist ihres Namens beraubt und nur noch als *Acher*, als der Andere, bezeichnet wird: „Was tat Acher? Griechische Lieder hörten aus seinem Munde nicht auf. Man sagte über Acher, dass – wenn er im Lehrhaus aufstand – zahlreiche ketzerische Bücher aus seinem Schoß fielen."[18] Damit ist ein subversiv rebellisches Ferment beigefügt, das im weiteren Geschehen fatal gären wird.

Da soll eine Hochzeit stattfinden, und allerorten lauert der Tod. Das zweite Bild zeigt noch einmal das Schtetl Briniz, jetzt unmittelbar vor Leas Hochzeit. Doch statt einer Chuppa, eines Hochzeitsbaldachins, dominiert ein Grab das Bühnenbild. Hier die entsprechende Regieanweisung (S. 26):

> *Ein Platz in Briniz. Links das alte hölzerne Bethaus. Davor, auf einer Erhöhung, ein Grabstein mit der Aufschrift: „Hier ruht das Heilige Brautpaar. Sie starben als Märtyrer im Jahre 408." Rechts Senders Haus: ganz aus Holz, mit einer Veranda, sieht schon von außen wohlhabend aus …*

Gemeint ist im vorliegenden Ausschnitt ein Brautpaar, welches im Jahr 1648[19] während der Pogrome unter dem Kosaken Chmielnitzki während der Hochzeitszeremonie umgebracht wurde.[20] Lea, bereits als Braut geschmückt und mitten im Trubel des Vorfestes für die Siechen und Armen, hängt mit ihren Gedanken den Toten nach, und selbst Frade, ihre alte Amme, kann sie davon nicht losreißen (S. 28–29):

> LEA: Und wenn es keine bösen Geister sind … *(auf einmal sicher)* Uns umschweben nicht böse Geister, sondern die Seelen von Menschen, die vorzeitig gestorben sind … Sie schauen uns zu und horchen auf alles, was wir reden …
> FRADE: Gott sei mit dir! Was redest du da? Reine Seelen fliegen zum Himmel, sie ruhen im leuchtenden Paradies …
> LEA: Nein, sie sind unter uns! *(ernst und bestimmt)* Großmutter! Ein Mensch wird für ein langes Leben geboren, aber wenn er vorzeitig stirbt – wo kommt

---

18 Babylonischer Talmud: Chagiga 15b.

19 Die Zahl 408 (nach der kleinen Zählung) beziehungsweise 4408 entspricht dem jüdischen Kalender, nach der christlichen Zählung ist das Jahr 1648 gemeint.

20 Das verbreitete Motiv wurde An-Ski während seiner ethnographischen Expedition in vielen Gemeinden erzählt und entsprechende Gräber wurden ihm mehrfach gezeigt. In seinen dokumentarischen Schriften interpretiert An-Ski diese Erzählung als Mythos, der den Juden dazu diente, ihre Traumata von Verfolgung und Krieg literarisch zu verarbeiten. Vgl. dazu S. Ansky, The Enemy at his Pleasure. A Journey Through the Jewish Pale of Settlement During World War I, Edited and Translated by Joachim Neugroschel, New York 2002 (jiddische Originalausgabe posthum 1925), 22–24.

dann sein ungelebtes Leben hin? Seine Freude, sein Leid? Seine Gedanken, die er nicht mehr denken konnte, seine Taten, die er nicht mehr ausführen konnte …? *(verträumt)* Es lebte ein junger Mann mit einer reinen Seele und tiefen Gedanken, ein langes Leben lag vor ihm … und mit einem Mal, in einem Augenblick, ist sein Leben abgerissen, und fremde Menschen sind gekommen und haben ihn in fremder Erde begraben … *(verzweifelt)* Wo ist sein Leben hingekommen? Wo sind seine Worte geblieben, seine Gebete …? Wenn eine Kerze verlöscht, zündet man sie wieder an, und sie leuchtet bis sie ganz niedergebrannt ist … Wie aber kann ein nicht zu Ende gebranntes Lebenslicht für ewig verlöschen?
FRADE: Man darf über solche Dinge nicht nachdenken! Der Allmächtige weiß, was er tut. Wir Menschen sind blind … wir wissen gar nichts!
(Der MESCHULACH *tritt unbemerkt heran und bleibt hinter ihnen stehen.)*
LEA *(ohne auf Frade zu hören, spricht weiter, mit Pausen):* Nein, eines Menschen Leben kann sich nicht in Nichts auflösen. Wenn einer vorzeitig stirbt, kommt seine Seele zur Welt zurück, um die restlichen Jahre zu durchleben, die nicht vollbrachten Taten zu vollenden, die nicht erlebten Freuden und Leiden zu erleben … Auch meine Mutter ist jung gestorben, zu früh … Ich werde zum Friedhof gehen und sie bitten, daß sie mich, zusammen mit dem Vater, zur Trauung führen soll … Ich weiß, sie wird kommen und mit mir tanzen … Das heilige Grab hier, ich kenne es von Kindheit an, ich kenne den Bräutigam und die Braut, die hier begraben sind, ich habe sie oft gesehen im Traum und im Wachen … Jung und schön waren sie, als sie zum Baldachin schritten, vor ihnen lag eine langes und reiches Leben … Da kamen plötzlich grausame Menschen mit Äxten in den Händen und haben sie getötet … Man hat sie hier zusammen begraben, damit sie bis in alle Ewigkeit vereint bleiben.

Leas Klage über die allzu jung Verstorbenen kommt wohl deshalb so berührend daher, weil da nicht einfach ein junges Mädchen um seine verlorene Liebe weint, vielmehr hadert hinter der Figur ihr Autor, der während seiner Hilfseinsätze im Ersten Weltkrieg viele junge Galizier sterben sah. Im Rahmen seines Schauspiels verwendet An-Ski das heilige Brautpaar wie eine Miniatur des Romeo-und-Julia-Motivs, ein Geschick, in welchem Lea ihre eigene durch Gesellschaft und Tod zerstörte Liebe sieht. So wie Chanan zu Ende des ersten Aktes zusammenbricht, weil Lea gegen ihren Willen heiraten soll, tut es Lea, als ihr Bräutigam Menasche und sein Vater Nachman in Briniz eintreffen. Mithin mündet auch der zweite Akt in ein Desaster (S. 33):

LEA *(reißt das Tuch vom Gesicht, springt auf; sie stößt Menasche zurück und schreit):* Nicht du bist mein Bräutigam! *(Lebhafter Tumult.)*
SENDER: Meine Tochter! Töchterchen! Was ist mit dir?
LEA *(reißt sich von den andern los, die sie umringen, läuft zum Grabstein und breitet die Arme aus):* Heiliges Brautpaar! Beschützt mich! Rettet mich. *(Sie*

sinkt zu Boden. Die andern sind ihr nachgelaufen, sie heben sie auf. Lea, wie erwachend, jetzt mit fremder, männlicher Stimme) Ihr habt mich begraben! Aber ich bin zu der Braut, die mir bestimmt war, zurückgekehrt. Und ich werde nie mehr von ihr weggehen. *(Nachman geht auf Lea zu. Sie schreit ihm ins Gesicht.)* Chmielnitzki!

NACHMAN (zitternd): Sie ist wahnsinnig geworden!

DER MESCHULACH: Ein Dibbuk ist in die Braut gefahren!

(Starker Tumult.)

Vorhang

Das dritte Bild, der dritte Akt, blendet für einen Moment in die Vorgeschichte des Liebespaares und deckt damit die Zusammenhänge auf, welche zu den Verhängnissen geführt haben. Schauplatz ist nunmehr das Haus des Zaddik, des chassidischen Rabbi von Miropol, der nächst größeren Provinzstadt. Tatsächlich hat ein Dibbuk von Lea Besitz ergriffen. Ihr Vater Sender sucht deshalb Hilfe beim Miropolier Zaddik, dem Wunderrabbi Reb Asriel, damit dieser die Tochter vom bösen Totengeist befreie. Da das Exorzismusritual eine zusätzliche Autorität fordert, bestellt Reb Asriel den Rabbiner Reb Schimschon ein, ebenfalls ein Miropolier, worauf dieser erzählt, dass er in der vorausgehenden Nacht einen seltsamen Traum gehabt habe: Dreimal war ihm Nissan, der verstorbene Vater Chanans, erschienen, um eine Gerichtssitzung gegen seinen Jugendfreund Sender zu fordern.[21] Der Zaddik gibt dieser Forderung statt, denn zwischenzeitlich hat sich erwiesen, dass der Dibbuk in Leas Körper die unerlöste Seele Chanans ist. Und so laufen die Vorbereitungen für den bevorstehenden Prozess – der moderne Leser, die heutige Theaterbesucherin möge sich nicht wundern, wenn im Folgenden auch die Toten mitspielen.

Das vierte und letzte Bild gipfelt in einem fulminanten Finale. Drei dramatische Wellen fegen zum Schluss über die Bühne: der Prozess des toten Nissan gegen seinen früheren Freund Sender, das Exorzismusritual an der Braut und damit die Besiegelung des Schicksals von Chanan und Lea. Zunächst erscheinen Sender und er tote Nissan vor dem Thoragericht – Nissan hinter einem Vorhang, wobei Reb Schimschon dessen Part dolmetscht (S. 44–45):

REB SCHIMSCHON *(zu Sender):* Höre Sender, Sohn der Henje: Nissan klagt dich an! Er sagt, daß ihr in eurer Jugend Kollegen an einer Talmud-Akademie

---

[21] Das Motiv erinnert an I Samuel 3 mit dem jungen Samuel und Eli, dem Priester von Schilo, wo mit der dreimaligen nächtlichen Anrufung ebenfalls ein Gerichtsurteil angekündigt wird.

wart und durch Freundschaft verbunden. Ihr habt beide in der gleichen Woche geheiratet. Als ihr euch danach während der hohen Feiertage im Herbst wieder begegnet seid, habt ihr einander mit Handschlag gelobt, ihr würdet euch miteinander verschwägern, falls eine der Frauen ein Mädchen und die andere einen Knaben gebären sollte …
SENDER: Ja, das war so!
REB SCHIMSCHON: Nissan erzählt weiter, er sei in die Fremde gezogen, wo sein Weib einen Sohn geboren habe – zur gleichen Zeit, da dein Weib eine Tochter gebar. Bald darauf ist er gestorben. Sein Sohn wanderte hinaus in die Welt, von Land zu Land, von Stadt zu Stadt, weil seine Seele ihn zu dem Mädchen hinzog, das ihm bestimmt war. Und er kam in die Stadt, wo du wohnst, und er betrat dein Haus und saß an deinem Tisch. Und seine Seele verband sich mit der Seele deiner Tochter. Aber du warst reich und Nissans Sohn war arm. Und du hast deinen Blick von ihm abgewendet und bist ausgezogen, um für deine Tochter einen Bräutigam mit reicher Mitgift zu suchen … Und Nissan sah, wie sein Sohn in Verzweiflung fiel. Und die schwarzen Mächte warfen ihre Netze aus und nahmen ihn vorzeitig von der Welt. Und seine Seele irrte umher, bis sie als Dibbuk in den Körper des Mädchens drang, das ihm bestimmt war …
Nissan, Sohn der Rebekka, sagt: Durch den Tod seines Sohnes ist er von beiden Welten abgeschnitten, ohne Leibeserben und ohne jemand, der nach ihm Kaddisch spricht … Und er bittet das Gericht, er solle Sender nach dem Gesetz unserer Heiligen Thora dafür richten.
RABBI ASRIEL: Sender, hast du die Klagen Nissans vernommen? Was kannst du darauf antworten?
SENDER: Ich habe keine Worte, mich zu verteidigen. Ich kann nur meinen alten Freund anflehen, er möge mir meine Sünde vergeben, denn nicht aus bösem Willen habe ich sie begangen. Kurze Zeit nach unserer Abmachung ist Nissan weggefahren, und ich wußte nicht, ob sein Weib ein Kind geboren hat … Ich hörte danach von seinem Tode und habe nach und nach die Vereinbarung vergessen.

Um es im Bild biblischer Prophetie wiederzugeben: Da haben die Väter saure Trauben gegessen, und den Kindern wurden die Zähne stumpf (Ezechiel 18,2). Sender hat sowohl gegen den göttlichen Plan wie auch gegen die irdischen Konventionen verstoßen, denn Ehen werden im Himmel geschlossen, und das Versprechen zweier Chassidim darf man nicht brechen. Wohl bereut Sender, aber seine Verfehlung hat den Tod Chanans, seines eigentlichen Schwiegersohnes, bewirkt, dessen Seele exiliert und ihn der Nachkommenschaft beraubt. Doch damit nicht genug des Schadens, denn im Anschluß an den Prozess – er endet mit einem klugen Urteil und einer milden Strafe für Sender – muss sich die besessene Lea dem brutalen Ritual einer Geistaustreibung unterziehen (S. 47–48):

RABBI ASRIEL: Dann laßt die Braut hereinführen!
(Frade und Sender führen Lea im weißen Brautkleid herein. Über den Schultern trägt sie einen schwarzen Umhang. Sie setzen sie auf das Sofa. Reb Schimschon setzt sich neben Rabbi Asriel.)
RABBI ASRIEL: Dibbuk! Im Namen einer heiligen jüdischen Gemeinde, im Namen des großen Sanhedrin von Jerusalem, befehle ich, Asriel, Sohn der Hadassa, dir ein letztes Mal, den Körper der Jungfrau Lea, Tochter der Chana, zu verlassen!
LEA (DIBBUK) *(entschieden):* Ich werde ihn nicht verlassen!
Rabbi Asriel: Michael, ruf die Männer und bring die weißen Totenhemden, die Widderhörner und die schwarzen Kerzen!
(Michael geht hinaus und kommt mit zehn Männern zurück, unter ihnen ist auch der Meschulach. Er verteilt an sie die weißen Hemden und die schwarzen Kerzen.)
RABBI ASRIEL: Nehmt die Thorarollen heraus!
(Michael nimmt sieben Thorarollen heraus und verteilt sie; sieben Männern gibt er sieben Widderhörner.)
Dibbuk! Da du dich unserm Befehl nicht unterwerfen willst, übergebe ich dich den allerhöchsten Geistern! Sie mögen dich mit Gewalt austreiben! – Blast ‚Tekia'!
(Sieben Männer blasen Tekia.)
LEA (DIBBUK) *(springt auf; sie windet sich, man spürt einen inneren Kampf, sie schreit):* Laßt mich! Zerrt nicht an mir! Ich will nicht! Ich kann nicht fortgehen!
RABBI ASRIEL: Wenn die allerhöchsten Geister dich nicht bezwingen können, übergebe ich dich der Gewalt der mittleren Geister, die weder gut noch böse sind, sie sollen dich erbarmungslos austreiben! – Blast ‚Schevarim'!
(Sieben Männer blasen Schevarim.)
LEA (DIBBUK) *(schwächer):* Alle Kräfte der Welt sind gegen mich angetreten! Die schrecklichen Geister zerren an mir! Die Großen und die Gerechten stellen sich gegen mich, und unter ihnen ist meines Vaters Seele! Sie alle befehlen mir, fortzugehen. Aber so lange in mir noch ein Funken Kraft ist, werde ich mit ihnen kämpfen und sie überwinden!

In seiner Grausamkeit steht das Ritual des Exorzismus dem des biblischen und talmudischen Ordals, das die *Sota*, die des Ehebruchs verdächtigte Frau, zu erleiden hatte, wenig nach (Numeri 5,11–31). Hier und da wird eine junge Frau in die Öffentlichkeit gezerrt, vorgeführt, beschuldigt und malträtiert. Das exorzistische Szenario evoziert sowohl die Totenriten als auch den Gerichtstag Jom Kippur: Weiße Totenhemden, schwarze Kerzen, Schofarblasen, Ausräucherung, Kreisziehung zwecks Ausgrenzung, Erpressen von Schuldbekenntnissen, Androhung von Bann und Exkommunikation, Beschwörung mittels Bibelversen und Gottesnamen … Der Ausgang des Dramas ist somit naheliegend: Zwar verlässt der Dibbuk beziehungsweise Chanans verirrte Seele den Körper Leas, doch diese wird die Trennung nicht überwinden.

Soweit die Textvorlage von An-Skis *Dibbuk*. Plot, Wortlaut und Duktus vermochten vermutlich zu veranschaulichen, dass hier mehr als ein neoromantisches Melodrama vorliegt. Doch wie ist das Stück zu deuten?

An-Skis Dibbuk als Kritik an Gott und Gesellschaft

Literaturwissenschafter und Historikerinnen haben den *Dibbuk, oder: Zwischen zwei Welten* vielfach auf seinem autobiographischen und kulturellen Hintergrund analysiert: die unglückliche Liebe als literarische Verarbeitung der kurzen Ehe mit der Witebsker Pianistin Edia Glezerman (in den Jahren 1908 bis 1911); An-Ski selbst als *Ba'al tschuva*, als eine Art verlorener Sohn, der zu seinen jüdischen Wurzeln zurückfindet; das Schauspiel als Ausdruck ostjüdischen Selbstbewußtseins im Rahmen russischer Bühnenproduktion.[22] Und tatsächlich bewegt sich An-Skis *Dibbuk* zwischen mehr als nur zwei Welten: zwischen russischer und jüdischer, säkularer und religiöser, traditioneller und sozialkritischer – um nur ein paar Möglichkeiten anzuführen. Die vorliegende Darstellung geht indes einer anderen Spur nach: der besonderen Bearbeitung des Dibbuk-Stoffs als Liebesgeschichte. Welche Symbolik birgt An-Skis dramatische Legende?

Wohl greift An-Ski mit dem *Dibbuk* in die chassidische Schtetl-Welt zurück, doch damit reiht er sich noch lange nicht als doziler Anhänger in ihre Gemeinschaft ein. Details und Dekor wimmeln von frommen Motiven osteuropäischer Mystik, stets respektvoll und mit Empathie in Szene gesetzt. Doch die Botschaft fiktionaler Literatur versteckt sich im Arrangement der Handlung. In diesem Arrangement bleibt sich An-Ski als Rebell und kritischer Denker treu und stellt die jüdische Gesellschaft – ja sogar Gott – hart auf den Prüfstand.

Vorerst hält sich der Autor durchaus noch an talmudisch-rabbinische und klassisch-kabbalistische Konventionen. Man erinnert sich an das dritte Kapitel: Ehen werden im Himmel geschlossen, der spätantike Mi-

---

22 David G. Roskies, An-sky. The *Dybbuk* and Other Writings, New York 1992; Yohanan Petrovsky-Shtern, „We Are Too Late": An-sky and the Paradigm of No Return; in: Gabrielle Safran / Steven J. Zipperstein (Ed.), The Worlds of S. An-sky, a. a. O., 83–102; Seth L. Wolitz, Inscribing An-sky's *Dybbuk* in Russian and Jewish Letters, in: Gabrielle Safran/ Steven J. Zipperstein (Ed.), The Worlds of S. An-sky, a. a. O., 164–202; Vladislav Ivanov, An-sky, Evgeny Vakhtangov, and *The Dybbuk*, in: Gabrielle Safran / Steven J. Zipperstein (Ed.), The Worlds of S. An-sky, a. a. O., 252–265.

drasch liest die Vorstellung des platonischen Kugelmenschen in den biblischen Schöpfungsbericht hinein,[23] und im Talmud fungiert Gott höchstpersönlich als *Schadchen*, als Ehevermittler der ersten Stunde: „Bathscheva war David seit den sechs Tagen der Schöpfung vorbestimmt." Der Gedanke, der den spanischen Kabbalisten Josef Gikatilla zu seinem mittelalterlichen mystischen Ehetraktat über David und Bathscheva inspiriert hatte.

Ganz im Einklang damit haben der Himmel und die Väter die Ehe von Chanan und Lea bereits vor ihrer Geburt besiegelt. Offiziell versprochen, aber nicht gehalten. Wenn Sender eingesteht, dass er das Gelöbnis mit seinem Jugendfreund Nissan vergaß, so steht ein solch selektives Vergessen zwecks merkantiler Prosperität in bestem Einklang mit der im Schtetl üblichen Eheschließung, wo Heirat ein Geschäft und für Liebe – ein destabilisierender Faktor im sozialen Gefüge – kein Platz war, sodass man Jugendliche möglichst früh verkuppelte. „Verliebt sein galt bei uns als eine Krankheit wie Fieber, Melancholie, Fallsucht und ähnliche üble Dinge", lässt Mendele Moicher Sforim in seinem Roman *Fischke der Krume* (um 1886–1888) verlauten.[24]

Dass An-Ski ein solches Liebesverständnis als Verarmung menschlichen Zusammenseins in seinem *Dibbuk* anprangert, verdeutlicht eine erst 2001 in St. Petersburg entdeckte Fassung des Textes. Diese russische Version hat der Autor mit einer dramaturgischen Rahmengeschichte versehen. Im Prolog und Epilog sitzen ein älterer Vater mit seiner Tochter spätabends beisammen. Nachdem die junge Frau wenige Jahre zuvor unmittelbar vor der Vermählungszeremonie mit ihrem Geliebten durchgebrannt war, kehrt sie nun als reuige Sünderin zurück und versucht sich zu rechtfertigen. Hier ein kurzer Auszug der englischen Übersetzung:

> DAUGHTER: Father, You were young once, too. Didn't you ever love someone?
> OLD MAN *(sadly)*: Of course I did. I loved your dear departed mother very much. I loved everyone who was worthy of love …
> DAUGHTER *(despairingly)*: Oh, that's not what I mean … *(In a different tone.)* Father, you used to tell me when you were young, you studied in a yeshivah. There were hundreds of young men there. Didn't anything similar ever happen to any of the students there? Did anyone ever fall in love with a woman? Fall in love. Do you understand?

---

[23] Midrasch Bereschit Rabba VIII,1.

[24] Zitiert nach: Susanne Klingenstein, Mendele der Buchhändler. Leben und Werk des Sholem Yankev Abramovitsh. Eine Geschichte der jiddischen Literatur zwischen Berdichev und Odessa, 1835–1917, Wiesbaden 2014, 388.

> OLD MAN: Fall in love with a woman ... No. There were libertines there, but they're not worth speaking about ... And we never heard anything about love. We were occupied with other thoughts entirely ...[25]

Nach angestrengtem Nachdenken erinnert sich der Vater doch eines einzigen Falls: Und der Vorhang öffnet sich für die Liebesgeschichte des *Dibbuk*.

Durch die Bearbeitung als Liebesplot erhält der Dibbuk-Stoff eine ihm zuvor gänzlich fremde Dimension: eine massive Sozialkritik. Indem An-Ski einen Perspektiven-Wechsel der Figuren vornimmt, macht er Opfer und Unterdrückte zu den wahren Sympathieträgern. Denn während die früheren Exorzismus-Berichte und üblichen Dibbuk-Legenden von den Exorzisten selber, von Zeugen des Geschehens oder aus der Sicht auktorialer Erzähler niedergeschrieben waren, blendet der Dramaturg mittels Chanans und Leas Monologen direkt in deren gemarterte Seelen und bewirkt so ein einfühlendes Mitdenken des Publikums. So kommt das Recht auf die Seite der Liebenden zu stehen, das Unrecht auf die Seite der chassidischen Gesellschaft mitsamt ihren Rabbinern. Der Rollentausch als Anleitung zum Umdenken.

Doch damit nicht genug. Kritik äußert An-Ski noch an weit höherer Instanz. Der Autor mag zwar zuweilen als Anarchist auftreten, erweist sich deswegen aber noch lange nicht als Atheist. Indem An-Ski das biblische Hohelied in sein Stück einbringt, spielt er mit einer theologischen Sinngebung. Vornehmlich der erste Auftritt der Liebenden ist von den Leitmotiven des *Schir ha-Schirim* begleitet. Man höre nur, welch flammende Worte Chanan seinem Jeschiva-Freund Henoch anvertraut (S. 20–21):

> CHANAN: Alles, was Gott geschaffen hat, enthält Heiligkeit und Sünde ...
> HENOCH: Nicht Gott hat die Sünde geschaffen, sondern Satan!
> CHANAN: Und wer hat Satan geschaffen? Auch Gott! Das Böse ist Gottes andere Seite. Und da es eine Seite Gottes ist, muß es auch Heiligkeit enthalten.
> HENOCH *(erschüttert)*: Heiligkeit im Satan? Da komme ich nicht mit. *(Er legt die Hände aufs Gesicht.)*
> CHANAN *(beugt sich zu ihm herab)*: Was ist die schwerste Sünde? Das Verlangen nach dem Weibe ... ja?
> HENOCH *(flüstert)*: Ja.

[25] Zitiert nach: S. An-sky, *Between Two Worlds (The Dybbuk)*: A Jewish Dramatic Legend in Four Acts with Prologue und Epilogue, edited by Vladislav Ivanov, translated from Russian by Craig Cravens, in: Gabrielle Safran / Steven J. Zipperstein (Ed.), The Worlds of S. Ansky, a. a. O., 374–435, 378.

CHANAN: Aber wenn man die Sünde im starken Feuer läutert, dann wird aus der größten Unreinheit die höchste Heiligkeit, dann entsteht daraus das Hohelied. Das Hohelied? *(Er richtet sich auf und beginnt ekstatisch, aber leise, zu singen.)* Schön bist du, meine Braut, schön bist du! Deine Augen blicken wie Tauben unter den Brauen hervor. Dein Haar ist wie eine Ziegenherde, die vom Berge Gilead herabläuft. Deine Zähne sind wie eine Schafherde, die eben gebadet hat, lauter Zwillinge, und keine Unfruchtbaren unter ihnen ...
(Aus dem Nebenzimmer kommt Meier herein. Zur gleichen Zeit klopft es an der Tür, die zur Straße führt. Die Tür wird langsam geöffnet. Lea tritt ein, an der Hand Frade, dahinter Gitl.)
MEIER *(schmeichlerisch):* Ah, das ist ja Reb Senders Tochter Lea!
LEA *(verschämt):* Erinnert ihr Euch, Ihr habt versprochen, mir den alten Thoravorhang zu zeigen?
(Chanan unterbricht bei den ersten Worten von Lea seinen Gesang. Er blickt sie unverwandt an.)

Der vorliegende Ausschnitt ist als Schlüsseltext zu lesen, hatte An-Ski ihn doch 1916 im Vorabdruck bei der Moskauer Wochenzeitung *Evreiskaia zhizn* (‚Jüdisches Leben') publiziert und demzufolge als besonders repräsentativ erachtet.[26] Indem an dieser Stelle dramaturgisch die bekannten Verse aus dem Hohenlied eingefügt sind,[27] wird auch zwangsläufig die rabbinische-allegorische Auslegung mit ihrer klassischen Rollenverteilung heraufbeschworen: Gott als der Geliebte, das Volk Israel als die Geliebte. Damit öffnet sich der Deutungsraum zu der zweiten, der überirdischen Welt und offenbart die theologische Symbolik des Liebespaares: Chanan in der Rolle Gottes, Lea in der des Volkes Israel, beide einander seit Ewigkeit vorbestimmt und in unzertrennlicher Liebe zugetan. Ein fataler Gedanke, würde er doch besagen, dass diese Liebe die Geliebte – Lea wie das Volk Israel gleichermaßen – zu Tode bringt. Der Gott Israels als Dibbuk, die jüdische Gemeinschaft als vom Göttlichen Besessene, eine zerstörerische Liebe, nicht für diese Welt, mit tödlichem Ausgang. Dennoch ein naheliegender Gedanke, wenn man An-Skis erschütternde Berichte über den jüdischen Ansiedlungsrayon während des Ersten Weltkrieges liest, wo niemand helfend eingriff und viele Juden vergeblich auf ein göttliches Wunder hofften.[28]

---

26 Vgl. dazu die Einführung von Vladislav Ivanov zur englischen Übersetzung: An-sky, *Between Two Worlds (The Dybbuk)*: A Jewish Dramatic Legend in Four Acts with Prologue und Epilogue, a. a. O., 370.

27 Hoheslied 1,15; 4,1.2; 6,5,6.

28 S. Ansky, The Enemy at his Pleasure. A Journey Through the Jewish Pale of Settlement During World War I, a. a. O.

Scharf ins Gericht geht An-Skis *Dibbuk* infolgedessen sowohl mit Gott wie mit der chassidischen Gesellschaft. Seiner literarischen Darstellung zufolge hat diese Form jüdischen Lebens keine Zukunft. Und so zeigt das Schlussbild nur Tote und Verlierer: die Rabbiner ebenso machtlos wie entmachtet, der Vater schuldbeladen, seiner einzigen Tochter und seines Schwiegersohnes beraubt und damit ohne jede Aussicht auf einen *Kaddisch*, einen Enkel, der für ihn das Totengebet sprechen könnte. Hier der Ausgang des Dramas (S. 51–52):

> LEA *(zärtlich):* Komm zu mir, mein Bräutigam, mein Gatte ... Ich will dich, den Toten, im Herzen tragen, und nachts, im Traum, wollen wir die nie geborenen Kinder wiegen ... *(weint)* Wir werden ihnen Hemdchen nähen. Wir werden ihnen Lieder singen ...
> Eia Eia Mündelchen
> Ohne Wieg und Windelchen
> Tote, nicht geborene
> Vor der Zeit verlorene
> *(Von draußen erklingt Musik, Hochzeitsmusik.)*
> Sie kommen, um mich mit einem Fremden zur Hochzeit zu führen. Ich will aber nicht. – Komm du zu mir, mein Bräutigam!
> CHANANS STIMME: Deinen Leib habe ich verlassen. Jetzt komme ich zu deiner Seele!
> *(Chanan erscheint als Projektion – oder als Schatten – an der Wand.)*
> LEA *(freudig):* Der Bann ist gebrochen. Der Bannkreis ist durchbrochen! Ich sehe dich, mein Bräutigam. Komm zu mir!
> CHANAN *(wie im Echo):* Komm zu mir!
> LEA *(jubelnd):* Ich komme zu dir!
> STIMMEN *(hinter der Szene):* Führt die Braut zur Trauung!
> *(Lea läßt den schwarzen Umhang fallen. Sie ist jetzt ganz in Weiß. Sie geht auf Chanan zu, bleibt neben ihm stehen.)*
> *(Rabbi Asriel kommt herein, hinter ihm der Meschulach, sie bleiben vorn an der Tür. Sender und die andern drängen nach, fast lautlos.)*
> LEA *(mit einer Stimme wie von fern):* Ein großes Licht ergießt sich ringsum ... Ich bin auf ewig mit dir verbunden, der du mir bestimmt warst ... zusammen schweben wir höher, immer höher, höher ... *(Sie sinkt dabei zu Boden.)*
> *(Es wird langsam dunkel.)*
> RABBI ASRIEL: Zu spät!
> DER MESCHULACH: Baruch dajan emet – Gepriesen sei der Richter der Wahrheit!
> *(Es ist ganz dunkel. Aus der Ferne erklingt wieder, wie am Anfang des Stückes, ein leiser Gesang!)*
> Warum, warum
> Stürzt die Seele
> Vom höchsten Gipfel

In den tiefsten Abgrund?
Weil nur die gestürzte Seele
Aufsteigen kann …

Vorhang

Stellvertretend für die Gemeinschaft ermangelt Sender am Ende seiner Kinder, Enkel und Erben. Deshalb klingt das Stück denn auch mit dem traditionellen Segensspruch zur Todesnachricht aus: „Gepriesen sei der Richter der Wahrheit". Ein winziger Hauch Hoffnung weht einzig im mystischen Wortlaut der Ausgangsmelodie.

Fortgesetzter Dibbuk-Spuk: Ein Ausblick

An-Skis *Dibbuk, oder: zwischen zwei Welten* greift mithin in viele Welten, gerade auch in die Welt der Toten, und wird so zu einer Art Romeo-und-Julia-Drama zwischen Diesseits und Jenseits.

In dieser irdischen Welt wurde das Stück, wie eingangs erwähnt, ein weltweiter Bühnenerfolg von New York bis Paris, von Mailand bis Moskau gefeiert.

Wesentlichen Anteil am Erfolg hatte stets auch die musikalische Ausgestaltung des Stücks. An-Ski, der Textvorlagen zu verschiedenen bekannten Melodien schrieb – unter anderem die jiddische Hymne für die ostjüdische sozialistische Arbeiterpartei *Der Bund* –, hatte seinen *Dibbuk* von Anfang an mit einer musikalischen Umrahmung konzipiert.[29] Und seit der Erstaufführung 1920 inspirierte das Stück Dutzende von Vertonungen: 1934 inszenierte Lodovico Rocca seine Oper *Il Dibuk* für die Mailänder Scala; in Michał Waszyńskis Verfilmung aus dem Jahr 1937 sang der berühmte Kantor Gershon Sirota die liturgischen Einlagen;[30] Leonard Bernstein schrieb 1972 die Musik für das gleichnamige Ballett; und Maurice Béjart choreographierte die Vorlage 1988 für seine Lausanner Tanzkompanie – um nur ein paar ganz klingende Namen zu nennen.[31]

---

29 The Upward Flight. The Musical World of S. An-sky. Featuring Michael Alpert and Stuart Brotman, CD, Sponsored by the Stanford University Taube Center for Jewish Studies 2006.

30 The Dybbuk. A feature film with Cantor Gerszon Sirota, in Yiddish, with non-optional English subtites, 1937, DVD, Bel Canto Society (ohne Jahreszahl).

31 Eine ausführliche Liste bietet Izaly Zemtsovsky, The Musical Strands of An-sky's Texts and Contexts, in: Gabrielle Safran / Steven J. Zipperstein (Ed.), The Worlds of S. An-sky, a. a. O., 203–231, 229–231.

Einzig im Palästina der Pionierepoche und in den Gründungsjahren des Staates Israel fand An-Skis *Dibbuk* nicht den üblichen Anklang. Zu sehr widersprach wohl dessen von Exil und Kabbala geprägte Atmosphäre der israelischen Ideologie mit ihrem heldenhaften ‚neuen Hebräer'. Indes, die Zeiten ändern sich: 1999 brachte Solomon Epstein den *Dibbuk* als jiddische Oper in Beer-Scheva auf die Bühne; 2002 spielte eine Studententruppe das Schauspiel auf Hebräisch an der Universität Tel-Aviv; und im Herbst 2014 exportierte das israelische *Gescher*-Theater seine *Dibbuk*-Produktion nach Rußland, 92 Jahre nach der legendären hebräischen Premiere durch die *Habima* 1922 in Moskau.[32]

An-Skis Drama ist das unbestrittene Glanzlicht in der künstlerischen Bearbeitung des Dibbuk-Stoffes. Doch spukt der unheimliche Geist munter weiter durch das jüdische Kulturschaffen: Der Nobelpreisträger Isaac Bashevis Singer – 1978 nahm er den Preis als bisher einziger Schriftsteller für ein jiddisch verfasstes Lebenswerk entgegen – räumt dem Dibbuk sowohl in seinem frühen Roman *Satan in Goraj* als auch in seinen späteren Erzählungen eine zentrale Rolle ein;[33] ebenso konnte sich auch die polnisch-jüdische Autorin Hanna Krall der faszinierenden Gestalt nicht entziehen;[34] und schließlich verstört der wiedererwachte Dämon den verdutzten Zuschauer, die entgeisterte Zuschauerin, in Roman Polańskis 1968 gedrehtem Horrorfilm *Rosemary's Baby*, in modernem Großstadt-Setting freilich und nicht mehr als arme Schtetl-Seele, doch deshalb nicht weniger beklemmend.

Der Dibbuk – in einer aufgeklärten postmodernen Welt zu Unrecht tot geglaubt. Unverwüstlich vital treibt der Untote weiterhin sein Unwesen und versucht sich überall dort in menschliche Chimären einzunisten, wo Göttliches, Leben und Liebe gespenstisch auseinanderklaffen.

32 Jerusalem Post, Musaf Chag, 8. 10. 2014, 25–29.

33 Isaac Bashevis Singer, Satan in Goraj, Deutsch von Ulla Hengst, Reinbek bei Hamburg 1969 (jiddische Originalausgabe 1935); Isaac Bashevis Singer, Schwarze Hochzeit, in: ders., Gimpel der Narr, Deutsch von Wolfgang von Einsiedel, Zürich 1978, 115–126 (amerikanische Übersetzung des jiddischen Originals; Erzählungen von 1957–1964).

34 Hanna Krall, Der Dibbuk, in: dies., Existenzbeweise, aus dem Polnischen von Esther Kinsky, München 1995,120–136.

10 Abschied angesichts der Schoa
Lea Goldberg, *Briefe von einer imaginären Reise* (1937)

> Zur Jahrzeit, sechs Jahre nach dem Tod der Dichterin, als man wie üblich ihr Grab besuchte, verweilte die alte Mutter noch ein wenig allein am Grab ihrer Tochter. Da wandte sich der Taxifahrer, der sie zu dem Jerusalemer Friedhof gefahren hatte, an die alte Frau und sagte zu ihr: „Seien Sie nicht traurig. Was bedeutet schon Leben? Man lebt und ist vergessen. Doch sie vergisst man nicht. Jeden Tag singt man ihre Lieder im Radio und auch im Fernsehen, und man erzählt sich ihre Geschichten, sogar den Kindern erzählt man sie."[1]

Mit dieser Episode beginnt Tuvia Rübner seine Monographie über Lea Goldberg, eine der herausragendsten Figuren der hebräischen Literatur des 20. Jahrhunderts: Lyrikerin, Literaturwissenschaftlerin, Übersetzerin, Romanautorin, Dramaturgin und nicht zuletzt Verfasserin von Kinderbüchern. Der anrührende Versuch des Taxifahrers, die trauernde Mutter über den Tod ihrer Tochter zu trösten, ein 1976 geäußerter Satz, ist in Israel auch heute noch – über vierzig Jahre später – ungebrochen gültig, denn nach wie vor werden die Gedichte Lea Goldbergs von Liedermachern und Chansonniers vertont,[2] und längst sind ihre Kinderbücher zu Klassikern avanciert. Außerhalb Israels aber kennt man Lea Goldberg kaum, da ihr Werk nur bruchstückhaft übersetzt ist.[3] Vornehmlich im Rahmen hebräischer Liebesliteratur soll diesem bedauerlichen Umstand abgeholfen und im Folgenden der kleine Roman *Briefe von einer imaginären Reise* vorgestellt werden – das einzige auf Deutsch vorliegende Buch der Dichterin aus ihrem beeindruckend umfangreichen und breit gefächerten Nachlass.[4]

---

1 Zitiert nach: Tuvia Rübner, *Lea Goldberg. Monographia* – Lea Goldberg. Monography, Tel-Aviv 1980 (hebr.), 9.

2 *Mi-schire Lea Goldberg* – Aus Lea Goldbergs Gedichten, Phonokol 2005 (hebr.); *Ani holechet elaj* – Ich geh zu mir. Lea Goldberg: Selected Songs, NMC 2007 (hebr.).

3 Einen Überblick über die Übersetzungen der Werke Lea Goldbergs bietet die Homepage des *Institute for the Translation of Hebrew Literature*: www.ithl.org.il/author_info.asp?id=98 (aufgerufen am 17.7.2017).

4 Lea Goldberg, Briefe von einer imaginären Reise, aus dem Hebräischen von Lydia Böhmer, Frankfurt a. M. 2003 (hebräische Originalausgabe 1937). Die zitierten Ausschnitte folgen dieser Ausgabe. Die jüngste hebräische Ausgabe enthält zusätzliche Fragmente, die im Tel-Aviver Gnasim-Archiv aufgefunden wurden, doch wird auf die Textgeschichte im vorlie-

Eckdaten zu Leben und Werk

Lea Goldberg wurde 1911 im ostpreußischen Königsberg geboren und verbrachte ihre frühe Kindheit im litauischen Kovno. Kovno – man erinnert sich an das sechste Kapitel – war die Stadt, in der Abraham Mapu gelebt hatte und die sich im späteren 19. und beginnenden 20. Jahrhundert zu einem Zentrum hebräischer Kultur entwickelte. Lea Goldbergs Muttersprache war Russisch, die Sprache, in der sie auch als Jugendliche ihre ersten Gedichte schrieb. Während des Ersten Weltkrieges wurde Leas Familie von Litauen nach Russland deportiert, ihr Vater unter dem unbegründeten Verdacht der Spionage schwer misshandelt. Folgen dieser Folterung waren andauernde Wahnvorstellungen sowie eine zunehmende Demenz und schließlich die Scheidung der Eltern, Traumata, die Lea Jahre später in ihrem autofiktionalen Roman *Und er ist das Licht* gedanklich zu bewältigen suchte.[5] Als *fille bien rangée*, als Tochter aus gutbürgerlichem jüdischen Haus, besuchte Lea das Hebräische Gymnasium in Kovno, wo sie fließend Hebräisch und Deutsch lernte. Ebenfalls in Kovno begann sie ihr breit gefächertes Studium der Geisteswissenschaften, das sie später in Berlin fortsetzte und 1935 in Bonn mit einer Dissertation zum Thema *Das samaritanische Pentateuchtargum. Eine Untersuchung seiner handschriftlichen Quellen* abschloss.[6]

Nur am Rande sei hier eine kleine Kuriosität vermerkt: Lea, die sowohl Russisch, Hebräisch und Deutsch, ebenso wie Philosophie, Geschichte und Psychologie studierte und später aus sieben Sprachen literarische Werke von Weltrang ins Hebräische übersetzte, bekam in ihrem litauischen, ansonsten nur mit Bestnoten bestücktem Universitätszeugnis im Fach *Einführung in die Literatur* nur eben ein ‚genügend' – was wohl mehr über das Einschätzungsvermögen des zuständigen Professors als über die Fähigkeiten seiner hochbegabten Schülerin aussagen mag.[7]

Wie dem auch sei: 1935 verließ Lea Goldberg das Baltikum, wo sie zwischenzeitlich als Lehrerin gearbeitet hatte, und wanderte ins damalige Palästina ein. In dieser Zeit, 25-jährig, verfasste sie denn auch die *Briefe*

---

genden Kontext verzichtet: Lea Goldberg, *Michtavim mi-nesi'a medumma* – Letters from an imaginary journey, Bnei Brak 2007 (hebr).

5 Lea Goldberg, *We-hu ha-or* – Und er ist das Licht, Bnei Brak 2005 (Originalausgabe 1946; hebr.).

6 Zu Lea Goldbergs Studienzeit in Berlin und Bonn vgl. Yfaat Weiss, Lea Goldberg. Lehrjahre in Deutschland 1930–1933, aus dem Hebräischen von Liliane Meilinger, Göttingen 2010.

7 Abgedruckt ist die Bescheinigung von Leas Zeugnis – ausgestellt von der Universität Kovno am 20. Juni 1930 – in Tuvia Rübners Monographie, *Lea Goldberg*, a. a. O., 40–41.

von einer imaginären Reise, die unverhohlen Zeugnis von der Schmerzhaftigkeit des Abschieds von Europa ablegen. Von 1935 bis 1952 lebte Lea zunächst als Autorin, Journalistin, Editorin und Beraterin des *Ha-Bima*-Theaters in Tel Aviv. 1952 siedelte sie nach Jerusalem über, wo sie an der Hebräischen Universität zunächst zur Lektorin für europäische Literatur und 1963 zur Professorin für Komparatistik berufen wurde, eine Aufgabe, die sie bis zu ihrem Tod 1970 wahrnahm.

Angesichts der Tatsache, dass Lea Goldberg nicht einmal sechzig Jahre alt wurde, ist ihr Werk überaus beeindruckend: Von den literaturwissenschaftlichen Publikationen einmal abgesehen, veröffentlichte sie zehn Lyrikbände,[8] zwei Romane,[9] zahlreiche Erzählungen[10] und Dutzende von Kinderbüchern, die sie mehrfach selber illustriert hat,[11] sowie ein paar Theaterstücke;[12] posthum erschienen sind zudem die Briefe und ein Tagebuch.[13] Darüber hinaus öffnete sie dem israelischen Lesepublikum zahlreiche Fenster in die Weltliteratur, übersetzte sie doch Dante, Petrarca, Shakespeare, Molière, Tolstoi, Tschechov, Ibsen, Strintberg, Brecht und Nelly Sachs … – um nur ein paar der ganz klingenden Namen zu nennen. Neben solcher ‚Höhenkammliteratur' war Lea Goldberg jedoch ebenso auf der Suche nach besonderen *trouvailles*, nach versteckteren literarischen Kostbarkeiten, und übertrug so beispielsweise auch Kinderlieder aus dem Ghetto Theresienstadt ins Hebräische[14] oder das anonyme alt-

---

8 Inzwischen liegt das lyrische Gesamtwerk vor, an die 700 Gedichte: Lea Goldberg, *Schirim* – Gedichte, herausgegeben von Tuvia Rübner, 3 Bände, Bnei Brak 2008 (hebr.).

9 Posthum erschienen ist zudem ein umfangreiches Romanfragment: Lea Goldberg, *Avedot („muqdasch le-Antonia")* – Losses, edited by Giddon Ticotsky, Bnei Brak 2010 (hebr.).

10 Lea Goldberg, *Kol ha-sippurim* – The Complete Short Stories, edited by Giddon Ticotsky and Hamutal Bar-Yosef, Bnei Brak 2009 (hebr.).

11 Mehrere Kinderbücher liegen in neuen Editionen und teilweise auch neu illustriert vor, davon hier nur ein Ausschnitt besonders bekannter Titel: Lea Goldberg, *Kova' qsamim* – Ein Zauberhut, Bnei Brak 2005 (hebr.); dies., *Ha-jeled ha-ra'* – Das böse Kind, Bnei Brak 2006 (hebr.); dies., *Dira le-haskir* – Wohnung zu vermieten, Bnei Brak 2007 (hebr.); dies., *Mor ha-chamor* – Der Esel Mor, Bnei Brak 2007 (hebr.); dies., *Ha-mefusar mi-kfar Asar* – Der zerstreute Mensch aus dem Dorf Asar, Bnei Brak 2007 (hebr.).

12 Das erfolgreichste und mehrfach aufgeführte Drama ist: Lea Goldberg, *Ba'alat ha-armon* – Die Schlossherrin, aus dem Hebräischen von Mirjam Tenbuß (unveröffentlichte B.A.-Arbeit Freiburg i. Br. 2011; hebräische Originalausgabe 1956). Weitere Stücke und Fragmente finden sich in dem Sammelband: Lea Goldberg, *Machasot* – Plays, edited by Tuvia Rübner and Giddon Ticotsky, Bnei Brak 2011 (hebr.).

13 Lea Goldberg, *Michtavim we-joman* – Briefe und Tagebuch, Tel-Aviv 1978 (hebr.).

14 *En parparim po. Zijjurim we-schirim schel jalde Getto Theresienstadt 1942–1944* – Hier gibt es keine Schmetterlinge. Zeichnungen, Lieder und Gedichte von Kindern aus dem Ghetto Theresienstadt 1942–1944, herausgegeben von Hanna Wolkow und Abba Kovner, ins Hebräische übertragen von Lea Goldberg, Tel-Aviv 2002 (1966; hebr.).

französische Singspiel *Aucassin et Nicolette,*[15] ein reizender Text, der sonst wohl kaum einen Weg zu den Leserinnen und Lesern in der Levante gefunden hätte.[16]

Kurzum, Lea Goldberg war Zeit ihres Lebens akademisch, kulturell und durch ihr Übersetzungswerk überaus bedeutungsvoll, und sie ist als Autorin sowohl in der klassischen hebräischen Lyrik als auch in israelischer Folklore nach wie vor präsent und – den eingangs zitierten Taxichauffeur leicht korrigierend – nicht ‚sogar', sondern ganz besonders in israelischen Kindergärten und Kinderzimmern mit ihren Büchern und Liedern noch stets zugegen.[17] Posthum, in ihrem Todesjahr 1970, wurde Lea Goldberg denn auch mit dem Israel-Preis die höchste Auszeichnung des Staates zuteil.[18]

Ein Briefroman?

Die *Briefe einer imaginären Reise* fügen sich nicht zu einem Briefroman im herkömmlichen Sinn zusammen, liegen doch nur die Briefe Ruths, des weiblichen Parts, vor, während der männliche Part Ruths Postsendungen unbeantwortet lässt. Dieses Ungleichgewicht spiegelt die unerwiderte Liebe Ruths, einer jungen jüdischen Frau im Berlin der frühen dreißiger Jahre, zu einem nur schemenhaft konturierten Mann namens Immanuel – die hebräische Etymologie des Namens lautet ‚mit uns ist Gott' –, den Ruth bald spielerisch in leichter *Italianità* mit ‚Immanulino' apostrophiert, bald pathetisch ‚El' nennt – was hebräisch nichts Geringeres als ‚Gott' heißt! Davon muss noch die Rede sein. Wie es der Titel sagt,

---

15 *Aucassin we-Nicolette, tirgema min ha-maqor ha-zarfati we-zijjera Lea Goldberg* – Aucassin und Nicolette, aus dem französischen Original übersetzt und illustriert von Lea Goldberg, Jerusalem 1966 (hebr.).

16 Einen kleinen Querschnitt mit übersetzten Auszügen aus Lea Goldbergs Lyrik, Prosa, Drama und Kinderliteratur habe ich mit meinen Studierenden im Sommersemester 2010 erarbeitet. Die Texte sind zugänglich auf der Judaistik-Homepage der Albert-Ludwigs-Universität Freiburg i. Br.: www.orient.uni-freiburg.de/judaistik.

17 Vgl. dazu Ofra Amihay, „A candle of freedom, a candle of labor, or the candle of Judah". Lea Goldberg's Jewish holiday poems for children, in: Prooftexts 28/1, 2008, 28–52.

18 Weiterführende Studien zu Leben und Werk: Amia Lieblich, *El Lea* – Towards Lea, Tel-Aviv 1995 (hebr.); Giddon Ticotsky, *Lea Goldberg* – Light Along the Edge of a Cloud. Introduction to Lea Goldberg's Oeuvre, Bnei Brak 2011 (hebr.); Hamutal Bar-Yosef, *Lea Goldberg*, Jerusalem 2012 (hebr.). Einen der wenigen deutschsprachigen Zugänge ermöglicht der Aufsatz von Tuvia Rübner, „Mit dieser Nacht und all ihrem Schweigen". Lea Goldberg (1911–1970), in: Norbert Oellers (Hg.): „Manche Worte strahlen". Deutsch-jüdische Dichterinnen des 20. Jahrhunderts, Erkelenz 1999, 83–109.

schreibt Ruth ihre Briefe während einer Reise, genauer, einer Abschiedsreise, die sie von Marienburg über Berlin, Köln, Brüssel, Frauenburg, Brügge, Ostende und Paris nach Marseille führt, wo sie Europa und Immanuel verlassen und sich nach dem damaligen Palästina einschiffen wird. Von all diesen Städten sendet Ruth ihre kleinen *billets*, *mots d'amour* und Reiseeindrücke an den zurückbleibenden lieblosen Geliebten.

Vordergründig zeigt sich diese Reise zunächst imaginär, denn Ruth denkt sie sich in ihrem Zimmer aus, wenn sie munteren Tones schreibt (S. 67):

> El, El, El, Immanulino,
> Die Reise, die nun von Brüssel nach Paris geht, legt eine lange Strecke zurück vom Fenster meines Zimmers, das die Lampe und den Mond widerspiegelt, bis zu meiner geschlossenen Tür.
> Bei der Tür die erste Station: Die Reise hält inne, um den Schritten auf der Treppe zu lauschen. Ihre Räder sind bereit, die ganzen drei Stockwerke hinunterzurollen, wenn Deine Schritte unten zu hören wären. Doch diese sind nicht zu hören, und deshalb beschließt die Reise, sich nun doch nach Paris auf den Weg zu machen. Zu diesem Zweck galoppiert sie zum kulturellen Zentrum in meinem Zimmer, zum Schreibtisch. Hier nimmt sie die Kohle für den Weg auf (Tinte für den Füllfederhalter), und weiter galoppieren die Räder in die Nacht.

Zeit, Orte, Personen und Handlung des kleinen Romans weisen von Anfang an den autobiographischen Bezug zur Autorin auf. So fällt die Handlungszeit ebenso mit der Entstehungszeit des Textes wie mit der 1935 erfolgten *Alijja* Lea Goldbergs zusammen, ihrer Einwanderung nach dem damaligen Palästina. Und auf der oben skizzierten Reiseroute lassen sich unschwer die frühen Stationen im Leben Lea Goldbergs erkennen. Bewusst kokettiert denn auch das textimmanente ‚Ich' im Vorwort mit den Instanzen von Autor, Erzähler und Figur, dort, wo dieses ‚Ich' sich zum ersten Mal an Immanuel wendet (S. 7):

> Meine Heldin – Ruth – könnte, wie ich, in einer Zeit über dem Abgrund des Nichts leben. Sie weiß, daß sie reisen muß, der Weg jedoch ist ihr versperrt. Und vorläufig wird alles mehr und mehr zu Vergangenheit. Und sie hält sich an einer erdichteten Reise fest. Ruth ist kein sentimentales Fräulein. Sie schreibt Liebesbriefe, doch nicht, um sie später im Ofen zu verbrennen. Sie hat ein literarisches Ziel. Wirklich intime Briefe kann man nicht veröffentlichen. Deshalb habe ich eine Heldin gewählt, deren Name nicht meiner ist, und der Name ihres Geliebten ist nicht Dein Name. Wenn Ruth mir ähnelt

> und der, an den sie sich wendet, Dir, so sind sie dennoch nicht ich und nicht Du – sie sind Figuren, imaginär wie die Reise.

Die hier genannte „Zeit über dem Abgrund des Nichts" spielt unumwunden auf den aufkommenden Nationalsozialismus an, und deutlich spürbar ist das Bewusstsein, nach und vor allem auch *vor* einem großen Krieg zu leben. Unheilvoll flackern in den Briefen Streiflichter von Hakenkreuzen, Uniformen und SA-Truppen auf, von Flüchtlingen, antisemitischen Parolen und Repressionen gegen Juden. Aus der Perspektive eines zeitgenössischen Lesers und einer heutigen Leserin gehören die *Briefe von einer imaginären Reise* zu den Werken, denen ihr historischer Kontext eine zusätzliche Tiefe verleiht, wobei erstaunlich ist, mit welch klarem Blick die 25-jährige Lea Goldberg die politische Situation Jahre vor dem Zweiten Weltkrieg erfasst und in eindrückliche Bilder umsetzt, so etwa wenn Ruth an Immanuel von Paris aus schreibt, wie sie zunächst mit Vergnügen den Kindern im *Jardin du Luxembourg* beim Spielen zuschaut, dann aber … (S. 83–84):

> Nur einmal hat dieses Spiel mich zutiefst deprimiert. Es war in Deutschland. Neben meinem Haus sah ich eine Gruppe kleiner Kinder, die Krieg spielten. Eines von ihnen hatte eine alte Gasmaske aufgesetzt. Ich weiß nicht, wie sie in seine Hände gelangt war. Das war einer der schrecklichsten Anblicke, die ich je hatte. Diese Kleinen wußten schon etwas vom Krieg. Sie ahnten schon, daß er nicht nur Heldentum war, sondern auch – Tod. Und trotzdem begeisterte sie das Spiel … Es wird noch Kriege in der Welt geben.

Doch auch abgesehen von seinem Wert als Zeitzeugnis, einem Wert, den erst die zeitliche Distanz sichtbar macht, ist das Erstlingswerk Lea Goldbergs von hoher literarischer Qualität. Der Text lebt von präzisen Beobachtungen, die in ganz eigenwillige Metaphern gefasst werden. „Ich ging die große Schildkröte besuchen, die graziöse, lächerliche Bewegungen im Wasser vollführte – und so sehr einer alten amerikanischen Dame ähnelt, die Tango tanzt" S. (29) schreibt Ruth ihrem El über einen Besuch im Berliner Tiergarten. So ist der Duktus der Briefe vornehmlich lyrisch, der Ton manchmal heiter, meist jedoch melancholisch. Als ‚Causerie' bezeichnet die Verfasserin im Vorwort die Gattung ihrer Briefe (S. 8), wobei sich das anregende Plaudern immer wieder um die Literatur dreht. Kaum eine Seite ohne literarische Assoziationen und kulturelle Querbezüge: von griechischer Mythologie über chinesische Philosophie zu allen erdenklichen Klassikern der europäischen Literaturen verschiedenster

Epochen. Die Bibliothek, die sich in den *Briefen von einer imaginären Reise* abzeichnet, verrät einen unstillbaren *Bulmus*, den Heißhunger einer jungen Literaturverliebten. In der Tat scheint der kleine Briefroman ganz wesentlich aus dem Nährboden der Weltliteratur erwachsen – und selber auf dem Weg, Teil derselben zu werden.

Der kleine Briefroman einer gänzlich unerfahrenen jungen Autorin als Weltliteratur? Ein Briefroman als literarisches Debüt? Ein ambitiöses Unterfangen! Wählt doch Lea Goldberg damit ein prestigeträchtiges Genre, welches namentlich aus den romanischen Literaturen bekannt ist – allen voran durch Jean-Jacques Rousseaus *Julie ou la Nouvelle Héloïse* (1761). Und mehr noch als das: Im gleichen Alter wie der 25-jährige Johann Wolfgang Goethe seinen berühmten Briefroman *Die Leiden des jungen Werther* (1774) verfasst hatte, macht sich nun Lea Goldberg ihrerseits an ihre *Briefe von einer imaginären Reise* – die biographische Entsprechung konnte ihr kaum entgangen sein.

Und wenn die ‚Ich'-Figur Ruth ihre Briefe in wildem Durcheinander mit Schriftstellern zu überfrachten scheint – Goldoni, Goethe, Dostojewski, Gottfried Keller, Jules Verne, Oscar Wilde, Romain Rolland, Rainer Maria Rilke, Paul Valéry, Erich Maria Remarque etc., etc. – so entsteht doch keineswegs der Eindruck, dass hier eine Musterschülerin ihre Gelehrsamkeit zum Besten gibt. Vielmehr zeichnet sich bereits in Lea Goldbergs literarischem Debüt die Besonderheit ab, welche später ihrem Gesamtwerk eine unverkennbare Note verleihen wird: eine organische Verbindung zwischen Stoffen und Gattungen der Weltliteratur einerseits, sowie der jüdischen Überlieferung und dem hebräischen Traditionsschrifttum andererseits. Das, was dem traditionellen Judentum insbesondere im Ringen mit der aufkommenden Aufklärung immer wieder als unvereinbare Gegensätze gegolten hat – Heilige Schrift gegenüber weltlicher Literatur –, fügt Ruth alias Lea locker zusammen, indem sie etwa das Hohelied der Hebräischen Bibel in einem Atemzug mit den Schriften des russischen Schriftstellers Wassilij Wassiljewitsch Rosanow nennt (S. 50) – auch davon muss noch die Rede sein. Und wenn die ‚Ich'-Figur in ihrer Phantasie E. T. A. Hoffmann in derselben Berliner Kneipe ortet wie den Kabbalisten Moshe Chaim Luzzatto (S. 25), oder wenn sie den norwegischen Dichter Knut Hamsun explizit mit Uri Nissan Gnessin vergleicht (S. 37), einem Pionier der modernen hebräischen Literatur, so zeichnet sich damit das Unterfangen ab, die Errungenschaften europäischer Literatur sowohl mit dem alten hebräischen Schrifttum als auch mit der sich entwickelnden modernen hebräischen Literatur zusammenzudenken.

Diese Synthese ist es denn auch, die den *Briefen von einer imaginären Reise* eine dem Literalsinn beigeordnete Dimension verleiht, welche die eigentliche Tiefe von Lea Goldbergs Frühwerk ausmacht: die allegorische Ebene der Liebesgeschichte. Denn die *Briefe* erzählen nicht einfach von einer privaten Affäre zweier Liebender, sondern versinnbildlichen vielmehr Abschied und Trennung des Judentums von Europa, insbesondere von Deutschland. So richtet sich das ‚Du' der Liebeszeilen auch an Räume, Städte, allen voran an Berlin, wenn Ruth etwa ganz unvermittelt in einem ihrer Briefe an ihren Immanulino schreibt (S. 14):

> Früher liebte ich dich, Berlin. Ich liebte die Eitelkeit und Schmucksucht hier in diesen Straßen und die Düsterkeit der Blicke im Wedding, die hellerleuchteten Schaufenster im KaDeWe und den Heringsgeruch am Alex, deine Gestalt, mannigfaltig und unverständlich wie die Seele eines vertrauten Menschen. Und nun treffe ich auf eine fremde, abweisende Stadt.

Fließend geht der geliebte Ort in die geliebte Person über und umgekehrt die geliebte Person in den geliebten Ort.

Was die Autorin in ihrem Text als zusätzliche allegorische Ebene angelegt hat, wird der spätere Lauf der Geschichte auf tragische Weise akzentuieren, indem die unerwiderte Liebe Ruths zu Immanuel alias El beziehungsweise Immanulino symbolhaft für die gespannten Beziehungen zwischen den Juden und dem Europa der dreißiger Jahre steht – ein Europa, ein Deutschland, das nur wenige Jahre später die Juden ausspeien und vernichten wird. Mithin handeln denn auch die *Briefe von einer imaginären Reise* – ganz entgegen ihrem Titel – nicht von einer *imaginären* Reise. Diese ist vielmehr erschütternd konkret, und die Fiktion kippt unvermittelt in die Realität (S. 9): „Die imaginäre Reise endet mit Ruths wirklicher Abreise, und das ist wohl gut so. Jemand, der tatsächlich den Boden der Fremde betritt, weiß vielleicht mehr als jemand, der in Gedanken in die Ferne schweift."

Angesichts dieser mehr als überschatteten Beziehung und ihrem historischen Hintergrund erstaunt dann aber umso mehr Ruths letzter Brief, wo der Ton unvermutet froh wird. Und so kann Ruth ihrer Reise sogar eine Art Happy-End abgewinnen, wenn sie sich endgültig von Immanuel verabschiedet (S. 110):

> Das ist das Happy-End meiner Reise: Es ist glücklich, weil es mitnichten ein Ende ist, weil es ein Anfang ist und weil diesem Anfang ein starkes Wollen und großer Elan innewohnt und auch – spotte nur, wenn du magst – viel Glauben.

Solchermaßen aufgeräumt verlässt Ruth Deutschland Richtung Palästina. Und ebenso wandert Lea Goldberg in den zukünftigen Staat Israel ein, im Gepäck viele Kostbarkeiten europäischer Kultur, um in der neuen Heimat äußerst tatkräftig am Aufbau der aufblühenden hebräischen Literatur mitzuwirken.

„Du, El, Immanuel, mein Immanulino" – oder: ein Adieu an Gott

„Du, El, Immanuel, mein Immanulino!" – die Briefe, die Ruth an ihren schweigenden Geliebten richtet, erinnern zuweilen an magische Beschwörungsformeln, deren Zusammenschnitt aufhorchen lässt: „El, Kind, dort gebliebenes Kind! El, mein El! El, El, Du! El, El, El, Immanulino! El, fremder Mann El!" Eben war die Rede davon, dass es diesen männlichen Part in mehr als einem Schriftsinn zu entschlüsseln gilt: bald als tatsächlichen Liebespartner, bald als verlorenes Europa, als feindliches deutsches Gastland, welches es möglichst schnell zu verlassen gilt. Doch da ist noch eine Dimension mehr, eine Sinnbildlichkeit von nicht weniger Tragik, wenn Ruth auf der erträumten Wegstrecke zwischen Brügge nach Paris an und über El schreibt (S. 69):

> Und wenn man an Dich und an die Erde denkt – kann man nicht umhin, zu fühlen und zu sehen, daß du größer bist als sie, so wie Du jetzt größer bist als der Mond.
> Ich sehe Dich im Meer der Nacht durch meine kleine Schiffsluke, und Du füllst die Nacht aus. Du bist größer als mein Fenster und als das Haus, in dem Du wohnst, und größer als die Heimatstadt, die irgendwo an einsamen Küsten treibt, und als die Städte meiner Wanderschaft, die mir von weitem Zeichen geben.

Klingen da nicht transzendente Töne an? Ein erzwungener Abschied von einem sich verweigernden Gott? Die Frage ist insofern berechtigt als ja ‚El' auf hebräisch ‚Gott' bedeutet. Das bedarf der Klärung.

Einmal mehr verdeutlicht der Bezug zum Hohenlied die religiöse Positionierung des Autors beziehungsweise hier zum ersten Mal einer Autorin. Ein einziges Mal wird der biblische Liebestext explizit herangezogen, wenn Ruth in einer ihrer fingierten Postsendungen an Immanuel über Gerüche philosophiert (S. 50):

> Meines Erachtens gibt es eine „seelische Beziehung" zu solchen Düften jedoch vor allem bei Männern. Die Erinnerung daran, die im Gedächtnis der

> Nase aufsteigt, ist von großer Intimität und aufreizender Erotik (davon zeugen etwa das Hohelied und die Schriften Rosanows).

Nur in Klammern kommt das Hohelied hier zu stehen, und zudem wird es in einem Atemzug mit dem russischen Schriftsteller Wassilij Wassiljewitsch Rosanow (1856–1919) genannt. Von einer religiös sublimierten Allegorie im Sinne der Rabbinen keine Spur mehr, vielmehr taucht das Hohelied hier zur Veranschaulichung unverblümter Erotik auf. Und ebendiese Richtung vom Religiösen hin zum Säkularen zeigt auch der Auftakt desselben Briefes, wo ein herbstlicher Sonnenuntergang mit der *Havdala* verglichen wird, dem Ritual zum ausklingenden Schabbat (S. 49): „... wie eine gute Großmutter, die das Duftkästchen reicht zum Segenspruch beim Abschied vom Schabbat, ‚der das Heilige vom Profanen unterscheidet' und vielleicht endlich ‚das Profane vom Heiligen'?"

Die *Briefe von einer imaginären Reise* nennen somit das Hohelied, ohne es jedoch zu zitieren, so wie sie ganz allgemein darauf verzichten, direkt in die Hebräische Bibel einzublenden. Umso mehr springt die einzige Ausnahme ins Auge, ein Satz, den Ruth an Immanulino in Berlin schreibt, und welcher wörtlich den alttestamentlichen Prediger aufgreift (S. 17): „Ich werde meinen Weg machen von Entbehrung zu Entbehrung, von Einsamkeit zu Einsamkeit, doch ‚zu jeder Zeit sollen meine Kleider weiß sein und soll es an Öl auf meinem Haupt nicht mangeln'." Der Vers fällt biblisch ebenfalls im Kontext von einem Mann-Frau-Verhältnis, weit entfernt allerdings von den lieblichen Klängen des Hohenliedes und vielmehr durchdrungen von einer fundamentalen Lebensskepsis. Man höre nur wie wenig predigthaft da der biblische Prediger predigt (Kohelet 9,8–10):

> 8 Zu jeder Zeit sollen deine Kleider weiß sein,
> und es soll an Öl auf deinem Haupt nicht mangeln.
> 9 Genieße das Leben, mit der Frau, die du liebst
> alle Tage deines flüchtigen Lebens,
> das dir gegeben ist unter der Sonne,
> alle Tage deiner Flüchtigkeit.
> Denn das ist dein Teil am Leben
> und an deiner Mühe, womit du dich abmühst unter der Sonne,
> 10 Alles, was deine Hand zu tun findet,
> tu es mit deiner Kraft,
> denn es gibt weder Tun noch Rechnung,
> weder Wissen noch Weisheit in der Unterwelt,
> wohin du gehst.

Nicht den Gott Israels, sondern Vanitas, Vergänglichkeit und *Scheol*, die Unterwelt, beschwört da der althebräische Dichter herauf – und die junge hebräische Dichterin tut es ihm gleich. Dennoch ist sie dem Spirituellen zugeneigt, zeigt sich beeindruckt von der Schönheit von Kirchen, kann aber doch nur den Spuren einer vergangenen Gottespräsenz nachtrauern, wie beispielsweise in Ruths Brief aus Köln (S. 39)

> Wir traten aus dem Bahnhof hinaus und wurden, wie alle Reisenden hier, vom berühmten Dom empfangen. Es war eine dämmrige, neblige Morgenstunde, die Turmspitzen träumten von ihrem hohen Gott, und irgend etwas machte das Gebäude leichter und brachte es dem Herzen näher, und sein Anblick bedrückte mich nicht mehr wie in jenen früheren Tagen. Der Platz vor dem Dom war leer und grau wie eine verlassene Tischdecke, wenn die Gäste gegangen sind.

Risse im religiösen Konstrukt hatten bereits die Texte Agnons und An-Skis in den beiden vorangegangenen Kapiteln aufgewiesen. Angesichts der Schoa aber klaffen solche Risse zum Bruch auf, sodass der Abschied von Gott unvermeidlich scheint. Was in Lea Goldbergs vor dem Zweiten Weltkrieg verfassten Briefroman noch moderat formuliert daherkommt, wird sich während und nach der Schoa selber zu einer undurchdringlichen ‚Gottesfinsternis' (Martin Buber) verdüstern. Der Holocaust und die jüdische Liebesliteratur sind kaum zu vereinbarende Welten. Allen voran die erste und zweite Autorengeneration von Schoa-Literatur drängt die Themenverbindung von Gott und Geschlechterliebe mit geradezu zentrifugaler Dynamik an den Rand des Geschehens und dort, wo solche Themen dennoch vereinzelt auftauchen, bekunden sie eine beklemmende Unvereinbarkeit zwischen göttlicher Präsenz, Liebe und Genozid.[19]

Doch damit zurück zu Lea Goldbergs *Briefen*. Auf ihrer Suche nach Sinn und Spiritualität inspiriert sich Ruth schließlich an Gesprächen mit ihrem ehemaligen Kommilitonen, einem indischen Freund namens Schanthilal (S. 42)

> Niemals werde ich einen Frühlingsabend im Garten vergessen, in einer kleinen Stadt am Rhein, als dieser eingeschworene Zweifler, dessen größtes Leiden es war, alles in Frage zu stellen, mir plötzlich sagte: „Und vielleicht werde ich nicht zu den Ufern des Amazonas flüchten, vielleicht werde ich in einen unserer Wälder in Indien gehen, mich in die Einsamkeit zurückziehen und

19 Beispielsweise das Drama aus dem Warschauer Ghetto von Jitzchak Katzenelson, Hiob – Eine biblische Tragödie in drei Akten, übersetzt und eingeleitet von Marion Eichelsdörfer, Berlin 2015 (jiddische Originalausgabe 1941).

> mir einen Gott finden" – und um die reale Möglichkeit dieser Worte zu beweisen, fügte er mit einer begeisterten, traurigen Wärme hinzu: „Bei uns tun das viele."

Einen Gott finden – sich einen neuen Gott erfinden! Das ist existentialistisch gesetzt. Und dieser Idee gemäß wird Lea Goldberg die ihr ganz eigene geistige Erfülltheit in die imaginären Welten ihrer Literatur einbringen.

Ein Erstlingswerk als Lebensentwurf?

Betrachtet man Lea Goldbergs gesamtes Leben und Werk im Vergleich mit den *Briefen von einer imaginären Reise*, drängt sich abschließend die Frage auf, inwiefern dieses literarische Debüt bereits das ganze Lebensprogramm der Autorin, Übersetzerin und Wissenschaftlerin vorwegnimmt, scheint doch die junge Dichterin ihre Lebenslinien schon 1935 erstaunlich präzise auszuziehen, und dies im Kleinen wie im Grossen, in einzelnen Details wie auch in grundsätzlicher literarischer Ausrichtung und Lebensgestaltung.

So fallen in dem frühen Briefroman eine Menge Einzelheiten und peripherer Passagen auf, die in ihrem späteren Oeuvre zunehmend Raum einnehmen werden.

Da ist zunächst Ruths Interesse an bildender Kunst, das Lea Goldbergs künstlerische Begabung vorwegnimmt und sich in den kommenden Jahren in den Illustrationen ihrer Kinderbücher konkretisieren wird. Ebenso zeichnen sich bei Ruth und Lea gleichermaßen eine spezielle Vorliebe für altfranzösische Literatur ab, wenn Ruth an Immanuel aus Paris ausführlich über ihr imaginäres Zwiegespräch mit dem mittelalterlichen Poeten François Villon berichtet (S. 91–95), und dieses besondere Interesse 1966 mit der bereits erwähnten Übersetzung des altfranzösischen Singspiels *Aucassin et Nicolette* ein fruchtbares Nachspiel haben wird. Weiter zeugen mehrere Szenen von Ruths besonderer Sensibilität für Kinder und Tiere, einer innigen Zuwendung, welche sich in den folgenden Jahren in Leas zahlreichen Kindertexten niederschlagen wird. Auf diese Weise scheint etwa aus einer detaillierten Beschreibung zweier Rehe im Pariser *Jardin des Pantes*, die Ruth an Immanuel schickt (S. 75–76), Lea Goldbergs bekanntes Kinderlied *Ma 'osoth ha-ajjalot* zu wachsen, eine reizende Gute-Nacht-Geschichte, welche die Frage stellt, was Rehe wohl nachts alles anstellen und wovon sie träumen.[20] Wie wichtig der Dichterin das Urteil von Kindern war, veranschaulicht sie mehrfach an ihrer Protagonistin, in Ruths behutsamem Umgang mit den Kleinen, anhand ihrer Schilderungen kindlichen Spielens und nicht zuletzt mit den Worten (S. 83): „Ich fürchte mich vor dem Spott der Kinder."

Von solchen mehr punktuellen Einzelheiten abgesehen antiziperen die *Briefe von einer imaginären Reise* aber auch die übergeordneten Linien von Lea Goldbergs Leben und Werk.

Hier ist an allererster Stelle die Sprache zu nennen, welche die Autorin für ihr literarisches Debüt gewählt hat, denn es ist alles andere als selbstverständlich, dass Lea Goldberg schon Mitte der dreißiger Jahre – noch in Deutschland, auf dem Weg nach Palästina oder eben erst im Land Israel angekommen – Hebräisch schreibt. Einerseits weil ihre Muttersprache Russisch und die Sprache, in der sie studiert und promoviert hatte, Deutsch war. Andererseits aber auch, weil die hebräische Literatur bis ins 20. Jahrhundert als reine Männerdomäne zu betrachten ist, in der sich vor der Staatsgründung nur zaghaft Frauenstimmen zu Wort meldeten,[21] und Lea Goldberg sich nun mit einem fehlerlosen, klaren und schönen Hebräisch als blutjunge Dichterin in diese Tradition einbringt.[22] Von eben diesem Selbstbewusstsein spricht denn auch Ruth, wenn sie an ihren Immanulino von Paris aus schreibt (S. 89):

> Ich bin keine junge Dame, die Gedichte schreibt – ich bin Dichterin. Mein Gedicht ersetzt kein Schmuckstück. Es ist kein Zierrat. Ein Gedicht ist ein Gedicht. Mehr als alles ähnelt es der Liebe – in ihm, wie in der Liebe, ist es am schwersten zu erkennen, wo das Fleisch endet und wo die Seele beginnt, wo die Grenzen zwischen Form und innerer Verfassung verlaufen. Deshalb ist wahre Poesie erotisch im Grund ihres Wesens, ob es nun religiöse, philosophische oder Naturdichtung ist.

Zunächst nur am Rande vermerkt eine Notiz zur Übersetzung: Im hebräischen Original heißt es an dieser Stelle „*ani meschorer* – ich bin Dich-

---

[20] Lea Goldberg, *Ma 'osoth ha-ajjalot* – Was machen die Rehe, in: Nira Harel (Ed.), *Scharscheret Sahav* – The Golden Chain: Best Hebrew Poems for Children, Tel-Aviv 2007 (hebr.), 44–45.

[21] Beispielsweise die Dichterin Rachel (mit vollem Namen Rachel Bluwstein; 1890–1931), die eine Generation älter als Lea Goldberg war, hingegen bereits 1909 als junges Mädchen nach Palästina gekommen war und dort erst Hebräisch zu schreiben begann.

[22] Zum Spannungsfeld dieser drei Sprachen beziehungsweise ihrer Literaturen und Kulturen im Leben und Schaffen Lea Goldbergs, wiedergegeben im Bild dreier Landschaften vgl. Natasha Gordinsky, *Bi-schloscha nofim. Jeziratah ha-muqdemet schel Lea Goldberg* – In Three Landscapes. Lea Goldberg's Early Writings, Jerusalem 2016 (hebr.).

ter".[23] Lea Goldberg wählt mithin die maskuline Form, sei es, dass eine hebräische Dichterin in den dreißiger Jahren des 20. Jahrhunderts eben noch eine zu fremde Vorstellung war, sei es, dass sie sich in der Figur Ruths selbstbewußt an die Seite der hebräischen Dichter sowohl der Tradition als auch ihrer eigenen Generation positioniert. Der vorliegende Ausschnitt führt dann in seiner Verknüpfung von Poesie und Liebe zu einer weiteren Konstante, die im Briefroman ihren Ausgang nimmt und bis zum Spätwerk führt: das Gefühl des Nicht-Geliebt-Werdens, eine Kluft im Verhältnis zwischen Mann und Frau, welche zuweilen in geradezu verstörenden Vergleichen zum Ausdruck kommt, wie dort etwa, wo Ruth an Immanuel über die Fahrt von Berlin nach Köln schreibt (S. 38):

> Im Nebenabteil saßen drei Männer. Ich trat hinaus in den Gang. Sie sprachen über Frauen – der eine mit Haß, der zweite ironisch und verachtungsvoll, der dritte seine Lippen leckend – so empfand ich es. Es ist eigenartig, ich habe es einige Male bemerkt – Ihr, die Männer, wenn Ihr unter euch seid, könnt dieses seltsame Bedürfnis nicht bezwingen, über Frauen zu sprechen – wie Antisemiten über Juden.

Ein solch böses Beziehungsbild mag Ausdruck davon sein, wie schwer sich Lea Goldberg Zeit ihres Lebens mit dem anderen Geschlecht getan hat. Vielleicht aber verfasste sie gerade aus dieser Gebrochenheit heraus unvergleichlich berührende Liebesgedichte? Bei einer Lyrikerin von ihrem Format ist die Frage allerdings weniger, inwiefern die Alltäglichkeiten gelebter Liebesgeschichten die poetische Kreativität beeinträchtigt oder die zart getuschten Idealbilder vom Liebeszauber verwischt hätten als vielmehr, ob es sich bei der tragischen Liebesgeschichte zwischen Ruth und Immanuel um den Ausdruck prägender Verletztheit, erspürten Fatums oder aber um ein bewusst gewähltes Lebensprogramm der Autorin handelt – die Frage bleibt hier unbeantwortet, ebenso wie Ruths Briefe an Immanuel. Bedrückend ist die leitmotivische Einsamkeit und Schwere, welche den frühen Briefroman ebenso wie das spätere Gesamtwerk Lea Goldbergs durchwirken, der Gedanke, die Liebe nur vom Hörensagen zu kennen, ein Gedanke, den sie der jungen Ruth auf einem Spaziergang in Paris in den Mund legt als Motto all ihrer zukünftigen Bücher (S. 86):

> Deshalb stieg gestern, während meines einsamen Spazierganges, schemenhaft das Gesicht des fünfzehnten Jahrhunderts vor mir auf – verschwommen regte es sich wie etwas Fernes, das ich nur vom Hörensagen kenne, wie die Liebe,

[23] Lea Goldberg, *Michtavim mi-nesi'a medumma*, a. a. O., 95.

die in jenem traurigen Poem beschrieben wurde, das all meinen Büchern als Motto dienen könnte und vor fünfhundert Jahren geschrieben wurde:
„Cest livret voult dicter & faire escripre,
Pour passer temps sans courage vilain,
Ung simple clerc, que l'en appelle Alain,
Qui parle ainsi d'amours pour oyr dire."
„Dieses Buch diktierte und kopierte, um die niederträchtige, mutlose Zeit zu tilgen, ein einfacher Clericus mit Namen Alain, der von der Liebe nur vom Hörensagen spricht."

Die eindrücklichste Vorwegnahme jedoch ist der Stellenwert der Literatur (S. 79): „Das ist für immer mein Problem – die Literatur dient mir als Brille" – schreibt Ruth aus Paris, und diese Brille wird Lea bleibend auf der Nase kleben. Über eine unstillbar literarische Leidenschaft hinaus kündigen die *Briefe von einer imaginären Reise* zudem den spezifischen Ansatz von Lea Goldbergs Schreiben an. Einerseits ihre Vorliebe, den Texten eine allegorische Ebene beizufügen: So wie Ruth und Immanuel als symbolische Figuren für das Judentum und das ungastliche Gastland oder für das Judentum und seinen schweigenden Gott gelesen werden können, implizieren später – weniger tragisch zwar, aber ebenso existentiell – in Lea Goldbergs berühmtestem Kinderbuch, *Wohnung zu vermieten*, die verschiedenen Tiere, die sich entschließen, gemeinsam in einem Haus zu wohnen, unverkennbar das zuweilen angespannte Zusammenleben von Juden verschiedenster Herkunftsländer im jungen Staat Israel.[24] Andererseits die organische Verbindung von hebräischem und jüdischem Schrifttum mit der Weltliteratur: Als letztes Beispiel sei an dieser Stelle *Der Geizhals* erwähnt, eine reizende und gleichzeitig bitterernste Erzählung, in der die Autorin die universale Gattung des Märchens und die ebenso allgemein beliebte Figur des Geizhalses mit Motiven unverkennbar jüdischer Traditionsliteratur ausstattet wie beispielsweise mit dem aus dem Midrasch bekannten Todeskuss oder mit der biblischen Gottesschau des Elija.[25]

Literatur als Lebensweg – damit könnte man Lea Goldbergs Biographie insgesamt resümieren. Und mag auch ein melancholischer Schatten auf dem Leben der großen Dichterin liegen, so mündet dieses doch ebenso wie die *Briefe von einer imaginären Reise* in ein Happy-End, denn unge-

[24] Lea Goldberg, *Dira le-haskir* – Wohnung zu vermieten, aus dem Hebräischen von Sonja Pilz, in: www.orient.uni-freiburg.de/judaistik. Der Text ist auch von dem israelischen Komponisten Jechesqel Braun als Singspiel vertont worden.

[25] Gabrielle Oberhänsli-Widmer, Aus jüdischen Quellen: Lea Goldbergs Märchen *Der Geizhals* (1930), in: Judaica 67/1, 2011, 97–105.

brochenen strahlt der Glanz von ihrem literarischen Nachlass. An einer Stelle muss man deshalb auch – bei allem Respekt – der großen Dichterin widersprechen: Sie kannte die Liebe nicht nur vom „oyr dire", vom Hörensagen, wenn ihr vielleicht auch in der Levante kein israelischer Immanulino begegnete, aber ihre literarische Liebeserklärung ans Land Israel und seine Natur, an Kinder und Tiere, vor allem aber an die hebräische Sprache und Literatur ist beispiellos. Mit ihrer Kreativität als Schriftstellerin und Lyrikerin bereicherte sie das jüdische Schrifttum und wußte ihre Kompetenz als Komparatistin und Übersetzerin behutsam, harmonisch und stimmig in die hebräische Literatur einzubringen. Wer ihre Texte studiert, ihre Kinderbücher vorliest oder ihren vertonten Gedichten lauscht, kann auch heute, bald ein halbes Jahrhundert nach ihrem Tod, nicht umhin, als Lea Goldberg innig ins Herz zu schließen.

11 Phobien im jungen Staat Israel
Amos Oz, *Mein Michael* (1968)

Der Leser hüte sich vor dem Autor! Argwohn sei angesagt vor dem Erzähler! Denn nicht selten führt die Schriftstellergilde ihr Publikum mit metasprachlichen Notizen genüsslich an der Nase herum: Locker in den Plot eingewickelte Schreibrezepte oder zwischen die Zeilen geträufelte Interpretationsempfehlungen weisen zuweilen gewollt in literarische Sackgassen.

Auf solche Art konfrontiert auch der israelische Autor Amos Oz die Leserin in seinem ersten großen Erfolgsroman *Mein Michael* mit dem Satz: „Damals glaubten die Gelehrten noch, der Autor selbst stehe in enger Beziehung zu seinem Buch."[1] Im Kontext der Handlung hallt die Aussage als philologische Erkenntnis ersten Ranges durch die Vorlesungssäle der Hebräischen Universität in Jerusalem und impliziert mithin, dass eine solch altmodische Position in der Literaturwissenschaft nun als endgültig überwunden gelten dürfe und sich demzufolge auch das vorliegende Buch frei jeglicher autobiographischer Restbestände präsentiere. Doch das ist insbesondere im Fall von *Mein Michael* weit gefehlt, und der ironische Gruß des listigen Autors gilt wohl Wissenschaft und Leserschaft gleichermaßen.

Tatsächlich ächtete die Literaturwissenschaft im Zuge von Strukturalismus und Semiotik eine gewisse Zeit lang jede autobiographische Annäherung an fiktionale Texte, und sicherlich kann das voyeuristische Wühlen im Lebenslauf eines Schriftstellers die Textanalyse nach wie vor nicht ersetzen. Den ‚Ausgangsschmerz'[2] für das Schaffen eines Autors zu kennen, mag Leser und Leserin indes äußerst hilfreich sein, sich gegen gewiefte Erzähler zu wappnen und die passenden Schlüssel zur Lektüre zu finden.

---

1 Amos Oz, Mein Michael, aus dem Englischen übersetzt von Gisela Podlech-Reisse, Frankfurt a. M. 1989 (Düsseldorf 1979; hebräische Originalausgabe 1968), 52. Die Zitate folgen dieser Ausgabe.

2 Matthias Politycki, Schräglage zur Welt – Was bringt den Schriftsteller zum Schreiben?, in: Neue Zürcher Zeitung 293, 15. Dezember 2012, 61–62.

Ein internationaler Bestseller und sein israelischer Autor

Amos Oz wurde 1939 als Amos Klausner in Jerusalem geboren. Er entstammt einem osteuropäischen intellektuellen Milieu. Bekannt ist der Name insbesondere aufgrund von Amos' Onkel, dem Historiker und Literaturwissenschaftler Joseph Gedaljah Klausner – man erinnert sich an den nachbarlichen Intimfeind von Samuel Joseph Agnon aus dem achten Kapitel. Obwohl die Familie die jüdische Tradition wenig pflegte, besuchte Amoz eine religiöse Schule. Fünfzehnjährig, nach dem Tod seiner Mutter, verließ er Jerusalem, wurde Mitglied im Kibbuz Hulda und änderte seinen Namen von Klausner zu Oz (was hebräisch ‚Kraft' oder ‚Macht' heißt). Das Kibbuz ermöglichte ihm später ein Studium der Philosophie und Literatur an der Hebräischen Universität. 1986 übersiedelte er in die Wüstenstadt Arad, wo er neben seinem literarischen Schaffen von 1987 bis 2005 auch Literatur an der Ben-Gurion-Universität in Beerscheva lehrte und seit 1993 den renommierten Agnon-Lehrstuhl innehatte.[3]

Sein Werk umfasst inzwischen mehr als dreißig Bücher, vorwiegend fiktionale Literatur – genauer: psychologisierende Beziehungsromane im soziokulturellen und politischen Spannungsfeld des modernen und zeitgenössischen Israel –,[4] aber ebenso dokumentarische Aufnahmen,[5] literaturwissenschaftliche Studien,[6] Kinderliteratur,[7] ein Märchen[8] sowie hunderte politische Artikel, die das Engagement und den Einfluss des Autors über die Jahrzehnte dokumentieren: plakativ verkürzt ein ‚linker Zionist',

3 Arnold J. Band, From Klausner to Oz and back, in: Mediating Modernity, 2008, 315–324.

4 Bekannte Titel sind: Amos Oz, Der perfekte Frieden. Roman, aus dem Hebräischen von Ruth Achlama, Frankfurt a. M. 1987 (hebräische Originalausgabe 1982); ders., Black Box. Roman, aus dem Hebräischen von Ruth Achlama, Frankfurt a. M. 1989 (hebräische Originalausgabe 1987); ders., Eine Frau erkennen. Roman, aus dem Hebräischen von Ruth Achlama, Frankfurt a. M. 1991 (hebräische Originalausgabe 1989); ders., Der dritte Zustand. Roman, aus dem Hebräischen von Ruth Achlama, Frankfurt a. M. 1992 (hebräische Originalausgabe 1991).

5 Amos Oz, Im Lande Israel. Herbst 1982, aus dem Hebräischen von Raya Natenbruk, Frankfurt a. M. 1984 (hebräische Originalausgabe 1983).

6 Besonders zu erwähnen ist die im achten Kapitel bereits erwähnte Studie über den Literaturnobelpreisträger Samuel Joseph Agnon: Amos Oz, Das Schweigen des Himmels. Über S. J. Agnon, aus dem Hebräischen von Ruth Achlama, Frankfurt a. M. 1998 (hebräische Originalausgabe 1993).

7 Amos Oz, Sumchi. Eine wahre Geschichte über Liebe und Abenteuer, aus dem Hebräischen von Mirjam Pressler, Reinbek bei Hamburg 1997 (hebräische Originalausgabe 1978).

8 Amos Oz, Plötzlich tief im Wald. Ein Märchen, aus dem Hebräischen von Mirjam Pressler, Frankfurt a. M. 2006 (hebräische Originalausgabe 2005).

1978 Mitbegründer der *Peace Now*-Bewegung, Mitglied der *Meretz*-Partei und lange Zeit Verfechter einer Zweistaatenlösung.[9]

In zahlreichen Gattungen bewandert, höchst produktiv, gedanklich und literarisch souverän, zählt Amos Oz national und international zu den führenden zeitgenössischen Schriftstellern. Seine Bücher sind in über vierzig Sprachen übersetzt und etwa ebenso viele Preise und Ehrendoktoren konnte er bisher in Empfang nehmen – kaum ein westliches Land, das ihn nicht ausgezeichnet hat: der *Friedenspreis des Deutschen Buchhandels* (1992), der französische *Prix Femina Etranger* (1988), der *Israel-Preis* für Literatur (1998), der spanische *Prinz von Asturien-Preis* (2007) oder der italienische *Primo Levi-Preis* usw., und allein in diesem Jahr sind der *Abraham Geiger Preis* und der *Mount Zion Award* (2017) dazugekommen. Als Krönung eines solchen Oeuvre fehlt einzig der *Nobelpreis*, den bis anhin für hebräische Literatur bekanntlich nur Samuel Joseph Agnon im Jahr 1966 erhalten hat.

Doch damit zurück zum Anfang der Karriere. Der Roman *Mein Michael* ist eines der ersten Werke des jungen Amos Oz, sein Durchbruch und nach wie vor ein Dauerbrenner – hebräisch liegt inzwischen die 42. Auflage vor.[10] 26-jährig als Kibbuznik beginnt Amos Oz mit der Niederschrift und beendet sie nach zwei Jahren kurz vor dem Sechs-Tage-Krieg 1967. Ein schriftstellerisches Wagnis, denn der Autor wählt als Erzählform das ‚Ich' einer Frau, schlüpft mithin ganz und gar in die Haut der weiblichen Protagonistin,[11] Hannah Gonen-Grynbaum, einer dreißigjährigen Israelin, 1930 in Jerusalem geboren, Mutter eines kleinen Sohnes namens Yair und Ehefrau des Geologen Michael Gonen. *Mein Michael*

---

9 Zur Literatur von und über Amos Oz vgl. den Katalog der Deutschen Nationalbibliothek: https://portal.dnb.de/opac.htm?method=simpleSearch&query=118855379 (aufgerufen am 30.7.2017); sowie das Amos-Oz-Archiv der Ben Gurion Universität des Negev: http://in.bgu.ac.il/en/heksherim/Archives/Pages/Amos-Oz-Archive.aspx (aufgerufen am 30.7.2017).

10 Amos Oz, *Michael schelli* – My Michael, Tel-Aviv 2008 (1968; hebr.).

11 Dass sich ein Autor nachgerade und meisterlich in seine Protagonistin eindenkt, ist spätestens seit *Madame Bovary* (1857) bekannt – man erinnert sich an dessen Einfluß auf Scholem Alejchems *Stempenju* aus dem siebten Kapitel. Allerdings hat Gustave Flaubert dies mit einem allwissenden Erzähler realisiert, der in der dritten Person von Emma berichtet; vgl. dazu auch Masha Itzhaki, Tirza Mazal („A la fleur de l'âge") et Hannah Gonen („Mon Michael") – deux variations hébraïques d'Emma Bovary?, in: Tsafon 43, 2002, 43–54. Im Rückblick von vierzig Jahren kommentiert Amos Oz seine besondere Erzählform mit der lakonischen Bemerkung: „Im Zuge von *Mein Michael* bekam ich viele Briefe von Leserinnen, die mich voller Überraschung fragten: ‚Wie konnten Sie das wissen?' Und ebenso viele andere Briefe von Leserinnen, die mich rügten im Sinne von: ‚Sie haben ja keine Ahnung!' Wer von beiden Recht hat, werde ich wohl meiner Lebzeit nie erfahren." Zitiert nach: Amos Oz, *Michael schelli*, a. a. O., 5.

meint mithin die Stimme Hannahs. So ist der Roman ein ununterbrochener dreihundert Seiten langer Monolog, ein Rückblick auf zehn Jahre Ehe und auf das Jerusalem der fünfziger Jahre. Hier der Auftakt (S. 5):

> Ich schreibe dies nieder, weil Menschen, die ich geliebt habe, gestorben sind.
> Ich schreibe dies nieder, weil ich als junges Mädchen erfüllt war von der Kraft der Liebe und diese Kraft der Liebe nun stirbt. Ich will nicht sterben.
> Ich bin 30 Jahre alt und eine verheiratete Frau. Mein Mann, der Geologe Dr. Michael Gonen, ist ein gutmütiger Mensch. Ich liebte ihn. Wir lernten uns vor zehn Jahren im Terra-Sancta-College kennen. Ich studierte damals im ersten Studienjahr an der Hebräischen Universität, als die Vorlesungen noch im Terra-Sancta-College stattfanden.
> Und so lernten wir uns kennen …

Im Folgenden erzählt Hannah ihre Lebens-, Liebes- und Ehegeschichte, angefangen von der ersten Begegnung mit ‚ihrem Michael' im winterlichen Jerusalem bis hin zum Zeitpunkt ihrer Niederschrift im Jetzt, grob umrissen die Jahre 1950–1960. Mehr oder weniger chronologisch entspinnt sich der Erzählfaden, nur hin und wieder unterbrochen von Retrospektiven, welche in Kindheit und Jugend zurückblenden. Dabei entstehen Bilder eines unspektakulären Alltags: Hochzeit, Geburt des Sohnes, Studium und Beruf, familiäres Zusammenleben, kleinere Krankheiten, Gespräche mit Bekannten, Episoden mit Nachbarn, Erlebnisse mit Freunden. Das Dekor des täglichen Einerleis allerdings, die Stadt Jerusalem, drängt sich bedrohlich in den Plot, dominiert über große Strecken die Handlung und überblendet permanent die Protagonistin Hannah (S. 18):

> In Winternächten sehen die Gebäude Jerusalems wie graue, vor einer schwarzen Leinwand erstarrte Formen aus. Eine Landschaft, gesättigt mit unterdrückter Gewalt. Jerusalem kann zuweilen eine abstrakte Stadt sein: Steine, Kiefern und rostendes Eisen.

Das Jerusalem der fünfziger Jahre. Damals noch eine Provinzstadt. Minuziös beschreibt Hannah einzelne Viertel und Gassen, erwähnt prägende lokale Persönlichkeiten wie Hugo Bergmann oder Joseph Klausner, gibt Stimmungen und Atmosphäre wieder. Kalt, eng, dunkel und bedrückend ist nicht nur die Wohnung der jungen Familie im Viertel Meqor Barukh, sondern insgesamt löst Jerusalem Klaustrophobie aus und kippt in Hannahs Wahrnehmung immer wieder von einem realen Ort zu einem mythischen Schauplatz (S. 54): „„Am Ende aller Zeiten wird das Meer wieder

Jerusalem bedecken', sagte ich voll Überzeugung." Auffällig wenig Aufmerksamkeit richtet Hannah auf die konkrete politische Situation, nur am Rande sozusagen als Entourage ihrer Befindlichkeit erwähnt sie den Suez-Krieg von 1956, als während einer ihrer Fieberattacken Michael als Reservesoldat eingezogen wird. Die damals feindlichen Nachbarstaaten Ägypten, Syrien, Jordanien zeichnen sich kaum am Horizont ab. Was aber an Realien seltsam ausgespart wird, bricht sich umso mehr Bahn in Hannahs Phantasien und Phobien. Und hier eröffnet sich die zweite Ebene des Romans: dramatisch, gewalttätig und zerstörerisch, die Welt von Hannahs Träumen, wo sich politische Bedrohung und Kriegsängste gefährlich in eine labile Psyche einnisten. Leitmotivisch dafür stehen die Erinnerungen an die arabischen Zwillinge Halil und Aziz, Spielkameraden, mit denen zusammen Hannah die Kindheit in Qiryat Shemuel, am Rande des Jerusalemer Vororts Katamon verbracht hatte, und die nun – in ihrer Vorstellungswelt zu ebenso aggressiven wie attraktiven Sadisten mutiert – durch ihre Alpträume geistern (S. 44):

> Ich war allein. Frauen kreischten. Zwei Männer tauchten auf und trugen mich weg. Sie waren in ihren wehenden Gewändern nicht zu erkennen. Nur ihre funkelnden Augen konnte man sehen. Ihr Griff war rauh und schmerzhaft. Sie zerrten mich gewundene Straßen hinunter bis zu den Randgebieten der Stadt. Die Gegend ähnelte den steilen Gassen hinter der Straße der Abessinier im Osten Neu-Jerusalems. Ich wurde viele Treppen hinunter in einen von einer schmutzigen Petroleumlampe erleuchteten Keller gestoßen. Der Keller war schwarz. Man warf mich auf den Boden. Ich konnte die Feuchtigkeit spüren. Es stank. Von draußen hörte ich ein ersticktes, irres Bellen. Plötzlich warfen die Zwillinge ihre Gewänder ab.

In Hannahs Träumen verfangen sich wohl Erinnerungsfetzen an konkrete Kriege – an den Zweiten Weltkrieg ebenso wie an den Unabhängigkeitskrieg von 1948 –, doch das eigentlich Bedrängende verdichtet sich in sadomasochistischen Szenarien, in denen zumeist die arabischen Zwillinge Hannahs erotisches Gegenüber mimen, bald als Vergewaltiger, bald als hörige Gespielen oder willfährige Sklaven, wobei sich die Grenzen zwischen Träumen und Tagträumen zunehmend verwischen. Hannah leidet ganz offensichtlich an Wirklichkeitsverlust (S. 175):

> Es war Nacht in Danzig. Tel Arza und seine Wälder standen im Schnee. Eine riesige Steppe erstreckte sich über Mahane Yehuda, Agrippa, Sheikh Bader, Rehavya, Bet Hakerem, Qiryat Shemuel, Talppiyot, Givat Shaul bis zu den Hängen von Kfar Lifta. Steppennebel und Dunkelheit. Das war mein Danzig.

> Ein Inselchen wuchs mitten in dem kleinen See am Ende der Mamillah-Straße. Auf ihm stand die Statue der Prinzessin. Im Stein war ich.

Danzig in Israel, Jerusalem in Polen. Diese Hannah erscheint als ‚Ich'-Erzählerin unhaltbar, als psychisch Erkrankte jedoch besonders sensibel, hellsichtig und durchlässig für die Spannungen ihrer Umgebung. Der nächste arabisch-israelische Krieg steht vor der Tür.

Eine etwas angeschlagene Hausfrau in Meqor Barukh, ein Regionalkonflikt in der Levante der Fünfzigerjahre, mag sich nun ein kritischer Leser sagen, eine provinzielle Lektüre. Die Rezeption des Romans aber widerlegt eine solche Einschätzung, denn so regional eng *Mein Michael* auch daherkommt, so nachhaltig ist sein Echo weltweit. In Israel wurde das Buch über Nacht zum Bestseller mit über hunderttausend Exemplaren in der Originalsprache, im Ausland sind es mittlerweile mehrere hunderttausend Exemplare in 28 verschiedenen Sprachen, in 72 Auflagen und Ausgaben.

Eine solche Faszination verdient genauere Betrachtung.[12]

Biographisches und Autofiktionales

Mein Michael – suggeriert der Titel nicht Zuwendung? Und wer und wie ist dieser Michael?

Ein überaus rücksichtsvoller Partner – das dringt selbst durch Hannahs negativ eingefärbte Darstellung –, seiner Frau und seinem Sohn uneingeschränkt zugeneigt, integrativ im Rahmen der Familie, nachgiebig, klug. Seit ihrer ersten Begegnung versucht Michael, Hannah vor dem Fall zu retten. Auch im übertragenen Sinn (S. 5):

> Und so lernten wir uns kennen:
> An einem Wintertag um neun Uhr morgens rutschte ich beim Hinuntergehen auf der Treppe aus. Ein junger Unbekannter packte meinen Ellenbogen und fing mich auf. Seine Hand war kraftvoll und beherrscht. (…) Er machte einen Satz, um meinen Sturz zu verhindern; ich stützte mich auf seinen Arm, bis der Schmerz verging. Ich war hilflos, (…). Und ich war verlegen, weil die Hand des jungen Fremden breit und warm war. (…) Es war Winter in Jerusalem.

[12] Zur Sekundärliteratur sei verwiesen auf Shimrit Peled, The Woman in the Urban Space: a Journey through Amos Oz's *My Michael*, Tel-Aviv University 2002; Shimrit Peled, „Master regained" – Israeli Jewish Sovereignty and Space in the Israeli Novel 1967–1973, in: Journal of Modern Jewish Studies 10/2, 2011, 263–284.

Stabil, integer und warm wirkt dieser Michael. Ganz im Gegensatz zum irritierenden ‚Ich' von Hannah, das kalt, lieblos, neurotisch, unterschwellig gewalttätig und herrschsüchtig daherkommt. Ein ‚Ich', mit dem man sich schwer tut, werden doch Leser und Leserin in eine erste Person Singular gezwängt, die sich selbst und ihrer Umgebung mit kaum nachvollziehbarer Destruktion begegnet. Sadistisch gegenüber einem harmlosen und anrührend ungelenken orthodoxen Verehrer, kühl distanziert gegenüber ihrem Sohn Arye, gefühlskalt gegenüber ihrem Mann Michael (S. 81): „Ich war eine gleichgültige Mutter während der ersten Monate im Leben meines Sohnes", erinnert sich Hannah. Und als Michael ihr mitteilt, dass ein bekannter Geologe die Resultate der fast fertigen Doktorarbeit widerlegt hat, quittiert sie das mit den Worten (S. 236): „Armer alter Michael. Jetzt kannst du deine ganze Arbeit zerreißen und wieder von vorn anfangen." Vor allem aber verstört Hannahs masochistische Neigung, besonders augenfällig, als sie eines Tages an Angina erkrankt (S. 173–174):

> Kaum war die Tür hinter meinem Mann ins Schloß gefallen, sprang ich barfuß aus dem Bett und stürzte wieder ans Fenster. Ich war ein wildes, ungehorsames Kind. Ich strapazierte meine Stimmbänder singend und schreiend wie ein Trunkenbold. Schmerz und Vergnügen entzündeten sich aneinander. Der Schmerz war köstlich und berauschend. Ich füllte meine Lungen mit Luft. Ich brüllte und heulte, ich ahmte Vögel und Tiere nach (...). Ich wurde einfach davongetragen von den heftigen Strömen der Freude und des Schmerzes. Mir war kalt, aber meine Stirn brannte. Barfuß und nackt stand ich im Bad wie ein Kind an einem drückendheißen Tag. Ich drehte den Wasserhahn voll auf. Ich suhlte mich in dem eisigen Wasser. (...) Ich füllte meinen Mund bis zum Rand mit Wasser und sprühte Strahl auf Strahl auf mein im Spiegel reflektiertes Gesicht. Ich lief blau an vor Kälte.

Auf solche Weise gerät das erzählende ‚Ich' mehrfach außer Kontrolle und ist zugleich klaustrophobisch gefangen in seinem Monolog. Einem solchen ‚Ich' möchte selbst der geneigte Leser zuweilen entfliehen. Und die naive Leserin, die sich von *Mein Michael* eine harmlose Romanze erhofft hatte, sieht sich um ihr literarisches Vergnügen geprellt. Vordergründig vielleicht ein Liebesroman, doch das Genre ist in diesem Fall zu präzisieren: die Chronik eines Beziehungszerfalls, der Abgesang einer Ehe, ein Tagebuch dunkler Erinnerungen und Phobien, ein Stenogrammheft zwischen Wirklichkeit und Wirklichkeitsverlust, das Befindlichkeitsprotokoll einer psychisch labilen, suizidgefährdeten Frau.

Wie ist Hannahs ‚Ich' zu lesen? Eine erste Antwort rekurriert auf den eingangs erwähnten ‚Ausgangsschmerz' des Schriftstellers. Amos Oz spricht in seinen späteren Texten unverblümt von der frühen prägenden Zäsur in seinem Leben: vom Suizid der Mutter kurz vor seiner Bar Mizwa, in dessen Folge er Jerusalem verlassen und seinen Namen geändert hatte. Vielfältig thematisiert Amos Oz diesen Tod in seinen Prosatexten, spürt dem Prozess zu einem solch selbstvernichtenden Akt nach. Notorisch kreisen seine Texte um den gewaltsamen Tod. Mit all den Variationen des Motivs scheint es ihm manchmal selbst zuviel zu werden, sodass er mitunter selbstironisch zum Rundumschlag ausholt wie beispielsweise in dem experimentellen Roman *Allein das Meer*, in welchem die Protagonisten (scheinbar) autonom mit Erzähler und Autor verhandeln und Dita, eine fiktive Filmemacherin, einem gewissen in Arad wohnhaften Schriftsteller eine Standpauke hält:

> Gib mir fünf Minuten, diese echt vermurkste Angelegenheit zu sichten. Ständig wird doch jemand abserviert. Zum Beispiel hier im Großraum Tel Aviv: Ich wette, abserviert wird jeden Tag genausoviel wie eingebrochen. In New York ist ganz bestimmt die Rate noch viel höher. Deine Mutter hat sich umgebracht, da warst du ziemlich fertig. Und hast du nicht selber eine größere Menge Frauen abserviert? Die ihrerseits für dich wen abserviert hatten, und diese abservierten Typen hatten sicher jeder eine Abservitzka auf dem Schlachtfeld liegen lassen. Alles eine Kettenreaktion. Okay, ich will nicht sagen, also, ich geb zu, von deinen eigenen Eltern abserviert zu werden ist was anderes, das blutet länger. Gerade wenn's die Mutter war. Und du das einzige Kind. Wie lange noch? Dein ganzes Leben? So wie ich das sehe, ist es ziemlich lächerlich, den Tod der Mutter fünfundvierzig Jahre zu betrauern. Mehr als lächerlich: das ist beleidigend für andere Frauen. Deine Frau zum Beispiel. Oder deine Töchter. Und mich schreckt es auch ab. Sieh's doch mal mit meinen Augen: Ich bin sechsundzwanzig, du bald sechzig, nicht mehr ganz jung für ein Waisenkind, und ziehst herum und klopfst bei Frauen an die Tür und bettelst, und worum wohl.[13]

Was hier im Jahr 1999, fast ein halbes Jahrhundert nach dem Ereignis, salopp und nicht ohne Humor zur Sprache kommt, beschäftigt den jungen Amos Oz bei der Niederschrift von *Mein Michael* auf völlig andere Weise, denkt er sich doch mittels seiner Protagonistin Hannah in seine Mutter ein.

Eine solche Interpretation bestätigt denn auch der autobiographische Roman *Eine Geschichte von Liebe und Finsternis*, in dem Amos Oz seine

---

[13] Amos Oz, Allein das Meer, aus dem Englischen von Frank Heibert, Frankfurt a. M. 2002 (hebräische Originalausgabe 1999), 131.

Kindheit und Jugend im Jerusalem der vierziger und fünfziger Jahre erzählt, ein monumentales Werk, dessen 765 Seiten zielgerichtet und unausweichlich auf den Suizid der Mutter zulaufen:

> Meine Mutter beendete ihr Leben in der Wohnung ihrer Schwester in der Ben-Jehuda-Straße in Tel Aviv in der Nacht von Schabbat auf Sonntag, den 6. Januar 1952, den 8. Tewet 5712. (…) Achtunddreißig Jahre war meine Mutter bei ihrem Tod. In meinem heutigen Alter könnte ich schon ihr Vater sein.[14]

62-jährig ist Amos Oz bei der Niederschrift von *Eine Geschichte von Liebe und Finsternis* im Jahr 2001. Ort, Zeit und Personenkonstellation sind indes dieselben wie in *Mein Michael* aus dem Jahr 1967: Jerusalem Mitte des zwanzigsten Jahrhunderts, ein junges Elternpaar mit seinem Sohn.[15] Im Fall des Frühwerkes Michael, Hannah und Arye Gonen, in der autobiographischen Darstellung Arie, Fania und Amos Klausner. Im Spätwerk wird die Dreiecksbeziehung jedoch aus einer anderen Figur heraus gelebt, das erzählende ‚Ich' gehört nun dem Sohn. Die Intention wiederum bleibt identisch, indem einmal mehr versucht wird, die zentrale Frauengestalt auf ihrem Weg des Selbstverlustes zu fassen.

Demzufolge ergibt sich als eine Möglichkeit, die Figur Hannahs in der Rolle von Amos Oz' Mutter zu lesen. Auf diesem Hintergrund erklärt sich auch der eigenartig unreflektierte Monolog Hannahs. Zwar wiederholt die Protagonistin in *Mein Michael* schon nahezu hysterisch, dass sie nichts vergessen habe, doch bei aller Detailtreue unterzieht sie ihre eigene Haltung nicht der geringsten Kritik. Aufgrund dieser literarischen Darstellungsweise entwickelt sich ein stilles Einverständnis zwischen Autor und Leser hinter dem Rücken der erzählenden ‚Ich'-Figur, denn sie beide wissen mehr als Hannah. Als ob Amos Oz den Worten seiner Mutter auf Sigmund Freuds Couch lauschen würde und deren assoziativen Bericht

---

14 Amos Oz, Eine Geschichte von Liebe und Finsternis, aus dem Hebräischen von Ruth Achlama, Frankfurt a. M. 2004 (hebräische Originalausgabe 2002), 741, 755.

15 Das Dreieck der Figuren ist auf dem Cover der hebräischen Originalausgabe von *Eine Geschichte von Liebe und Finsternis* mit Pablo Picassos *The Tragedy* bildlich umgesetzt, einem Gemälde aus dem Jahr 1903, entstanden in der blauen Phase des Künstlers. Es zeigt eine Frau, einen Mann und einen Jungen, einander zugewandt, jede Gestalt indes in sich gekehrt, in geringem Abstand gruppiert, doch ohne Berührung, an einem Meeresstrand stehend, aber frierend, drei in kalte Blautöne getauchte Gestalten. Vgl. dazu Amos Oz, *Sippur schel ahava we-choschech* – A tale of love and darkness, Jerusalem 2002 (hebr.); Gabrielle Oberhänsli-Widmer, Amos Oz: Eine Geschichte von Liebe und Dunkelheit, in: Lamed 1/2005, 23–24. Das Bild kann eingesehen werden unter: http://www.google.com/search?client=safari&rls=yi&q=pablo+picasso+the+tragedy&ie=UTF-8&oe=UTF-8 (aufgerufen am 5.3.2013).

zu entwirren suchte. Autor und Leserin übernehmen nolens volens die Aufgabe des Psychoanalytikers.

Ebenso wie *Mein Michael* in den späten sechziger Jahren hat auch *Eine Geschichte von Liebe und Finsternis* die literarischen Bestsellerlisten zu Beginn des 21. Jahrhunderts gestürmt. Und es wäre zweifellos eine reizvolle Aufgabe, die beiden Werke als komplementäre Lektüren mit ihren je verschiedenen und doch identischen Protagonisten zu vergleichen. Ein solches Unterfangen würde übrigens ebenso auf metasprachliche Fallen stoßen. Man höre nur hin auf die Schlusspassage der sogenannten ‚Autobiographie':

> Über meine Mutter habe ich mein Leben lang fast nie gesprochen, bis jetzt, bis zum Schreiben dieser Seiten. Nicht mit meinem Vater, nicht mit meiner Frau, nicht mit meinen Kindern und mit keinem anderen Menschen.[16]

Da allerdings geht der Erzähler deutlich vom Autobiographischen zum Autofiktionalen über – die weiter oben zitierte Rüge der fiktiven Dita an die Adresse eines gewissen Autors aus Arad lautete doch grundlegend verschieden. Wenn sich der Erzähler hier der rhetorischen Dramatik des ‚noch nie – niemals – nie wieder' bedient, so ist dies der Klimax seines monumentalen Oeuvre gezollt.

Der Leser hüte sich vor dem Autor!

Die Figur Hannahs ist mit diesem biographischen Exkurs aber noch lange nicht erschöpft.

Ein israelisches und auch ein jüdisches Werk?

„Quod licet Iovi, non licet bovi". Was dem Schriftsteller erlaubt ist, bleibt der Verfasserin versagt – nämlich schummeln. Evident wurde inzwischen, dass *Mein Michael* ein israelischer Erfolgsroman ist, aber verdient er damit in einer Anthologie jüdischer Liebesliteratur zu figurieren? Mogelt etwa die Verfasserin, indem sie das Buch als jüdisch deklariert?

Zunächst sind als Argumente dafür gewisse Feinstrukturen anzuführen, beispielsweise die zeitliche Gliederung mittels des jüdischen Kalenders (das ganze Selbstgespräch Hannahs mündet in Pesach, was üblicherweise dem liturgischen Befreiungsdatum gleichkommt) oder die Verwendung rabbinischer Topoi und Schlüsselthemen, wie beispielsweise die Einbin-

[16] Amos Oz, Eine Geschichte von Liebe und Finsternis, a. a. O., 749.

dung des sogenannten talmudischen Traumbuches, das dem modernen Roman einen rabbinischen Subtext unterlegt, dessen Leitsätze Hannahs Traumwelt noch einmal in ein anderes Licht tauchen: „Ein ungedeuteter Traum ist wie ein ungelesener Brief. ... Der Traum ist ein Sechzigstel der Prophetie. ... Alle Träume richten sich nach dem Mund [der Deutung].“[17] Indirekt deutet der Autor dieses geistige Erbe insofern an, als er eine orthodoxe Deuteragonistin in die Traumthematik einbindet (S. 45–46):

> Morgens kam Frau Tarnopoler, meine Wirtin, in mein Zimmer und erzählte mir, daß ich im Schlaf geschrien hätte. Wenn Fräulein Grynbaum zwei Nächte vor ihrer Hochzeit im Schlaf aufschreit, dann ist das gewiß ein Zeichen für großen Kummer. In unseren Träumen erfahren wir, was wir tun und was wir lassen müssen. In unseren Träumen zahlen wir den Preis für all unsere Missetaten, sagte Frau Tarnopoler. Wenn sie meine Mutter wäre, das mußte sie mir sagen, selbst wenn ich ihr deshalb böse sei, hätte sie mir nicht erlaubt, plötzlich einen Mann zu heiraten, den ich zufällig auf der Straße kennengelernt hatte. (...) ‚Ihr jungen Leute dreht eine Flasche und heiratet den, auf den sie zeigt, wie im Purim-Spiel. Mich hat ein *shadchan* verheiratet, der wußte, wie man das, was im Himmel geschrieben steht, herbeiführt (...). Ihre schlimmsten Feinde sollten solche Träume vor der Hochzeitsnacht haben. Das ist Ihnen alles nur passiert, Fräulein Grynbaum, weil ihr jungen Leute heiratet wie die Götzendiener in der Bibel ...“

Abgesehen von solchen rabbinischen Topoi spricht jedoch vor allem die übergeordnete Anlage, die Textsorte also, dafür, *Mein Michael* auch als eminent jüdischen Text einzuordnen, denn seit dem Hohenlied, den biblischen Propheten und den talmudischen Weisen weist hebräische Liebesliteratur stets auch eine allegorische Ebene auf – so zum wiederholten Mal die These der vorliegenden Studie. Wurde die biblische Liebesdichtung im Zuge rabbinischer Wirkungsgeschichte über die Jahrhunderte als Duett zwischen Gott und dem Volk Israel verstanden, so überlebt mithin die allegorische Lesart selbst dann, wenn das Religiöse in den Hintergrund tritt, indem die säkulare, neuzeitliche und moderne hebräische Liebesliteratur nun zwar keine theologischen Sinnebenen mehr aktiviert, dafür aber dem Liebesplot ideologische oder symbolische Aussageintentionen beimengt: Zur Veranschaulichung erinnere man sich an das sechste Kapitel mit Abraham Mapus Roman *Die Liebe zu Zion*, der den Plot mit den Werten des Zionismus verwebt, oder an das zehnte Kapitel mit

---

[17] Babylonischer Talmud: Berachot 55a–57b.

Lea Goldbergs *Briefe von einer imaginären Reise*, welche die unglückliche Liebe ihrer Protagonistin mit dem erzwungenen Abschied des Judentums von Europa überblenden.

Diese literarische Technik führt nun auch Amos Oz weiter. Und so schiebt sich auf unheimliche Weise die zweite, heimliche Protagonistin über die Gestalt Hannahs: die Stadt Jerusalem.[18] Jerusalem stellt nicht nur den Handlungsrahmen dar, sondern wird zum Spiegel von Hannahs Befindlichkeit, zuweilen sogar zu Hannah selber. Die schizophren anmutende Frau und die geteilte Stadt. Das Jerusalem der fünfziger Jahre, als die Grenze noch mitten durch die Stadt verlief, Zäune des Niemandslandes und Minenfelder entlang der Waffenstillstandslinie angelegt waren, welche Jerusalem zwischen Israel und dem Königreich Jordanien aufteilte. Das Jerusalem von *Mein Michael* im Bann der jüdisch-arabischen Kriege, insbesondere des Suez-Krieges von 1956, der direkt in die Handlung einfließt, und des Sechs-Tage-Krieges von 1967, in dessen Vorgeschichte der Roman entstanden ist. Das provinzielle Jerusalem von damals ist mit der heutigen Metropole nicht vergleichbar und nichts deutete in jener Zeit darauf hin, dass sich das Land im 21. Jahrhundert als Hightech-Nation präsentieren könnte: strategisch und finanziell fragil aufgrund der militärischen Bedrohungssituation, der vielen jüdischen Flüchtlinge aus den arabischen Ländern und den Holocaust-Überlebenden aus dem kriegsversehrten Europa, erschüttert von den heftigen Debatten um das Reparationsabkommen zwischen dem deutschen Bundeskanzler Konrad Adenauer und dem israelischen Ministerpräsidenten David Ben-Gurion.

Hannah und Jerusalem. Für Michael, der in der Stadt Cholon geboren und in der Küstenebene nahe Tel-Aviv aufgewachsen ist, gehören Hannah und Jerusalem untrennbar zusammen. „Es ist kalt in deinem Jerusalem“ (S. 6), bemerkt er bei ihrer ersten Begegnung im Terra-Sancta-Gebäude. In beide ist Michael verliebt. Und noch Jahre später formuliert er seine Zuneigung bei einem Schabbat-Spaziergang durch die winterliche Stadt, wenn er zu Hannah sagt (S. 219):

---

[18] Bereits die ersten Rezensionen zu *Mein Michael* postulierten eine allegorische Deutung Hannahs, allen voran Mordechai Shalev, der die Protagonistin ebenfalls mit der Stadt Jerusalem identifizierte: Mordechai Shalev, *My Michael* by Amos Oz, in: Ha'aretz. Culture and Literature Supplement, August 9, 1968, 14 (hebr.). In der Folge kamen zahlreiche weitere allegorische Interpretationsmöglichkeiten dazu wie etwa Hannah als Symbol der ‚Israeliness' oder Hannah als Vertreterin ihrer Generation; vgl. dazu Shimrit Peled, „Master regained“ – Israeli Jewish Sovereignty and Space in the Israeli Novel 1967–1973, a. a. O., 269.

„Jerusalem ist die größte Stadt der Welt. Sobald man zwei oder drei Straßen überquert, befindet man sich auf einem anderen Kontinent, in einer anderen Generation, sogar in einer anderen Klimazone. (…) Wie schön das ist, Hannah, und wie schön du hier bist, mein trauriges Mädchen aus Jerusalem."

Hannah aber nimmt ihre Geburtsstadt grundlegend anders wahr (S. 169–170):

Steinübersäte Höfe sind mit einem Teppich toter Kiefernnadeln bedeckt. Der Herbst ist hartnäckig und zäh. Der Wind kehrt welke Blätter von einem verlassenen Hof zum anderen. Im Meqor-Barukh-Viertel spielt das verrostete Wellblech auf den Balkonen im Morgengrauen eine Melodie. Die Bewegung abstrakter Zeit ähnelt einer in einem Reagenzglas siedenden Substanz: rein, glänzend und tödlich. In der Nacht zum 10. Oktober hörte ich gegen Morgen in der Ferne das Dröhnen schwerer Motoren. Es war ein leises Donnern, das gewaltsam eine erwachende Kraft zu ersticken schien. Panzer sprangen hinter den Mauern der nahegelegenen Schneller-Kaserne an. Ihre Ketten rasselten dumpf. Ich stellte sie mir als dreckige, wütende Jagdhunde vor, die wild an ihren Leinen zerren, die sie zurückhalten. (…) Unser Heizofen brennt den ganzen Tag. Sogar nachts lassen wir ihn an. Die Stimmen der Rundfunksprecher sind ernst und feierlich. Eine bittere, anhaltende Zurückhaltung, die jederzeit in rasende Wut umschlagen kann. (…) Nachts träumte ich von Michael Strogoff. Er stand vor kahlgeschorenen Tatarenführern, auf deren Gesichtern ein Ausdruck brutaler Grausamkeit lag. Er ertrug stumm seine Foltern und gab sein Geheimnis nicht preis. Sein Mund war fest geschlossen und wunderbar. Bläulicher Stahl leuchtete in seinen Augen.

Kalt, bedrohlich und tödlich ist diese Stimmungsaufnahme, die sich in einem Traum Hannahs weiterspinnt, und wo man Michael Strogoff (und nicht den Ehemann Michael Gonen), den legendären Held im Kampf gegen die barbarischen Tataren, plötzlich in den beginnenden Suez-Krieg versetzt sieht. In diese wirren Visionen brechen wieder und wieder die arabischen Zwillinge ein, gefährliche Verführer, perfide Feinde, sodass die äußere Drohkulisse unvermittelt in Hannahs ‚Ich' umschlägt (S. 82–83):

Ich pflegte aufzuwachen, bevor es hell wurde. Jerusalem ist eine abgeschiedene Stadt, selbst wenn man dort lebt, wenn man dort geboren ist. Ich wache auf und höre den Wind in den engen Straßen von Meqor Barukh. In den Hinterhöfen und auf alten Balkonen stehen Wellblechverschläge. (…) In einem der Hinterhöfe kräht wütend ein Hahn. Ferne Stimmen von allen Seiten. Eine stille, fiebrige Spannung liegt in der Luft. Das Geheul von Katzen, die verrückt sind vor Begierde. Ein einsamer Schuß in der fernen Dunkelheit

> im Norden. Ein in der Ferne aufheulender Motor. Eine stöhnende Frau in einer anderen Wohnung. (...) Finstere Pläne werden beim blinden Licht der Morgendämmerung geschmiedet. Werden geschmiedet, als wäre ich nicht hier und könnte alles hören. (...) Hunde, die in den Höfen bellen. Draußen auf dem Hof ist etwas Schreckliches. Die Hunde können es sehen und ich nicht. Ein Fensterladen ächzt. Sie wissen, daß ich hier wach liege und zittere. Sie konspirieren, als wäre ich nicht hier. Ihr Ziel bin ich.

Schwer zu glauben, dass solche Jerusalem-Bilder exakt in denselben Tagen entstanden sind wie Nomi Schemers berühmtes und idyllisch verzuckertes *Jeruschalajim schel sahav*. Amos Oz hatte seinen Roman im April 1967 abgeschlossen, die Sängerin ihr Lied vom ‚goldenen Jerusalem' für ein Festival vom 14. Mai desselben Jahres geschrieben. Doch während Nomi Schemers Jerusalem golden in levantinischer Sonne glänzt, lauert es in *Mein Michael* als unwirtlich kalter und düsterer Ort, den man laut dem heraufbeschworenen Szenario eher in abgeschiedenen Schneemassiven des weiten Nordens vermuten würde. Der Grund dafür, dass Amos Oz' Jerusalem ein wenig gar winterlich geraten ist, liegt nun aber auf der Hand: Jerusalem reflektiert Hannahs Innenleben. Kühl, lieblos, unberechenbar, destruktiv, selbstzerstörerisch, morbid, das sind in diesem Roman sowohl Hannah wie Jerusalem. Beide erscheinen gleichermaßen außer Kontrolle geraten und ringen damit, die Herrschaft über sich selbst wieder zu erlangen.

Eine dergestaltige doppelbödige Anlage als Erbe rabbinischer Auslegung des biblischen Hohenliedes charakterisiert mithin die moderne israelische Liebesliteratur – davon muss noch die Rede sein.

Ein anderes Ende

Mithin ergibt sich auch eine Antwort auf die Frage, weshalb dieser ‚Provinzroman' über eine nach außen hin wenig auffällige Frau mit ihrem einförmigen Alltag auf solch internationales Interesse stoßen konnte: In Hannah verdichten sich persönliche Phobien und kollektive Ängste zu einer gewaltigen Gesamtgestalt, und die Dramatik ihrer Innenwelt macht sie zu einer der kühnsten weiblichen Figuren der hebräischen Literatur überhaupt.[19]

[19] Ähnlich das Urteil von Zeruya Shalev, die im Nachwort der jüngsten hebräischen Ausgabe von *Mein Michael* an die frühe Rezension ihres Vaters Mordechai Shalev anknüpft: Zeruya Shalev, My Hannah, in: Amos Oz, *Michael schelli*, a. a. O., 293–300.

Und das Ende? Vieles wurde schon angedeutet, anderes ergibt sich zwangsläufig. Etwa, dass der Autor seine Protagonistin allein schon durch die Erzählperspektive schützt, denn ein sprechendes ‚Ich' kann – wenigstens im vorgegebenen Genre – nicht plötzlich aus dem Leben scheiden. Damit gibt Amos Oz Hannah eine Chance, die seiner Mutter versagt war, stellt doch der Monolog der fiktiven Frauenfigur von Anfang an ein Anschreiben gegen den Tod dar (S. 5):

> Ich schreibe dies nieder, weil Menschen, die ich geliebt habe, gestorben sind. Ich schreibe dies nieder, weil ich als junges Mädchen erfüllt war von der Kraft der Liebe und diese Kraft der Liebe nun stirbt. Ich will nicht sterben.

Hannah stirbt nicht, aber dennoch birgt der Schluss Verstörendes – wie Hannah in einer Wahnvorstellung glaubt, die arabischen Zwillinge zu einem Attentat in Jerusalem anzustiften, mag nicht nur zart besaitete Gemüter aufschrecken.

Die dunkelste Stelle des Hohenliedes

Mein Michael ist ein sehr säkularer Roman. Wie bereits Lea Goldberg in ihren *Briefen von einer imaginären Reise* des vorangegangenen Kapitels fügt auch Amos Oz an keiner Stelle ein direktes Zitat aus dem Hohenlied in seinen Text, und er erwähnt es nicht einmal. Greifbar sind dessen biblischen Verse aber dennoch, nämlich dort, wo das ‚traurige Mädchen aus Jerusalem' (S. 219) mit den ‚Töchtern Jerusalems', mit der Unverfügbarkeit über die Liebe, mit ihrer Gefährlichkeit und mit einer unerklärlichen Aggression unvermutet in einem Punkt zusammenfallen. Das entspricht in auffälliger Parallele der denkbar dunkelsten Stelle des biblischen Liebesgesangs (Hoheslied 3,1–3.5; 5,7.8):

> 3,1 Nachts auf meinem Lager verlangte es mich nach dem,
> den meine Seele liebt.
> Ich suchte ihn, doch ich fand ihn nicht.
> 2 So will ich aufstehen und durch die Stadt gehen,
> durch die Plätze und Strassen.
> Ich werde ihn suchen, den meine Seele liebt.
> Ich suchte ihn, doch ich fand ihn nicht.
> 3 Mich fanden die Wächter, die in der Stadt umherziehen –
> Habt ihr ihn gesehen, den meine Seele liebt? (...)
> 5 Ich beschwöre euch, Töchter Jerusalems,

bei den Gazellen oder den Hinden des Feldes:
Weckt nicht, stört nicht die Liebe auf, bis es ihr gefällt! (...)
5,7 Mich fanden die Wächter, welche die Stadt durchstreifen,
sie schlugen mich, sie verwundeten mich,
sie rissen mir meinen Schleier vom Leib,
die Wächter der Mauern.
8 Ich beschwöre euch, Töchter Jerusalems:
Wenn ihr meinen Geliebten findet, was sollt ihr ihm sagen?
Dass ich krank bin vor Liebe.

Eine solche Entsprechung ist indes keineswegs religiös konnotiert. Im Gegenteil: Ebenso wie Lea Goldberg gilt auch Amos Oz das Traditionsschrifttum als literarisches Erbe aller Juden, egal ob ultraorthodox oder atheistisch. Und so wie die Rabbinen die alttestamentlichen Liebeslieder als religiöse Hymnen aufspielten, kehrt der zeitgenössische Autor die Sichtweise um, liest die Heilige Schrift als historisches Dokument und verwendet sie dementsprechend als kulturellen Subtext.

Nach dem Suizid seiner Mutter, dem Austritt aus der orthodoxen Schule, dem Eintritt ins Kibbuz und mit seinem Namenswechsel kehrte Amos Oz der religiösen Tradition anfangs der fünfziger Jahre den Rücken zu. Jahrzehnte lang lesen sich seine Romane ebenso wie seine neuen Kibbuz-Erzählungen,[20] als ob sich da keine Spuren seiner religiösen Schulbildung fänden. In seinem Spätwerk jedoch, weit über sechzigjährig, beginnt Amos Oz nahezu spielerisch mit spirituellem Gedankengut zu experimentieren. Zunächst in dem bereits erwähnten Roman *Allein das Meer*, welcher vorzugsweise in Fernost spielt und in dem hinduistisch und buddhistisch inspirierte Topoi die Grenzen zwischen Leben und Tod aufweichen.[21] Später greift Amos Oz in seinem Märchen *Plötzlich tief im Wald* den biblischen Schöpfungsbericht auf, in dem er einer öden und von allen Tieren verlassenen Welt einen paradiesischen Garten mit der Idylle des jesajanischen Tierfriedens gegenüberstellt.[22] In seinem jüngsten Roman *Judas*[23] – der hebräische Originaltitel lautet *Ha-sora ʿal-pi Jehuda*, ‚Das

---

[20] Amos Oz, Geschichten aus Tel Ilan, aus dem Hebräischen von Mirjam Pressler, Frankfurt a. M. 2009 (hebräische Originalausgabe ebenfalls 2009); ders., Unter Freunden, aus dem Hebräischen von Mirjam Pressler, Berlin 2013 (hebräische Originalausgabe 2012); Dorith Silberman, *Requiem la-qibbutz. Amos Oz: Ben chaverim* – Ein Requiem auf das Kibbuz. Amos Oz: Unter Freunden, in: Mosnajim 2, April 2012, 59–60 (hebr.).

[21] Gabrielle Oberhänsli-Widmer, Amos Oz: Allein das Meer, in: Lamed 2/2003, 24.

[22] Gabrielle Oberhänsli-Widmer, Amos Oz: Plötzlich tief im Wald. Ein Märchen, in: Lamed 1/2007, 23–24.

[23] Amos Oz, Judas. Roman, aus dem Hebräischen von Mirjam Pressler, Berlin 2015 (hebräische Originalausgabe 2014).

Evangelium nach Judas' – aktualisiert Amos Oz dann das neutestamentliche Motiv des Judas-Verrates im modernen Jerusalem Ende der fünfziger Jahre.[24] Und zum zentralen Thema werden die religiösen Quellen des Judentums schließlich in den Essays, die Amos Oz unter dem Titel *Juden und Worte*[25] zusammen mit seiner Tochter, der Historikerin Fania Oz-Salzberger publiziert hat[26] – sie trägt übrigens den Vornamen von Amos Oz Mutter Fania Klausner.

Die These von *Juden und Worte* lautet dahingehend, dass die wahre Lebensader des Judentums nicht die genetische Generationenkette, sondern das jüdische Schrifttum als Träger des kollektiven Gedächtnisses sei. Ausführlich gehen Fania Oz-Salzberger und Amos Oz dazu auf das Hohelied ein, entfernen vom biblischen Wortlaut gründlich jede rabbinisch-religiöse Patina und jeden allegorischen Grünspan, um es wiederum in seiner ursprünglichen antiken Körperlichkeit und Erotik aufglänzen zu lassen: „Wir nehmen die Gott-als-Geliebter-Theorie nicht ab."[27] Dass Amos Oz und Fania Oz-Salzberger darüber hinaus den alttestamentlichen Liebestext kurzerhand als literarisches Produkt einer Frau, einer biblischen Lyriker*in* erklären, mag vornehmlich als Provokation an orthodoxe Kreise zu verstehen sein, denn dezidiert outet sich das prominente Vater-Tochter-Duo als eingefleischtes Atheisten-Gespann, um indes im selben Atemzug zu berichtigen: „Und Gott? Sollte er existieren, so muss er jüdisch sein."[28]

Wenig Gesichertes ist über die Bibliothek der oberen Welt bekannt. Falls auch im himmlischen Lehrhaus dieser neue Oz-Band aufliegen sollte, kann sich wohl der Heilige, gepriesen sei er, angesichts der Anhänglichkeit seiner zwei atheistischen Fans ein wohlwollendes Schmunzeln nicht verkneifen.

---

24 Gabrielle Oberhänsli-Widmer, Amos Oz: Judas. Roman, aus dem Hebräischen von Mirjam Pressler, in: Kirche und Israel 30/2, 2015, 182–184.

25 Amos Oz / Fania Oz-Salzberger, Juden und Worte, aus dem Englischen von Eva-Maria Thimme, Berlin 2013 (englische Originalausgabe 2012).

26 Gabrielle Oberhänsli, Widmer, Amos Oz / Fania Oz-Salzberger: *Juden und Worte*, in: Lamed 3/2014, 34–35.

27 Amos Oz / Fania Oz-Salzberger, Juden und Worte, a. a. O., 78.

28 Amos Oz / Fania Oz-Salzberger, Juden und Worte, a. a. O., 235.

12 Verlust in den Kriegen des Nahost-Konflikts David Grossman, *Eine Frau flieht vor einer Nachricht* (2008)

Welches Werk eines berühmten Zeitgenossen werden spätere Generationen lesen? Womit wird ein Autor literarisch überleben? Ohne sich prophetisch zu versteigen, mag man im Falle des israelischen Schriftstellers David Grossman den Roman *Eine Frau flieht vor einer Nachricht* vermuten, ein Buch, in dem Grossman den gewaltsamen Tod seines Sohnes Uri gedanklich vorweggenommen und später in einer Art Trauerarbeit zu Ende gebracht hat.

633 Seiten umfasst das hebräische Original und 729 Seiten die deutsche Übersetzung des Romans, dessen Entstehungsgeschichte David Grossman in einem Nachwort mit wenigen Worten umreißt:

> Im Mai 2003 begann ich, dieses Buch zu schreiben, ein halbes Jahr bevor mein erstgeborener Sohn, Jonathan, seinen Militärdienst beendete und ein halbes Jahr bevor sein jüngerer Bruder Uri einberufen wurde. Beide dienten beim Panzerkorps. (...)
> Ich hatte damals das Gefühl – oder genauer gesagt, die Hoffnung –, dass das Buch, das ich schreibe, ihn schützen wird.
> Am 12. August 2006, in den letzten Stunden des zweiten Libanonkrieges, wurde Uri im Südlibanon getötet. Bei dem Versuch, die Besatzung eines anderen getroffenen Panzers zu retten, wurde sein Panzer von einer Rakete getroffen. Mit Uri kam die gesamte Besatzung des Panzers ums Leben: Benaja Rein, Adam Goren und Alex Bonimovitsch.
> Nach der Trauerwoche kehrte ich zu dem Roman zurück. Der größte Teil war bereits geschrieben. Mehr als alles andere hat sich der Resonanzraum der Wirklichkeit verändert, in dem die letzte Version entstand.[1]

Grossmans Roman, der einen solchen Verlust des Sohnes zu bewältigen sucht, wurde in Israel zu einem Bestseller, berührt er doch einen besonders sensiblen Nerv der israelischen Gesellschaft: die kollektive Angst, seine kaum erwachsenen achtzehnjährigen Kinder für zwei oder drei

---

[1] David Grossman, Eine Frau flieht vor einer Nachricht, aus dem Hebräischen von Anne Birkenhauer, München 2010 (hebräische Originalausgabe 2008), 729. Die folgenden Zitate sowie die Angabe der Seitenzahlen folgen dieser deutschen Übersetzung.

Jahre dem Militär zu übereignen, das Trauma, seine Söhne in die anhaltenden Kriege und Konflikte zu schicken.[2]

Angesichts der politischen Tragweite des Textes und der bekannten Friedensaktivität seines Verfassers haben die Rezensionen *Eine Frau flieht vor einer Nachricht* vor allem sozialkritisch referiert.[3] Doch der Roman trägt auch eine Fülle traditionell jüdischer Motive: Zitate aus Psalmen und Propheten, Anklänge an Exodus und Exil, die Bindung Isaaks als fatales Erbe des Sohnesopfers (S. 102); und besonders beachtenswert die säkularen Variationen von Ritus und Brauchtum, so etwa wenn die weibliche Hauptfigur Ora – inspiriert vom Becher des Elija – ihrem verlorenen Liebsten Avram jährlich am Seder-Abend einen vollen Teller beiseite stellt (S. 351), oder wenn ein junger Mann seinen Liebeskummer mit einer *Schive*, der traditionellen Leidwoche, umringt von Trauergästen in seinem Elternhaus zelebriert (S. 554f). Ein bibelkundiger Leser, eine beflissene Leserin mag so nicht wenige Subtexte des Traditionsschrifttums aufspüren.

Doch da ist noch wesentlich mehr an religiöser Substanz, sozusagen der ideologische ‚Resonanzraum' Grossmans. Denn wenn auch seine fiktionalen Texte sec und säkular daherkommen, jede Faser von menschlicher Disposition und Gesellschaftsaktualität freilegen, Gott und Himmel aber aussparen, so hat sich Grossman andernorts wiederholt zu theologischen Themen geäußert: ausführlich in seinem Buch über den biblischen Simson, einer Art psychologisierendem Midrasch zu Richter 13–16,[4] oder auch in einer kürzeren Betrachtung zum Buch Exodus, dem ‚großen Kindheitsroman des Volkes Israel'.[5] Eine beunruhigende Gottesvorstellung schält sich da allerdings aus Grossmans Überlegungen heraus: ein kapriziöser Gott, der Simson als Instrument für seine himmlischen Ränke missbraucht, oder ein launischer Weltenherrscher, der die Israeliten beim Auszug aus Ägypten als ‚Rohstoff' für seine Geschichte knetet:

2 Vgl. dazu David Grossman, Am Grab meines Sohnes, aus dem Hebräischen von Ruth Achlama, in: http://www.zeit.de/2006/35/Trauerrede (aufgerufen am 25.10.2016).

3 Dazu zwei Beispiele in Auswahl: Anja Hirsch, Wenn die Söhne in den Krieg ziehen, in: Frankfurter Allgemeine Zeitung, 21. November 2009, Nr. 271, Z5; Michael Dallapiazza, David Grossman. Eine Frau flieht vor einer Nachricht, in: PaRDeS. Zeitschrift der Vereinigung für Jüdische Studien e.V., Universität Potsdam, 16/2010, 235–238.

4 David Grossman, Löwenhonig. Der Mythos von Samson, aus dem Hebräischen von Vera Loos und Naomi Nir-Bleimling, Berlin, 2006 (hebräische Originalausgabe 2005).

5 Das zweite Buch Mose, genannt Exodus. Mit einer Einleitung von David Grossman, Frankfurt a. M. 2000 (Einleitung 1998, aus dem Hebräischen von Vera Loos und Naomi Nir-Bleimling), 20.

> Irgendwo über ihnen schwebt der Geist eines Gottes, der ihnen vermeintlich Gnade gewährt. Sie jedoch haben gesehen, was er den Ägyptern angetan hat, und wissen, wie unberechenbar er ist, wie grausam und brutal.
> (…) Versinken am Abend einer Etappe vor dem verglühenden Lagerfeuer diejenigen unter ihnen in ein unbestimmtes, bitteres, tragisches Schweigen, die dumpf begreifen, dass sie nichts als Rohstoff in den Händen Gottes sind, dass ihr bitterer Alltag sich in ‚Historie' und Religion verwandeln wird, in eine Art großartige ‚Geschichte', die sie ebenso wenig zu verstehen vermögen, wie Buchstaben ein Buch, das aus ihnen gemacht ist?[6]

Nur sehr selten und wie beiläufig wird ein solcher Gott in *Eine Frau flieht vor einer Nachricht* aufflackern. Dennoch ist der Roman insgesamt von einem dumpfen Fatum überschattet, indem das Schicksal dem Menschen in seinem Mitmenschen begegnet, ganz konkret etwa, wenn die Titelheldin Ora in einer beklemmenden Dreiecksbeziehung buchstäblich das Los zwischen zwei Männern zieht und dies über Freiheit oder Kriegsgefangenschaft entscheiden wird. Denn *Eine Frau flieht vor einer Nachricht* ist nicht nur ein eminent israelisches und jüdisches Buch, sondern vor allem ein Buch über die Liebe, die so zerrissen ist wie der Staat Israel in seiner permanenten Kriegssituation.

David Grossman oder die ‚Mandel' des Menschen

David Grossman kam 1954 in Jerusalem zur Welt und lebt heute in Mevasseret Zijon, wenige Kilometer von der Stadt entfernt. Sein Vater war 1936 aus Polen nach Palästina eingewandert, seine Mutter bereits im Land geboren. Grossman studierte Geisteswissenschaften an der Hebräischen Universität und arbeitete mehrere Jahre beim staatlichen israelischen Radio, bevor er freiberuflicher Schriftsteller wurde.

Sein in mehrere Sprachen übersetztes Oeuvre umfaßt inzwischen ein gutes Dutzend Romane, zahlreiche Jugend- und Kinderbücher, Hörspiele, politische Schriften sowie vermischte Essays.[7] Nationale israelische und internationale Preise ehren seit Jahren Grossmans literarisches Werk und politisches Wirken, darunter auch der 2010 verliehene *Friedenspreis des*

6 A. a. O., 10–11, 13.

7 Zu Literatur von und über David Grossman vgl. https://portal.dnb.de/opac.htm? (aufgerufen am 20.10.2016).

Deutschen Buchhandels. Joachim Gauck hielt damals die Laudatio, gestützt auf *Eine Frau flieht vor einer Nachricht*.[8]

Und tatsächlich scheint es – wenn man sich in Grossmans Biographie und Texte einliest – so, als ob verstörend viele Fäden auf *Eine Frau flieht vor einer Nachricht* zuliefen und sich nach dem Tod des Sohnes Uri ebenso wieder aus diesem Roman weiter entrollen würden. Übertragen auf Grossmans bilderreiche Metaphernwelt, lässt sich dieses Phänomen am besten mit der ‚Mandel' veranschaulichen, über welche er 2007 anlässlich eines Vortrags in Berlin Folgendes sagte:

> In der jüdischen Religion gibt es eine Legende oder einen Glauben, demzufolge jeder Mensch einen kleinen Knochen in seinem Körper hat, der Mandel heißt; er befindet sich in der Nähe des Atlaswirbels und birgt die Essenz der Seele des Menschen. Dieses Knöchelchen ist unzerstörbar. Auch wenn der ganze Körper des Menschen vernichtet, zerschmettert oder verbrannt wird – das Mandelknöchelchen ist unvergänglich. Darin ist der Funke der Einzigartigkeit des Menschen gespeichert. Darin liegt der Kern seines Ichs. Und diesem Glauben zufolge wird der Mensch nach der Auferstehung aus diesem Knochen neu erschaffen.[9]

Diese anrührende Vorstellung vom ‚Mandelknöchelchen', die auf spätantik-talmudisches Gedankengut zurückgeht,[10] hat über die Epochen viele Nachdichtungen angeregt und offenbar auch David Grossman dermaßen umgetrieben, dass er wiederholt eigene Bekannte und Freunde nach ihrer persönlichen Mandel befragt hatte: der göttliche Funke, die

[8] Joachim Gauck (Schirmherr) / Martin Schult (Hg.), David Grossman: Ansprachen aus Anlass der Verleihung *Friedenspreis des Deutschen Buchhandels*, übersetzt von Anne Birkenhauer, Frankfurt a. M. 2010 (deutsch-englisch), auch verfügbar in: http://www.friedenspreis-des-deutschen-buchhandels.de/445722/?aid=445730 (aufgerufen am 15.9.2016).

[9] Zitiert nach: David Grossman, Die Sprache des Einzelnen und die Sprache der Masse, in: ders., Die Kraft zur Korrektur, aus dem Hebräischen von Vera Loos und Naomi Nir-Bleimling, München 2008 (hebräische Originalausgabe 2007), 79–99, 87.

[10] Die ursprüngliche Legende vom ‚Mandelknöchelchen' findet sich in mehreren spätantiken und mittelalterlichen Midraschim (Bereschit Rabba XXVIII,3; Wajjiqra Rabba XVIII,1; Kohelet Rabba XII,5). Hier die frühe Version des rabbinischen Genesis-Kommentars: „Hadrian – seine Gebeine mögen zermalmt werden! – stellte Rabbi Jehoschua Ben Chananja eine Frage und sagte: Woraus wird der Heilige, gepriesen sei er, den Menschen in der Zukunft, die dereinst kommt, wieder aufblühen lassen? Jener [Rabbi Jehoschua Ben Chananja] sagte: Aus der Mandel der Wirbelsäule. Dieser [Hadrian] sagte: Woher weißt du das? Jener [Rabbi Jehoschua Ben Chananja] sagte zu ihm: Bring mir eine [solche Mandel], und ich zeige es dir. Er mahlte sie zwischen zwei Mühlsteinen, und sie wurde nicht zermahlen; er verbrannte sie im Feuer, und sie wurde nicht verbrannt; er legte sie ins Wasser, und sie löste sich nicht auf; er legte sie auf den Amboß und begann, mit dem Hammer auf sie einzuschlagen: Der Amboß brach auseinander, der Hammer barst, die Mandel aber blieb unversehrt."

künstlerische Inspiration, der verstorbene Geliebte, die Sehnsucht oder die Vaterrolle waren ein paar der Antworten darauf. Mutmaßt man nun über David Grossmans Mandel, so scheint sich in deren Kern die Sorge um die Fragilität des Kindes zu bergen – so die Spekulation der Verfasserin. Denn seit seinem literarischen Debüt und bis heute beleuchtet Grossman in erster Linie den Übergang vom Kind zum jungen Erwachsenen, legt den Finger auf die seelischen Verletzungen des Heranwachsenden, der als tagträumerisch vielschichtiges, ungeschützt empfindsames Wesen jäh und roh aus seinem kindlichen Freiraum in die geregelte Enge der Erwachsenenwelt gedrängt wird: in die Welt von normativer Sprache, von vorgegebenen Denkbahnen und nicht selten von institutionalisierten Sinnlosigkeiten. Und sollte der Jugendliche Widerstand leisten, in eine solche Welt von Alltagsbrutalität einzutreten, droht ihm notgedrungen die Rolle des Außenseiters.

Als die Verkörperung dieser Figur tritt 1986 erstmals der neunjährige Momik auf Grossmans literarische Bühne – unschwer als Alter Ego des Autors zu erkennen: *Momik, das bin auch ich* –, ein in den fünfziger Jahren in Jerusalem geborenes Kind zweier Holocaust-Überlebender, das sich aus dem Schweigen der damaligen Elterngeneration eine erschreckend verzerrte Weltsicht ausdenkt, welche freilich der Wirklichkeit in keiner Weise nachsteht.[11] In den späten achtziger und neunziger Jahren hüpfen dann, ungleich fröhlicher, verschiedene kleine Akteure durch Grossmans Kinderbücher – wohl für seine eigenen Kinder geschrieben –, allen voran der etwas furchtsame Itamar, dessen Ängsten es mit Einfallsreichtum und Witz beizukommen gilt.[12] Später, im Jugendbuch *Das Zickzackkind*, gelingt es Nono kurz vor seiner Bar Mizwa, seine auseinandergerissene Familie wieder zu kitten.[13] Anschließend, im Jahr 2000, ist es der Jugendliche Assaf im vielfach ausgezeichneten Roman *Wohin du mich führst*, der sich seinen Weg ins Leben bahnt und unvermittelt in die Jerusalemer Drogenszene gerät.[14] Jahre nach seiner durch Uris Tod bedingten Lebenszäsur entwirft David Grossman in dem sensiblen Kinder-

11 David Grossman, Momik, das bin auch ich, aus dem Hebräischen von Judith Brüll, München 1990 (hebräische Originalausgabe 1986).

12 Von den zahlreichen Bänden hier zwei Beispiele in Auswahl: David Grossman, *Itamar pogesch arnav* – Itamar trifft einen Hasen, Tel-Aviv 1988 (hebr.); ders., *Itamar zajjad hachalomot* – Itamar, der Traumjäger, Tel-Aviv 1990 (hebr.).

13 David Grossman, Zickzackkind, aus dem Hebräischen von Vera Loos und Naomi Nir-Bleimling, München 1996 (hebräische Originalausgabe 1994).

14 David Grossman, Wohin du mich führst, aus dem Hebräischen von Vera Loos und Naomi Nir-Bleimling, München 2005 (hebräische Originalausgabe 2000).

Erwachsenen-Poem *Eine Umarmung* die Figur des einsamen Sohnes Ben, dessen Mutter ihm über das Alleinsein hinweghilft.[15] 2011 gibt Grossman den ganz singulären Text *Aus der Zeit fallen* heraus, einen archaischen Mythos, halb Lyrik, halb Drama, in welchem ein Vater sich aufmacht, seinen toten Sohn im Lande ‚Dort' zu finden, begleitet von einer traurigen Schar ihrer Kinder beraubter Eltern.[16] Und selbst im jüngsten Roman, *Kommt ein Pferd in eine Bar,* verbirgt sich hinter der Gehässigkeit eines heruntergekommenen Stand-up-Comedians der gepeinigte Dovele, ein Junge, der vor Jahrzehnten im Jugendlager das Opfer übelsten Mobbings war.[17]

Dies nur ein paar ausgewählte Beispiele. Grossmans Mandel – das ungeschützte Kindsein, in wechselnden Perspektiven betrachtet: aus den Augen des Kindes selber, der Eltern, Geschwister, Freunde oder Liebender. So ausgeprägt ist die Thematik, dass sich diese Akteure zuweilen wie geklont ausnehmen, eingeschworenen Verwandten gleich, die durch Grossmans fiktionale Bücher streifen, um Menschen – so ein Ausdruck Grossmans – ‚mit Menschlichkeit zu infizieren'.

Erwartungsgemäß formt David Grossman diesen Typus besonders präzise in dem Roman aus, der um Uris Tod kreist – vom Protagonisten Avram wird noch ausführlich die Rede sein – und verdichtet ihn in *Eine Frau flieht vor einer Nachricht* gleichsam zu einer mythologischen Skizze (S. 386–387):

> Ihm [Avram] fällt ein Hörspiel ein, an dem er schrieb, als er im Sinai seinen Militärdienst machte, bevor er in Gefangenschaft geriet. (...) Die Geschichte handelte von zwei siebenjährigen Kindern, Vollwaisen, die auf einem Schrotthaufen ein ausgesetztes Baby gefunden haben; sie spielte zu einer Zeit, in der viele Leute sich ihrer Kinder und Babys entledigten. Und die beiden Kinder, ein Junge und ein Mädchen, fanden das weinende Baby und beschlossen, dass es ein Gotteskind ist, der spät geborene Sohn des alten Gottes, der wohl auch sein Kind hatte loswerden wollen und es auf diese Welt geworfen hatte. Die beiden Kinder schworen sich, den Jungen selbst großzuziehen und ihn so zu erziehen, dass er ganz anders würde als sein verbitterter, grausamer Vater, um ganz und gar und von den Grundfesten her das zu verändern, was Avram ganz schlicht und schon bevor er in Gefangenschaft geriet, *die Grausamkeit*

---

15 David Grossman, Eine Umarmung, aus dem Englischen von Michael Krüger, München 2012 (hebräische Originalausgabe 2010).

16 David Grossman, Aus der Zeit fallen, aus dem Hebräischen von Anne Birkenhauer, München 2013 (hebräische Originalausgabe 2011).

17 David Grossman, Kommt ein Pferd in die Bar, aus dem Hebräischen von Anne Birkenhauer, München 2016 (hebräische Originalausgabe 2015).

> *des Schicksals* genannt hatte. Und so versenkte er sich zwischen Folter und Verhören, jedes Mal, wenn er in sich einen Funken Kraft dafür fand, ins Leben der beiden Kinder und des Babys ...

Scharf kontrastiert hier die Vision mit der Wirklichkeit, wenn von den eigenen Eltern verstoßene Kinder sich vor Mißhandlung zu retten suchen und die erträumte Kinderidylle abrupt in eine Folterszene umschlägt.

Es liegt nun auf der Hand, dass David Grossman selber ein solch phantasietrunkener Junge war, und dass er seine besondere Art des Kindseins ins Erwachsenenalter zu retten vermochte, denn seine Texte überborden vor phantastisch ausgeklügelten Handlungssträngen, ebenso unverbrauchten wie präzisen Vergleichen und innovativen Gattungsansätzen.

Zur Veranschaulichung soll da der Roman *Stichwort: Liebe* dienen, ein voluminöses Werk, welches Grossman 1986 zum internationalen Durchbruch verholfen hatte.[18] Entgegen der Erwartung, die der Titel weckt, hat der Roman wenig mit Liebe und fast ausschließlich mit der Schoa zu tun. Und hinter der ungenauen Chiffre ‚Roman' erschließt sich eine innovativ ausgestaltete Schreibwerkstatt. Vier grundverschiedene Textsorten, um ein nicht zu bewältigendes Thema anzugehen: als Einstieg die Momik-Erzählung, als zweiter Teil eine surrealistisch anmutende Begegnung des inzwischen erwachsenen Momik mit dem polnisch-jüdischen Schriftsteller Bruno Schulz, dann die fiktionale Schilderung einer ungleichen Beziehung in einem Konzentrationslager, und zum Schluss ein nach Stichwörtern alphabetisch angeordnetes Manual mit literarischen Fragmenten zur Schoa. Aus diesem vierten Teil erschließt sich auch der Titel, mit welchem David Grossman wohl auf Roland Barthes *Fragmente einer Sprache der Liebe* anspielt,[19] ein singulärer Text, in dem der bekannte französische Semiotiker anhand achtzig alphabetisch aufgezählter Stichwörter die Topik der Liebesbeziehung auslotet, um mit dieser völlig arbiträren Herangehensweise zu demonstrieren, wie dem Phänomen weder gedanklich noch sprachlich beizukommen ist. Was da für die Liebe gilt, gilt bei Grossman gleichermaßen für die Schoa, so dass er Barthes Textanordnung vermutlich deshalb adaptiert und seinen Schoa-Roman *Stichwort: Liebe* ebenfalls mit rund achtzig Stichwörtern abrundet.

Von Bruno Schulz bis Roland Barthes. In seine Denkwelt bezieht David Grossman nicht nur die hebräische, jiddische und jüdische Literatur ein –

---

18 David Grossman, Stichwort: Liebe, aus dem Hebräischen von Judith Brüll, Frankfurt a. M. 2004 (München 1991; hebräische Originalausgabe 1986).

19 Roland Barthes, Fragments d'un discours amoureux, Paris 1977.

von Samuel Joseph Agnon bis Abraham B. Jehoschua, von Lea Goldberg bis zu Yona Wallach, von Scholem Alejchem bis zu Natalja Ginzburg und ungezählte mehr –, sondern lädt in seine Schreibstube alle möglichen illusteren Schriftsteller ein – allen voran Franzosen und Deutsche: Jules Verne, Gustave Flaubert oder Jean-Paul Sartre, Thomas Mann, Bertold Brecht oder Erich Kästner und auch hier ungezählte mehr. Ausgiebig setzt sich Grossman mit solchen Wegbereitern auseinander, durchforstet ihre Gedankenwelt, experimentiert mit ihren Gattungen, inventarisiert ihre Sprache. Wohlgemerkt trägt Grossman seine berühmten Besucher immer seriös in die Gästeliste ein, würdigt sie stets namentlich in seinen Texten. Dementsprechend stehen Grossmans Bücher in einem regen Austausch mit der Weltliteratur und öffnen sich zu weiten Horizonten von nah und fern.

Eine besondere Rolle nimmt dabei Franz Kafka ein – nicht zuletzt in Sachen Liebe. 1998 widmet sich Grossman in *Sei du mir das Messer* ausgiebig der Mann-Frau-Beziehung, wobei er seine Liebespaare gleichsam in alle möglichen Reagenzgläser schüttet, um ihre psychologischen Reaktionen zu analysieren.[20] Mit dem Titel greift Grossman den folgenden Satz in einem Brief von Kafka an Milena auf: „Liebe ist, dass du mir das Messer bist, mit dem ich in mir wühle."[21] Ein abgründiges Liebesverständnis. Was indes bei Kafkas und Grossmans früherer Liebeschemie vorwiegend aus einer innerpsychischen Dynamik gärt, entsteht in *Eine Frau flieht vor einer Nachricht* aus ganz anderen Gründen. So fühlt sich offenkundig Liebe zu Zeiten von Kriegen an.

Die Flucht vor der Nachricht

Unvermutet, ohne einen Akteur vorzustellen, setzt *Eine Frau flieht vor einer Nachricht* in einem abgedunkelten Raum ein, mitten in einem Dialog (S. 7–8):

Hey, du da, Ruhe!
    Wer ist das?
    Sei endlich still! Du hast schon alle aufgeweckt!
    Aber ich hab sie gehalten
    Wen?

---

20 David Grossman, Sei du mir das Messer, aus dem Hebräischen von Naomi Nir-Bleimling, Wien 1999 (hebräische Originalausgabe 1998).

21 Zitiert nach: David Grossman, Bücher, die mich gelesen haben, in: ders., Die Kraft zur Korrektur, a. a. O., 33.

Auf dem Stein, da haben wir zusammengesessen
Auf was für einem Stein? Jetzt lass uns schlafen
Plötzlich ist sie mir runtergefallen
Du schreist, du singst
Aber ich hab geschlafen
Geschrien hast du!
Sie hat meine Hand losgelassen und ist gefallen
Hör auf, jetzt schlaf schon
Mach mal Licht
Bist du verrückt?
Ach so, hab ich vergessen
Die bringen uns um, wenn wir Licht machen
Wart mal
Was?
Ich hab gesungen?
Gesungen und geschrien, alles zusammen, sei jetzt still
Was hab ich gesungen?
Was du gesungen hast?!
Als ich geschlafen hab, was hab ich da gesungen?
Woher soll ich das wissen? Geschrien hast du! Und da fragst du noch, was du gesungen hast?
Aber du hast doch gesagt, ich hätte gesungen
Das war ein Lied ohne … keine Ahnung, Mensch
Und du weißt nicht, welches Lied?
Sag mal, bist du durchgeknallt? Ich leb kaum noch
Und wer bist du?
Zimmer drei
Auch auf Isolation?
Ja, ich muss zurück
Geh nicht … Bist du schon weg? Warte, hallo … Er ist gegangen …
Aber was hab ich da gesungen?

Zwei Stimmen: zuerst eine männliche, eine weibliche antwortet. Während diese Rollenverteilung der Leserin des hebräischen Originals schon nach den ersten fünf Wörtern evident ist, bleibt sie dem Leser der deutschen Übersetzung zunächst verschlossen. Denn im Gegensatz zu den indoeuropäischen geben die semitischen Sprachen mit beinahe jeder personenbezogenen Wortform das Geschlecht preis – *sexmaniaque* nennt Yona Wallach das Phänomen in einer lyrischen Liebeserklärung an ihre Muttersprache.[22] Dass sich der vorliegende Dialog zwischen Mann und

22 Allein in der hier zitierten Anfangspassage signalisieren über dreißig Sprachmarker, ob die sprechende oder angesprochene Person männlich oder weiblich ist. Zum erwähnten Ge-

Frau entspinnt, ist ausschlaggebend für das Gesamtverständnis des Romans, handelt es sich doch bei den Sprechenden um die beiden Protagonisten, das spätere Liebespaar. Ein feines Netz von Prospektiven geht von dem scheinbar belanglosen Wortwechsel aus und spannt seine Erzählfäden zu nachfolgenden, oft Jahrzehnte später stattfindenden Szenen, und selbst der Schluss des Romans schwebt bereits geisterhaft über diesem Auftakt – von der erwähnten Gestalt, welche die Hand loslässt, und ihrem Fall wird noch die Rede sein.

Ora und Avram gehören die beiden Eingangsstimmen. Die zwei sind sechzehnjährig, an Hepatitis erkrankt und liegen mit hohem Fieber auf der Isolierstation eines Jerusalemer Krankenhauses. Zeitpunkt ist der Juni 1967, die Woche des Sechs-Tage-Krieges. Aus Sicherheitsgründen ist nachts Verdunkelung angeordnet. Die Station scheint menschenleer. Nach zwei oder drei Nächten stößt Ilan dazu, ein Klassenkamerad Avrams. Völlig passiv, vom Fieber betäubt, nimmt Ilan kaum etwas von seinem Umfeld wahr. Avram aber drängt ihn Ora förmlich auf, sodass dieser Ilan, wenn auch ungewollt, die eben erst geknüpfte Bande zwischen Avram und Ora verheddert. Statt zwei sind nun drei Stimmen zu vernehmen, wie in einem Hörspiel: Drei Jugendliche, krank und allein im Dunkeln, in der Ungewissheit der plötzlichen Kriegssituation, nähern sich einander behutsam an, erzählen sich wild vermischt Persönliches und Banales, um ihre Angst zu verscheuchen.

Über achtzig Seiten erstreckt sich dieses singuläre Exordium, eine ebenso feine wie fulminante Ouvertüre. Die Gattung einer solchen Stimmeninszenierung borgt sich Grossman bei Jean Cocteaus Monodrama *Die menschliche Stimme* – mehrmals fällt in *Eine Frau flieht vor einer Nachricht* der Name des französischen Regisseurs.[23] David Grossman dient die spezielle Gattung nun für ein weiteres seiner amourösen Experimente:

dicht vgl. Yona Wallach, *Ivrith* – Hebräisch, in: dies., *Mivchar ha-schirim*: 1963–1985 – Ausgewählte Gedichte von 1963–1985, gedruckt in Israel 1992, 180–182 (hebr.).

23 Leitmotivisch trifft man in David Grossmans Werk die Faszination für die menschliche Stimme, sei es als Sprechstimme oder als Singstimme, namentlich im Roman *Wohin du mich führst*, welcher die Strassenmusikszene in Jerusalem schildert und glänzende Passagen über literarische Musikbetrachtung enthält. Als ehemaliger Radio-Moderator hat Grossman zweifellos ein besonderes Sensorium für alles Akustische und wohl nicht zuletzt deshalb eine Vorliebe für Jean Cocteaus avangardistisches Einmannstück, das von einer einzigen Frau mit einem Telefongespräch bestritten wird (eine verlassene Geliebte ruft ihren abtrünnigen Liebhaber an und sucht unter Einsatz verschiedener weiblicher Waffen, den abtrünnigen Liebhaber zurückzugewinnen, vergeblich, worauf das Telefon selbst zur Waffe mutiert, indem sich die Unglückliche mit der Telefonschnur erdrosselt): Jean Cocteau, La voix humaine, Paris 1930.

Wie würde die menschliche Partnerwahl bei absoluter Blindheit aller Beteiligten funktionieren? Ein bedenkenswerter Psycho-Test: Beziehungen unter Ausschluss jedes visuellen Eindrucks. Das Gespräch im Dunkeln auf jeden Fall offenbart, dass Ora und Avram das für einander bestimmte Paar wären. Avram ist ein *Dschindschi*, das heißt rothaarig, und klein gewachsen, reicht Ora gerade mal bis zu den Schultern, Ilan demgegenüber ist ein ausnehmend schöner junger Mann, Ora wiederum ist ebenfalls eine *Dschindschit*, sieht ansonsten aber Ilan ähnlich. Soweit der Eingangsteil.

Der zweite Teil – von mehr als sechshundert Seiten in neun langen Kapiteln – geht unvermittelt über in die Erzählung eines allwissenden Erzählers, welcher aber vorwiegend die Perspektive Oras teilt. An die 34 Jahre sind seit dem Sechs-Tage-Krieg vergangen, Israel erlebt eben die zweite Intifada, die im Jahr 2000 ausbricht und das Land fünf Jahre im Griff halten wird. Alle Ereignisse des Romans bleiben weiterhin eingezwängt in die zeitlichen Zäsuren der Kriege.

Ora ist längst mit Ilan verheiratet. Zusammen mit Avram (sic!) hat das Ehepaar zwei inzwischen erwachsene Söhne: Adam und Ofer. Eben hat Ilan seine Ehefrau Ora verlassen und ist mit dem älteren Sohn Adam auf eine Reise nach Südamerika aufgebrochen. Ofer, der jüngere Sohn, steht vor dem Abschluss seiner dreijährigen Wehrpflicht, was Ora mit ihm zusammen auf einer gemeinsamen Wandertour in Galiläa feiern wollte. Doch dann meldet sich Ofer urplötzlich als Freiwilliger für eine militärische Aktion. Die Handlung setzt in dem Moment ein, als Ora Ofer im Taxi ihres arabischen Fahrers Sami zum Sammelplatz begleitet.

Die Fahrt zum Ort der Mobilmachung ist für Ora ein Albtraum – die Angst, die Enttäuschung, Ofers Vertrauensbruch, ein jäher Riss im Arbeitsverhältnis mit Sami, all das ist zuviel –, und nachdem sie allein in ihr leeres Haus nach Jerusalem zurückkommt, bricht sie innerlich zusammen. Hysterie und Panik treiben sie um, vor allem aber die Phobie, dass Ofer in der bevorstehenden Militäraktion umkommen werde und sie gezwungen sei, seine Todesnachricht entgegenzunehmen. Und so reift in wenigen Stunden Oras Plan, vor dieser Nachricht zu fliehen. *Eine Frau flieht vor einer Nachricht* – der Titel als Programm des Romans (S. 140–141):

> Wie eine Fliehende rannte sie die Treppen hinunter, die Treppen, auf denen vielleicht schon morgen, vielleicht in einer Woche, vielleicht auch überhaupt nie, aber sie wusste, dass es doch passieren würde, daran hatte sie keinen Zweifel, die Überbringer der Nachricht stehen würden. Sie kamen in der Regel zu dritt, hieß es. Schweigend würden sie diese Stufen hochkommen. (…)

> Wie viele Nächte hatte sie schon darauf gewartet, seit Adam eingezogen worden war, die ganze Zeit, während er seinen Dienst in den besetzten Gebieten tat, und danach die drei Jahre von Ofers Wehrdienst, wie oft war sie beim Klingeln an der Haustür aufgestanden und hatte sich gesagt, das war's, jetzt ist alles vorbei, aber nun wird ihnen diese Tür verschlossen bleiben, auch morgen, übermorgen, auch nächste, auch übernächste Woche, diese Nachricht wird nicht überbracht werden, denn zum Überbringen einer Botschaft braucht es immer zwei, dachte Ora, einen, der sie überbringt, und einen, der sie entgegennimmt, und deshalb kann sie nicht überbracht werden. Dieser Gedankengang zeichnete sich in ihr immer leuchtender ab, blitzte nadelspitz in zorniger Fröhlichkeit auf, während das Haus schon abgeschlossen hinter ihr liegt und das Telefon drinnen pausenlos klingelt und sie selbst auf dem Weg draußen auf und ab geht und Sami erwartet.

Überstürzt fährt Ora mit ihrem Chauffeur nach Tel-Aviv, um dort Avram, den früheren Freund, abzuholen, gegen dessen Willen wohlgemerkt, um nun mit ihm statt mit Ofer die Galiläa-Reise in Angriff zu nehmen. Noch in derselben Nacht chauffiert Sami die beiden hastig in den israelischen Norden. Dann aber, mit dem nächsten Morgen, tritt unvermittelt ein Tempowechsel ein, von einer ungut angeheizten Hektik zu einer nahezu meditativen Langsamkeit (S. 167):

> Das erste Tageslicht beginnt zu schimmern, sie liegen am Rand eines Feldes, so weit das Auge reicht, entrollen sich die verschiedensten Grüntöne. Sie erwachen aus einem leichten Schlaf, letzte Traumweben ziehen vorüber, auf der Welt nur er und sie, sonst keiner; der Duft des ersten Schöpfungstages steigt von der Erde auf, die Luft summt von winzigen Geschöpfen, noch ist das Laken der Morgendämmerung straff ausgespannt, durchsichtig und feucht vom Tau. In ihrer beider Augen steigt ein leises Lächeln auf. Es ist ein Lächeln noch vor der Angst. Noch bevor sie sie selbst sind.

Das ist der Anfang der Reise. Wie ein erster Schöpfungstag, und dennoch alles andere als eine Idylle. Von nun an bis zum Ende – drei Viertel des Romans – folgen Ora und Avram abgeschieden von ihrer Umwelt und nur eben mit Schlaf- und Rucksack ausgerüstet dem *Schvil Israel*, einem Wanderweg auf Israels Nord-Süd-Achse, vertieft in ein langes Gespräch von vielen Tagen. Ein Gespräch von scheinbar Belanglosem bis hin zum Intimsten, zu den offenen Lebenswunden, zu dem bis in die verstecktesten Seelenwinkel Verdrängten, das dort zum Teil seit Jahren faulig gärt. Ein Gespräch, das manchmal munter quasselt, schnattert und gackert, meist jedoch die persönlichen Beziehungsfäden nachdenklich aufrollt im Versuch, sie zu verstehen, zu ordnen und zu bewältigen. Wenig chronologisch und wie assoziativ reihen sich Szenen oder Szenenfetzen aneinander, werden fallen gelassen, zuweilen wieder aufgenommen und verschlingen sich schließlich zu einem ausladenden Gewebe. Aus den skizzierten Erinnerungen werden langsam Bildreihen, welche die ganze Lebensspanne der Protagonisten einfangen – Ora und Avram sind inzwischen um die fünfzig. Und so erfährt man von ihrer verpassten Liebe, von Oras Ehe und Familie, von der Freundschaft zwischen Avram und Ilan, von den Söhnen, von den Kriegen und vom Terror.

Zunehmend gewinnen die Figuren an Plastizität, und wie in konzentrischen Kreisen dringt man als Leser immer mehr in ihre Seelenringe ein: Ora, vom Leben erschöpft, die den Scherbenhaufen ihrer Familie zusammenkehrt; Avram, an Körper und Seele gebrochen, der sich allmählich aus dem Trauma des Yom-Kippur-Krieges herauswindet; Ilan, inzwischen ein erfolgreicher Jurist, der zwar nicht mit von der galiläischen Partie ist, und dennoch von „abwesender Präsenz" (S. 282); und dann die beiden Söhne, Adam, der Erstgeborene von Ora und Ilan, der Avram ähnlich sieht; und Ofer, der Jüngere, der Sohn von Ora und Avram, der wiederum Ilan gleicht – diese zweite Vaterschaft ist ein Tabu, um welches einzig die drei Elternteile wissen. Selbst Ofer ahnt nichts davon, und Avram hat seinen Sohn nie gesehen.

Nicht nur die geneigte Leserin denkt da an Goethes *Wahlverwandtschaften*, der Titel fällt tatsächlich und lässt in Bezug auf das Schicksal des gemeinsamen Sohnes nichts Gutes ahnen. Und wie Goethes Ottilie führt auch Grossmans Ora ein Tagebuch, das neben den Gesprächs- und Erzählteilen eine zusätzliche Reflexionsebene einblendet: Hier wie da verströmen die Aufzeichnungen der zentralen Frauengestalt eine lyrische Besinnlichkeit und wagen metaphysische Spekulationen.

Denn eine zweite irrationale Idee treibt Ora um, nicht nur die apotropäische Verweigerung der potenziellen Todesnachricht, vielmehr noch ein sprachmagisches Phantasma: nämlich dass sie ihren Sohn vor Unheil zu schützen vermöchte, indem sie sein Leben in allen Einzelheiten festhält, dass sie ihn dadurch mit Leben zu versorgen vermöchte, indem sie sein Leben nochmals nachlebt, während sie es Avram nun minutiös erzählt. Schließlich sind Ora und Avram die leiblichen Eltern Ofers, auch wenn Avram sich bis anhin geweigert hatte, von seinen Sohn Kenntnis zu nehmen. „Das ist es, dafür hat sie Avram mitgenommen, um all dem einen Namen zu geben und ihm Ofers Lebensgeschichte zu erzählen, die Geschichte seines Körpers und seiner Seele, und alles, was ihm widerfahren ist" (S. 596).

Eine ebenso irrationale wie nachvollziehbare *idée fixe.* Es ist dieselbe Idee, die David Grossman für seinen Sohn Uri hatte. Erinnert sei an das Nachwort des Romans: „Ich hatte damals das Gefühl – oder genauer gesagt, die Hoffnung –, dass das Buch, das ich schreibe, ihn schützen wird." Noch weit forcierter formuliert das Grossman in seinem fiktionalen Text anhand der Protagonistin, wenn es heißt (S. 363): „Eine Erregung zieht durch ihren ganzen Körper. Wenn sie sich nur wirklich anstrengt – für einen Moment glaubt sie schon fast, dass ihr auf dieser Reise, die aus lauter feinen Weben von Beschwörungen und Wünschen besteht, alles möglich ist –, dann könnte sie Ofer selbst aus dem Rucksack herausziehen, ihn von neuem gebären, winzig, zart, mit zappelnden Armen und Beinen." Zwar beschleichen Ora zuweilen Zweifel an ihrem Plan, Ofer durch ihren Bericht am Leben zu halten, doch das Nachsinnen über den gemeinsamen Sohn in Avrams Begleitung gibt ihr eine gewisse Zuversicht.

Und so wird Ora zu einer Art israelischer Scheherazade – es fällt auch der Name der Heldin aus *Tausend und eine Nacht* –, die erzählend um Ofers Leben ringt. Allerdings scheint es, dass im vorliegenden Fall Ora einen weit mächtigeren Großkönig als den legendären Despoten aus dem Morgenland beschwichtigen müsse, um den drohenden Tod mit der Magie von Sprache abzuwenden. Da flackert scheinbar harmlos ein Gottesname auf, und plötzlich wird es todernst. Denn schon einmal hatte Ora mit dem Schicksal gespielt. Damals ging es um einen Militärurlaub: Im Command Car war nur noch ein Platz frei und Ora sollte entscheiden, wer nach Hause fahren dürfe (S. 265–266):

> Nimm eine Mütze, hatten Ilan und Avram ihr durchs Militärtelefon aus dem Camp im Sinai zugegrölt, und tu zwei Zettelchen rein, zwei gleiche. Nein, nein, lachten sie beide, du brauchst nicht zu wissen, was du da auslost, dieses Lachen klang ihr noch immer in den Ohren, seitdem haben sie nie mehr so gelacht. Zweiundzwanzig waren sie gewesen, im letzten Monat ihres Dienstes beim stehenden Heer, sie studierte schon in Jerusalem (…). Einer von ihnen darf nach Hause? Aber wer? Und sofort rannte sie los, holte eine Schirmmütze, ihre alte vom Militär, nahm ein Blatt Papier, riss es entzwei, in zwei gleiche Teile, und in ihr brodelte der Aufruhr: Wen von ihnen wollte sie bei sich haben? Zwei gleiche Zettelchen wiederholte Ilan ungeduldig, einen mit meinem Namen, den andern mit dem von Wampe. Avram stieß einen verhaltenen Schrei in Ilans Rücken aus und rief: Auf den einen schreibst du „Ilan" und auf den anderen „Gott", oder, wenn ich's mir überlege, schreib einfach „Zebaoth". Jetzt ist's aber gut, unterbrach ihn Ilan. Schluss mit dem Gequatsche, und jetzt zieh einen raus. Hast du gezogen? Was hast du gezogen? Bist du dir sicher?

Dieses Los war das Fanal einer Reihe fataler Verkettungen, in dessen Folge Avram in ägyptische Kriegsgefangenschaft geriet. Zwar wurde er nach dem Yom-Kippur-Krieg nach Israel ausgeschafft, fand jedoch, an Körper und Geist gebrochen, nie wieder den Tritt zurück ins Leben.

Was aber bedeuten solche versehrte junge Männer und gefallene Soldaten in Grossmans Roman? Auf diese Frage antwortet die persönliche Geschichte wie aus einem kollektiven Bewusstsein heraus. „Wenn ich umkomme, hatte Ofer ihr zugeflüstert, dann verlasst ihr das Land. Macht, dass ihr wegkommt. Dann habt ihr hier nichts mehr verloren." (S. 473). Diesen Satz hatte Ofer seiner Mutter Ora zum Abschied auf dem Sammelplatz zugeraunt. Der Verlust der Kinder kommt mithin dem Exil gleich. Die Angst um die Söhne im Krieg entspricht der Angst um das Land Israel. Das Trauma der Vertreibung, die Erinnerung an die lange Heimatlosigkeit. Israel sei eben kein selbstverständliches Vaterland wie Amerika oder Frankreich, sagt Avram einmal gleichsam beiläufig zu Ora, Israel hingegen müsse man angesichts der konstanten Bedrohung „die ganze Zeit *wollen*" (S. 484).

Das Land Israel und die Natur. Dass dem Land eine der Liebe zum Sohn vergleichbare Zuneigung zukommt, davon zeugen die von Lebensfreude sprühenden Naturbeschreibungen der galiläischen Flora und Fauna, eine (beinahe) ungebrochene Schönheit, die sich demonstrativ und antithetisch von der menschlichen Destruktion abhebt (S. 179): „Sie zeigte mit der Hand auf die Weite der Ebene, die in frischgewaschenem Grün leuchtete, über und über von Morgenperlchen glitzerte, und auf die fernen Berge, die beinahe violett waren. Es schien ihr, als sei die Luft voll Summen, nicht nur von Insekten, es war, als summte die Luft selbst vor lauter ausbrechender Lebensfreude." Verunstaltet aber wird dieses Naturparadies jauchzender Pflanzen durch die Epitaphe gefallener Soldaten, welche wiederholt Ora und Avrams Weg säumen, so etwa im Folgenden auf dem Berg Arbel, hoch über dem Tal des Sees Genezareth beim Anblick eines Adlers (S. 546–547):

> In großen Kreisen und mit wunderbarer Leichtigkeit schwebt er auf der Luftsäule, bis sich die aufgetürmte Wärme auflöst und er weiterfliegt, eine andere Bö zu suchen. Avram und Ora genießen diesen Anblick: seinen Flug, die in der Hitze violett flimmernden Berge des Golans und Galiläas, das blaue Auge des Sees Genezareth, bis Ora eine Erinnerungstafel sieht, an Feldwebel Ro'i Dror seligen Andenkens, der am 18. 6. 2002 unter ebendiesem Felsvorsprung ums Leben kam bei Übungen der Antiterroreinheit „Duvdevan". *„Er fiel sachte, wie ein Baum fällt. Ohne das leiseste Geräusch fiel er in den Sand"* (Der

kleine Prinz). Ohne ein Wort stehen sie auf und fliehen zu einem anderen Ende des Plateaus, doch auch an ihrem neuen Zufluchtsort steht ein Gedenkstein.

Das leise Fallen – ein böses Omen? *Der kleine Prinz* – ein unheilvolles Menetekel? Wird Ofer den Einsatz im Westjordanland überleben? Wenn der Schluss auch nicht auserzählt wird, so bleibt er doch nicht einfach offen. Wie in einer talmudisch-rabbinischen Diskussion, wo sich die Argumente des Dafür und Dawider die Waage halten und die Entscheidung einer höheren Erzählinstanz ausbleibt, ebenso balanciert David Grossman seine zahlreichen Prolepsen auf ein glückliches oder tödliches Ende maßvoll aus, oder in den Worten des Erzählers (S. 706): „... und abermals hatte die Hoffnung keinen Vorsprung vor der Angst". Davon muss nochmals die Rede sein.

Liebe und Kriege

Zeitlich bewegt sich *Eine Frau flieht vor einer Nachricht* zwischen Sechs-Tage-Krieg, Yom-Kippur-Krieg und Intifada. Wo bleibt da die Liebe? Um es gleich vorwegzunehmen: auf der Strecke. Doch auf dem galiläischen Weg wird manches davon erneut wach werden.

Die Literatur referiert Großes im Kleinen und Kleines im Großen: die Bedeutung von Krieg beispielsweise in der Weigerung eines Kindes, Fleisch zu essen. Die Literatur denkt in Szenen, spricht in Bildern und fängt das Atmosphärische im Liebesplot ein.

David Grossman ist ein Meister feinster Nuancen. Und wie er die banalen Alltagsdinge zu einem Spannungsbogen aufzubauen vermag, sucht seinesgleichen. Um wieviel mehr gilt das in Liebesdingen! Und ganz besonders in der weit über dreißigjährigen Verbundenheit zwischen Avram und Ora. Von zärtlichen Anfängen bis Abschied und Zerstörung buchstabiert der Autor das ganze Aleph-Beth-Gimel der Liebe durch, ordnet gleichsam jedem Buchstaben Dutzende Stichwörter zu und deckt hinter jedem Stichwort Hunderte von Beziehungsfasern auf.

Auch in *Eine Frau flieht vor einer Nachricht* wiegt sich das Liebespaar zu den Versen des biblischen Hohenliedes, die mehrfach anklingen (S. 321): „Er hatte die feinen Härchen auf ihrer Wange geleckt und ihr endlos ‚*deine Schläfen, eine Scheibe vom Granatapfel*' oder ‚mein zarter Flaum' ins Ohr gemurmelt, hatte sich an sie geschmiegt und ihr und sich selbst wie im Traum Dinge vorgeflüstert ‚das Wiegen deiner Hüften', ‚der Samt deiner Kniekehlen'." Im Taumel einer erotischen Szene fabuliert Avram ein solch verliebtes Allegro furioso und haucht Ora seine eigenen Hohelied-Variationen im gleichen Atemzug wie die alttestamentlichen Liebesworte zu[24] – unnötig zu sagen, dass in diesem Liebesgeflüster wohl kaum vergeistigte Theologie oder rabbinische sublimierte Allegorie mitschwingt.

Doch das Liebesglück dauert nur kurze Zeit. Denn obwohl sich Ora und Avram seit ihrer ersten Begegnung als Sechzehnjährige zueinander hingezogen fühlten, sich als junge Erwachsene heftig ineinander verliebten und – um es platt, aber paraphrasierend zu formulieren – ‚füreinander bestimmt waren', kamen sie als Paar nicht zusammen. Erst nach fast drei Jahrzehnten auf ihrer Wanderung in Galiläa nähern sie sich einander wieder behutsam an (S. 377): „Wie weit wir uns entfernt haben, denkt sie. Ein ganzes Leben trennt uns voneinander."

Für Avram stirbt die Liebe, als er gerade einmal zweiundzwanzig ist, unter der Folter im ägyptischen Gefängnis von Abassija. Nach dem Yom-Kippur-Krieg, zurück in einem israelischen Krankenhaus, besucht Ora ihren Freund nach einer seiner zahlreichen Operationen, und man erahnt die Dimensionen des Desasters hinter Avrams kargen Worten (S. 454–455):

> Er bewegte sich, verhedderte sich in seinen Decken, verfluchte den Gips, der ihm auf das Bein drückte. Sie hörte die große Platinschraube in seinem Oberarm gegen das Bettgeländer schlagen.
> Hör mal, Ora.
> Was?
> Ich kann nicht.
> Was nicht?
> Du musst wissen …
> Was?
> Ich kann nicht mehr … Er ächzte, suchte die Worte. Ich liebe nichts mehr. Gar nichts mehr.
> Sie schwieg.
> Ora?
> Ja.
> Das war's.
> Ja.
> Auch keinen Menschen.
> Ja.

24 Hoheslied 4,3; 6,7. Zur Rezeption des Hohenliedes vgl. auch S. 378 und 666.

Ich habe keine Liebe mehr.

Ja.

Für nichts.

Er stöhnte. Ein Restchen seines alten Selbst, der Barmherzige, Ritterliche in ihm, verlangte, sie zu beschützen, sie spürte es, doch fehlte ihm die Kraft dazu: Das wollte ich dir schon vorher sagen.

Ja.

Alles ist in mir gestorben.

Sie saß mit gesenktem Kopf da. Versteinert. Wie war das möglich, Avram ohne Liebe, dachte sie, was war das überhaupt, Avram ohne Liebe. Und dann dachte sie, und wer bin ich, ohne seine Liebe?

Aber auch in ihr gab es seit dem Krieg, seit er in Gefangenschaft geraten war, keine Liebe mehr, für niemanden. Genau wie nach Ada, als wäre ihr das Blut wieder eingetrocknet.

Ada ist Oras Jugendfreundin, die als junges Mädchen verunglückt war – die Gestalt, die im Auftakt des Romans in Oras Traum fällt. Hier nun ist es Avram, der Ora entgleitet, sozusagen aus dem Leben fällt. Mit dem Yom-Kippur-Krieg gerät er in ein Räderwerk von Vernichtung: zunächst als einziger Überlebender verletzt und isoliert in der israelischen Festung Magma im Sinai, anschließend unter der Folter im ägyptischen Lager Abassija, dann in mehreren Kliniken zur Rehabilitation und schließlich im Kreuzverhör des israelischen Sicherheitsdienstes, fürchten doch die Führungsoffiziere, dass Avram als Mitarbeiter des Nachrichtendienstes während seiner Kriegsgefangenschaft den Ägyptern möglicherweise militärische Geheimnisse verraten hatte. Als körperliches Wrack und als seelischen Krüppel spukt dieser Krieg Avram aus.

Vom Verlust der Liebe nicht zu sprechen. Der oben eingeblendete Dialog zwischen Ora und Avram wirkt im Gesamtgefüge des Romans namentlich deshalb so bitter, weil der junge Avram vor Liebesfähigkeit und Wortphantastereien förmlich überschäumte. Seine Seiten füllenden Liebesbriefe, ebenso flammend wie selbstironisch, mixten frohgemut alte Liebesfloskeln mit ingeniösen Novitäten, ungezählte lyrisch-witzige *billets d'amour*, die er Ora schickte, faxte, kicherte, sang und jubelte – ein ebenso scharfer wie schmerzlicher Kontrast zu den kargen Worten, die Avram nachher noch bleiben sollten.

Fast dreißig Jahre wird Avram kaum mehr sprechen noch leben. Erst auf dem *Schvil Israel*, den er zusammen mit Ora unter die Füße nimmt, beginnt seine innerliche Erstarrung aufzuweichen. Und so entfaltet dieser gemeinsame Weg vom äußersten Norden Israels Richtung Jerusalem eine schillernde Symbolik alter und neuer Werte, persönlicher und kollektiver

Erinnerung: Flucht und Rückzug, Exodus und Alijja, Trauergang und Therapie, Pilgerweg und Wallfahrt, ein Weg, der zuweilen sogar ein wenig Glück zurückholt (S. 707): „Als er danach neben Ora lag, hatte er gespürt, wie das Glück langsam pochend in ihn zurückströmte, wie Blut in eine eingeschlafene Hand."

Doch da ist noch Ilan, der Dritte im Bunde, Oras Ehemann. Dennoch handelt es sich bei Ora, Avram und Ilan nicht um die klassische Dreiecksbeziehung im Schatten von Eifersucht und Rivalität, denn Ilans und Avrams Verbundenheit steht derjenigen von Ora und Avram kaum nach. Es ist die typische Kameradschaft eines militanten Milieus, in welchem Männerfreundschaften nicht weniger als Liebesbeziehungen gelten. Waffenbrüderschaft, Treueschwüre, Heldenpathos, all die stereotypen Topoi, welche von Patroklos und Achilles bis zu Winnetou und Old Shatterhand reichen, finden sich gleicherweise bei den beiden israelischen Protagonisten.[25] Seit ihrer Zeit als Jugendliche im Jerusalemer Krankenhaus teilen Avram und Ilan alles: ihre Schule, Freizeit, Sprache, Bücher, Musik, Filme, Träume, ihre „herrlichen Schweinereien, das tiefe gegenseitige Erkennen zweier verstoßener Kinder, zweier Spione im Feindesland" (S. 612) und eben auch ihre Militärzeit und den Kriegseinsatz. Fünfzig ebenso unerträgliche wie fesselnde Seiten lang verfolgt der Leser Ilans vergeblichen Versuch, seinen Freund Avram aus der Falle von Magma am Suez-Kanal herauszuholen, Avrams verzweifelte Funkrufe im Ohr; unter Einsatz seines eigenen Lebens handelt Ilan da und gegen den Befehl seiner Vorgesetzten (S. 601–653).

Und allem voran verbindet die beiden Freunde ihre Liebe zu Ora. Bei der Titelheldin laufen alle Fäden zusammen, sowohl als Figur – Geliebte, Ehefrau und Mutter – als auch als Erzählinstanz, sieht doch die Leserin die Handlung durch die Augen Oras. Die weibliche Perspektive kommt bei David Grossman zwar ab und zu vor, ist aber nirgends so ausgeprägt wie in *Eine Frau flieht vor einer Nachricht*. Diese Erzählperspektive verfolgt denn auch eine klare erzählerische Funktion, denn eine Frau schafft hier – weit ausgeprägter als ein männlicher Erzähler – eine dezidiertere Distanz zum Militärapparat und zu der im Kriegszustand befindlichen Gesellschaft. So soll Ora eine eher durchschnittliche israelische Frau und Mutter darstellen, in dieser Hinsicht weder eine Heldin noch eine „von

25 Andreas Kraß, Ein Herz und eine Seele. Geschichte der Männerfreundschaft, Frankfurt a. M. 2016.

diesen *Women against the occupation*" (S. 695). Wohl war auch Ora Soldatin, doch bloß in der für Frauen üblichen Verwaltungsbürokratie.

Von wenigen Nebenfiguren abgesehen ist Ora die einzige Protagonistin, während ihr gegenüber vier männliche Protagonisten auftreten. Und so erlebt man gewissermaßen in Oras Haut, wie infolge von Kriegen und Konflikten ihre Liebe zu Avram und ihre Ehe mit Ilan zerbrechen und wie das Militär ihre beiden Söhne verstaatlicht. Zunehmend entfremden sich Adam und Ofer ihrer Mutter, lassen die häusliche Erziehung hinter sich, um die Sprache der Armee und die Werte der Streitkräfte zu adaptieren. Machtlos kämpft da eine einzelne Mutter gegen das übermächtige Militär (S. 680):

> Versprich mir das, Ofer, dass du nicht versuchen wirst, jemanden mit Absicht zu erschießen. Und er schüttelte den Kopf, lächelte, zuckte mit den Schultern. Sorry, Mama, das ist Krieg.
> Sie hatten einander angeschaut, diese Fremdheit erschreckte sie. In ihr blitzte eine Erinnerung auf. Dasselbe kalte Brennen von Schrecken und Versagen wie vor fast dreißig Jahren, als sie ihr Avram wegnahmen, als sie ihr eigenes Leben enteigneten. Es war die alte Geschichte: Dieser Staat hatte seinen schweren Militärstiefel wieder einmal brutal da hingesetzt, wo er nichts zu suchen hatte.

Deformierte Söhne kehren aus der Wehrpflicht zurück, verlöschte Männer aus dem Gefecht. „Er hat sich verlöscht und sitzt jetzt in sich selbst im Dunkeln" (S. 270), ist Ilans bittere Bilanz über Avrams Zustand. Eltern werden zu Kollaborateuren am Tod ihrer eigenen Kinder – so Oras innerer Aufruhr. Die weibliche Perspektive verfremdet, um die psychologische Zersetzung einer militarisierten Gesellschaft zu entlarven. Ora entschließt sich nicht zuletzt deshalb zu fliehen, um gegen den Tod anzuleben und gegen den Krieg anzulieben. Dem Zerfall ihrer Liebe entspricht der Zerfall ihrer Familie und letztlich der Zerfall der Gemeinschaft. Die Liebe im martialischen Würgegriff, zerrissen wie der Staat Israel selber. Wie ein Klappbild ist demzufolge *Eine Frau flieht vor einer Nachricht* zu lesen, als Liebesroman und als Antikriegsroman zugleich.[26]

---

[26] Als ideologisches Substrat ist hier unschwer das Gedankengut von Grossmans politischen Schriften auszumachen: David Grossman, Der gelbe Wind. Die israelisch-palästinensische Tragödie, aus dem Hebräischen von Jürgen Benz, München 1988 (hebräische Originalausgabe 1987); ders., Der geteilte Israeli. Über den Zwang, den Nachbarn nicht zu verstehen, aus dem Hebräischen von Barbara Linner, München 1992 (hebräische Originalausgabe 1992); ders., Diesen Krieg kann keiner gewinnen, aus dem Hebräischen von Vera Loos und Naomi Nir-Bleimling, München 2003 (hebräische Originalausgabe 2003).

Ein offenes Ende?

Grossman erspart dem Leser nichts, und sein Roman ist keine Lektüre für eine dünnhäutige Leserin, fließen doch hier alle denkbar ekligen Körpersäfte: der Mensch in Urin, Kot und Erbrochenem, voll von Schweiß, Eiter, Blut und Gestank, im Feuergefecht und unter der Folter. Selbst der Liebesakt – fern von Romantik wie von Pornographie – gleicht einem archaischen Ritual. Die Spezies Mensch schließlich scheint unter Generalverdacht, eine Verbrechergang zu sein. Wenn David Grossman mit seinem Text humanisieren will, so tut er das nicht mit homöopathischen Tröpfchen, sondern mit einer Schocktherapie, heilt vergiftete Beziehungen mit einer entsprechenden Portion Gegengift. Da *Eine Frau flieht vor einer Nachricht* die israelische Kriegserfahrung thematisiert, ist eine solche zuweilen abgründige Darstellung zweifellos gerechtfertigt – und bemerkenswert, dass diese dabei ohne Pathos und Larmoyanz auskommt.

Die Urangst der Israeli, sowohl die Söhne wie das Land zu verlieren. „Hallo, Israel, Heimat? Gibt es dich überhaupt noch?" (S. 647), brüllt Avram verzweifelt in sein lädiertes Funkgerät, während er als einziger Überlebender in Magma festsitzt. Israel existiert noch, doch was ist mit den Söhnen? Man weiß, was mit Uri Grossman geschah, doch was ist mit Ofer? Gerade durch den biographischen Hintergrund des Autors wirkt das Ende des Romans wie ein Sog.

Der Schluss aber wird vom Autor nicht auserzählt. Auch gibt es keine innere Notwendigkeit der Handlung, dass der Sohn von Avram und Ora umkommen würde. In wilden Rhythmen wechseln euphorische Momente mit panischen Attacken. In versöhnlichen Augenblicken öffnet sich dann sogar ein Spalt breit der Himmel, wenn Ora beispielsweise fast so etwas wie ein Stoßgebet murmelt (S. 667): „Sie schließt die Augen, dankt, wem Dank gebührt – in diesem Moment ist sie sogar bereit, sich mit Gott zu versöhnen –, dass Ofer auch diesmal heil zurückgekommen ist …"

Demgegenüber jedoch lauert der Tod überall, selbst in der sonst so intakt geschilderten Natur (S. 477–478):

> Sie weichen von dem Rundweg um den Gipfel ab, auf einer kleinen Wiese in frischem Grün legen sie sich auf die warme Erde, das Gesicht zur Sonne gewandt, es ist Nachmittag, über Oras Kopf steht ein schon bestäubter Storchenschnabel, er lässt seine blauen Blüten fallen und stirbt vor sich hin. Eine gewaltige Kraft, erdig, felsig und urzeitlich, dringt aus dem Fels unter ihr in ihren Körper. Die Hündin liegt etwas entfernt, leckt und putzt sich eifrig. Avram holt aus seinem Rucksack eine Mütze von Ofer – „3. Kompanie, ‚Die

Kerle‘“ – und bedeckt damit sein Gesicht, auch sie legt sich eine Mütze aufs Gesicht. Die Wärme der Sonne macht sie schläfrig. Eine tiefe Stille breitet sich aus. In den abgefallenen Anemonenblättern neben ihrer Hand gräbt ein Blatthornkäfer. Neben ihrem Knie beeilt sich eine Mittagsschwertlilie, ihre Blüten weit zu öffnen, auch die sind blau und eine listige Versuchung für Anhänger des schon verwelkten Storchenschnabels.

Das Sterben und Fallen sind ungute Vorzeichen. Die Atmosphäre verdunkelt sich insbesondere auf den letzten Seiten, und in der Schlusspassage entspinnt sich zwischen Ora und Avram ein Dialog, der auffällig an den Anfang anklingt (S. 725–726):

> Wir beide müssen ihn an einen Ort bringen, sagt Avram, ich weiß nicht, wohin, ich verstehe auch nicht, warum. Wir halten ihn zwischen uns, die ganze Zeit. Als ob er es braucht, dass wir ihn beide dorthin bringen, das ist es.
> Ja.
> Nur wir beide können ihn dorthin bringen.
> Wohin?
> Ich weiß nicht.
> Was ist dieses Dort?
> Ich weiß nicht.
> Ist es dort gut? Fragt Ora verzweifelt, ist es dort gut?
> Das weiß ich nicht.
> Was ist das? Was erzählst du mir da? Ist das dein Traum? Hast du von ihm geträumt?
> Das ist, was ich sehe, sagt Avram hilflos.
> Aber was ist das?
> Wir beide halten ihn.
> Ja.
> Er geht zwischen uns.
> Ja, das ist gut.
> Aber er schläft, seine Augen sind geschlossen, einen Arm hat er um dich gelegt, den andern um mich.
> Ich versteh nicht.
> Plötzlich schreckt Avram auf: Komm, Ora, wir müssen hier weg.

War es zu Beginn des Romans, im ersten Wortwechsel zwischen den beiden, Oras jung verstorbene Freundin Ada, die im Traum fiel, so ist es hier der gemeinsame Sohn Ofer, der ins ‚Dort‘ zu entschlafen droht. Das hebräische Wort *scham*, ‚dort‘, sagt Unheil an: Im früheren Werk *Stichwort: Liebe* war es der Ort der Schoa, im späteren an Orpheus inspirierten Mythos *Aus der Zeit fallen* wird es der Ort der Toten sein. Die zitierte Passage ist indes keine reale Szene, eher eine Art phobischer Vision. Die zahlreichen Prolepsen halten sich die Waage: Oras Plan, Ofer zu retten, gelingt – gelingt nicht? Aus all den Fingerzeigen auf den Ausgang mag sich der Leser das Ende selber zurechtlegen, und aus allen Hinweisen auf ein mögliches oder unmögliches Happyend soll sich die Leserin ihren eigenen Reim machen. Gedanklich einzubeziehen ist dabei vielleicht, dass die sprachmagische Idee, welche Ora wohl mit dem Autor teilt, eine explizite Todesnachricht verbieten würde.

Tatsächlich sind die Parallelen zwischen dem Autor David Grossman und seinen beiden Hauptfiguren augenfällig. Wie eingangs zitiert, verarbeitet Grossman mit diesem Buch den realen Tod seines Sohnes Uri, so wie Ora und Avram den potentiellen Tod ihres Sohnes Ofer ausloten. Eine spezielle Affinität hegt der Autor hierbei zu Avram, als ob er sich in seiner Trauer nur in dieser des Lebens beraubten Figur, in einem bis zum Äußersten geschundenen Menschen wiederfinden könne. Und mehr noch: Eine enge metasprachliche Bande zeichnet sich zwischen Autor und Figur in dem Sinn ab, als beide virtuose Wortakrobaten sind und Avram dereinst aus Oras Erinnerungen an Ofer ein Buch schreiben solle (S. 601): „... und zum Schluß, sagt sie und lacht lautlos zu den Sternen, die ihr zuzwinkern, wird daraus ein Buch werden."

Hier und da heißt erzählen gegen den Tod anschreiben. Welches Werk des israelischen Schriftstellers spätere Generationen auch immer aufgreifen werden, mit *Eine Frau flieht vor einer Nachricht* hat David Grossman seinem Sohn Uri ein bleibendes Epitaph gesetzt und ihn auf solche Weise literarisch unsterblich macht – mit einem Antikriegs- und Liebesroman und mit einer Liebeserklärung an die Natur des Landes Israel.

Nachlese und Ausblick

Zwölf Liebestexte – zwölf jüdische Lebenswelten. Angesichts ungezählter Liebesgeschichten und im Hinblick auf den Reichtum jüdischer Liebesliteratur scheint die vorliegende Anthologie bloß einen winzigen Ausschnitt eines immensen Korpus einzufangen.

Jede wissenschaftliche Studie kann nur Stückwerk sein und soll als Baustein nachfolgender Untersuchungen dienen. Denn in der Tat wäre hier vieles hinzuzufügen, was zukünftige Arbeiten auch tun mögen: große Autoren wie beispielsweise der Jiddisch schreibende Nobelpreisträger Isaac Bashevis Singer (1904–1991), spezifisch jüdische Topoi wie die aus dem biblischen Buch Ruth bekannte *Chaliza*, die Schwagerehe, oder hebräische Liebeslyrik von Jehuda Halevi (um 1075 bis 1141) bis hin zu Jehuda Amichai (1924–2000). Allerdings legt der hier gewählte methodische Ansatz, jüdische Liebesliteratur als Gesellschaftsspiegel zu befragen, zwangsläufig die Prosa als Korpus näher, während Gedichte eher Momentaufnahmen einfangen. Lücken und Desideraten zu Autoren, Dichterinnen und Topoi soll denn auch die abschließende Bibliographie ein wenig Abhilfe schaffen beziehungsweise zu neuen Denkanstößen anregen. Dennoch ist auch diese Literatur sorgfältig bemessen und selbst bei schriftstellerischen Berühmtheiten auf zwei oder drei Titel beschränkt.

Hingegen möchte die vorliegende Studie insofern repräsentativ sein, als sich auch kommende Untersuchungen über jüdische Liebesliteratur in das erarbeitete Raster einfügen lassen. Die zwölf besprochenen Texte gehen auf ebenso herausragende wie kreative Denker zurück, die ihre jeweilige Epoche fiktional in den Plot eines Liebesdramas umzusetzen wussten. Dabei weisen ihre Texte ausnahmslos einen Bezug zum Judentum auf und entwickeln ein Beziehungsgeflecht zwischen Theologie und religiösem Traditionsschrifttum – allem voran dem Hohenlied –, zwischen jüdischer Gemeinschaft und Kultur, hebräischer Sprache und Liturgie sowie dem Land Israel und Jerusalem.

Mittels Liebesliteratur die Spannweite und Vielfalt jüdischer Lebenswelten auszuloten, war zudem das Ziel. Und rückblickend entwickelte sich tatsächlich eine beeindruckende Vielfalt. Zeitlich erstrecken sich die Texte vom ersten vorchristlichen bis zum dritten nachchristlichen Jahrtausend, geographisch sind sie über mehrere Länder und Kontinente verteilt. Auch kamen eine Reihe von Sprachen zu Wort, fromme ebenso wie atheistische Stimmen und zudem möglichst verschiedenartige epische, lyrische und dramatische Gattungen – umfaßt doch der kürzeste Text gerade einmal 38 Zeilen, während der längste in der deutschen Übersetzung 729 Seiten aufzeigt.

Doch ein paar offene Fragen bleiben noch zu klären, eventuelle Unklarheiten zu präzisieren. Inwiefern war es richtig, jüdische Liebesliteratur als Spiegel jüdischer Lebenswelten zu betrachten? Was erweist sich als das Spezifikum jüdischer Liebesliteratur? Und wie steht es im 21. Jahrhundert in Anbetracht von Globalisierung und digitaler Kommunikation mit der Liebe? Und wie wird sich jüdische Liebesliteratur weiterentwickeln?

Liebesliteratur und jüdische Geschichtsschreibung

Liebe ist das Kerngeschäft der Literatur. In ihren fiktionalen Figuren verdichten Romanciers und Schriftstellerinnen nicht nur die Dispositionen individueller Psyche mit Beziehungskonflikten und Familienmustern, sondern ebenso mit zeitgenössischen Denkstrukturen, Ideologien und Mentalitäten. Dabei lassen Autoren ihre Protagonisten mit den daraus resultierenden Spannungen namentlich deshalb ins Extreme laufen, um die Konturen ihres Zeitgeistes und ihrer Zeitgeschichte zu akzentuieren. Aus der Kunst einer solchen Kristallisation ziehen Figuren wie eine Ottilie, eine Madame Bovary oder eine Anna Karenina ihre authentische Kraft – im jüdischen Kontext waren das Rahel, Ruth oder Ora.

Doch eignet sich Liebesliteratur als Textsorte, um sich auf historisches Terrain zu wagen? Im Falle des Judentums sehr wohl.

Man erinnere sich zurück an die eingangs erörterte Liebesgeschichte von Jakob und Rahel, aus der heraus der historische Kontext der biblischen Patriarchenzeit beleuchtet wurde, da anders geartete Quellen dazu fehlen. Wohl fördert die altorientalische Wissenschaft seit Jahrzehnten eine Flut verschiedenster außeralttestamentlicher Texte zu Tage, die sie mit den Publikationen der TUAT (*Texte aus der Umwelt des Alten Testaments*) der alttestamentlichen Forschung flankierend und hilfreich zur Seite stellt. Zudem weist die Hebräische Bibel durchaus eine – wenn auch religiös gefärbte – Geschichtsschreibung auf: die Samuel-, Königs- und Chronikbücher beispielsweise. Aber dennoch erscheinen Jahrzehnte und Jahrhunderte biblischer Erzählzeit als historisches Dunkel, aus welchem sich nur vereinzelte Ereignisse narrativ verdichtet abheben.

Und nachbiblisch ist die Quellenlage kaum besser. Das mag verwundern, denkt man etwa an Josephus Flavius als den großen jüdischen Geschichtsschreiber der Antike (um 38 bis 100 n. Chr.) oder an den heutzutage äußerst üppig blühenden Zweig jüdischer Geschichtswissenschaft. Doch zwischen dem jüdischen Altertum bis zur jüdischen Aufklärung im 18. und 19. Jahrhundert gähnt ein historisches Loch. Auf den Punkt gebracht hat diese Tatsache der amerikanische Historiker Yosef Hayim Yerushalmi in seiner klassischen Studie *Zachor: Erinnere Dich!*. Darin schreibt er: „Als Historiker bin ich unter den Juden ein neuartiges Wesen, dessen Ahnenreihe nur bis ins zweite Jahrzehnt des 19. Jahrhunderts zurückreicht."[1] Und erläutert dann, wie die nachbiblischen rabbinischen Traditionsschriften beinahe zweitausend Jahre lang historische Geschehnisse und Prozesse mittels stereotyper religiöser Motive chiffrierten: die vier Königreiche aus dem biblischen Danielbuch (Daniel 7,1–28) zur Epocheneinteilung, die Bindung Isaaks (Genesis 22,1–19) zur Veranschaulichung der Kreuzzüge, die alttestamentlichen Klagelieder zur Darstellung aktueller Verfolgung oder die talmudische Symbolik von Jakob und Esau zur Illustration von Judentum und Christentum. Eine tatsachenorientierte Geschichtsschreibung im säkularen Sinn brachte erst die Strömung der *Wissenschaft des Judentums* im 19. Jahrhundert hervor, allen voran der historische Ahnvater Heinrich Graetz (1817–1891) mit seinem monumentalen Übersichtswerk *Geschichte der Juden von den ältesten Zeiten bis auf die Gegenwart*. In liberalen und religionsfernen Kreisen erfüllt dieser historische Wissenschaftszweig zuweilen das identitätstiftende Moment, das bis zur Schwelle der Moderne das rabbinische Schrifttum geleistet hatte.

Einer solchen theologischen Geschichtsschreibung wäre nun eben auch das Liebesmotiv hinzuzufügen. Besonders klar konturieren die alttestamentlichen Propheten das Liebesdrama, allen voran Deuterojesaja in den Dicta aus dem babylonischen Exil, wo das lyrische Ich mit der Stimme Gottes spricht und die exilierte judäische Gemeinschaft den Frauenpart mimt (Jesaja 54,1.4–8):

> 1 Juble, du Unfruchtbare, die nicht geboren hat,
> brich in Jubel aus und jauchze, die nie in Wehen lag,
> denn die einsame Frau hat mehr Söhne
> als die verheiratete – spricht der Herr. (…)

---

[1] Yosef Hayim Yerushalmi, Zachor: Erinnere Dich! Jüdische Geschichte und jüdisches Gedächtnis, aus dem Amerikanischen von Wolfgang Heuss, Berlin 1996 (amerikanische Originalausgabe 1982), 87.

> 4 Fürchte dich nicht, denn du wirst nicht zuschanden,
> und schäme dich nicht, denn du wirst nicht erröten
> Die Schande deiner Jungfernzeit wirst du vergessen,
> und an die Schmach deiner Witwenschaft wirst du nicht länger denken.
> 5 Der dich ehelicht, ist es, der dich erschafft,
> Herr der Heerscharen ist sein Name,
> der dich erlöst, der Heilige Israels,
> der Gott der ganzen Erde wird er gerufen.
> 6 Denn wie eine verlassene Frau, eine verhärmte, ruft dich der Herr,
> und die Frau der Jugend, könnte sie verstoßen werden
> – spricht dein Gott.
> 7 Einen kurzen Augenblick habe ich dich verlassen,
> doch in großem Erbarmen werde ich dich zurückholen.
> 8 Voll von Grimm und Zorn
> habe ich mein Gesicht einen Augenblick vor dir verborgen,
> doch mit ewiger Zuwendung erbarme ich mich deiner
> – spricht, der dich erlöst, der Herr.

In eine politische Sprache übersetzt, meinen die vorliegenden Verse die Einnahme Jerusalems durch den babylonischen König Nebukadnezar II. im Jahr 587 v. Chr., die anschließende Deportation der Judäer, dann aber auch den sich abzeichnenden Umschwung durch die persische Eroberung Babyloniens, das Edikt des Kyros von 538 v. Chr. mit einer damit ermöglichten Rückkehr der exilierten Judäer zum Zion. Ein politischer Ablauf im Bild einer gekitteten Ehe. Und nur am Rande sei vermerkt, dass eventuell solche Prophetenworte den Ausgangspunkt einer allegorischen Auslegung des Hohenliedes darstellen könnten.

Jüdische Liebesliteratur ist mithin sowohl eine Geschichtsquelle *manque de mieux* bis hin zum 19. Jahrhundert, als auch eine biblisch-rabbinische Tradition, die bis in die Gegenwart reicht. Der Dichter als Zeitzeuge und Liebesliteratur als Mimesis sind im jüdischen Kontext ernst zu nehmende historische Instanzen.

Und schließlich spielt da noch mehr mit als nur der Umstand, dass Schriftsteller auf ihre Umwelt wie soziopolitische Seismographen zu reagieren vermögen. Rückblickend auf Jahrzehnte und Jahrhunderte stellt man zuweilen fest, dass ihre Werke zukünftige Entwicklungen mit einem nahezu prophetischen Blick vorwegzunehmen verstanden, mithin erste Vorboten im Geschichtsverlauf darstellen und dadurch zusätzlich an Bedeutung gewinnen – man denke nur an Abraham Mapus *Liebe zu Zion*, ein Roman, der den Zionismus Jahre vor dessen Begriffsprägung und vor Theodor Herzls Geburt antizipiert hat, oder an Lea Goldbergs *Briefe von einer imaginären Reise*, deren Protagonistin schon Mitte der dreißiger Jahre die Gefahr der nationalsozialistischen Judenverfolgung erschreckend klar kommen sah.

Mysterium tremendum

Liebeserzählungen aus früheren Epochen mit ihrem Warten, Leiden und Sehnen mögen nun manch coolen Leser in einer postmodernen Realität mit sexueller Wahlfreiheit und Internet-Dating antiquiert vorkommen. Und tatsächlich hat sich der Umgang in Liebesdingen verändert.

Vor wenigen Jahren hat die israelische Soziologin Eva Illouz ein Buch über die Liebe veröffentlicht, das auch in Europa rege rezipiert und von den Rezensenten frenetisch gefeiert wurde: unmöglich, von nun an noch über Liebe zu sprechen, ohne *Warum Liebe weh tut* einzubeziehen.[2] Sei's! Eva Illouz spricht von der Transformation der Mann-Frau-Beziehung in der Moderne, von romantischer Ökologie mit allgegenwärtigen Heiratsmärkten, von verändertem weiblichen und männlichem Rollenverhalten, von der Einbildungskraft des Internet, von Wahltechnologien, von sexuellem Übermaß etc. – wobei die Emotionalität deutlich auf der Strecke bleibt. Und im Hinblick auf die nüchternen Resultate ihrer sozialwissenschaftlichen Studie bedauert sogar die Autorin selber, dass einhergehend mit Lustbefriedigung und Freiheit das Erhabene des Liebesgefühls verloren gegangen sei.[3] Allerdings muss sich eine solche soziologische Sicht die kritische Frage gefallen lassen, inwiefern sie Zuwendung mit Zweckgemeinschaft und Liebe mit Sex verwechselt. Dass Eva Illouz' Thesen im Übrigen als Muster dafür angeführt werden können, wie sich ultrasäkulare Israeli gegenüber einer ultraprüden Orthodoxie positionieren, ist der Erwähnung kaum wert.

Demgegenüber bezieht die Literaturwissenschaft – auch die aktuellste – eine Transzendenz der Liebe durchaus mit ein, die vielleicht einzige noch mögliche Erfahrung von Transzendenz in einer religionsfernen Welt überhaupt. In seiner Betrachtung zu Marguerite Duras' *Moderato cantabile*[4] spricht Peter von Matt vom ‚Mysterium tremendum et fascino-

---

2 Eva Illouz, Warum Liebe weh tut. Eine soziologische Erklärung, aus dem Englischen von Michael Adrian, Berlin 2012.

3 Eva Illouz, Ist die Liebe tot? Aus dem Englischen von Michael Adrian, in: Die Zeit 25, 13. Juni 2013, 19.

4 Marguerite Duras, Moderato cantabile, Paris 1958.

sum‘ äußerster Emotionalität im Hinblick auf einen Roman, in dem die Liebe als Todessehnsucht unheilvoll lauert.[5] Mit dem ‚Mysterium tremendum‘ spielt Peter von Matt auf die berühmte Definition des ‚Heiligen‘ nach Rudolf Otto an,[6] und fügt dann seiner Textanalyse etwas beinahe Persönliches hinzu:

> Wir reden jeweils von Liebestragödien und meinen, die Sache sei damit abgetan, wie beim Benennen einer Pflanzenart. Die Liebestragödien sind aber mehr als ein literarisches Genre. Sie sind eine grundlegende Gestalt des Nachdenkens über jene zwei Ereignisse, denen kein Mensch entgeht und denen keiner wirklich gewachsen ist, die Liebe und der Tod. Man versucht sie mit Zeremonien zu entschärfen, mit Gesetzen und sozialen Normen zu regulieren, mit wissenschaftlichen Modellen zu generalisieren, mit Zynismus zu banalisieren – vergeblich. Die Konflikte und Aporien schlummern in jedem Neugeborenen, sie wachen in jedem Menschenleben wieder auf. Die doktrinären Ordnungen und Religionen sichern sich ihre Macht über die Menschen, indem sie die Herrschaft über deren Sexualität usurpieren und über ihren Tod verfügen, als wäre er eine Verwaltungsangelegenheit. Auf die *Licence to kill* verzichtet auch der aufgeklärte Staat nicht. Und die Liberalisierung der Sexualität in den westlichen Zivilisationen kann sowenig wie ihr Gegenteil verhindern, dass irgendwo junge Frauen und Männer, besessen vom Wissen um das Glück, an der Liebe sterben.[7]

Die Wucht dieser Worte erklingt wie ein fernes Echo der antiken Verse, welche in der Einleitung als Leitworte der vorliegenden Studie zitiert worden sind (Hoheslied 8,6.7):

> 6 Lege mich wie ein Siegel an dein Herz, wie ein Siegel an deinen Arm,
> denn stark wie der Tod ist die Liebe, hart wie die Unterwelt die Leidenschaft,
> ihre Funken sind Funken von Feuer, die Flamme des Herrn.
> 7 Große Wasser können die Liebe nicht löschen, Ströme sie nicht überfluten.

Aber gerade in der Differenz der beiden Zitate zeichnet sich das spezifische Profil jüdischer Liebesliteratur ab.

---

5 Peter von Matt, Sieben Küsse. Glück und Unglück in der Literatur, München 2017, 231.

6 Rudolf Otto, Das Heilige. Über das Irrationale in der Idee des Göttlichen und sein Verhältnis zum Rationalen, München 1991 (Erstausgabe 1917), 13, 42.

7 Peter von Matt, Sieben Küsse, a. a. O., 238–239.

Merkmale jüdischer Liebesliteratur

Zunächst ist jüdische Liebesliteratur in einen religiösen Kontext eingebunden. Selbst wenn die ‚Flamme des Herrn' (Hoheslied 8,6) – wie in der Einleitung erörtert – als Übersetzung einer verschriebenen Form zu werten wäre, so ist doch die Quelle der jüdischen Liebesliteratur die Hebräische Bibel. Insofern ist den beiden Größen, laut denen Peter von Matts obigem Zitat der Mensch nicht gewachsen ist – der Liebe und dem Tod – im vorliegenden Zusammenhang eine dritte Größe hinzuzufügen: Gott. Und ausgehend vom Gott Israels reihen sich die weiteren richtungsweisenden Werte ein, welche die jüdische Literatur von der Antike bis hin zur Postmoderne wie Signallichter ausleuchten, um ihr eine Identität garantierende Orientierung zu geben: Bibel und Talmud, Volk und Land Israel, jüdische Liturgie und Folklore.

Zum biblisch-rabbinischen Erbe erinnere man sich vornehmlich an den Midrasch zum Hohenlied und wie die talmudischen Weisen alttestamentliche Bukolika in eine Trostlektüre für die exilierte Gemeinschaft umzudeuten wußten, oder an Joseph Gikatilla mit seinem kabbalistisch-neuplatonischen Ehebüchlein am Beispiel von David und Bathscheva. Im Zuge der Haskala, der jüdischen Aufklärung mit ihrer Öffnung zur nichtjüdischen Welt, bildete die jüdische Folklore den Rahmen für Scholem Alejchems osteuropäischen *Stempenju*; und die jüdische Liturgie diente Heinrich Heine, um sein märchenhaftes Prinzenpaar in die schützende Zeitnische des Schabbat zu betten. Ungezählte Autoren wählen mittlerweile Jerusalem als Schauplatz ihrer fiktionalen Szenerien wie Amos Oz in *Mein Michael*; und David Grossman klammert sich dort an die Natur des Landes Israel, wo er an der Politik des israelischen Staates zu verzweifeln droht.

Auf solche Art gewachsen, erweist sich als Charakteristikum jüdischer Liebesliteratur die auf zwei Ebenen angelegte Lektüre: der Liebesplot sowohl profan als auch religiös, sinnlich wie sinnbildlich, säkular wie ideologisch, erotisch wie politisch, wobei die leitmotivisch anklingenden Verse des Hoheliedes eine dem Literalsinn übergeordnete Symbolik anzeigen und die verschiedenen Ebenen wie Scharniere zusammenhalten. Selbst wenn Gott heute als Akteur ausgespielt hat, so wahren auch zeitgenössische Schriftsteller stets ausgewählte Werte der jüdischen Tradition. Denn nach wie vor befindet sich das Judentum als angefeindete Schicksalsgemeinschaft im Spannungsfeld von Exil und Existenzbedrohung.

Und bezeichnenderweise hat die jüdische Liebesliteratur denn auch (nur) dort ein Happyend, wo die allegorisch-religiöse oder die allegorisch-politische Programmlektüre dominiert: wie etwa beim vorbildlichen Rabbi Akiva und seiner selbstlosen Rachel, beim Initiationsprozess von *Joseph und Aseneth*, in Schlomo ha-Levi Alkabez' Schabbathymne oder in Abraham Mapus zionistischer Utopie. Dort aber, wo der religiöse Faden reißt, wie bei Samuel Joseph Agnons *Agunot* oder in An-Skis sozialkritischem *Dibbuk*, steht die Liebe unter einem unglücklichen Stern.

Gott gehört seit den Tagen der Schöpfung zum Paar der Liebenden als deren unabdingbar bindende Kraft – so jedenfalls gemäß der autoritativen Meinung der talmudischen Rabbinen. In einem zentralen Midrasch zum Verhältnis zwischen Mann und Frau ziehen die Weisen dafür die hebräische Sprache als Beweis heran, wenn sie die Schaffung Evas aus der Rippe Adams mit einem Wortspiel kommentieren:

> *Und der Mensch sagte: Diese ist diesmal Knochen von meinem Knochen und Fleisch von meinem Fleisch. Diese wird man Frau (Ischa) nennen, denn vom Mann (Isch) ist diese genommen* (Genesis 2,23). Von hier ergibt sich, dass die Thora in der Heiligen Sprache gegeben wurde. Rabbi Pinchas und Rabbi Chilkijja sagten im Namen des Rabbi Simon: Wie die Thora in der Heiligen Sprache gegeben wurde, ebenso wurde die Welt mit der Heiligen Sprache erschaffen. Oder hast du je gehört, dass man [für Mann und Frau] sagen würde ‚*Gini* und *Ginja*', ‚*Antrope* und *Antropijja*' oder ‚*Gavra* und *Gavreta*'? Dagegen sagt man ‚*Isch* und *Ischa*'. Weshalb? Weil die eine sprachliche Form der anderen entspricht.[8]

Mit der kurzen Diskussion beabsichtigen die Rabbinen, das Hebräische nicht nur als die Sprache der Thora, sondern ebenso als göttliches Instrument bei der Schöpfung von Welt und Mensch darzustellen – Hebräisch als die Ursprache, die ergo sogar dem Schöpfungsakt vorausgegangen war. Als Argument, um die linguistische Einzigartigkeit und Heiligkeit zu beweisen, dient der hebräische Gleichlaut von ‚Mann und Frau' als ‚*Isch* und *Ischa*', da hier weder das Griechische mit *Gyne* und *Anthropos* noch das Aramäische mit *Gvar* beziehungsweise *Gavra* mitzuhalten vermögen, weil in diesen beiden Sprachen das Wort für ‚Mann' und ‚Frau' nicht dieselbe Wurzel aufweist. Dass dabei die griechischen Formen ein wenig gelitten haben, und ob das Argument zu überzeugen weiß, spielt hier keine Rolle, sondern vielmehr die ideologische Intention und der homiletische Fortgang.

8 Midrasch Bereschit Rabba XVIII,4 zu Genesis 2,23.

Denn findige Prediger haben nun tüchtig mit den hebräischen Konsonanten von ‚Mann und Frau', genauer mit *Isch* (Aleph-Jod-Schin) und *Ischa* (Aleph-Schin-He) jongliert und Folgendes entdeckt: Die je spezifischen Konsonanten der beiden Formen sind Jod-He, was der Kurzform des Gottesnamens *Jah* entspricht, während die beiden gemeinsamen Konsonanten Aleph-Schin *Esch* ergeben, was ‚Feuer' heißt – womit sich flugs der moralische Schluss ergebe, dass, wenn Gott im Liebesgeschehen von Mann und Frau nicht gegenwärtig ist, die Beziehung nichts anderes als ein Strohfeuer sei! *Se non è vero è ben trovato*!

Im vorliegenden Kontext ist der Midrasch zu Adam und Eva deshalb weiterführend, weil er alle charakteristischen Züge jüdischer Liebesliteratur in wenigen Zeilen verdichtet: die biblische Basis, die rabbinische Umdeutung, das Paar unter göttlicher Obhut und schließlich die Rolle des Hebräischen.

Denn ausnahmslos alle Texte sind mit dem Hebräischen aufs engste verknüpft, sei es, dass sie auf Hebräisch verfasst sind, sei es, dass sie hebräische Eigennamen, familiäre oder liturgische Lehnwörter, zuweilen ganze Zitate aufweisen, oder dass sie die Brücke zum Hebräischen über die jüdischen Exilsprachen wie Jiddisch, Ladino oder Judeo-Arabisch errichten. Manchmal spielt das sogar alles zusammen: Man denke zurück an Scholem Alejchems jiddischen Roman, der den hebräischen Titel des Hohenliedes *Schir ha-Schirim* trägt. Hebräisch gleichsam als belebendes Fluidum, das die jüdische Literatur nachhaltig durchdringt.

Spätestens an diesem Punkt muss denn auch der ebenso falsche wie defätistische und zuweilen böse Allgemeinplatz widerlegt werden, laut dem Hebräisch als tote Sprache zu werten sei. Der zusammenfassende Blick auf die jüdische Liebesliteratur zeigt ein hebräisches Textkorpus, das alle Epochen abdeckt: ausgehend vom biblischen Hebräisch des *Schir ha-Schirim*, von den nachbiblischen spätantiken und frühmittelalterlichen Hohelied-Midraschim, über das hochmittelalterliche Ehetraktak Joseph Gikatillas, den spätmittelalterlichen Pijjut des Schlomo ha-Levi, den zionistischen 19.-Jahrhundert-Roman Abraham Mapus, über Samuel Joseph Agnons Frühwerk zu Beginn des 20. Jahrhunderts und Lea Goldbergs vor dem Zweiten Weltkrieg entstandenen Romanerstling bis hin zu den modernen und zeitgenössischen Werken der Israeli.

Der Entwicklungsbogen ebenso wie die Sprachvielfalt hinsichtlich Wortschatz, Syntax, Morphologie, Stil und Duktus erfüllen damit die üblichen Kriterien aktiver Sprachen, nämlich deren Veränderlichkeit und

Wandelbarkeit.[9] Und was die Mündlichkeit betrifft, so ist Hebräisch seit zweitausend Jahren täglich in ungezählten Synagogen verschiedenster Länder zu hören, da die Liturgie fast ausschließlich hebräisch formuliert ist. Darüber hinaus hatte und hat das Hebräische stets dort eine Funktion als Lingua franca unter den Juden der verschiedenen Exilsgemeinschaften, wo ein sonstiges Verständigungsmittel fehlte.

Als regelrecht maliziös ist der Topos des ‚toten Hebräischen' dann zu werten, wenn damit intendiert wurde, die Sprache des Alten Testaments als versiegt zu taxieren, und die zweite jüdische Offenbarungsschrift – die mündliche Thora, die Mischna und das rabbinische Schrifttum – zu ignorieren, als ob die Juden angesichts der christlichen Botschaft ans Ende ‚ihres Lateins' beziehungsweise ihres Hebräischen gekommen wären. Mitunter ging der Ruf ihrer toten Sprache dem gewaltsamen Tod der Juden voraus. Linguizid und Genozid können letztlich fatal zusammenwirken.

Das Hebräische weist vielmehr eine ganz eigenwillige Lebenskurve auf, einer mehrjährigen Pflanze gleich, die zyklisch – hier in Jahrhundert- oder Epochenzyklen – blüht, verwelkt und sich von neuem entfaltet, noch weit vor ihrem modernen Revival durch den legendären Eliezer Ben Jehuda (1858–1922), der das Hebräische zu einer pragmatisch tauglichen Alltagssprache gestaltete.

Hebräisch als Sprache der Thora, als Heilige Sprache, rabbinisch betrachtet als Ursprache, als göttliches Schöpfungsinstrument – es versteht sich von selbst, dass die Juden ein solch höchstes Gut nicht einfach aufgegeben haben, ist doch die emotionale Bindung an dieses Erbe besonders deshalb so eng, weil es dort ein Stück Heimat bedeutete, wo sonst kein Heimatland übriggeblieben war – vergleichbar vielleicht mit dem Schabbat als einer Art Heimat in der Zeit.

Dass sich Verliebte in ihren lebensfrohsten Stunden seit mehr als zweieinhalbtausend Jahren vom Hohenlied inspirierte hebräische Liebesworte zuflüstern und es hoffentlich in Zukunft weiter tun werden, dementiert – leise wohl, doch nicht weniger klar – den Topos ihrer tot gesagten Sprache.

---

9 Georg Bossong, Was sind tote Sprachen?, in: Zürcher Kompetenzzentrum Linguistik der Universität Zürich: http://www.linguistik.uzh.ch/de/easyling/faq/bossong-tot.html# (aufgerufen am 27.7.2017).

Von heutigen Liebesgeschichten zu zukünftigen Lebenswelten

Welche jüdischen Liebesgeschichten erwarten die Leserin morgen? Und welchen jüdischen Lebenswelten begegnet darin der Leser übermorgen? Ohne dass die Verfasserin unter die Propheten geraten wäre, möchte sie dennoch einen Ausblick wagen, ausgehend vom Potential der Gegenwart.

Nicht nur der Umgang in Liebesdingen hat sich verändert, sondern ebenso die Produktion und der Ton in der jüdischen Literatur. Im Gegensatz zur Vergangenheit von der Bibel bis zum ausgehenden 19. Jahrhundert ist die Liebesliteratur im 20. Jahrhundert lawinenartig angewachsen. Mit der Moderne haben sich Frauen als Lyrikerinnen und Autorinnen zu behaupten begonnen und halten heute in den Publikationen paritätisch mit ihren Schriftstellerkollegen die Waage. Neue literarische Stimmen sind zu vernehmen: Vertreter und mehr noch Vertreterinnen der Orthodoxie oder die ‚jungen Wilden' – eine Generation jünger noch als David Grossman –, nicht mehr ganz jung zugegebenermaßen, dafür umso wilder mit ihrem dezidiert despektierlichen Timbre, wie beispielsweise der israelische Filmemacher Etgar Keret oder die amerikanisch-jüdischen Erzähler Jonathan Safran Foer und Nathan Englander.

Um diese veränderten Gegebenheiten einzufangen und gleichzeitig eine Vision zukünftiger jüdischer Lebenswelten im Spiegel ihrer Liebesliteratur zu wagen, sollen hier abschließend drei Streiflichter drei aktuelle Bestseller einfangen: einen ersten Roman über eine mögliche Mischehe in der Diaspora, einen zweiten im Konfliktfeld von Israel und Palästina sowie einen dritten aus dem orthodoxen Milieu. Der Autor und die beiden Autorinnen, quasi gleichaltrig, sind in den siebziger Jahren geboren: die israelische Dorit Rabinyan (Jahrgang 1972), die englische Eve Harris (1973) und der Schweizer Thomas Meyer (1974).

… in der Diaspora

Mit seinem Roman *Wolkenbruchs wunderliche Reise in die Arme einer Schickse* verspricht der Schweizer Autor Thomas Meyer eine flotte Lektüre – und das Versprechen hält er. Thomas Meyer gehört durchaus in den Club der ‚jungen Wilden', die mit fröhlicher Flapsigkeit energisch an religiösen Tabus rütteln und nach Kräften bemüht sind, den *trojerikn jidn* – so Thomas Meyers Wortwahl – mit einem frischen Image aufzumöbeln. Und so erzählt Thomas Meyer das im Titel angesagte Abenteuer des

Mordechai Wolkenbruch, der als orthodoxer Jude in heiratspflichtigem Alter seinen Weg ins Leben bahnen und vor allem in der Zürcher Diaspora eine passende jüdische Frau finden sollte. Doch leider hält Mordechai alias Motti das überschaubare Brautangebot an helvetischen Jüdinnen für wenig verlockend, während er die nichtjüdischen Kommilitoninnen im Hörsaal der Zürcher Universität – allen voran die besagte Schickse Laura mit ihrem gewinnenden *tuches*, sprich Popo – als wesentlich anziehender erachtet. Darauf aber interveniert Mottis Mutter – ein arg stereotypisiertes Exemplar der *jiddischen mame* – mit denkbar drastischen Maßnahmen, und sogar die höchste Instanz persönlich greift an dieser Stelle mit einem Rüffel ein:

> Wohl aus diesem Grund vernahm ich an jenem tog tif in mir drin die warme schtim von G't:
> *Mordechai, geliebtes Kind!*
> Ich zuckte leicht zusammen: „Ja, ojberschter in himl?"
> Und G't sprach: *Ich hub deine unkoscheren gedanken gehert.*
> Ich schwieg.
> Und G't sprach: *Wir sind uns einig, dass sie unkoscher sind?*
> Ich nickte kurz und rasch.
> Und G't sprach: *Und wir sind uns einig, dass unkoscher … nun ja: unkoscher ist?*
> Ich nickte noch amol.
> Und G't sprach: *Prima. A gitn tog, geliebtes KInd.*
> Damit erlosch das Licht in meinem Innersten wieder.
> Einen Augenblick noch blieb ich so stehen. Dann betrat ich den Vorlesungssaal; gerade in dem Moment, als die glok den Beginn der Vorlesung markierte. Ich schämte mich für meinen Verrat am Schild des David.[10]

Und so vergnügt sich der Leser mit Thomas Meyers Deutsch und dessen auf Modeslang getrimmten jiddischen Einsprengseln, während die heimische Leserin sich am Lokalkolorit der Limmatstadt weidet. Doch was komisch wirkt, ist noch lange nicht lustig. Denn wie im vorliegenden Textausschnitt kippen die drolligen Dialoge ins Nachdenkliche. Wie bei den klassisch-jiddischen Romanciers – man erinnert sich an Scholem Alejchem – gären unter der humoristischen Sprachoberfläche Unbehagen und Kummer.

Tatsächlich bedeutet eine traditionell-orthodoxe Lebensweise und die Wahl einer entsprechenden Frau den Verzicht auf Freiraum und Entfal-

---

[10] Thomas Meyer, Wolkenbruchs wunderliche Reise in die Arme einer Schickse, Zürich 2012, 37.

tungsmöglichkeit, zumal im überüppigen Angebot des westlichen Exils in postmodernen Zeiten. Welcher Art von *jiddischkajt* soll sich ein solcher Motti nun zuwenden angesichts eines Judentums, welches mit immer mehr Trends experimentiert. Auch wenn Thomas Meyer nicht Mitglied der Israelitischen Religionsgesellschaft an der Zürcher Freigutstraße ist wie sein Protagonist Mordechai, sondern einer liberalen Strömung angehört, so winken sicher auch ihm, neben althergebrachter Jüdischkeit, alle möglichen neuen Angebote zu: vom Thora-Yoga über atheistischen Fundamentalismus bis hin zu einer trägen Glaubensgleichgültigkeit – um nur weniges zu nennen.

Besondere Tragweite kommt dabei der Mischehe zu, welche eine jüdische Lebensführung tatsächlich beeinträchtigen und eine jüdische Identität tüchtig durchschütteln kann: „Meine mame fing lojt an zu weinen, rief: Es gebe uns, die jidn, seit finf-tojsnt jorn, ja fast seks-tojsnt, und wegen solchen lajt wie mir gehe alles kaputt!“[11] Nicht immer muss die Wahl eines selbstbestimmten Lebensweges wie im Fall von Mordechai Wolkenbruch mit Familienausschluß enden – fatal und programmatisch lauert da der ‚Bruch‘ im Namen. Denn allein und unbehaust landet Motti schließlich in einem Hotelzimmer des Zürcher *Marriott*. Kein beruhigendes, aber immerhin ein offenes, vielleicht sogar ein vielversprechendes Ende.

Aber trotz allem, auch wenn das Leben Mordechai Wolkenbruch nicht schont, so polstert der Alltag die *jeunesse dorée* in der Diaspora doch wesentlich weicher als ihre Altersgenossen im heutigen Staat Israel.

... in Israel

Der 2014 erschienene Roman *Wir sehen uns am Meer* der israelischen Fernsehmoderatorin Dorit Rabinyan spielt zwar in den USA, beleuchtet aber den israelisch-palästinensischen Konflikt. Der Plot ist schnell umrissen: Ein Jahr nach dem 11. September 2001 begegnen sich die israelische Übersetzerin Liat und der palästinensische Maler Chilmi im Herbst 2002 in New York – als ob oder besser weil eine solche Begegnung nur exterritorial, außerhalb Israels möglich wäre oder ist, und bezeichnenderweise sprechen die beiden auch ausschließlich englisch miteinander, betont weder hebräisch noch arabisch. Ein *coup de foudre*! Ein *amour fou*! Eine Liebe allerdings mit exakt terminierter *deadline*: ein halbes Jahr. Denn

[11] Thomas Meyer, Wolkenbruchs wunderliche Reise in die Arme einer Schickse, a. a. O., 211.

dem jungen Liebespaar ist klar, dass mit Liats anberaumter Rückkehr eine solche Beziehung in Tel-Aviv oder Ramallah nicht die geringste Chance hätte, obwohl die persönliche Nähe der beiden beinahe verwandtschaftliche Züge trägt: Die Ich-Erzählerin Liat mit ihren iranisch-jüdischen Wurzeln und der arabische Chilmi, der in Bagdad Kunst studiert hat, teilen manch orientalische Eigenheit, sehnen sich beide nach der levantinischen Wärme ihrer Heimat und fühlen sich gleichermaßen fremd in der arktischen Kälte des amerikanischen Winters.

Dorit Rabinyan präsentiert sich als gewiefte Textarrangeurin, handhabt die Zeit souverän, indem sie die Beziehungsentwicklung an nur wenig ausgewählten Szenen veranschaulicht, diese Szenen aber aufs prägnanteste vertieft – allein das erste Treffen der beiden Protagonisten nimmt einen Viertel des Textumfangs ein. Drei Teile umfaßt der Roman – mit ‚Herbst', ‚Winter' und ‚Sommer' überschrieben –, während der Frühling als sprichwörtliche Liebeszeit ostentativ fehlt. Und virtuos fügen sich Anfang und Ende zu einer geschlossenen Struktur: vom ‚Meer pechschwarzer Locken' Chilmis bis hin zu denselben Locken, die sich im Meer auflösen, von den überreichen Blautönen seiner Farbtuben bis hin zu den abgründigen Blautönen eines Meeres, das sich ihm zum Grab aufreißen wird.[12]

Als besonderer Kunstgriff erweist sich, wie die Autorin ihre weibliche Protagonistin gestaltet, denn Liat entpuppt sich als eine wenig zuverlässige Erzählerin, als Prototyp des *unreliable narrator* (Wayne C. Booth), eine Figur, deren Befangenheit der Leser mehr und mehr durchschaut. Durch diese Erzählsicht werden auch die zahlreich aufgetischten Klischees – der verlorene Schlüssel, die harte arabische Sprache, der Clan-orientierte Palästinenser etc. – eines nach dem andern entlarvt und die damit einhergehenden politischen Diskussionen relativiert. Die herkunftsbedingte Kluft zwischen Liat und Chilmi zeichnet sich wiederholt bedrohlich ab: vorerst bei Telefongesprächen mit der Familie, beim Treffen mit jüdischen Freunden, israelischen Touristen oder in der direkten Begegnung mit Chilmis älterem Bruder, dann aber vor allem an den Grenzen der eigenen Vorstellungswelt. *Gader chajja*, ‚lebendiger Zaun', lautet der Titel der hebräischen Originalausgabe des Romans und spielt dabei nicht nur auf das Bollwerk der israelischen Trennmauer an, sondern ebenso an die innerpsychischen Schranken der Akteure. Wenn der

---

12 Dorit Rabinyan, Wir sehen uns am Meer, aus dem Hebräischen von Helene Seidler, Köln 2016 (hebräische Originalausgabe 2014), 27, 37, 377.

ebenso liebenswerte wie realitätsferne Chilmi schließlich unerwartet ins Westjordanland zurückkehrt, dort ein Haus mietet und einen Garten anlegt, so hat selbst die naivste Leserin längst durchschaut, was einzig Liat nicht zu begreifen scheint, nämlich wie Chilmi von einem gemeinsamen Leben mit seiner Liebsten träumt – dass Dorit Rabinyan dazu einen beliebten Topos rabbinischer Gleichnisse einsetzt,[13] unterstreicht sowohl Rollentausch wie Blickwechsel, die anzuregen ihr Anliegen ist.

Im Gegensatz zur deutschen Übersetzung fehlt in der hebräischen Ausgabe die Widmung für den palästinensischen Künstler Hasan Hourani (1973–2003), womit sich die Story als autofiktional outet – in Israel hätte sich diese Widmung fraglos negativ auf die Verkaufszahlen ausgewirkt. Und auch der übrige Streit um den Werbetext des deutschen Covers beziehungsweise um die Tatsache, dass das israelische Schulministerium das mehrfach preisgekrönte Werk 2015 von der Leseliste der Gymnasien mit der Begründung strich, das Buch stelle eine Bedrohung für die „getrennten Identitäten" von Juden und Arabern dar,[14] läßt für die Zukunft nichts Gutes erahnen – mehr als ein Indiz, wie verfahren das israelisch-palästinensische Verhältnis ist!

Nur ein Jahr nach Dorit Rabinyans *Wir sehen uns am Meer* hat die bekannte israelische Schriftstellerin Lizzie Doron mit *Who the Fuck is Kafka* eine literarische Dokumentation über ihre persönliche Begegnung mit dem arabisch-israelischen Filmemacher Nadim Abu Heni geschrieben – laut Lizzie Dorons Vorspann der Name eines fiktiven Helden.[15] Das Buch kommt in mancher Hinsicht Dorit Rabinyans Roman gleich, wobei Tonalität und politische Faktizität ungleich schärfer ausfallen. In diesem Fall konnte das hebräische Original nicht gedruckt werden, da es in Israel kein einziges Verlagshaus fand, während die deutsche Übersetzung inzwischen zu einem Kassenschlager avanciert ist.

---

13 Das häufig variierte ‚Gleichnis der fehlenden Vollendung' (Clemens Thoma / Simon Lauer) spielt auf Gott an, der seine Schöpfung aufs Beste ausstaffiert in der Erwartung des Menschen, Israels etc. und dann zumeist enttäuscht wird. Zur Veranschaulichung hier eine Version aus dem Midrasch Bereschit Rabba X,9: „Geniva sagte: Ein Gleichnis. Gleich einem König, der sich ein Brautzelt machte. Und er bestrich es mit Kalk und bemalte es. Doch was fehlte? Eine Braut, die das Brautzelt betreten würde."

14 Stefana Sabin, Diese Liebe hat Skandal gemacht. Dorit Rabinyans Roman „Wir sehen uns am Meer", in: Neue Zürcher Zeitung 306, 31. Dezember 2016, 41.

15 Lizzie Doron, Who the Fuck is Kafka, aus dem Hebräischen von Mirjam Pressler, München 2017 (hebräische Vorlage 2015).

Und das Hohelied? Selbst in dieser angeheizten Situation taucht der Text unvermutet in *Wir sehen uns am Meer* auf. Chilmi sieht auf Liats Nachttisch einen schmucklosen Band und beginnt darin zu blättern:

> Nun schlägt er die Psalmen auf, leckt sich, was mich erstaunt, den Daumen und springt weiter, vom zweiten Buch der Könige zum Propheten Jeremias, von Ezechiel zu den Sprüchen, vom Hohelied zum Buch Ruth.[16]

Als Chilmi dann aus der Widmung schließt, dass Liat diese Bibel zu ihrem Militärdienst von der israelischen Armee erhalten hatte, kann er sich einen Vergleich mit der Hamas, mit Soldaten, Waffen und heiligen Büchern nicht verkneifen, worauf zwischen den beiden Liebenden ein massiver Streit ausbricht. Dass die Erwähnung des Hohenliedes ausnahmsweise nicht in Zärtlichkeiten mündet, sondern in einen bedrohlichen Konflikt ausartet, spricht Bände.

... im orthodoxen Milieu

Die jüdische Orthodoxie ist eine ebenso vielfältige wie nach außen hin abgeschottete Gemeinschaft. Wie wenig selbst liberale oder säkulare Israeli in orthodoxe Stuben und *Schtiebl* hineinsehen, hat vor wenigen Jahren die Ausstellung *A World Apart Next Door. Glimpses into the Life of Hasidic Jews* gezeigt, mit der das Jerusalemer Israel-Museum den heutigen Chassidismus bebildert hatte.[17] Literatur über oder aus der Orthodoxie ist eine heikle, vielleicht sogar inexistente Gattung, denn eine Darstellung, welche die spezifischen Konturen dieser Lebenswelt herauszuheben weiß, bedarf der Außenperspektive, und eine solche liefern meist nur Aussteiger, die ihre Vergangenheit kaum losgelöst von Ressentiments sehen können: *Eine Vorhaut klagt an* lautet etwa der Titel des amerikanisch-jüdischen Shalom Auslander und sagt damit schon einiges.[18] Vorwiegend aber sind es Frauen, die den Ausstieg aus dem streng geregelten Leben wagen, da sie in dieser Lebenswelt besonders zurückstehen müs-

---

16 Dorit Rabinyan, Wir sehen uns am Meer, a. a. O., 87.

17 Ester Muchawsky-Schnapper, A World Apart Next Door. Glimpses into the Life of Hasidic Jews, Jerusalem 2012.

18 Shalom Auslander, Eine Vorhaut klagt an. Erinnerungen, aus dem Amerikanischen von Eike Schönfeld, Berlin 2010 (amerikanische Originalausgabe 2007).

sen: Pearl Abraham,[19] Reva Mann (in diesem Fall ein Pseudonym)[20] oder Deborah Feldman[21] sind ein paar der bekannteren Namen. Oft führt die heimliche, da zumeist verbotene Lektüre säkularer Literatur dazu, dass solch ultraorthodox geprägte Menschen ihre Welt verlassen und selber zu schreiben beginnen: Autobiographien und Memoiren, wobei sich dann auch eine Entwicklung in die fiktionale Literatur anbahnen kann,[22] eher selten aber ein Liebesroman entsteht.

Eine Ausnahme stellt hier Eve Harris dar, eine englische Lehrerin mit polnisch-israelischen Wurzeln, die mit dem orthodoxen Milieu vertraut ist, als berufstätige Frau aber am modernen Leben teilhat. Eve Harris unterrichtete sowohl an jüdisch-orthodoxen wie katholischen Mädchenschulen in Tel-Aviv und London. Ihr erfolgreicher Romanerstling *Die Hochzeit der Chani Kaufman* ist nun eine Art Liebesroman, der ebenso authentisch wie emphatisch in das orthodoxe Milieu des Londoner Stadtteils Hendon führt. In 36 Kapiteln – zwei mal 18, im klassischen Judentum eine speziell positiv konnotierte Zahl, und zudem die Anzahl der *Lamedwawnikim*, der 36 verborgenen Gerechten – erzählt die Autorin die Hochzeit der Titelheldin Chani Kaufmann und ihres Bräutigams Baruch Levy an einem Tag im November 2008. Zwischen den 453 Seiten von Anfang und Ende liegen kaum zwölf Stunden, vom Moment unmittelbar vor der Vermählungszeremonie bis zur Hochzeitsnacht. Mittels zahlreicher Rückblenden entsteht Puzzle für Puzzle ein Bild von Chani und ihrem Umfeld. Über geschlechtliche Liebe weiß die junge Braut gar nichts – Fernsehen und Internet sind in ihrem Milieu tabu –, und angesichts ihrer ebenso mittellosen wie kinderreichen Familie wurde Chani mit Aufmerksamkeit wenig verwöhnt. Ob der Schritt in ihre Ehe das ändern wird, ob das Hochzeitskleid ihrer Großmutter ihr Glück bringen wird, bleibt ungewiss:

> Das Kleid war ihr Weg hinaus, ihre Chance, den klebrigen Türgriffen und dem ewig währenden Chaos ihres Elternhauses in Hendon zu entfliehen. Sie hatte noch nie ein eigenes Zimmer besessen oder neue Kleidung. Alles war

---

19 Pearl Abraham, Die Romanleserin, aus dem Amerikanischen von Rosemarie Bosshard, München 2002 (amerikanische Originalausgabe 1995).

20 Reva Mann, La fille du rabbin. Mémoires, traduit de l'anglais par Valérie Rosier, Paris 2008 (englische Originalausgabe 2007).

21 Deborah Feldman, Unorthodox. Eine autobiographische Erzählung, aus dem Amerikanischen von Christian Ruzicska, Zürich 2016 (amerikanische Originalausgabe 2012).

22 Judith Rotem, *Qri'a* – Mourning, Tel Aviv 1996 (hebr.).

> immer aus zweiter Hand. Wie das Kleid. Selbst die Liebe, die man ihr entgegenbrachte, war irgendwie abgetragen.[23]

Nur vier Mal haben sich Chani und Baruch vor ihrer Eheschließung kurz gesehen, und angebahnt wurde diese durch die *Jente*, die Heiratsvermittlerin, eine wichtige Person im orthodoxen Gesellschaftsgefüge, da eine solch professionelle Ehestifterin wesentlich für den Fortbestand der jeweiligen Gemeinde arbeitet. Ausschlaggebende Kriterien für den arrangierten Ehebund sind dabei die jeweiligen Familien, deren Grad von Religiosität, ihr Ruf, ihre Herkunft, ihre Solvenz, mögliche Erbkrankheiten oder die *Jeschivot* der Männer, ihre religiösen Ausbildungsstätten.

Verliebtsein dagegen spielt im Geschäft einer *Jente* keine Rolle, ebensowenig wie in der Erfahrungswelt von Chani, die noch nicht einmal zwanzigjährig unter die Haube kommt:

> In ihrer Welt verliebten sich die Menschen nicht. Sie wurden in die Ehe begleitet. Sie trafen sich, sie heirateten, und dann bekamen sie Kinder. Und irgendwann, unterdessen, lernten sie sich kennen. Sie wurden ein Team, Mann und Frau, und brachten weitere Babys zur Welt, wenn es *HaSchems* Wille war. Und wenn sie Glück hatten, bedachte *HaSchem* sie mit einem Lächeln, und sie lernten, einander zu lieben. Langsam, aber sicher wurde aus zwei Fremden eine nette, behagliche Einheit, die in seinem Namen *Mitzwot* befolgte. Sich zu verlieben war etwas für die *Gojim*.[24]

Wohl weniger der fehlende Prozess des Sich-Verliebens, als die Lasten, die auf orthodoxe Bräute zukommen, lauern als zukünftige Liebestöter. Denn die Frauen haben da unzweideutig das Nachsehen. Wie hart solche Frauenleben sein können, sieht Chani mit Beklommenheit und vorausahnender Angst. Einerseits am Beispiel ihrer Mutter, die nach der Geburt der achten Tochter – acht Mädchen und kein einziger Junge! – die zunehmende Last ihres Lebens kaum mehr tragen kann und wie in sich selbst verschwindet. Andererseits an der *Rebbetzin*, der Frau des Rabbiners, die Chani in die Ehe begleitet. Ursprünglich aus einem säkularem Elternhaus stammend, hatte diese einen *Choser bi-tschuva* geheiratet, einen ebenfalls säkularen Juden, welcher sich dann aber der Orthodoxie zugewandt hatte und Rabbiner wurde. Nach über zwanzig Ehejahren aber kann die *Rebbetzin* die *Jiddischkaijt* ihres Ehemannes nicht mehr teilen,

---

[23] Eve Harris, Die Hochzeit der Chani Kaufman, aus dem Englischen von Kathrin Bielfeldt, Zürich 2015 (englische Originalausgabe 2013), 12.

[24] Eve Harris, Die Hochzeit der Chani Kaufman, a. a. O., 142.

kann mit seiner sich proportional zu den Schicksalsschlägen verhärtenden Frömmigkeit nicht mehr mithalten. Der Schlusspunkt des Romans fällt denn auch mit dem *Point of now return* im Leben der *Rebbetzin* zusammen. Chani und Baruch hingegen – so die Anlage des Textes – hoffen in der Tradition ihrer Erziehung ein festes Haus zu bauen, obwohl sie sich bewußt sind, dass sie nie richtig frei sein würden, eigene Entscheidungen zu treffen, dass selbst in der Familienplanung der Rabbiner mitreden würde.

Die Hochzeit der Chani Kaufman ist eine ansprechende Lektüre, die auch der Frömmigkeit ihrer Figuren gerecht wird, indem sie sich in ihre Beziehung zu Gott und zur Gemeinschaft eindenkt, Schutz und Wärme des persönlichen Gebets oder die Verbundenheit in der *Schul* schildert.

Einiges allerdings bleibt klischeehaft. Die Schwiegermutter in spe als intrigante *Snobit* reicht an die Plastizität Chanis oder an die der *Rebbetzin* nicht heran und verharrt als Figurenskizze, ebenso wie die Mimesis des Milieus auf einem Folkloreniveau verharrt, denn über die eigentliche Gedankenwelt der Orthodoxie erfährt der theologisch interessierte Leser wenig. Dazu sei er auf die großen Romane des amerikanischen Rabbiners Chaim Potok (1929–2002) verwiesen, darauf, wie dieser die innerjüdische Zerrissenheit, die je verschiedenen Definitionen jüdischer Sinngebung oder die theologischen und historisch gewachsene Differenzen innerhalb der Orthodoxie literarisch umzusetzen wußte.[25]

Als Ausblick für die Zukunft könnte man sich nun abschließend einen Liebesroman vorstellen, der Chaim Potoks denkerischen Tiefgang mit den Textsorten postmodernen Experimentierens einer Eve Harris, einer Dorit Rabinyan oder eines Thomas Meyer zusammenbrächte.

… im göttlichen Gebetbuch

Literarische Liebesgeschichten als Bildfolge jüdischer Lebenswelten. Stets ereignet sich Liebe hier mit einschneidender Einmaligkeit: die ‚große' Liebe, doch nur in religiöser Überhöhung die glückliche und runde Liebe, sonst aber eine versehrte, verstörende und oft schmerzhaft unerfüllte. Leser und Leserin, welche mit der jüdischen Geschichte vertraut sind,

[25] Chaim Potok, Die Erwählten. Roman, aus dem Englischen von Thomas Gunkel und Sabine Zwirner, Hamburg 2002 (amerikanische Originalausgabe 1967); ders., Mein Name ist Ascher Lev. Roman, aus dem Amerikanischen von Margaret Carroux, Reinbek bei Hamburg 1989 (amerikanische Originalausgabe 1972).

wird das wenig erstaunen. Doch wie zum Trost binden jüdische Dichter die der Liebe innewohnende Rätselhaftigkeit, ihr unverfügbares Moment in die hebräischen Verse des Hohenliedes, um sie gleichsam ratsuchend dem Gott Israels vorzulegen. Ja, zuweilen wähnen selbst hartgesottene Agnostiker die Liebe in einer Sphäre des Heiligen. Ob offensichtlich religiös oder dezidiert profan, stets scheint die jüdische Liebesliteratur *ein* unverzichtbares Signum aufzuweisen: einen Hauch von Transzendenz, der alle Welt- und Sinnlichkeit umweht als Relikt des rabbinischen Erbes mit dessen Allegorisierung des Hohenliedes. Als ob die menschlichen Liebesgeschichten ins himmlische Lebensbuch eingeschrieben wären, oder noch einmal, so wie eingangs, im Bild Samuel Joseph Agnons gesprochen:

> Das große Gebetbuch ist bereits versiegelt, aber das jüdische Herz ist noch nicht versiegelt, und ‚wenn eines Menschen Seele verzagt' und er sein Herz in der Heiligen Sprache ausschüttet, so halten Engel und Seraphim in ihrem Singen inne und kommen, um ihn anzuhören, und bringen seine Worte vor den himmlischen Thron der Ehre, und der Heilige, gepriesen sei er, fügt diese Worte in sein Gebetbuch, liest sie und wird von Erbarmen mit Israel erfüllt.[26]

[26] Samuel Joseph Agnon, *Sippur Paschut* – Eine einfache Geschichte, Tel Aviv 1993 (1935; hebr.), 87.

Bibliographie

Literatur in Auswahl

Bei den hebräisch publizierten Titeln wird die inzwischen meist unter den bibliographischen Angaben des Deckblattes vermerkte englische Übersetzung angegeben, falls diese fehlt, ist hier eine deutsche Übersetzung beigefügt. Eigennamen sind zuweilen deshalb nicht einheitlich geschrieben, da sie den unterschiedlichen Herausgebern folgen.

Agnon, S. J., Agunot, in: ders., Liebe und Trennung. Erzählungen, aus dem Hebräischen von Gerold Necker, Frankfurt a. M. 1996, 7–25 (hebräische Originalausgabe 1908)

Agnon, Samuel Joseph, Eine einfache Geschichte, aus dem Hebräischen von Karl Steinschneider, Frankfurt a. M. 1987 (hebräische Originalausgabe 1935)

Agnon, Samuel Joseph, Gestern, vorgestern, aus dem Hebräischen von Karl Steinschneider, Frankfurt a. M. 1996 (hebräische Originalausgabe 1946)

Alejchem, Scholem [Schalom Rabinovitz], Stempenju. Roman, mit 28 Lithographien von Anatoli Kaplan, aus dem Jiddischen von Hubert Witt, Leipzig 1989 (jiddische Originalausgabe 1888)

Alejchem, Scholem [Schalom Rabinovitz], Schir-ha-Schirim. Lied der Lieder. Roman einer Jugend, aus dem Jiddischen von Jürgen Renner, Frankfurt a. M. 1985 (jiddische Originalausgabe 1911)

Almagor, Gila, Der Sommer der Aviha, aus dem Hebräischen von Mirjam Pressler, 1998 (hebräische Originalausgabe 1986)

Amichai, Yehuda, *Schire ahava* – Love Poems, Tel Aviv 1986 (hebr.-engl.)

An-Ski [Solomon Zainwil Rapaport], Der Dibbuk. Dramatische jüdische Legende, aus dem Jiddischen von Salcia Landmann und Horst Bieneck, München 1976 (jiddische Premiere 1920)

Ansky, S. [Solomon Zainwil Rapaport], The Enemy at his Pleasure. A Journey Through the Jewish Pale of Settlement During World War I, Edited and Translated by Joachim Neugroschel, New York 2002 (jiddische Originalausgabe posthum 1925)

Appelfeld, Aharon, Elternland, aus dem Hebräischen von Anne Birkenhauer, Berlin 2007 (hebräische Originalausgabe 2005)

Attias, Jean-Christophe / Benbassa, Esther, Israël imaginaire, Paris 1998

Auerbach, Erich, Mimésis. La représentation de la réalité dans la littérature occidentale, traduit de l'allemand par Cornélius Heim, Paris 1968 (deutsche Originalausgabe 1946)

Bachrach, Yehoshua, Ruth – Mother of Royalty. A Commentary on the Book of Ruth, translated from the third Hebrew edition by Leonard Oschry, Jerusalem / New York 1995 (1973)

Bamberger, Selig, Raschis Pentateuchkommentar, vollständig ins Deutsche übertragen und mit einer Einleitung versehen, Basel 2002 (1922)
Band, Arnold J., Nostalgia and Nightmare. A Study of the Fiction of S. Y. Agnon, Berkeley 1968
Barthes, Roland, Fragmente einer Sprache der Liebe, aus dem Französischen von Hans-Horst Henschen, Frankfurt a. M. 2015 (französische Originalausgabe 1980)
Biale, Rachel, Women and Jewish Law. The Essential Texts, Their History & Their Relevance for Today, New York 1995
Bialik, Chajjim Nachman, *Schirim* – Gedichte, Tel Aviv 1966 (hebr.)
Blickstein, Shlomo, Between Philosophy and Mysticism, a Study of the Philosophical-Qabbalistic Writings of Joseph Gikatila, New York 1983
Börner-Klein, Dagmar, Gefährdete Braut und schöne Witwe. Hebräische Judit-Geschichten, Wiesbaden 2007
Brenner, Michael, Geschichte des Zionismus, München 2002
Brod, Max, Heinrich Heine. Biographie, Göttingen 2015 (1934)
Burchard, Christoph, Joseph und Aseneth, Jüdische Schriften aus hellenistisch-römischer Zeit, Band II, Gütersloh 1983, 577–733

Carmi, T., Hebrew Verse, New York 1981 (hebr.-engl.)
Chagall, Bella, Erste Begegnung, aus dem Jiddischen von Theodora von der Mühll und Bella Adler, Reinbek bei Hamburg 1985 (1947)
Chagall, Marc / Mayer, Klaus, Wie schön ist deine Liebe. Bilder zum Hohenlied im Nationalmuseum der Biblischen Botschaft Marc Chagall in Nizza, Würzburg 2008 (1984)
Cocteau, Jean, La voix humaine, Paris 1930

Dachs, Gisela (Hg.), Liebe. Jüdischer Almanach des Leo Baeck Institute, Frankfurt a. M. 2010
Dietrich, Walter / Herkommer, Hubert (Hg.), König David – biblische Schlüsselfigur und europäische Leitgestalt, Freiburg Schweiz 2003
Doering, Lutz, Schabbat. Sabbathalacha und -praxis im antiken Judentum und Urchristentum, Tübingen 1999
Domin, Hilde, Die Liebe im Exil. Briefe an Erwin Walter Palm aus den Jahren 1931–1959, herausgegeben von Jan Bürger und Frank Druffner unter Mitarbeit von Melanie Reinhold, Frankfurt a. M. 2009
Doron, Lizzie, Ruhige Zeiten. Roman, aus dem Hebräischen von Mirjam Pressler, Frankfurt a. M. 2005 (hebräische Originalausgabe 2003)
Doron, Lizzie, Who the Fuck is Kafka, aus dem Hebräischen von Mirjam Pressler, München 2017 (hebräische Vorlage 2015)
Dubarle, A.-M., L'amour humain dans le Cantique des Cantiques, in: Revue Biblique 61, 1954, 67–86

Eco, Umberto, Der Name der Rose, aus dem Italienischen von Burkhart Kroeber, München/Wien 1982 (italienische Originalausgabe 1980)

Elbogen, Ismar, Der jüdische Gottesdienst in seiner geschichtlichen Entwicklung, Hildesheim 1995 (1913)
Eliade, Mircea, Die Religionen und das Heilige. Elemente der Religionsgeschichte, Frankfurt a. M. 1994 (französische Originalausgabe 1949)
Englander, Nathan, Alles, was ich über meine Familie mütterlicherseits weiß, in: ders., Worüber wir reden, wenn wir über Anne Frank reden. Stories, aus dem Amerikanischen von Werner Löcher-Lawrence, München 2012 (amerikanische Originalausgabe 2012), 133–156
Exum, J. Cheryl, Song of Songs. A Commentary, Louisville/Kentucky 2005

Feuchtwanger, Lion, Die Jüdin von Toledo. Roman, Frankfurt a. M. 1988 (1954)
Feuerstein-Prasser, Michaela / Heimann-Jelinek, Felicitas / Jüdisches Museum Hohenems (Hg.), Die weibliche Seite Gottes, Hohenems 2017
Fischer, Irmtraud, Gotteslehrerinnen. Weise Frauen und Frau Weisheit im Alten Testament, Stuttgart 2006
Fox, Michael V., The Song of Songs and the Ancient Egyptian Love Songs, Madison/Wisconsin 1985
Frank, Anne, Tagebuch, aus dem Niederländischen von Mirjam Pressler, Frankfurt a. M. 2008 (geschrieben von 1942 bis 1944)

Gikatila, R. Joseph, David et Bethsabée. Le secret du mariage. Texte hébreu établi, traduit et présenté par Charles Mopsik, Paris / Tel Aviv 2003
Gikatilla, Joseph, Das Mysterium, dass Bathscheva David seit den sechs Tagen der Schöpfung vorbestimmt war, aus dem Hebräischen von Gabrielle Oberhänsli-Widmer, in: Judaica 65/1, 2009, 75–83
Glückel von Hameln, Denkwürdigkeiten der Glückel von Hameln, aus dem Jüdisch-Deutschen übersetzt von Alfred Feilchenfeld, Frankfurt a. M. 1987
Goldberg, Lea, Briefe von einer imaginären Reise, aus dem Hebräischen von Lydia Böhmer, Frankfurt a. M. 2003 (hebräische Originalausgabe 1935)
Goldschmidt, Lazarus, Der Babylonische Talmud Deutsch, 12 Bände, Frankfurt a. M. 1996 (1929–1936)
Gollwitzer, Helmut, Das hohe Lied der Liebe, München 1978
Gordinsky, Natasha, *Bi-schloscha nofim. Jeziratah ha-muqdemet schel Lea Goldberg* – In Three Landscapes. Lea Goldberg's Early Writings, Jerusalem 2016 (hebr.)
Grossman, David, Löwenhonig. Die Geschichte von Samson, aus dem Hebräischen von Vera Loos und Naomi Nir-Bleimling, Berlin 2006 (hebräische Originalausgabe 2003)
Grossman, David, Die Kraft zur Korrektur, aus dem Hebräischen von Vera Loos und Naomi Nir-Bleimling, München 2008 (hebräische Originalausgabe 2007)
Grossman, David, Eine Frau flieht vor einer Nachricht, aus dem Hebräischen von Anne Birkenhauer, München 2010 (hebräische Originalausgabe 2008)
Gunkel, Hermann, Das Märchen im Alten Testament, Frankfurt a. M. 1987 (1921)
Grund, Alexandra, Die Entstehung des Sabbats. Seine Bedeutung für Israels Zeitkonzept und Erinnerungskultur, Tübingen 2011

Gutmann-Grün, Meret, Zion als Frau. Das Frauenbild Zions in der Poesie von al-Andalus auf dem Hintergrund des klassischen Piyyuts, Bern 2008

Guvrin, Nurit (Hg.), *Qafe cham ba-boqer. Sippurim 'ivrijjim 'al sugijjut* – Heißer Kaffe am Morgen. Hebräische Erzählungen über die Zweisamkeit, Tel-Aviv 1995 (hebr.)

Haas, Volkert, Babylonischer Liebesgarten. Erotik und Sexualität im Alten Orient, München 1999

Hadda, Janet, Passionate Women, Passive Men: Suicide in Yiddish Literature, New York 1988

Hagedorn, Anselm C. (Ed.), Perspectives on the Song of Songs – Perspektiven der Hoheliedauslegung, Berlin / New York 2005

Hagedorn, Anselm C., Hoheslied, in: www.wibilex.de (aufgerufen am 12.5.2017)

Harris, Eve, Die Hochzeit der Chani Kaufman, aus dem Englischen von Kathrin Bielfeldt, Zürich 2015 (englische Originalausgabe 2013)

Heine, Heinrich, Romanzero, in: Stapf, Paul (Hg.), Heine Werke 2, Berlin/Darmstadt (ohne Jahreszahl), 285–431; Berndt Kortländer (Hg.), Stuttgart 1997

Herzl, Theodor, Altneuland. Roman, in: ders., „Wenn ihr wollt, ist es kein Märchen". Altneuland / Der Judenstaat, herausgegeben von Julius H. Schoeps, Königstein/Ts. 1985

Heschel, Abraham J., Der Sabbat. Seine Bedeutung für den heutigen Menschen, aus dem Englischen von Ruth Olmesdahl, Neukirchen-Vluyn 1990 (englische Originalausgabe 1951)

Hoffman, Anne Golomb, Between Exile and Return. S. Y. Agnon and the Drama of Writing, New York 1991

Das Hohelied. Lied der Lieder von Schelomo, aus dem Hebräischen übersetzt, nachgedichtet und herausgegeben von Stefan Schreiner, Frankfurt a. M. 2007 (1981)

Hurwitz, Samuel, Lilith – die erste Eva. Eine Studie über dunkle Aspekte des Weiblichen, Zürich 1983 (1980)

Idel, Moshe, Kabbala und Eros, aus dem Englischen von Elke Morlok, Frankfurt a. M. / Leipzig 2009 (englische Originalausgabe 2005)

Idelsohn, Abraham Z., Jewish Music. Its Historical Development, New York 1992 (1929)

Illouz, Eva, Warum Liebe weh tut. Eine soziologische Erklärung, aus dem Englischen von Michael Adrian, Berlin 2012

Jehoschua, Abraham B., Der Liebhaber, aus dem Hebräischen von Jakob Hessing, Stuttgart 1980 (hebräische Originalausgabe 1977)

Jung-Kaiser, Ute (Hg.), Das Hohelied. Liebeslyrik als Kultur(en) erschließendes Medium? Interdisziplinäres Symposion der Hochschule für Musik und darstellende Kunst in Frankfurt a. M. 2006, Berlin 2007

Keel, Othmar, Das Hohelied, Zürich 1992 (1986)

Keel, Othmar, Erotik als Amulett gegen den allgegenwärtigen Tod, in: Leben trotz Tod. Jahrbuch für Biblische Theologie 19, 2004, 49–62

Kimelman, Reuven, Rabbi Yokhanan and Origen on the Song of Songs: A Third-Century Jewish-Christian Disputation, in: The Harvard Theological Review 73/3.4, 1980, 567–595

Kircher, Bertram (Hg.), Das Hohelied, in: ders., Die Bibel in den Worten der Dichter, Freiburg i. Br. 2006, 305–323

Klingenstein, Susanne, Mendele der Buchhändler. Leben und Werk des Sholem Yankev Abramovitsh. Eine Geschichte der jiddischen Literatur zwischen Berdichev und Odessa, 1835–1917, Wiesbaden 2014

Knoch-Mund, Gaby / Jüdisches Museum der Schweiz (Hg.), Gesucht – Gefunden. Partnerschaft und Liebe im Judentum, Basel 2014

Kosman, Admiel, *Naschijut be-'olamo ha-ruchani schel ha-sippur ha-talmudi* – Femininity in the Spiritual World of the Talmudic Story, Tel-Aviv 2008 (hebr.)

Kotowski, Elke-Vera / Ludewig, Anna-Dorothea / Lund, Hannah Lotte, Zweisamkeiten. 12 außergewöhnliche Paare in Berlin, Berlin 2016

Kraß, Andreas, Ein Herz und eine Seele. Geschichte der Männerfreundschaft, Frankfurt a. M. 2016

Kurzweil, Baruch, *Massot ʻal Sippure Schaj Agnon* – Essays über die Erzählungen von S. J. Agnon, Tel-Aviv 1975 (hebr.)

Lenhardt, Pierre / Osten-Sacken, Peter von der, Rabbi Akiva. Texte und Interpretationen zum rabbinischen Judentum und Neuen Testament, Berlin 1987

Liebe (Themenheft): Lamed. Zeitschrift für Kirche und Judentum 2, 2003

Liebe und Eros zur Zeit der Bibel (Themenheft): Welt und Umwelt der Bibel. Archäologie – Kunst – Geschichte 3, 2001

Longus, Daphnis und Chloe, aus dem Altgriechischen von Ludwig Wolde, mit 42 Farbtafeln nach den Lithographien von Marc Chagall, München 1995

Love, in: Encyclopaedia Judaica 11, Jerusalem 1971, 523–530

Maeterlinck, Maurice, Das Leben der Bienen, aus dem Französischen von Friedrich von Oppeln-Bronikowski, Zürich 2011 (französische Originalausgabe 1901)

Mapu, Abraham, *Ahavat Zijjon* – Die Liebe zu Zion, Vilna 1853 (hebr.)

Mapu, Abraham, Thamar. Roman aus dem biblischen Alterthum, aus dem Hebräischen von Solomon Mandelkern, Leipzig 1885 (hebräische Originalausgabe 1853)

Martin, Werner (Hg.), Samuel Josef Agnon. Eine Bibliographie seiner Werke, Hildesheim / New York 1980

Matt, Peter von, Liebesverrat. Die Treulosen in der Literatur, München 2008 (1989)

Matt, Peter von, Sieben Küsse. Glück und Unglück in der Literatur, München 2017

Meyer, Thomas, Wolkenbruchs wunderliche Reise in die Arme einer Schickse, Zürich 2012

Mischnajot. Die sechs Ordnungen der Mischna, herausgegeben von Sammter, Ascher u. a., 6 Bände, Basel 1986 (hebr.-dt.)

Moznaim, *Ha-ahava we-gillujäha ba-schira uva-sipporet* – Die Liebe und ihre Erscheinungsformen in Lyrik und Prosa, Heft Nr. 89/5, 2015 (hebr.)

Muchawsky-Schnapper, Ester, A World Apart Next Door. Glimpses into the Life of Hasidic Jews, Jerusalem 2012

Müller, H.-P., Die lyrische Reproduktion des Mystischen im Hohenlied, in: Zeitschrift für Theologie und Kirche 73, 1976, 23–41

Nachama, Andreas / Gardei, Marion, Das Hohelied – *Schir ha-Schirim*, mit Illustrationen von Astrid Saalmann, Berlin 2016 (dt.-hebr.)

Necker, Gerold, Einführung in die lurianische Kabbala, Frankfurt a. M. / Leipzig 2008

Oberhänsli-Widmer, Gabrielle, Klassiker der jüdischen Literatur (Rubrik), in: Kirche und Israel, seit 2004 (www.kirche-und-israel.de)

Oberhänsli-Widmer, Gabrielle, „Deine beiden Brüste – das sind Mose und Aaron." Vom Einfluss des Midrasch zum Hohenlied auf die hebräische Liebesliteratur, in: Gabrielle Oberhänsli-Widmer / Michael Welker (Hg.), Liebe. Jahrbuch für Biblische Theologie 29, Neukirchen-Vluyn 2015, 215–250

Ohly, Friedrich, Hohelied-Studien. Grundzüge einer Geschichte der Hoheliedauslegung des Abendlandes bis um 1200, Wiesbaden 1958

Origenes, The Song of Songs. Commentary and Homilies, translated and annotated by R. P. Lawson, London 1957

Otto, Rudolf, Das Heilige. Über das Irrationale in der Idee des Göttlichen und sein Verhältnis zum Rationalen, München 1991 (1917)

Oz, Amos, Mein Michael, aus dem Englischen übersetzt von Gisela Podlech-Reisse, Frankfurt a. M. 1989 (hebräische Originalausgabe 1968)

Oz, Amos, Das Schweigen des Himmels. Über Samuel J. Agnon, aus dem Hebräischen von Ruth Achlama, Frankfurt a. M. 1998 (hebräische Originalausgabe 1993)

Oz, Amos, Eine Geschichte von Liebe und Finsternis, aus dem Hebräischen von Ruth Achlama, Frankfurt a. M. 2004 (hebräische Originalausgabe 2002)

Oz, Amos / Fania Oz-Salzberger, Juden und Worte, aus dem Englischen von Eva-Maria Thimme, Berlin 2013 (englische Originalausgabe 2012)

Patterson, David, Abraham Mapu. The Creator of the Modern Hebrew Novel, London 1964

Patterson, David / Abramson, Glenda (Ed.), Tradition and Trauma. Studies in the Fiction of S. J. Agnon, San Francisco / Oxford 1994

Perez, Isaak Leib, Leben sollst du. Ostjüdische Erzählungen mit Bildern von Marc Chagall, aus dem Jiddischen von Mathias Acher, Freiburg i. Br. 1997

Petit, Madeleine, Bethsabée dans la tradition juive jusqu'aux Talmudim, in: Judaica 47/1989, 209–224

Petuchowski, Jakob J., Theology and Poetry. Studies in the Medieval Piyyut, London/ Boston 1978

Potok, Chaim, Die Erwählten. Roman, aus dem Englischen von Thomas Gunkel und Sabine Zwirner, Hamburg 2002 (amerikanische Originalausgabe 1967)

Rabinyan, Dorit, Wir sehen uns am Meer, aus dem Hebräischen von Helene Seidler, Köln 2016 (hebräische Originalausgabe 2014)

Rachel, *Ha-chajjim, ha-schirim* – Rachel Bloovshtein / Poems, Muki Tzur / Biography, Tel Aviv 2011 (hebr.)

Reinmuth, Eckart (Hg.), Joseph und Aseneth, Tübingen 2009

Reventlow, H. Graf / Kuhn, P. / Köpf, U., Hoheslied, in: Theologische Realenzyklopädie 15, 1986, 499–514

Rieger, Dietmar, Mittelalterliche Lyrik Frankreichs I. Lieder der Trobadors, Stuttgart 1980 (provenzalisch-dt.)

Rieger, Dietmar, Mittelalterliche Lyrik Frankreichs II. Lieder der Trouvères, Stuttgart 1983 (französisch-dt.)

Riessler, Paul, Altjüdisches Schrifttum ausserhalb der Bibel, Freiburg/Heidelberg 1927 (1922)

Rosenstein, Gabrielle / Schweizerischer Israelitischer Gemeindebund (Hg.), Jüdische Lebenswelt Schweiz – Vie et culture juives en Suisse, Zürich 2004

Rosenzweig, Franz, Sechzig Hymnen und Gedichte des Jehuda Halevi. Deutsch, Konstanz 1924

Rotem, Judith, *Qri'a* – Mourning, Tel-Aviv 2001 (1996; hebr.)

Rübner, Tuvia, *Lea Goldberg. Monographia* – Lea Goldberg. Monography, Tel-Aviv 1980 (hebr.)

Safran, Gabriella / Zipperstein, Steven J. (Ed.), The Worlds of S. An-sky. A Russian Jewish Intellectual at the Turn of the Century, Stanford 2006

Schäfer, Peter, Mirror of his Beauty. Feminine Images of God from the Bible to the Early Kabbalah, Princeton 2002

Schaschko, Lea / Rosman, Mariza (Ed.), *Kol ha-qajiz, kol ha-lelot. Kemiha la-ahava. Sippurim jisraelim* – Der ganze Sommer, alle Nächte. Die Sehnsucht nach der Liebe. Israelische Erzählungen, Tel-Aviv 1996 (hebr.)

Schirmann, Chaim, *Ha-Schira ha-'ivrit bi-Sfarad uva-Provence* – Die hebräische Dichtung in Spanien und in der Provence, 2 Bände, Tel-Aviv 1955/1956 (hebr.)

Scholem, Gershom, Die jüdische Mystik in ihren Hauptströmungen, Frankfurt a. M. 1988 (1957)

Scholem, Gershom, Von der mystischen Gestalt der Gottheit, Frankfurt a. M. 1977 (1962)

Schroer, Silvia / Staubli, Thomas, Die Körpersymbolik der Bibel, Darmstadt 1998

Schwienhorst-Schönberger, Ludger, Das Hohelied, in: Erich Zenger u. a., Einleitung in das Alte Testament, Stuttgart 1998 (1995), 344–351

Schwienhorst-Schönberger, Ludger, „Eines hat Gott gesagt, zweierlei habe ich gehört" (Ps 62,12). Sinnoffenheit als Kriterium einer biblischen Theologie, in: Wie biblisch ist die Theologie? Jahrbuch für Biblische Theologie 25. Neukirchen-Vluyn 2011, 45–61

Sefati, Yitzhak, Love Songs in Sumerian Literature, Critical Edition of the Dumuzi-Inanna-Songs, Bar-Ilan-University / Ramat Gan 1998

Segal, Erich, Love Story, United States 1970

Shahar, David, Bruria, in: Kaufmann, Ita (Hg.), Ich ging durch Meer und Steine. Israelisches Lesebuch, München 1989, 118–129

Shaked, Gershon, Midrash and Narrative: Agnon's „Agunot", in: Hartman, Geoffrey H. / Budick, Sanford, Midrash and Literature, New Haven / London 1986, 285–303

Shaked, Malka (Ed.), *Schir ha-Schirim*, in: dies., *La-nezach anagnech. Ha-miqra ba-schira ha-'ivrith ha-chadascha. Anthologia* – Auf ewig will ich dir singen. Die Bibel in der neuhebräischen Dichtung. Anthologie, Jerusalem 2005, 351–363 (hebr.)

Shalev, Meir, Der Sündenfall – ein Glücksfall? Alte Geschichten aus der Bibel neu erzählt, aus dem Hebräischen von Ruth Melcer, Zürich 1997 (hebräische Originalausgabe 1985)

Shalev, Meir, Ein russischer Roman, aus dem Hebräischen von Ruth Achlama, Zürich 1991 (hebräische Originalausgabe 1988)

Shalev, Zeruya, Für den Rest des Lebens, aus dem Hebräischen von Mirjam Pressler, Berlin 2012 (hebräische Originalausgabe 2011)

Shenhar, Aliza, *Sman ischa. Naschim ba-miqra, ba-midrasch uva-sifrut ha-'ivrit ha-chadascha* – Woman's Voice. Women in the Bible, Talmud, Midrash and Modern Hebrew Literature, Or Yehuda 2008 (hebr.)

Shenhar, Aliza, *Ahuvot u-senuot. Naschim ba-miqra, ba-midrasch uva-sifrut ha-'ivrit ha-chadascha* – Love and Hate. Biiblical Wives, Lovers and Mistress, Israel 2011 (hebr.)

Shir Hashirim. Midrash Rabbah Hamevoar, ed. Rosenberg, Yaacov G. / Rosenberg, Dvorah, 2 volumes, Jerusalem 2002, (hebr.)

Shmueli, Ilana / Sparr, Thomas (Hg.), Paul Celan und Ilana Shmueli – Briefwechsel, Frankfurt a. M. 2004

Sidur Sefat Emet, mit deutscher Übersetzung von S. Bamberger, Basel 1982

Singer, Isaac Bashevis, Leidenschaften. Geschichten aus der neuen und der alten Welt, aus dem Amerikanischen von Ellen Otten, Zürich 1978 (1975)

Singer, Isaac Bashevis, Schoscha. Roman, aus dem Amerikanischen von Ellen Otten, München 1985 (1978)

Smilanski, Mosche, Latifa, in: Ma'os, Rivqa (Hg.), *Schnenu be-jachad we-chol echad lechud* – Wir beide zusammen und jeder für sich allein (Anthologie), Jerusalem 1989, 7–9 (hebr.)

Smilanski, Mosche, Latifa, aus dem Hebräischen von Gabrielle Oberhänsli-Widmer, in: Judaica 65/3, 2009, 259–264

Song of Songs, in: Encyclopaedia Judaica 15, Jerusalem 1971, 144–152

Song of Songs Rabbah, in: Encyclopaedia Judaica 15, Jerusalem 1971, 152–154

Spier, Erich, Der Sabbat, Berlin 1989

Stavi, Zissi / Schwartz, Yigal (Ed.), *Lexikon heqscherim le-sofrim jisraelim* – The Heksherim Lexikon of Israeli Authors, Beer-Sheva 2014 (hebr.)

Stemberger, Günter, Judaica Minora. Teil I: Biblische Traditionen im rabbinischen Judentum, Tübingen 2010

Stemberger, Günter, Judaica Minora. Teil II: Geschichte und Literatur des rabbinischen Judentums, Tübingen 2010

Thoma, Clemens / Lauer, Simon, Die Gleichnisse der Rabbinen. Erster Teil: Pesiqta deRav Kahana (PesK). Einleitung, Übersetzung, Parallelen, Kommentar, Texte, Bern 1986

Thoma, Clemens / Lauer, Simon, Die Gleichnisse der Rabbinen. Zweiter Teil: Von der Erschaffung der Welt bis zum Tod Abrahams: Bereschit Rabba 1-63. Einleitung, Übersetzung mit Kommentar, Texte, Bern 1991

Ticotsky, Giddon, *Lea Goldberg* – Light Along the Edge of a Cloud. Introduction to Lea Goldberg's Oeuvre, Bnei Brak 2011 (hebr.)

Trachtenberg, Joshua, Jewish Magic and Superstition. A Study in Folk Religion, Jerusalem 2004 (1963)

Urbach, Ephraim E., Rabbinic Exegesis and Origines' Commentaries on the Song of Songs and Jewish-Christian Polemics, in: Tarbiz 30, 1960, 128–170 (hebr.)

Uriel, Gila / Mittwoch-Meller, Edna (Ed.), *Bat Qol. 'Olamah schel meschoreret* – Bath-Kol. The World of a Poetess (Anthology), Tel Aviv 1995 (hebr.)

Wahl, Harald Martin, Die Jakobserzählungen. Studien zu ihrer mündlichen Überlieferung, Verschriftlichung und Historizität, Berlin / New York 1997

Wasserman, Nathan, Akkadian Love Literature of the Third and Second Millennium BCE, Wiesbaden 2016

Watson, W. G. E., Some Ancient Near Eastern Parallels to the Song of Songs, in: Festschrift für J. F. A. Sawyer, Sheffield 1995, 253–271

Weiss, Yfaat, Lea Goldberg. Lehrjahre in Deutschland 1930–1933, aus dem Hebräischen von Liliane Meilinger, Göttingen 2010

Westenholz, Joan Goodnick, Love Lyrics from the Ancient Near East, in: Jack Sasson (Ed.), Civilizations of the Ancient Near East 4, New York 1995, 2471–2484

Wetz, Christian, Eros und Bekehrung. Anthropologische und religionsgeschichtliche Untersuchungen zu „Joseph und Aseneth", Göttingen 2010

Wünsche, August, Der Midrasch Schir ha-Schirim, in: ders., Bibliotheca Rabbinica II, Hildesheim 1993 (1880), 1–194

Wünsche, August, Der Kuss in Bibel, Talmud und Midrasch, Breslau 1911

Yerushalmi, Yosef Hayim, Zachor: Erinnere Dich! Jüdische Geschichte und jüdisches Gedächtnis, aus dem Amerikanischen von Wolfgang Heuss, Berlin 1996 (amerikanische Originalausgabe 1982)